dumont kunst-taschenbücher

Karin Thomas, 1941 in Köln geboren, studierte Kunstgeschichte, Germanistik, Philosophie und Geschichte. Nach kurzer Lehrtätigkeit im gymnasialen Schuldienst und im Fachbereich Kunsterziehung an der Hochschule Mainz arbeitet die Autorin heute als Verlagslektorin für bildende Kunst, Pädagogik und Kunsttheorie.
Publikationen:
Bis Heute: Stilgeschichte der bildenden Kunst im 20. Jahrhundert, 3. Auflage 1975; DuMont's kleines Sachwörterbuch zur Kunst des 20. Jahrhunderts, 2. Auflage 1975; Monografien über Joseph Beuys (1973) und Heinz Mack (1976) ferner Aufsätze über einzelne Künstler und Stilrichtungen.

Gerd de Vries, 1944 in Leer geboren, studierte Musikwissenschaft und Germanistik. Seit 1970 Beschäftigung mit zeitgenössischer Kunst. Er war 1969–75 Mitarbeiter am ›Riemann Musiklexikon‹ (verantwortlich u. a. für Komponisten des 20. Jahrhunderts) und arbeitet seitdem als Verlagslektor für bildende Kunst.
Publikationen:
Art & Language. Texte zum Phänomen Kunst und Sprache (mit Paul Maenz, 1972); Über Kunst/On Art. Künstlertexte zum veränderten Kunstverständnis nach 1965 (1974); ferner Publikationen in Zusammenarbeit mit einzelnen Künstlern.

Karin Thomas/Gerd de Vries

DuMont's KÜNSTLER LEXIKON

von 1945 bis zur Gegenwart

DuMont Buchverlag Köln

Umschlagabbildung Vorderseite:
George Segal. The Coffee Shop. 1969

CIP-Kurztitelaufnahme der Deutschen Bibliothek

Thomas, Karin:
DuMonts Künstlerlexikon : von 1945 bis zur Gegenwart / Karin Thomas ; Gerd de Vries. – 2., überarb. Aufl. – Köln : DuMont, 1979.
(DuMont-Kunst-Taschenbücher ; Bd. 54)
ISBN 3-7701-0996-1
NE: Vries, Gerd de:

2. überarbeitete Auflage 1979

Erstveröffentlichung

Druck: Gebr. Rasch & Co., Bramsche
Buchbinderische Verarbeitung: Boss-Druck, Kleve

Printed in Germany ISBN 3-7701-0996-1

Inhalt

Vorwort

Dieses Buch versteht sich als ein handliches Nachschlagewerk, das in komprimierter, lexikografischer Ordnung über die Künstler der internationalen und nationalen Kunstszene informiert, die nach 1945 den Höhepunkt ihres Schaffens erlebt haben. Stilgeschichtlich reicht daher das Spektrum dieses Lexikons vom Abstrakten Expressionismus bis in die vielgestaltige Avantgarde von heute. Der einzelne lexikalische Artikel beginnt mit den biografischen Daten und typisiert das Werk des besprochenen Künstlers in seinen wesentlichen Entwicklungsphasen. Ein bibliografischer Anhang zu jedem Artikel vermerkt eigene Publikationen des Künstlers, Monografien, Œuvreverzeichnisse, wichtige Ausstellungskataloge mit weiterführenden Literaturangaben und Documenta-Beteiligungen. Mit der zweiteiligen, durch Marginalien gegliederten Einführung sollen notwendige Grundsatzinformationen bereitgestellt werden. Das erste Einführungskapitel entwirft einen gerafften Überblick über die Kunstentwicklung in der ersten Hälfte des 20. Jahrhunderts und hebt jene Künstler der Zeit vor 1945 heraus, die stilbildend auf die Nachkriegsepoche gewirkt haben. Das zweite Kapitel gibt eine chronologische Übersicht der Stilrichtungen und medientechnischen Neuerungen nach 1945 und bietet in einem Anhang weiterführende Literaturhinweise.
Unser Dank gilt allen Mitarbeitern des Verlages und Freunden, die uns geholfen haben, im besonderen danken wir Herrn Sohm, der uns wichtige Informationen zur Happening- und Fluxusszene zur Verfügung gestellt hat.

Karin Thomas / Gerd de Vries

Abkürzungen

Abkürzungen gelten auch für die gebeugten und fremdsprachlichen Formen des betreffenden Wortes

ACGB	The Arts Council of Great Britain, London
Addison	Addison Gallery of American Art, Phillips Academy, Andover (Mass.)
AIC	Art Institute of Chicago
Akad.	Akademie
Albertina	Graphische Sammlung Albertina, Wien
Albright-Knox	Albright-Knox Art Gallery, Buffalo (N.Y.)
Anth.	Anthologie
Ausst.	Ausstellung
Bd, Bde	Band, Bände
Biogr.	Biographie
Bln	Berlin
Boymans	Museum Boymans-van Beuningen, Rotterdam
Cat.	Catalog
CNAC	Centre National d'Art Contemporain
Cont.	Contemporain
d II/1–3	documenta II, Band 1 (Malerei), 2 (Skulptur) und 3 (Druckgrafik), Kassel 1959
d III/1–2	documenta III, Band 1 (Malerei. Skulptur) und 2 (Handzeichnungen), Kassel 1964
d IV/1–2	documenta IV, Band 1 und 2, Kassel 1968
d 5	documenta 5, Kassel 1972
d 6/I–III	documenta 6, Band I (Malerei. Plastik. Performance), II (Fotografie. Film. Video) und III (Handzeichnungen. Utopisches Design. Bücher), Kassel 1977
d.	der, die, das
ders., dies., dass.	derselbe, dieselbe, dasselbe
d. h.	das heißt
Dssd.	Düsseldorf
dt.	deutsch
ebd.	ebenda
Ed.	Edition
Einf.	Einführung

Einl.	Einleitung
engl.	englisch
erw.	erweitert
f.	für
Ffm.	Frankfurt am Main
frz.	französisch
Gal.	Galerie
Gesch.	Geschichte
Guggenheim	Solomon R. Guggenheim Museum, New York
H.	Heft
HaW	Haus am Waldsee
Hbg	Hamburg
hess.	hessisch
HfbK	Hochschule für bildende Kunst
Hrsg., hrsg.	Herausgeber, herausgegeben
ICA	Institute of Contemporary Art
ICC	International Cultureel Centrum
Inst.	Institut
Introd.	Introduction
ital.	italienisch
Jh.	Jahrhundert
Kat.	Katalog
KEO	Karl-Ernst-Osthaus-Museum
Kestner	Kestner-Gesellschaft, Hannover
Kg.	Kunstgeschichte
Kgal.	Kunstgalerie
Kh.	Kunsthalle
Khs	Kunsthaus
Km.	Kunstmuseum
KMv.	Kunst- und Museumsverein
Kröller-Müller	Rijksmuseum Kröller-Müller, Otterlo
Kslg	Kunstsammlung
Kv.	Kunstverein
Kv. Rh/W	Kunstverein für die Rheinlande und Westfalen
KWM	Kaiser-Wilhelm-Museum
LA	Los Angeles
Lm.	Landesmuseum
Lwd	Leinwand
MAD	Musée des Arts Décoratifs, Paris
MAH	Musée d'Art et d'Histoire
Mail.	Mailand
MAM	Musée d'Art Moderne (ohne Angabe = Paris)
MaO	Museum am Ostwall
Marlb.	Marlborough
MBA	Musée des Beaux-Arts

Metropolitan	Metropolitan Museum of Art, New York
Mglb.	Mönchengladbach
MHL	Museum Haus Lange
ML	Museum Ludwig, Köln
MOCA	Museum of Contemporary Art
mod.	modern
MOFA	Museum of Fine Arts
MOMA	Museum of Modern Art (ohne Ortsangabe = Museum of Modern Art, New York)
MOMU	Moderna Museet, Stockholm
Monogr.	Monographie
MuNAM	Musée National d'Art Moderne, Paris
Mus.	Museum
NA	Neuauflage, Neuausgabe
NG	Nationalgalerie
NGB	Nationalgalerie, Berlin
NGC	National Gallery of Canada, Ottawa
NGV	National Gallery of Victoria, Melbourne
NGW	National Gallery of Art, Washington (D.C.)
NRW	Nordrhein-Westfalen
NSCAD	Nova Scotia College of Art and Design, Halifax
NY	New York
Pal.	Palais
Österr., österr.	Österreich, Österreicher, österreichisch
PBA	Palais des Beaux-Arts
Publ.	Publikation
Retro.	Retrospektive
rev.	revidiert
rhein.	rheinisch
S.	Seite
SEP	Something Else Press, New York
SF	San Francisco
SGal.	Städtische Galerie
SKgal.	Städtische Kunstgalerie
SKh.	Städtische Kunsthalle
SKslg	Städtische Kunstsammlung
SL	Sammlung Ludwig, Neue Galerie, Aachen
Slg	Sammlung
Slg Ströher	Sammlung Karl Ströher im Hessischen Landesmusem Darmstadt
SM	Städtisches Museum (ohne Ortsangabe = Stedelijk Museum, Amsterdam)
Stgt	Stuttgart
Tate	Tate Gallery, London
u.	und

u. a.	unter anderem, und andere
u. ä.	und ähnliches
Univ.	Universität
usw.	und so weiter
v.	von
Van Abbe	Stedelijk Van Abbemuseum, Eindhoven
vdH	von der Heydt-Museum
Ver.	Verein
Verz.	Verzeichnis
Vorw.	Vorwort
Wadsworth	Wadsworth Atheneum, Hartford (Conn.)
Walker	Walker Art Center, Minneapolis bzw. Walker Art Gallery, Liverpool
Westf., westf.	Westfalen, westfälisch
Whitechapel	Whitechapel (Art) Gallery, London
Whitney	Whitney Museum of American Art, New York
WLM	Wilhelm-Lehmbruck-Museum
WRM	Wallraf-Richartz-Museum, Köln
Württ., württ.	Württemberg, württembergisch
z. B.	zum Beispiel
z. T.	zum Teil
◇	Hinweis auf ein Stichwort in den Einführungskapiteln
→	Hinweis auf ein Stichwort im Lexikonteil

Einführung

Begriffsregister

Die ersten 50 Jahre des 20. Jahrhunderts – Stilrichtungen und große Künstlerpersönlichkeiten

Aufbruch und Wandel, Erfindung und Fortschritt, das waren – auf schlagwortartige Formeln gebracht – die Ideen, die nach der ästhetischen Überfeinerung, der todessüchtigen Morbidezza und dem nihilistischen Ennuie des Fin de siècle die ersten beiden Dekaden des 20. Jahrhunderts beflügelten und die – trotz ihrer Unzulänglichkeiten, vor allem im gesellschaftspolitischen Geschehen – das soziale und geistesgeschichtliche Spektrum bis in die heutige Zeit bestimmt haben. Die Jahre bis zum Ersten Weltkrieg verliefen für den technischen und wissenschaftlichen Fortschritt wie ein gigantischer Höhenflug. Automobil und Flugzeug traten ihren unaufhaltsamen Siegeszug an, Einstein eröffnete der naturwissenschaftlichen Forschung mit seiner Relativitätstheorie grundsätzlich neue Horizonte, und Freud fand mit seiner berühmten ›Traumdeutungsmethode‹ den Ariadnefaden durch das bis dahin tabuisierte Labyrinth der menschlichen Psyche. Alles, was neu war, sensationell und faszinierend, war modern und konnte mit Hilfe der ständig expandierenden Informationsmedien schnell verfügbar gemacht werden.

Dieses positivistische, von totalem Fortschrittsglauben geprägte Klima nach der Jahrhundertwende blieb nicht ohne Einfluß auf die Kunstszene. Fast jede neue Stilrichtung beanspruchte die Bezeichnung ›modern‹ oder ›avantgardistisch‹ für sich und suchte die kontraststarke Distanz zu den Vorläufern. Zugleich wollte man möglichst ›originell‹ sein, d. h., man leugnete eine Verwurzelung in den Traditionen des 19. Jahrhunderts und suchte statt dessen die Begründung eigenständiger Zielsetzungen in aktuellen Zeiterscheinungen und neuer Technologie. Prototypisch für diese Einstellung war vor allem der Futurismus, der 1909 durch das ›Erste futuristische Manifest‹ des Dichters Marinetti (im Pariser ›Figaro‹) eingeleitet wurde und dem sich ein Jahr später die Maler Balla, Boccioni, Carrà, Russolo und Severini anschlossen. Gemeinsam unterzeichneten sie noch im gleichen Jahr das ›Futuristische Manifest der Malerei‹ und das ›Technische Manifest‹. Darin forderten sie eine radikale Erneuerung in allen Bereichen von Leben und Kunst, Abschaffung der traditionellen Wertvorstellungen, Schließung von Museen, Bibliotheken und Akademien. Sie bekannten sich leidenschaftlich zur modernen, von Wissenschaft und Technik beherrschten Welt und priesen die Schönheiten von Maschine, Bewegung und Geschwindigkeit, was in der provokanten Behauptung gipfelte: »Ein Rennwagen ist schöner als die Nike von Samothrake.« Unterstützt von lautstarken Propaganda-Aktionen, Flugblättern und Vorträgen erzielte Marinetti für seine neue Kunstidee eine große und schnelle Breitenwirkung. Anfänglich bedienten sich die Futuristen des Divisionismus (der impressionistischen Farb- und Lichtzerlegungsmethode), annektierten aber bald den analytischen Kubismus, um das von ihnen verherrlichte Prinzip der Simultaneität in Gestalt ›dynamischer Kraftlinien‹ durch die Abstraktion als reine energetische Kraft zu erfassen.

Futurismus

Divisionismus

Kubismus

Der Kubismus war eine Schöpfung der beiden großen Malerpersönlichkeiten Picasso und Braque. Als der Futurismus sein programmatisches Konzept entwarf, hatte der Kubismus bereits seinen Höhepunkt erreicht und eine große Anhängerschaft erobert. In konsequenter Fortentwicklung Cézannescher Ideen vom architektonisch strukturierten, nicht-illusionistischen Bild führten Picasso und Braque die Körperlichkeit ihrer Gegenstände auf Rhombus, Kreis und Dreieck zurück und ersetzten mit diesen Elementen kubistischer Geometrie die illusionistische Abbildmethode. Aus diesen nachcézanneschen Experimenten entwickelten sich verschiedene Phasen:

Kahnweiler unterscheidet in seiner 1920 erschienenen Chronik ›Der Weg zum Kubismus‹ eine frühe ›analytische‹ und eine spätere, um 1912 einsetzende ›synthetische‹ Periode. Der analytische Kubismus entwickelte die Form noch aus dem Gegenstand durch analytische Zerlegung in geometrische Elemente und verschiedene Teilansichten, die dann in ihrer Zusammenschau wiederum ein simultanes, ganzheitliches Bild des Gegenstandes ergaben. Der synthetische Kubismus dagegen ging nicht mehr vom Gegenstand selbst aus, sondern von einer Vorstellung und setzte aus frei erfundenen Formen und Zeichen den Bildgegenstand synthetisch zusammen. Dahinter stand die Auffassung von der Autonomie des Kunstwerks, das sich z. B. durch die Flächigkeit der Bildebene wesentlich von der räumlichen Realität eines Gegenstandes unterscheidet.

Um das Spannungsverhältnis zwischen Bild und Gegenstand zu erforschen, integrierten die Kubisten reale Materialien wie Buchstaben, Zeitungsfragmente und Papierfetzen sowie Holz und textile Stoffe in ihre Bilder und erfanden auf diese Weise die Collage als neue Gestaltungsmethode. Den frühen Materialbildern folgten später raumplastische Gestaltungsexperimente, **Collage**

Objektkunst die die moderne Objektkunst begründeten. In Picassos ›Musikinstrumenten‹ begegnen die ersten reliefplastischen Assemblagen aus zusammenmontierten Holz- und Blechteilen, die durch Draht und Bindfaden gehalten werden.

Obwohl weniger spektakulär in seinen Aktivitäten als der Futurismus, stellte der Kubismus die zukunftsträchtigere Neuerung der Kunst in den ersten 15 Jahren des 20. Jahrhunderts dar. So übernahm der Futurismus mit der Abstraktion ab 1914 auch die Collagetechnik. Tatlin, der 1913 ein kubistisches Stilleben Picassos aus Draht, Pappe und Holz auf einer Paris-Reise kennenlernte, führte die Collage in die Experimente der russischen Avantgarde ein und gelangte mit seinen Kontrareliefs zu fruchtbaren Weiterentwicklungen. Léger schuf in einer eigenwilligen Verbindung von kubistischer Geometrisierung und kontrastreicher Farbigkeit die Verbindung zu Delaunays Orphismus. Auch der Expressionismus des Blauen Reiter sowie die Abstraktionstheorien Malewitschs und Mondrians, die sich mit Suprematismus und de Stijl zu ganzen Stilrichtungen und Schulen ausweiteten, wurzeln direkt im Kubismus, und fruchtbare nachkubistische Tendenzen lassen sich bis in die 30er und 40er Jahre, etwa bei dem Engländer Ben Nicholson, verfolgen.

Orphismus Der vom Kubismus abgeleitete Orphismus Delaunays entwickelte aus der logischen Fortsetzung des impressionistischen Luminarismus eine dynamische Abstraktion, die Farbvaleurs und Lichtwirkung in einen der Musik verwandten Harmoniezusammenklang überführte. Auch Delaunay übte nachhaltigen Einfluß auf die moderne Malerei aus, sein Werk inspirierte ebenso die deutschen Maler des Blauen Reiter Marc und Macke wie auch den Tschechen Kupka, den Amerikaner MacDonald-Wright und die Russin Sonia Terk, die spätere Frau Delaunays.

Rayonismus

Ähnliche Ziele wie Delaunay verfolgte auch der Rayonismus von Larionow und der Gontscharowa, die ihre Bilder aus abstrakten farbigen Strahlenbündeln aufbauten. Der russische Rayonismus wurzelte direkt im Futurismus und wurde ebenso wie dieser (von Larionow 1913) manifesthaft proklamiert. Er blieb jedoch mit seiner Betonung der musikalischen Rhythmisierung und mit der Übernahme des Simultaneitätsprinzips zu eng an Futurismus und Kubo-Futurismus gebunden, um eigenständige Wege zu erobern.

Suprematismus

Malewitsch leitete 1913 – ebenfalls aus dem Kubismus – seinen Suprematismus ab, der die geometrische Abstraktion in einen absoluten immateriellen Purismus überführte. 1915 stellte er erstmals suprematistische Bilder aus (u. a. das berühmte *Schwarze Quadrat auf weißem Grund*, 1913) und veröffentlichte sein ›Suprematistisches Manifest‹. In seinem Bestreben, »die Kunst vom Ballast der gegenständlichen Welt zu befreien«, reduzierte Malewitsch die Malerei auf die einfachsten geometrischen Elemente, um so eine Empfindung zu erzeugen, die nur von der Malerei ausging und ohne jede Assoziation an die Wirklichkeit war. Der Suprematismus, den Malewitsch selbst als eine »Malerei reiner Empfindung« bezeichnete, hatte eine ausgesprochen mystisch-symbolistische Komponente, und manche Bilder trugen Titel wie *Gefühl des Weltraumes* (1916) oder *Gefühl einer mystischen, von der Erde kommenden Woge* (1917). Das Streben nach Immaterialität erreichte seinen Höhepunkt in Bildern wie *Suprematistische Komposition.*

Weiß auf Weiß (weißes Quadrat auf weißem Grund, 1918, MOMA). In seinem Bemühen um die ›absolute‹ Form zeigte der Suprematismus Parallelen zu den Intentionen Mondrians und der niederländischen Stijl-Bewegung; durch die Vermittlung Lissitzkys gingen die Ideen Malewitschs auch in das Bauhaus und sein Akademiekonzept ein.

Konstruktivismus

Entwicklungsgeschichtlich stellt der Suprematismus eine Stilrichtung innerhalb des russischen Konstruktivismus dar, der vor allem im Bereich plastischer Gestaltung bahnbrechend wirkte. Ausgangspunkt waren Picassos plastische Konstruktionen aus Glas, Holz, Metall, Leder, Stoff usw., die aber nun ins rein Abstrakte übersetzt wurden. Mit den Mitteln abstrakter Stereometrie sollten selbständige, von persönlichen Emotionen befreite Konstruktionen errichtet werden: adäquater Ausdruck einer neuen, von Mathematik und Technik beherrschten Welt. Hauptvertreter der konstruktivistischen Ideen waren Tatlin, Rodtschenko und Lissitzky sowie Gabo, Pevsner und Moholy-Nagy, die das Licht als plastisch-räumliches Gestaltungsmaterial entdeckten.

Nach der Revolution kam es zwischen ihnen zu einer Spaltung. Während Rodtschenko, Tatlin und später Lissitzky forderten, daß die Kunst mehr der Nützlichkeit als der reinen Ästhetik verpflichtet sein und sich industrieller Materialien und Ingenieurtechniken bedienen müsse, vertrat Naum Gabo, unterstützt von seinem Bruder Antoine Pevsner, in seinem ›Realistischen Manifest‹ (1920) den Standpunkt, daß die Kunst sich wohl ingenieursmäßiger Techniken bedienen und den Raum als skulpturales Element benutzen solle, daß aber der Schwerpunkt weiterhin im

Ästhetischen liegen müsse. Nach 1921 fiel die anfänglich von den Revolutionsorganen geförderte konstruktivistische Kunstrichtung in Ungnade: Lenin favorisierte einen traditionalistischen Realismus, aus dem schließlich der Sozialistische Realismus hervorging. Gabo, Pevsner, Lissitzky und Moholy-Nagy übersiedelten nach Deutschland und Frankreich, und der Konstruktivismus wurde zu einer europäischen Bewegung. Nach 1923 verschmolzen seine Ziele mit denen des Stijl und wurden schließlich vom Bauhaus weiter vertreten, wie auch von der 1931 in Paris gegründeten Künstlervereinigung Abstraction-Création, die zum Sammelbecken der verschiedensten abstrakten Tendenzen wurde und in Ausstellungen sowie in ihrem 1931–36 jährlich erschienenen Almanach jegliche Ausrichtung ungegenständlicher Kunst präsentierte.

Abstraction-Création

Eine im mathematischen Sinne reine Harmonie durch Abstraktion wurde zum Ideal des Mondrianschen Konstruktivismus und seiner neoplastizistischen Konzeption, die nur ein aus Vertikalen und Horizontalen bestehendes Ordnungsprinzip sowie die Primärfarben Blau, Rot, Gelb und die Nichtfarben Schwarz, Weiß, Grau zuließ. Ihren reinsten Ausdruck erreichte diese Malerei in Mondrians Werken aus den frühen 20er Jahren. Die 1917 mit van Doesburg gegründete Stijl-Bewegung, die 1918 ihr erstes Manifest publizierte, befruchtete vor allem die moderne Architektur und die Gebrauchsgrafik.

Neoplastizismus

de Stijl

Das Bauhaus nahm schließlich das gesamte Spektrum konstruktivistischer Ideen in der Konzeption einer Schule für Architektur, bildende Kunst und Kunsthandwerk auf, die 1919 von Gropius in Weimar gegründet wurde. Klarheit, Sachlichkeit und Zweckmäßigkeit unter Über-

Bauhaus

windung des Historismus sowie das Zusammenwirken von Kunst und Industrie im Sinne umfassender Lebensgestaltung stellten die Ziele dieser Schulkonzeption dar. Nach dem Vorbild der mittelalterlichen Bauhütte beim Kathedralbau sollte die Architektur die führende Rolle einnehmen, der sich alle anderen Künste unterzuordnen hatten. Neben bedeutenden Architekten wie Hannes Meyer und Marcel Breuer zog Gropius berühmte Maler an die Schule, wie → Albers, Feininger, Kandinsky, Klee, Moholy-Nagy, Schlemmer u. a., die als schlichte ›Meister‹ den Klassen und Werkstätten vorstanden. Im Unterricht wurden visuelle Probleme wie Licht, Farbe, Raum systematisch erforscht, besondere Bedeutung kam der Auseinandersetzung mit den bildnerischen Materialien und ihren Ausdrucksmöglichkeiten zu. Neben den künstlerischen Klassen gab es Werkstätten für Schreinerei, Töpferei, Weberei, Innenarchitektur, Bühnenbildnerei, Typografie, Fotografie, Metallarbeit und Werbegrafik, wobei dem ›Design‹ (der industriellen Formgebung) große Bedeutung zugemessen wurde. Im kunsttheoretischen Unterricht wurden grundlegende ästhetische Probleme erörtert. Trotz gemeinsamer Zielsetzung gab es starke Meinungsverschiedenheiten, vor allem kam es nie zu einer befriedigenden Lösung des Konfliktes zwischen geistigem Ausdruck und nützlicher Funktion.

1925 übersiedelte das Bauhaus in den von Gropius errichteten Bau nach Dessau. 1928, nach dem Rücktritt von Gropius, wurde Hannes Meyer neuer Direktor. Unter seiner Leitung gewannen konstruktivistische, wissenschaftliche und fast anti-künstlerische Tendenzen die Oberhand. 1930 folgte Mies van der Rohe als Direktor, 1933 wurde die Schule durch die Nationalsozialisten geschlossen. Gropius, Mies van der Rohe, Albers, Feininger und andere emigrierten in die USA, wo Moholy-Nagy 1937 in Chicago das New Bauhaus gründete und dadurch wichtige Stilrichtungen der Epoche nach 1945 wie z. B. die Lichtkinetik, die Op Art und die Post-Painterly Abstraction initiierte oder vorbereitete.

Dada

Neben dieser Vielzahl von Stilrichtungen der Abstraktion gab es eine stark anarchisch sich äußernde Kunstströmung, die in der Zeit zwischen 1916 und 1922 die Zeitgenossen schockierte und von der Hans Richter, ein Beteiligter, im Rückblick sagte, sie sei wie ein Gewitter über die Kunst jener Zeit hereingebrochen: Dada »entlud sich ohne Vorwarnung in einer schwülen Atmosphäre der Sättigung und hinterließ einen neuen Tag. Dada hatte keine einheitlichen formalen Kennzeichen wie andere Stile. Aber es hatte eine neue künstlerische Ethik, aus der dann eigentlich unerwartet neue Ausdrucksformen entstanden«.

Die Geburt von Dada vollzog sich ganz programmatisch am 3. Februar 1916 im Züricher ›Cabaret Voltaire‹ mit einer literarischen Demonstration von Hugo Ball, Tristan Tzara, Richard Huelsenbeck, Marcel Janco und Hans Arp. Aber auch an anderen Orten erwuchsen Dada-Aktivitäten; Huelsenbeck überführte die dadaistische Anti-Kunst nach Berlin und Raoul Hausmann, Hannah Hoech, Grosz, die Gebrüder Herzfeld, Eggeling und Richter organisierten hier ein stark politisch-provokativ orientiertes Dada-Programm. In Köln formierte sich eine Gruppe um Max Ernst und Baargeld, die zeitweise von Arp unterstützt wurde, und der Einzelgänger Schwitters machte Hannover zur Wirkungsstätte seiner poetischen Nonsensklebekunst, die er »Merzkunst« nannte. (Die Bezeichnung entnahm Schwitters – ganz dadaistisch – der zweiten Silbe des Wortes Commerzbank, das er aus einer Anzeige ausgeschnitten hatte.) Eigentliches Ziel von Dada war die Zerstörung der bürgerlichen Wertvorstellungen in Kunst und Gesellschaft; um das zu erreichen, bediente man sich der Ironisierung, der Provokation, des Paradoxen, Absurden, des Bluffs oder Ulks. Dieser aggressive Angriff auf die herrschenden ästhetischen Vorstellungen regte die Künstler zu ganz neuen künstlerischen Ausdrucksmitteln und Experimenten an. Geboren aus dem Abscheu vor Rationalismus und Nationalismus, die für den Ersten Weltkrieg verantwortlich gemacht wurden, verschrieb sich Dada ganz dem Irrationalen und Zufälligen. In ihren Dichterlesungen, Aufführungen, provokanten Manifestationen und Ausstellungen versuchten die Dadaisten, einen schockierenden Verfremdungseffekt auszulösen, etwa durch die zufällige, ›sinnlose‹ Koppelung von willkürlich durcheinander geschüttelten Worten oder Formen, die oft einen überraschenden alogischen Sinn ergab, oder durch die totale Infragestellung der ›Kunst‹, die z. B. Duchamp vornahm, als er ein Urinoir, das er signiert hatte, als Kunstwerk in New York zu einer Ausstellung einreichte (*Fountain*, 1917). Mit seiner Verneinung der damaligen Auffassung von

Ready made

Ästhetik durch solche ›Ready mades‹ (vorgefundene, oft industriell produzierte Gebrauchsgegenstände, die er ohne oder mit nur geringfügiger Veränderung ihrer äußeren Gestalt mit Titeln versah und zu Kunstwerken erklärte) war Duchamp der eigentliche Vorläufer des Dadaismus. Er war die zentrale Figur einer dem europäischen Dadaismus parallellaufenden New Yorker Bewegung, die sich um Stieglitz und seine avantgardistische Zeitschrift ›291‹ gebildet hatte und zu der auch Picabia und Man Ray gehörten. Durch Picabia, der 1918 mit Zürich Kontakt aufnahm, strömten diese amerikanischen Ideen in den europäischen Dadaismus ein.

In Paris konzentrierte sich eine starke dadaistische Gruppe um die von Aragon, Breton und Soupault herausgegebene Zeitschrift ›Littérature‹, die sich jedoch zunehmend literarischen Zielen zuwandte und 1922 auseinanderbrach, was das Ende Dadas signalisierte. Die Ideen und Verfahren von Dada, die sich auch auf künstlerische Bereiche wie Typografie, Fotomontage, Film, Musik, Theater und Architektur erstreckten, fanden ihre Fortsetzung vor allem im Surrealismus und lebten in den neodadaistischen Bestrebungen, die sich Ende der 50er Jahre allenthalben bemerkbar machten, wieder auf.

Surrealismus

Der Surrealismus, der programmatisch aus der Pariser Dada-Gruppe hervorging, erbte von dieser die »rebellische Haltung gegenüber Kunst und Leben«, wie Arp später formulierte. Im Gegensatz zur Anarchie Dadas basierte der Surrealismus aber auf bestimmten theoretischen Prinzipien. Das erste ›Surrealistische Manifest‹, 1924 von Breton verfaßt, definierte Surrealismus als »reinen psychischen Automatismus, durch welchen man, sei es mündlich, sei es schriftlich, sei es auf jede andere Weise, den wirklichen Ablauf des Denkens auszudrücken sucht« und forderte zur Erforschung bisher unberührter Zonen der menschlichen Psyche und des Unbewußten auf, die sich durch Automatismus (eine Art schlafwandlerischer Malprozeß »ohne jede Kontrolle

Automatismus

durch die Vernunft, jenseits jeder ästhetischen oder moralischen Überlegung«) in ein künstlerisches Aktionsgeschehen umsetzen sollten. Durch automatistische Techniken sollte der menschliche Geist befähigt werden, die normalen Zwänge der Logik zu sprengen und zu neuen verbalen oder visuellen Vorstellungen zu gelangen, in denen nichtzusammengehörige Dinge in unerwarteten Gegenüberstellungen eine neue magisch-poetische Wirklichkeit erzeugen. Starken Einfluß auf diese Ideen hatten die Psychoanalyse Freuds, vor allem seine ›Traumdeutung‹ (1900), sowie die Pittura metafisica von De Chirico. Die Pittura metafisica – ein 1917 von De Chirico und dem ehemaligen Futuristen Carrà geprägter Begriff, um einen um 1913 von De Chirico entwickelten Stil zu bezeichnen – hatte bereits vor dem Surrealismus ihre Absichten darauf ausgerichtet, die metaphysische Bedeutung gewöhnlicher Dinge zu enthüllen, indem sie sie in einen ungewöhnlichen, alogischen und verfremdenden Zusammenhang stellte. Eine unwirkliche magische Poesie gewannen die Bilder nicht nur durch die Kombination heterogener Objekte, sondern auch durch die betonte Plastizität der Volumen im Raum, verstärkt durch eine unwirkliche, verzerrte Tiefenperspektive mit oft verschieden hohen Horizontlinien.

Pittura metafisica

Vor allem Dali, der sich 1928 in Paris dem Surrealismus anschloß, wurde mehr von der Pittura metafisica als von Dada inspiriert. Dali lieferte der surrealistischen Theorie einen wichtigen Beitrag durch die von ihm erfundene »paranoisch-kritische Methode«, die es ihm ermöglichte, seine außerordentlichen halluzinatorischen Fähigkeiten aufs Äußerste zu steigern und sich in einen tranceartigen, hysterischen paranoiaähnlichen Zustand zu versetzen. Dabei wurden die aus dem Unterbewußtsein auftauchenden, traumhaften, alogischen Bildvisionen kritisch registriert und mit minuziöser, oft geradezu fotografischer Genauigkeit festgehalten. Dieser veristische Surrealismus war auf die Kunstentwicklung bis in die Perioden nach 1945 von großem Einfluß, was auch für Tanguy mit seinen phantastischen, stillen Traumlandschaften und für Max Ernst mit seinen berühmten Collage-Romanen gilt, in denen jedoch neben den Techniken des halluzinatorischen Traumdiktats die reizvolle Spontaneität überraschender Dingpoesie aus dem Dadageist erhalten blieb. Auch Magritte, der erst sehr viel später als Dali und Max Ernst internationale Anerkennung fand, übte großen Einfluß auf die jüngere Generation aus. Sein surrealistisches Werk, das sich mit dem Wesen der Wirklichkeit auseinandersetzt, beschränkt sich auf wenige Hauptthemen, etwa auf die vielschichtigen Relationen von Objekt, Abbild und Benennung, die er durch paradoxe Konfrontationen in eine magische Verrätselung überführt.

veristischer Surrealismus

Expressionismus

Der Blick in das Innere des Menschen, in seine komplizierte Psyche kennzeichnet auch die vielschichtigen Äußerungen der expressionistischen Kunst. Im Gegensatz zu dem vom Intellekt geprägten, esprithaften Irrationalismus surrealistischer Herkunft ist die expressionistische Ausdrucksweise von tiefer Empfindung getragen – oft sogar bis zur religiösen Ekstase – und von psychologisierender Schwermut, die sich stark von den heiteren, illusionistischen Oberflächenreizen des Impressionismus absetzt. Die sinnlich wahrnehmbare Wirklichkeit diente dem Expressionismus nur noch als auslösendes Moment für das innere Erlebnis. Die künstlerischen Werke der Expressionisten wurden daher zur sublimierten Entäußerung des um Befreiung ringenden, aber ohnmächtigen Individuums. Sie besitzen eine lapidar einfache, direkte Bildsprache, deren Vokabular aus einer ungebrochenen, starken, großflächigen Farbigkeit, einer expressiven spannungsgeladenen Pinselführung und einer ausdruckssteigernden Deformierung der Form besteht, manchmal bis zur karikaturhaften Entstellung getrieben. Ähnlich wie die Kubisten wandten sich die Expressionisten gegen die eindruckstrunkene Sinnenkunst des Impressionismus, verarbeiteten aber zugleich das durch ihn gewonnene unmittelbare Farb- und Lichterlebnis zugunsten eines starken Ausdrucksgehaltes und einer emotionalen Farbaussage.

Der Expressionismus wurde durch eine von Künstlern wie van Gogh, Gauguin, Munch, Ensor und Hodler getragene Vorperiode im ausgehenden 19. Jahrhundert eingeleitet, Künstler, die mit ihrem Werk die Abkehr von der impressionistischen Heiterkeit und die Konzentration auf die Probleme des Individuums vollzogen. Van Gogh hatte die von den Impressionisten aus der tonigen Bindung befreite und aufgehellte, von den Pointillisten naturwissenschaftlich-methodisch durchgeprüfte Farbe auf ihren Ausdruckswert hin befragt und die rein formal angewandten Farbkommata der Impressionisten zu spezifischen Ausdruckswerten gesteigert. Dazu kam Gauguins zusammenfassende rhythmische Gliederung der Bildfläche durch ornamentale Ausdrucksformen. Diese neue Gestaltung im Sinne des von Anquetin begonnenen Cloisonnisme gelangte zum Teil über die Nabis und im Zusammenhang mit der Kunst von Toulouse-Lautrec nach Deutschland.

Hier wurde die eigentlich expressionistische Bewegung von den beiden Künstlergruppen ›Die Brücke‹ und ›Der Blaue Reiter‹ getragen, die im Pariser Fauvismus (mit den Malern Matisse, de Vlaminck, Derain, Valadon, Utrillo, van Dongen, Dufy) und den ›Peintres maudits‹ (Modigliani, Chagall, Rouault, Soutine) eine verwandte Parallelbewegung in Frankreich besaßen, bei der ebenfalls die schwermütige Lyrik des leidenschaftlichen Empfindens die schwerelose, sinnentrunkene Farbenfreude der Impressionisten verdrängte. Die Krisenhaftigkeit des individuellen Seins und die Tragik des subjektiven Scheiterns an der gesellschaftlichen Konvention drückte sich vor allem in den Bildern der ›Brücke‹-Maler aus (Kirchner, Schmidt-Rottluff, Heckel, Mueller, Pechstein und Nolde), die von hektischen Rhythmen und grellen Farben bestimmt waren. Sie bannten den Schrei des quälenden Weltschmerzes, die kompromißlose Infragestellung des eigenen Ich im Anschluß an die Philosophie Kierkegaards, den nackten Trieb und den religiösen Wahn in die Grellheit einer ekstatischen Farbenfülle, die sich ihre eigenen Formprinzipien aus dem spontanen Fluß des sich kreativ artikulierenden Empfindens schuf. Die Künstlichkeit einer leeren Harmonie wich der asymmetrischen Verzerrung, dem gequälten Aufschrei, wie er schon in Munchs berühmtem Bild *Der Schrei* (1895) zur direkten Vergegenwärtigung gelangt war.

Fauvismus

›Peintres maudits‹

›Die Brücke‹

Im Gegensatz zur ›Brücke‹ standen die Mitglieder des ›Blauen Reiter‹, der 1911 aus der Münchner Neuen Künstlervereinigung hervorging, den Einflüssen der internationalen Avantgarde wie Kubismus, Futurismus und Orphismus sehr viel aufgeschlossener gegenüber und nahmen

›Der Blaue Reiter‹

entsprechende Anregungen in ihre Bildsprache auf. Die wichtigsten Mitglieder der Gruppe waren Jawlensky, Kandinsky, Klee, Macke, Marc und Gabriele Münter. Bezeichnend für die breite Skala der künstlerischen Ausdrucksmöglichkeiten innerhalb der Gruppe ist die Tatsache, daß auf der ersten programmatischen Ausstellung (Galerie Thannhauser 1911) neben Werken der Mitglieder auch Bilder von zwei so extremen Exponenten der französischen Kunst wie Delaunay und Henri Rousseau gezeigt wurden, die für Kandinsky die beiden Pole einer zukünftigen Kunst – das ›Große Abstrakte‹ und das ›Große Reale‹ – verkörperten. Die stilistischen Bemühungen der Künstler des ›Blauen Reiter‹, die eher intellektuell und analytisch geprägt waren und unter der geistigen Führung Kandinskys zur Abstraktion tendierten, hatten einen spirituellen und mystischen Unterton. 1912 erschien Kandinskys wegweisendes Buch ›Über das Geistige in der Kunst‹, in dem er den autonomen, vom Gegenstand unabhängigen Ausdruck von Form und Farbe postulierte. Der Ausbruch des Ersten Weltkrieges, in dem Marc und Macke fielen, setzte dem gemeinsamen Streben der Gruppe ein Ende. Der Geist des ›Blauen Reiter‹ wirkte jedoch in den Ideen des Bauhauses, an dem Kandinsky und Klee später als Meister tätig waren, weiter fort. Über Hans → Hofmann gelangten die Ideen Kandinskys 1932 auch nach Amerika.

Realismus

Die Hauptströmung des 19. Jahrhunderts, der Realismus, setzte sich in bestimmten Tendenzen auch in den ersten Jahrzehnten des 20. Jahrhunderts fort. In diesen mehr traditionellen stilistischen Bahnen ereigneten sich allerdings keine revolutionären Neuerungen wie im Kubismus, Surrealismus und Konstruktivismus. Der Realismus erwies sich vielmehr als eine künstlerische Richtung, in der sich der Fortschrittspositivismus, der nach der Jahrhundertwende dominierte, ebensowenig etablieren konnte wie im Expressionismus. Liebe zum Unscheinbaren, soziales Engagement, Kampf gegen Krieg und Unterdrückung, gegen Armut und Krankheit, das waren die Motivationen, die in allen realistischen Tendenzen weltweit, wenn auch mit unterschiedlichen Vorzeichen, zum Ausdruck kamen.

Neue Sachlichkeit

Als Gegenbewegung zur großen Abstraktion von Kubismus und Futurismus sowie zu den pathetischen Emotionen des Expressionismus formierte sich um 1918 in der deutschen Malerei, vor allem in Berlin und Dresden, mit den Künstlern Otto Dix, Carl Grossberg, George Grosz, Karl Hubbuch, Anton Räderscheidt, Christian Schad und Rudolf Schlichter eine realistische Tendenz, die wieder nach der »Eigengesetzlichkeit der Dingwelt« in ihrer Umgebung suchte und dabei unter Verzicht auf sinnliche Dynamik um Objektivität bemüht war. Diese realistische (veristische) Bewegung wurde mit der Kennzeichnung Neue Sachlichkeit oder Magischer Realismus belegt, wobei sich ›magisch‹ auf die ambivalente Darstellungsmethodik dieser Stilrichtung bezog, die trotz distanziert scharfer Konturierung und emotionsferner Abbildung der Realität eine engagierte Perspektivik des Künstlers erkennen ließ. Diese besondere Perspektivik äußerte sich in der unbestechlichen Blickschärfe, die die Mehrschichtigkeit der Realität hinter ihrer Oberflächenfassade freilegte und die Diskrepanz zwischen zivilisationsunberührter Natur und morbider Großstadtbürgerlichkeit bildlich greifbar machte. In der ätzend-satirischen Kritik dieser Realisten erschien die

Magischer Realismus

technisierte Umwelt mit ihren anonymen Straßenfluchten und trostlosen Elendshinterhöfen als menschenfeindlicher Vegetierraum. Aus ihren alltagsnahen Großstadtszenen sprach die Angst, die Leere, die Verlassenheit des Menschen inmitten der Industrielandschaften und Häusermeere. Die karikaturhafte Zeichnung wurde daher zum adäquaten Ausdrucksmittel einer sozial engagierten Bildsprache, die Menschenliebe und bittere Aggressivität in sich vereinte. Bei aller überscharfen Realistik besitzen die Bilder eine reduzierte Figürlichkeit und einen straff durchorganisierten, fast geometrischen Bildorganismus, der die dargestellten Menschen wie verkrüppelte, entindividualisierte Maschinenfiguren erscheinen läßt. Durch die klare Bildstruktur soll die kalte Gesichtslosigkeit einer Umwelt deutlich werden, die Menschen und technische Apparate egalisiert.

Sozialer Realismus

Der engagierte soziale Realismus des ausgehenden 19. Jahrhunderts, der in Käthe Kollwitz eine große Repräsentantin gefunden hatte, setzte sich mit proletarisch-revolutionärem Selbstverständnis und klassenkämpferischer Programmatik in der sogenannten ›ASSO‹ fort, der 1928 in Berlin und 1929 in Dresden gegründeten kommunistischen ›Association revolutionärer bildender Künstler‹. Zu ihren Mitgliedern zählten u. a. Hans und Lea Grundig, Wilhelm Lachnit, Otto Nagel und Conrad Felixmüller. Während dieser soziale Realismus mit dem faschistoiden Realismus des Nationalsozialismus 1933 in Deutschland sein Ende fand, erlebten ähnliche Tendenzen in Mexiko durch die drei großen Realisten Diego Rivera, José Clemente Orozco und David Alfaro Siqueiros eine weltweite Resonanz. Mit ihren monumentalen, folkloristisch-farbenreichen Wandbildern wurden sie vorbildhaft für nord-

ASSO

Mexikanischer Realismus

amerikanische Realisten wie Ben Shahn, John Sloan und Kenneth Hayes Miller. In den USA hatte sich schon mit der sog. Ash Can School (Mülltonnenschule) um 1908 eine sozial-realistische Schule gebildet, die sich in ihren Bildern auf die Darstellung des armen, häßlichen New Yorker Slummilieus der Kleinbürger und Proletarier konzentrierte.

Ash Can School

Auch die Neue Sachlichkeit hatte auf dem Kontinent jenseits des Atlantik in der ›American Scene‹ eine Parallelbewegung, deren Vertreter Hopper, Grant und Wood später großen Einfluß auf den amerikanischen Realismus der 60er und 70er Jahre ausüben sollten. Die bundesstaatliche Institution WPA förderte in Amerika mit ihren Aufträgen für Wand- und Staffeleibilder vor allem diese American Scene, so daß sie sich ebenso wie der renaissancehaft-monumentale Sozialrealismus Mexikos in riesigen Wandfresken artikulieren konnte. Nach dem Zweiten Weltkrieg sollten aus dieser Bewegung so wegweisende Malerpersönlichkeiten wie → Gorky, → Pollock und → De Kooning hervorgehen.

American Scene

In der Sowjetunion wurde die realistische Kunst unter dem Etikett des sich 1930 nach vielen kulturellen Richtungskämpfen der nachrevolutionären Frühphase etablierenden Sozialistischen Realismus zum parteigesteuerten Instrument einer klassenkämpferisch-ideologischen Massenbeeinflussung für das sozialistische System und gegen den Kapitalismus. Gemäß den Leninschen Vorstellungen von der funktionellen Aufgabe einer sozialistischen Kunst sollte der Adressat des Sozialistischen Realismus die breite Masse sein, die nach Lenin nur durch eine parteilich-volkstümliche Darstellungsweise politisch, moralisch und ästhetisch gebildet werden kann. Wie

Sozialistischer Realismus

schwierig es anfänglich war, dieses Programm in ein einheitliches Stilgefüge zu übertragen, dokumentiert sich deutlich in den frühen russischen Werken des Sozialistischen Realismus. Während in dem berühmten Wandbild von Deineka *Die Verteidigung Petrograds* (1928) noch ein stark konstruktiv geordneter Bildaufbau herrscht, zeigt *Das Verhör der Kommunisten* (1933) von Boris W. Joganson schon die pathetische Gestik des kommunistischen Helden, der sich als typischer Charakter überscharf von den bestialisch wirkenden Peinigern absetzt. In der Stalin-Ära wurde die Kunsttheorie konkret mit inhaltlichen Zielsetzungen der aktuellen Politik gefüllt. Die Partei setzte den Themenkatalog der Kunst fest, der vom Kampf gegen den Kapitalismus und Faschismus, über die Heroisierung des Arbeiter-und-Bauern-Staats, über die gigantisierende Darstellung des schwerindustriellen Aufbaus bis zur Propagierung kollektiver Landwirtschaft reichte. Die Kunst sollte den modernen Arbeitsprozeß und das politische Bekenntnis zum sozialistischen Staat als entscheidende Lebenskraft des sozialistischen Menschen darstellen. Diese Kunstauffassung, die zu einer Vielzahl monumentaler Historien- und Propaganda-Gemälde mit stilistischen Anleihen aus dem 19. Jahrhundert führte, bestimmte auch nach dem Zweiten Weltkrieg weitgehend die Kunstszene in den Ländern des sowjetischen Einflußbereichs. Es entstand eine Bildtechnik, die den Arbeiter oft fern der realen Verhältnisse mit romantischen Attributen ausstattete und inmitten einer idealistisch gesehenen technisierten Umgebung als titanischen Helden darstellte.

Alle hier kurz skizzierten Strömungen der Kunst aus den ersten Dekaden des 20. Jahrhunderts erlebten nach dem Zweiten Weltkrieg sowohl eine gewisse entwicklungsgeschichtliche Kontinuität als auch einen evolutionären Wandel in den Zielsetzungen. Sicher aber bildeten sie das Fundament jenes vielfältigen Spektrums von stilistischen Richtungen, in denen sich die heutige Kunst-Avantgarde artikuliert.

Stilrichtungen nach 1945: Vom Abstrakten Expressionismus bis zur Spurensicherung

Das Jahr 1945 markiert mit dem Ende des Zweiten Weltkrieges nicht nur im weltpolitischen Geschehen, sondern auch in der Stilgeschichte der bildenden Kunst eine entscheidende Zäsur. Hatte Paris seit dem Impressionismus die internationale Kunstmetropole repräsentiert, so verlagerte sich das künstlerische Leben in den 30er Jahren zunehmend in das vom Faschismus und von direkten Kriegswirren unberührte New York. Die Abwanderung so bedeutender Künstlerpersönlichkeiten wie → Albers, Max Ernst, Moholy-Nagy, Man Ray und Picabia nach Amerika schwächte die europäische Kunstszene, während die Weltmachtstellung Amerikas in der Kriegs- und Nachkriegsära den Aufstieg New Yorks zum Mekka der Kunst wesentlich beflügelte. Das positivistisch pragmatische Klima dieser Stadt ließ den Künstlern in der Phase ständig steigender Prosperität ein Mäzenatentum aus Kreisen der Wirtschaft entstehen, das sich eine großzügige Förderung der Kunst leisten konnte, zugleich drängten aber die nirgends so deutlich wie hier zutage tretenden ideologischen Probleme des 20. Jahrhunderts den Künstler auch in jene kritische Außenseiterposition, die sich an Widersprüchen reibt und nach neuen Lebens- und Darstellungsformen sucht. Daraus formierte sich eine neue seltsame Zwitterstellung der Künstler, indem sie zwar wie von jeher Warenproduzenten von gesellschaftlichen Wertobjekten blieben – nämlich von der Aktie Kunstwerk – gleichzeitig aber diese traditionellen Mechanismen des Kunstkonsums durch revolutionäre Praktiken in der Kunstproduktion und -rezeption in Frage stellten. Dies geschah vor allem in der Entwicklung einer aktionellen Kunst, die sich vom fetischhaften Objekt zu emanzipieren und in prozeßhafter Gestik selbst zu verwirklichen suchte.

In dieser Tendenz ist die Kunst nach 1945 kein radikaler Neubeginn, wie man aufgrund der vielen neu aufkommenden ›Ismen‹ in den ausgehenden 40er und frühen 50er Jahren vermuten möchte; sie wurzelt vielmehr in jenen Ideen und Bewegungen, die sich mit Surrealismus, Dada, Konstruktivismus und Bauhaus-Funktionalismus (siehe Einführungskapitel 1) stilgeschichtlich fixieren lassen und deren Vertreter selbst die Verbindung zwischen der Vorkriegs- und Nachkriegsepoche herstellen.

Abstrakter Expressionismus

So entwickelt sich der Abstrakte Expressionismus als erste internationale Nachkriegsstilrichtung aus der surrealistischen Darstellungsmethode des psychischen Automatismus, dessen berühmte Vertreter Matta, Dali und Masson ab 1942 in der Galerie ›Art of this Century‹ von Peggy Guggenheim in New York ausstellen und eine neue Künstlergeneration inspirieren. Die Bereitschaft der amerikanischen Kunstszene für eine positive Adaption der abstrakten Gestaltungsweise war durch die Lehrtätigkeit von → Albers und → Hofmann an amerikanischen Hochschulen wesentlich gefördert worden, so daß die surrealistischen und konstruktivistischen Emigranten hier ein vorbereitetes und vor allem vorurteilsfreies Wirkungsfeld zu Beginn der 40er Jahre vorfanden. Ebenso leistete der seit 1920 in Amerika lebende Armenier → Gorky eine wichtige Vermittlerfunktion für neue stilistische Experimente in der abstrakten Kunst, da er aus dem automatistischen Malstil Mattas, aus dem symbolischen Surrealismus von Max Ernst sowie aus den reinen Farbrhythmen Kandinskys eine neue Variante abstrakter Malerei ableitete, die sich durch einen spontanen Duktus der Linien, durch kalligrafische Formen und transparent fließende Farben auszeichnet. Aus all diesen Elementen erwächst jene Stilrichtung, die von dem amerikanischen Kunstkritiker Greenberg mit dem Begriff ›Abstrakter Expressionismus‹ typisiert wird. Im Laufe der Zeit findet diese Bezeichnung im allgemeinen Sprachgebrauch dann auch Anwendung auf parallele europäische Strömungen wie Tachismus, Informel und Art brut, wobei das verbindende Kriterium in der lyrisch-improvisatorischen Abstraktionsform gesehen wird, die sich bewußt und entschieden von der rationalen Planung der konstruktivistisch-konkreten Abstraktion absetzt.

Zu den klassischen Werken des Abstrakten Expressionismus zählen die seit 1947 entstandenen ›Drip Paintings‹ von → Pollock, die in einem tranceähnlichen, ritualen Arbeitsvorgang ausgeführt sind. Der amerikanische Kunstkritiker Rosenberg belegt diese prozeßhafte Malmethode mit dem Terminus ›Action Painting‹, eine Kennzeichnung, die später auch auf eine ganze Richtung in Amerika Anwendung findet, die Pollocks Malverfahren benutzt. Pollocks Drip-Methode bricht mit der traditionellen Tafelbildmalerei, indem die Farbe in einem rauschhaften Prozeß gemäß den spontanen Eingebungen des Künstlers direkt auf die am Boden ausgebreitete Leinwand geträufelt wird. Die Leinwand ist dadurch nicht mehr nur die Fläche, auf der das Bild gemalt wird, sondern stellt das Aktionsfeld der künstlerischen Handlung dar.

Action Painting

Drip Painting

Gleichzeitig ist mit diesem automatistischen Verfahren auch die Abbildlichkeit, die sich in der surrealistischen Ausführung der ›Ecriture automatique‹ noch fand, aufgehoben. Auf der Leinwand, die nun zu monumentalen Ausmaßen tendiert, da sie nicht mehr durch die Rahmung begrenzt ist, vollzieht sich ein rein gestisches Geschehen, das die Ecriture automatique nun in ihre radikale Konsequenz überführt.

Außer Pollock werden u. a. die Amerikaner → Kline, → De Kooning, → Tobey und →Motherwell zu den Vertretern dieser gestischen Malerei gezählt, obwohl sich in ihren Bildern oft eine archetypische Symbolik aus der spontanen Kalligrafie des Malvorgangs zeichenhaft herauskristallisiert.

Informel

Auf europäischem Boden etabliert sich mit dem Informel eine dem Action Painting vergleichbare Stilrichtung, die ebenfalls in der surrealistischen Ecriture automatique wurzelt und in der ›Ecole de Paris‹ ihr eigentliches Wirkungsfeld besitzt, von dem aus die Künstler im gesamten westlichen Europa ihre Anregungen wie schon in der Vorkriegsära beziehen. Der Begriff ›Informel‹ wird erstmals für die von → Wols, → Dubuffet und → Fautrier 1945 in der Pariser Galerie René Drouin gezeigten Bilder geprägt und soll ebenso wie das amerikanische Wort ›Action Painting‹ das Bekenntnis zur irrationalen Formlosigkeit und zur spontanen Inspiration aus dem Unterbewußtsein formelhaft ausdrücken. Gleichzeitig kommen aber auch andere Bezeichnungen auf, die den Willen zur subjektiven abstrakt-expressiven Malerei begrifflich erfassen. So apostrophiert Tapié für seine eigene Malerei besonders »die Bedeutsamkeit des Formlosen«, während Dubuffet für die spontane

Rhythmik seiner Malerei aus Farbflecken und Liniengeflechten die Bezeichnung ›Art brut‹ wählt. 1950 bezeichnet der französische Kritiker Pierre Guégin die psychogrammartigen Bilder von → Hartung, → Mathieu, → Sonderborg und Wols als tachistisch (abgeleitet von dem französischen Wort ›tache‹ = Flecken). Die Grenzen in der Anwendung dieser Stilbezeichnungen sind fließend, jedoch werden Action Painting und Tachismus üblicherweise nur im Bereich der Malerei verwendet, während die Begriffe Lyrische Abstraktion (im Gegensatz zur konstruktivistischen Geometrischen Abstraktion) und Abstrakter Expressionismus, die Sammelbezeichnungen für die von festen Kompositionsregeln befreite Kunst der ausgehenden 40er und 50er Jahre darstellen, auch den Bereich der Plastik umfassen, in der sich nach 1945 ebenfalls eine impulsiv abstrakte Ausdrucksgebärde entwikkelt.

Art brut

Tachismus

Lyrische Abstraktion

In Deutschland besitzt die Lyrische Abstraktion ihre bedeutendsten Vertreter in → Nay und → Winter, dessen moderierter Linienduktus jedoch noch eine gewisse archetypisch zeichenhafte Deutung im Sinne Baumeisters zuläßt, während → Götz ebenso wie Sonderborg den Weg der spontanen formlosen Kalligrafie beschreitet.

Der Grad kontrollierender Disziplin beim Malvorgang läßt sich bei den einzelnen Vertretern dieser Richtungen, vor allem aber bei den unterschiedlichen Maltemperamenten, die der Ecole de Paris zugerechnet werden, nicht allgemein kennzeichnen, so daß nur in Form von Einzelanalysen eine angemessene Interpretation der tachistischen Malerei aufgrund ihrer betont individualistischen Gestik möglich ist. Man braucht nur das expressionistische Pathos in den

Bildern der → Cobra-Gruppe etwa mit Mathieu zu vergleichen, um die ungeheure Spannweite der Ausdrucksmöglichkeiten der spontanen Seelenniederschrift anzudeuten.

Ebenso wie die vielfältigen Richtungen der lyrisch expressiven Abstraktion hat auch ihr großer Gegenpol, die Geometrische Abstraktion, die in den 50er Jahren in Europa und Südamerika eine neue große Blütezeit erlebt, ihre Quellen in entsprechenden Schulen und Strömungen der 20er und 30er Jahre, besonders aber in der Tradition des Bauhauses, in das während der Weimarer Jahre auch die konstruktivistischen Experimente der Russen durch Moholy-Nagy eingegangen waren. Eine zweite Entwicklungslinie wurzelt in den durch Theo van Doesburg 1930 manifesthaft postulierten Grundsätzen der Konkreten Kunst, wonach die Gestaltung eines Kunstwerkes nach mathematischen Regeln an sich nicht von einem Abstraktionsvorgang ausgeht, sondern auf der unmittelbaren Verwendung der ›konkreten‹ Bildelemente Fläche, Linie, Volumen, Raum und Farbe beruht. Diese Elemente können nur über sich selbst aussagen und daher keine symbolische Bedeutung oder Naturbezüge besitzen. Neben → Bill, der sich intensiv um eine vertiefende theoretische Begründung der Konkreten Kunst bemüht und 1944 die Zeitschrift ›abstrakt/konkret‹ gründet, fördert besonders die kunstpädagogische und kunstschöpferische Tätigkeit von → Albers in Amerika nach 1940 neue Wege im Bereich der Geometrischen Abstraktion. In seinem künstlerischen Werk greift Albers mit der ›Hommage to the Square‹ auf Malewitsch zurück und initiiert – indem er sich formal auf das Quadrat beschränkt – die Farbuntersuchung als malerisches Sujet.

Geometrische Abstraktion

Konkrete Kunst

Op Art In diesem Sinne stellen vor allem Op Art und Kinetik die kontinuierliche Fortsetzung von Vorkriegsentwicklungen dar. Der eigentliche Vater und bedeutendste Repräsentant der Op Art (Abkürzung für Optical Art) ist in → Vasarely zu sehen, der bereits in den 30er Jahren mit einer systematischen Erforschung optischer Reizeffekte beginnt und mit dem Moiré-Effekt von harten Schwarz-Weiß-Mustern das für die Op Art typische Gestaltungsprinzip entdeckt. Bis in die späten 60er Jahre erlebt diese Irritationsmethode der menschlichen Netzhaut in Form von Flimmereffekten rege Variationen und übt auch auf Dekor und Design großen Einfluß aus. Außerdem macht sich die Op Art das tiefenperspektivische Synthetisieren von rhythmisch gestörten Farbreihen und Farbspiralen durch das Auge nutzbar und entwickelt auf der Grundlage all dieser physikalisch-physiologischen Phänomene eine Vielzahl von chromatischen Modulationen, die zu rhythmisch bewegten Irritationen des Sehens führen.

Während die englische Künstlerin Bridget → Riley die optisch-physiologischen Erscheinungsformen linearer Raster anhand von mathematischen Regeln weitererforscht und überraschende Ergebnisse einer zweidimensionalen Kinetik erzielt, überträgt der Argentinier → Soto dieses Prinzip zu Beginn der 50er Jahre auf reliefplastische Arrangements, indem er vor einer mit linearen Rastern bemalten Bildebene metallene Drähte und Schnüre aufhängt und dadurch die optische Aktivität durch wechselnde räumliche Vibrationseffekte verstärkt.

Neben dieser illusionistischen Kinetik der Op Art intensiviert sich in den 50er Jahren auch die Wiederaufnahme und Weiterführung raumplastischer, kinetisch-konstruktivistischer Tendenzen, wie sie von den russischen Avantgardisten Gabo, Pevsner und Moholy-Nagy ausgingen, die auch das Licht als ›dynamisch-plastisches Material‹ für ihre skulpturale Arbeit entdeckten.

Kinetik

Die mechanische Kinetik, die bereits vor 1945 in den Mobiles von Alexander Calder einen ersten Höhepunkt erlebte, findet ihre Weiterführung bei → Bury, → Rickey und → Takis, die das Repertoire der Bewegungskräfte durch magnetische, elektronische und natürliche Energiesysteme erweitern. Eine ganz andersartige Phänomenologie besitzt die Kinetik in den Maschinen → Tinguelys, die eine Verbindung aus dadaistischen und konstruktivistischen Tendenzen darstellen. In ihrer funktionslosen, grotesken Existenz ironisieren sie die absurde Dominanz der modernen Maschinenwelt über den Menschen, da sich ihre Bewegung in nutzlosem Leerlauf oder spektakulärer Zerstörung erschöpft.

Lichtkinetik

In den lichtkinetischen Arbeiten der deutschen → Zero-Künstler → Mack, → Piene und → Uecker sowie in den Lichtarchitekturen des Franzosen → Schöffer äußert sich in den 50er Jahren eine Weiterführung jener Synthese aus Raum, Bewegung, Licht und Farbformen, wie sie von Moholy-Nagy und den anderen Lichtexperimentatoren des Bauhauses Thomas Wilfred, Kurt Schwerdtfeger und Ludwig Hirschfeld-Mack in Gestalt ihrer Lichtapparaturen bereits in den 20er Jahren konzipiert wurde. Rascher als andere Kunstrichtungen vermag die Kinetik eine allgemeine Beliebtheit zu erringen, da sich – vor allem in den Aktivitäten der → Groupe de Recherche d'Art Visuel – die Begeisterung für technischen Fortschritt mit der Tendenz zu einer spontanen Beteiligung der Zuschauer am künstlerischen Prozeß verbindet.

Monochromie

Außer Op Art und Kinetik verwirklicht auch die monochrome Malerei, die ihre Anregungen zu reiner chromatischer Abstraktion aus fernöstlicher Meditation bezieht, eine Dynamisierung und Verräumlichung des Tafelbildes. 1958 realisiert → Fontana seine ersten aufgeschlitzten monochromen Leinwände, während → Klein einige Jahre später ähnliche Wirkungen mit farbigen Schwammreliefs erzielt. Beide Künstler üben großen Einfluß auf eine poetische Abstraktionsweise aus, die sich um eine Ausschöpfung der Eigenwertigkeit von Farbe bemüht und dazu in einer romantischen Idealisierung nach der puristischen Farbaussage sucht. In Deutschland tendiert die Malerei der → Zero-Gruppe in diese Richtung. Ihre eigentliche Entfaltung aber ereignet sich im Umkreis der sogenannten Post-Painterly Abstraction (Nachmalerische Abstraktion), die sich als Reaktion auf die irrationale Gestik des Abstrakten Expressionismus formiert. Wie die Op Art hat sie ihren Ursprung in der Systematik der gestaltpsychologischen Farbstudien des Bauhauses. Diese wurden durch → Albers nach Amerika überführt und erfuhren in dessen Schriften und künstlerischen Arbeiten zum Thema der Wechselwirkung komplementärer und nebeneinandergestellter Farben ihre erste konsequente Experimentalerforschung. Auf europäischem Boden geschieht gleiches unter den Vorzeichen ›Konkrete Kunst‹ oder ›Neue Abstraktion‹ durch die Schweizer Künstler → Bill und → Lohse, die sich in ihrem Werk auf die optischen Erscheinungen serieller Farbskalen konzentrieren und dabei komplizierte mathematische Regelsysteme der Reihung anwenden.

Post-Painterly Abstraction (Nachmalerische Abstraktion)

Aber ebenso wie der Abstrakte Expressionismus mit dem Action Painting auf amerikanischem Boden eine stilerneuernde Bewegung für den surrealistischen Automatismus initiieren konnte, expandiert auch die Post-Painterly Abstraction viel rascher in Amerika als in Europa, wo das Informel bis in die frühen 60er Jahre seine Vorherrschaft behaupten kann.

Die Entwicklung vom Action Painting zur Post-Painterly Abstraction besitzt in der von Gorky beeinflußten Malweise der Helen → Frankenthaler eine lyrische Übergangsphase, die bereits die Konzentration der Bildaussage auf die Eigenart der Farbtonalität einführt. Dieses malerische Experiment mit dem reinen Farbraum auf der Bildfläche setzt sich in der eigentlichen Post-Painterly Abstraction von → Newman, → Reinhardt, → Noland, → Louis, → Rothko, → Stella und → Kelly fort. Typisch für ihre Arbeiten, die man auch als Farbfeldmalerei bezeichnet, ist der absolute Einsatz der Farbe in dünnem Auftrag unter Vermeidung von Raumillusion und Betonung alles Flächigen, auch durch große, teils sogar riesige Formate. Während Newman, Rothko und Reinhardt große Farbflächen bevorzugen, Louis die Leinwand mit schleierartigen Farbbächen einfärbt und → Poons Farbtupfer auf transparenten Farbgründen schweben läßt, benutzen Stella, Kelly und Noland das sogenannte Hard edge-Prinzip, d. h. ihre klar definierten, meist geometrischen Formen sind durch scharfkantige Umrisse voneinander abgegrenzt.

Farbfeldmalerei (Colourfield Painting)

Hard edge

Die Vertreter der Post-Painterly Abstraction entdecken die vielfältige Skala der Farbeigenschaften, die sich über verschiedenartige Tiefenwirkungen bis zu Transparenz und Vibrationsfähigkeit erstrecken, und leisten somit eine Art von Bestandsaufnahme der nicht an Gegenständlichkeit gebundenen abstrakten Farbtonalität. Mit der Verselbständigung der Farbe verbindet sich auch eine Aufhebung des traditionellen Tafelbildes. So ereignet sich bei Stella, Kelly und → Olitski die eigentliche bildnerische Gestaltung der Farbe oft am Rande des Bildes, oder sie scheint wie etwa bei Louis oder Noland über den Rand hinauszufließen. Mit den ›Shaped Canvases‹ entsteht zu Beginn der 60er Jahre sogar ein neuer objekthafter Bildträger in der Art, daß die Formationen auf der Bildfläche auch die äußere Gestalt des Bildes beeinflussen, um dadurch eine Übereinstimmung zwischen Bildinhalt und Bildform herzustellen. In den ausgehenden 60er Jahren weitet sich diese Tendenz zum Skulpturhaften aus: → Bell und → Zammit schaffen Farbobjekte aus neuartigen Kunstharzen und Acrylfarben, bei denen Farbträger und Farbpigment durch chemische Verbindung untrennbar miteinander verschmolzen werden, und Stella, ein Hauptvertreter des Shaped Canvas, läßt seine Arbeiten seit Mitte der 70er Jahre – verschiedenste Materialien in exzentrischen Formen – von der Wand in den Raum ausufern. So wie Post-Painterly Abstraction, Op Art und Kinetik im Bauhaus ihren gemeinsamen Ausgangspunkt besitzen, so treffen sie sich auch in den ausgehenden 60er Jahren wieder in der Suche nach stets neuen technologischen Möglichkeiten, um die reinen Erscheinungsformen von Farbe und Licht weiter zu erforschen.

Shaped Canvas

Wesentlich langsamer als in der Malerei erfolgt der Aufbruch zu neuen Ausdrucksformen nach dem Zweiten Weltkrieg in der Skulptur.

Abstrakte Plastik in der Tradition

Nach 1945 sind zunächst für etwa eine Dekade Giacometti und Moore, die beiden großen Bildhauerpersönlichkeiten der 30er Jahre und damit Vertreter der älteren Generation, mit ihren skulpturalen Gestaltungsprinzipien die dominierenden Vorbilder. So sind Bildhauer wie Marino Marini, Greco und Manzù in der direkten Nachbarschaft zu Giacomettis gegenständlicher Expressivität zu sehen.

Neben Moore wird Barbara Hepworth zur bekanntesten Vertreterin der englischen Bildhauerei nach 1945. Auch sie hat ihren typischen Stil bereits in den Vorkriegsjahren entwickelt und Anregungen aus dem Werk Moores mit Einflüssen von Brancusi, Mondrian, Arp, Gabo und Moholy-Nagy verbunden. Ihr Stil ist zum Teil im Grenzbereich zwischen Abstraktion und Gegenständlichkeit angesiedelt; andere Werke, vor allem jene aus der Zeit zwischen 1943 und 1947, zeigen lyrisch-abstrakte monolithische Formen mit der für sie typischen offenen Innenhöhlung. Wie Moore schafft diese Bildhauerin Verbindungen zwischen der von Surrealismus und Konstruktivismus geprägten Vorkriegsplastik und einer Nachkriegsmoderne, die europäische Traditionen der Monumentalskulptur mit jenen abstrakt-expressiven Tendenzen synthetisiert, wie sie von der Malerei nach 1945 initiiert werden.

Dem Beispiel von Barbara Hepworth folgt mit → Armitage, → Butler, → Chadwick und → Meadows praktisch eine ganze Schule, die während der 50er Jahre über die nationalen englischen Grenzen hinaus Anklang beim Publikum findet. Für den europäischen Kontinent wird → Wotruba zum Vermittler einer traditionsgebundenen, gemäßigt abstrakten Plastik, die sich der menschlichen Figur als zentralem bildhauerischen Sujet verbunden fühlt, während sich in den Drahtplastiken → Uhlmanns Tendenzen einer ingenieurhaften skulpturalen Gestaltung fortsetzen, wie sie von Gabo und Pevsner, den russischen Avantgardisten, angeregt wurde. In Amerika erfährt der Abstrakte Expressionismus mit den Plastiken Reuben Nakians eine Umsetzung in das Medium Skulptur.

Neue abstrakte Plastik

Neue Formen der Plastik können jedoch nur aus dem radikalen Bruch mit der Tradition und mit der monumental-figuralen Gestaltung hervorgehen. So führt David → Smith industriell vorgefertigte Stahlelemente oder Stahlfundstücke und industrielle Fertigungstechniken in seine skulpturale Arbeit ein und wird in den 50er Jahren mit seinen kubischen Monumentalzeichen zum Wegbereiter einer neuen abstrakten Plastik, die von → Caro durch farbige Übermalung und direkte Raumbezüge ebenso neue Akzente erfährt wie durch Tony → Smith oder Philip → King, die mit ihren der Post-Painterly Abstraction verbundenen Skulpturen wie experimentelle Vorläufer der Minimal Art anmuten.

Überhaupt wachsen in den frühen 60er Jahren fruchtbare Neuansätze dreidimensionaler Gestaltung nicht mehr aus der Tradition der Gattung Skulptur, sondern aus den inhaltlichen Programmen und medienexpansiven Tendenzen der neuen Stilrichtungen.

Sowohl in Europa wie auch in Amerika etabliert sich außer der Farbfeldmalerei eine weitere Gegenströmung zum Abstrakten Expressionismus, die ebenfalls den Surrealismus als ihre Quelle in Anspruch nimmt, wobei Surrealismus hier jedoch in seiner Fortsetzung dadaistischer Impulse zu interpretieren ist. Das Grundanliegen dieser Strömungen konkretisiert sich in dem

Bemühen, der Kunst mit neuen Mitteln Greifbarkeit, Dingnähe und Wirklichkeitscharakter wiederzugewinnen. So äußert sich z. B. Dingnähe bei → Tàpies und → Burri durch das Aufgreifen der dadaistisch-surrealistischen Collagetechnik, obwohl sie im Gesamtausdruck ihrer Bilder dem lyrischen Informel näher stehen. Burri sprengt das alte Tafelbildprinzip, indem er Lumpen und Sackleinen als materielle Substanz in seine Bilder integriert, und Tàpies gliedert seine Bildoberfläche in reliefhaften Schichten aus einer mörtelartigen Leim- und Sandmasse, die einen eigentümlichen taktilen Reiz ausstrahlt. In diesen Materialbildern, denen sich im Verlauf der 50er Jahre auch → Dubuffet zunehmend widmet, erhält die Collagetechnik wieder strengen Bildcharakter, das Prinzip der Montage versteckt sich hinter der sprechenden Kraft des Materials, das in seinem magischen Realitätszwang ausgelotet wird. Ähnlich wie bei Schwitters, dem Vater der Dada-Kunst aus Abfallmaterial, definieren hier Fundmaterialien mit bedrängender Einfachheit einen künstlerischen Ausstrahlungsraum, der assoziativ die Qualitäten alter Mauergründe und naturnaher Stoffe vermittelt. **Materialbild**

Auf andere Weise verstärkt sich in der zweiten Hälfte der 50er Jahre u. a. bei → Jorn und → Antes die Rückkehr zur Gegenständlichkeit, wobei sich hier eine direkte Evolution zum Figural-Gestalthaften aus dem Informel selbst ausbildet. Die eigentliche Rehabilitierung der realen Umwelt als künstlerische Thematik vollzieht sich jedoch in den vielfältigen Strömungen des Neuen Realismus, der oft auch die typisierende Bezeichnung Neo-Dada in der Literatur erhalten hat. **Neo-Dada**

In Frankreich wird der Kunstkritiker Pierre Restany zum Sprachführer der Neuen Realisten,

Nouveau Réalisme

als er am 16. 4. 1960 sein erstes ›Manifeste des Nouveaux Réalistes‹ veröffentlicht und damit die Gruppenbildung des → Nouveau Réalisme initiiert, der »ohne jede polemische Absicht die soziologische Realität« registriert und die Identifikation von Kunst und Leben erstrebt, die Einbeziehung der banalen Dingwelt von Produktion und Konsum in den Prozeß der Kunst.

Objektkunst

Akkumulationen

Diese Einstellung dokumentiert sich vor allem in den Materialien, die im Bereich der Objektkunst nun zur Anwendung kommen. Die Objektkunst übernimmt die Funktion der Skulptur und entwickelt aus den Fundgegenständen des Alltags ein neues Medienrepertoire. So füllt → Arman Kästen mit jeweils gleichen Schaustücken (Gabeln, Kannen, Löffeln, Uhren, Schuhspannern usw.), die in ihrer seriellen Vervielfachung zu fast abstrakten Elementen werden und doch zugleich als Akkumulationen (Anhäufungen) deutlich machen, daß Gegenstände, die gleichen Funktionscharakter haben, in ihrer äußeren Erscheinung keineswegs gleich sind, sondern individuelle Eigenschaftswerte besitzen, die erst in der Konfrontation mit sich selbst sichtbar werden.

Fallenbild

Der Forderung, die künstlerische Gestaltung durch bloße Information zu ersetzen und die Wirklichkeit in ihrer Gesamtheit wiederzugeben, ohne eine Auswahl zu treffen, wird → Spoerri in seinen Fallenbildern unmittelbar gerecht, indem er fixiert, was sich gerade auf einem Tisch befindet: Geschirr mit Speiseresten, Malutensilien, gefüllte Aschenbecher, beliebige Abfälle. Die sogenannten ›Affichisten‹ (→ Dufrêne, → Hains, → Rotella, → Villeglé) initiieren mit ihren ›Dessous‹, der Freilegung von überklebten Plakatschichten, ein neues Gestaltungsprinzip, die Décollage, die methodische destruktive Veränderung von Materialien aller Art, z. B. Verwischen von Fotografien (bei → Rauschenberg und → Vostell), Zusammenpressen von Konsumgegenständen aus Metall (bei → César und → Chamberlain), Übermalen von Bildern und Texten (bei Rauschenberg und → Rainer) oder Verbrennen (bei → Aubertin). Der dadaistische Zufall wird in diesen Arbeiten ebenso neu aktiviert, wie → Tinguely mit seinen kinetischen Maschinen aus Eisengerümpel in bissiger Ironie den Beweis antritt, daß die phantastische Apparatur des Surrealismus durchaus auch aus Materialien des modernen Konsumabfalls gebaut werden kann. Typische gesellschaftliche Klischeevorstellungen zeigt → Raysse in seiner Arbeit auf. Indem er die Massenwunschbilder mit eben jener kosmetischen Perfektion zitiert, wie sie die Werbung verwendet, kommt er den bildnerischen Intentionen der nachfolgenden Pop Art bereits sehr nahe.

Décollage

Mit → Rauschenberg, → Stankiewicz, Chamberlain und → Johns löst in Amerika eine dem französischen Neuen Realismus parallele Bewegung die Vorherrschaft des Abstrakten Expressionismus ab. Dabei wird die Ausradierung einer Zeichnung von → De Kooning durch Rauschenberg (1953), ein typischer Akt der Décollage, zum symbolischen Ende des aggressiv-emotionalen Action Painting und zur programmatischen Forderung nach einer neuen Einstellung zur Wirklichkeit und nach objektiven Inhalten. Die amerikanischen Opponenten gegen das Action Painting nennen sich daher in den 50er Jahren auch konsequenterweise ›New Realists‹, bis ihnen später rückwirkend das Etikett ›Pop Artists‹ gegeben wird, da sie mit der direkten Thematisie-

New Realists

rung der urbanen Realität in ihrer künstlerischen Praxis und mit der positiven Annahme der trivialen Konsumkultur zugleich auch Wegbereiter der eigentlichen Pop Art sind.

Während Stankiewicz ähnlich wie Tinguely Objektmontagen aus Metallfundstücken baut und Chamberlains demolierte Autokarosserien mit den Kompressionen von César zu vergleichen sind, geht Rauschenberg mit der Ausbildung der

Assemblage

Assemblagetechnik als raumplastische Ausweitung des Tafelbildes durch die Verbindung von Malerei und Objektmontage neue Wege. Sein Verfahren, banale Objekte wie Coca-Cola-Flaschen, Gummibänder, Haushaltsgeräte, ausgestopfte Tiere u. ä. in das Bild einzubauen, nennt

Combine Painting

er Combine Painting, wobei sich die Bildreliefs oft sogar (wie in *Odaliske* oder *Bed*) zu dreidimensionalen Objekten ausweiten. Die Combine Painting-Technik dient Rauschenberg ebenso wie seine Bildmontagen aus Pressezitaten und Erlebnisfragmenten dazu, die Aktion der künstlerischen Gestaltung zu betonen, in der er die Wirklichkeit in ihrem ständigen Wandlungsmechanismus registriert. Nichts wird dabei separiert, nichts bewertet, sondern die Erscheinungen der Realität werden so zitiert, daß man ihnen im Unterschied zum gewohnten Vorgang des unbewußt vollzogenen alltäglichen Konsums Aufmerksamkeit schenkt. Johns, neben Rauschenberg der glanzvollste Vertreter des Neuen Realismus in Amerika, bevorzugt banale Objekte wie z. B. die amerikanische Flagge als Sujet seiner Bilder, um die Aufmerksamkeit auf das vermeintlich Triviale zu lenken. Johns' visuelle Klischees erhöhen die Wirkung der Diskrepanz, die zwischen der gewöhnlichen Einschätzung des betreffenden Gegenstandes und seiner gemalten Erscheinung liegt. Dabei geht das neodadaistische Konzept bereits in die Pop Art über, der es darauf ankommt, das Arsenal des täglichen Lebens objektiv zur Darstellung zu bringen.

Während sich bei Rauschenberg und Johns ein zitathaftes Hinweisen auf die massenmedial verbreitete Konsumkultur artikuliert, begegnet in den Assemblagen von → Kienholz, die der Künstler selbst als ›Tableaux‹ bezeichnet und die sich allmählich zu Environments, d. h. zu begehbaren Raumgestaltungen ausweiten, eine alarmierende Horrorkunst, die die Trivialität des Lebens in all seinen brutalen, sexuell verklemmten, krankhaften oder kitschigen Aspekten mit moralisierendem Anspruch vorstellt.

Tableau

Environment

Vorläufer des Environments, das als komplexe Raumeinheit den Betrachter von allen Seiten umgibt, finden sich schon in Schwitters' ›Merzbauten‹ und in den großen Surrealistenausstellungen der 30er Jahre.

Die ästhetische Philosophie von Neo-Dada und Neuem Realismus wird in Amerika in wesentlichen Inhalten von dem Komponisten → Cage konzipiert, der die Beteiligung des Publikums initiiert und entscheidend die Auflösung der Medienabgrenzungen vorantreibt. Aus seinen Ideen entwickelt sich die neodadaistische Aktionskunst von Happening und Fluxus, die die dadaistische und surrealistische Tradition theatralischer Artikulation ebenso weiterführt wie den gestischen Aktionismus des Action Painting. Diese theatralische Aktivität paart sich in der New Yorker Szene mit der Verbindung von Kunst und Leben. Die ersten Happenings, von → Kaprow inszeniert (unterstützt von Cage, Rauschenberg und → Oldenburg), besitzen bereits deut-

Aktionskunst

Happening

lich die charakteristischen Eigentümlichkeiten, die Kaprow später auch theoretisch formuliert: »Die Grenze zwischen Happening und täglichem Leben sollte so flüssig wie unbestimmbar gehalten bleiben. Die Wechselwirkung zwischen der menschlichen Aktion und dem Vorgefundenen wird dadurch in ihrer höchsten Wechselwirkung gesteigert ... Die Komposition aller Materialien, Aktionen, Bilder und ihrer Raumzeitbezüge sollte in einer so kunstlosen wie praktischen Weise erfolgen ... Happenings sollten nicht geprobt werden und nur einmalig von Nicht-Professionellen aufgeführt werden.«

Es handelt sich also im Prinzip um eine Art Collage aus Ereignissen, umfangreiche (Außen-) Aktionen, die elementaren Theaterformen verwandt sind. D. h. es gibt vorher festgelegte Situationen, aber keine fortlaufende Handlung oder spezifische Charaktere. Spontane Reaktionen sind jederzeit möglich. Wichtig ist dabei vor allem die Intensivierung visueller und taktiler Reize, wobei Alltagsgegenstände zu selbständigen Akteuren werden können. Beabsichtigt ist eine Sensibilisierung der Erlebnisfähigkeit durch Veränderung der gewohnten Lebensumstände bis an die Grenzen der Belastbarkeit (*24 Stunden*-Happening, Wuppertal 1965).

Décollage-Happening

In Deutschland tragen die Aktionen von → Vostell wesentlich zur Verbreitung der Happening-Idee bei, und mit dem Begriff des Décollage-Happening (eine gezielte, bewußtseinskritische Aufschlüsselung absurder Umweltbedingungen, die den Menschen bedrängen, ohne daß sich für diese Einengung eine vernünftige Sinngebung anbietet) bildet sich zugleich eine neue Akzentuierung aus. In provokativen Demontagehandlungen zerstört Vostell die Materialien seiner Aktionen bis zur Unbrauchbarkeit mit der Absicht, auf ähnliche, unreflektierte Vorgänge im alltäglichen Geschehen zu verweisen und die Gleichzeitigkeit von Logik und Alogik im gewohnten Lebensprozeß deutlich zu machen.

Wiener Aktionismus

In Österreich entsteht mit dem Wiener Aktionismus eine rituale Aktionsform, die in der Kunst das Anarchische des Lebens offenlegen und in orgiastischem Aktionsspiel von unterbewußten oder verdrängten Aggressivitätsimpulsen befreien will. Im engeren Sinn zählen hierzu das ›Orgien-Mysterien-Theater‹ von → Nitsch und analoge Aktionen von → Mühl sowie die Körperaktionen von → Brus und → Schwarzkogler, die in seinem Fall bis zur Selbstzerstörung führten. Dem geistigen Klima verwandt sind aber auch die Körperbemalungen von Arnulf → Rainer und die Arbeiten von → Pichler.

Fluxus

Eng mit dem Happening verbunden und nur schwer von ihm abzugrenzen ist die in Europa entwickelte Aktionsform des Fluxus. Der grundlegende Unterschied besteht in der Trennung von Künstlern/Akteuren und Publikum. Der Ablauf des Geschehens selbst – oft auch als ›Konzert‹ bezeichnet, da er von einer ›Partitur‹, d.h. von einer fixierten Handlungsvorlage bestimmt wird und darüber hinaus ein von → Cage herrührender gewisser musikalischer Einschlag unverkennbar ist – besteht aus einem interdisziplinären Nebeneinander von akustischen, choreografischen und musikalischen Ausdrucksformen, dessen Zielsetzung von dem Fluxus-Theoretiker → Maciunas als »Erzeugung unspezialisierter Formen von Kreativität« umschrieben wird. Wie das Happening ist auch Fluxus kollektivistisch organisiert, jedoch nur in bezug auf die Mixed Media-Struktur und auf die völlige Offenheit

Mixed Media

der aktionellen Arbeit, die der einzelne Künstler konzipiert.

Die wichtigsten europäischen Fluxusveranstaltungen finden 1962 in Wiesbaden, Kopenhagen und Paris, 1963 in Düsseldorf, Amsterdam, Den Haag, London und Nizza statt. Einige sind im Dadasinn als reine Schock-Geschehnisse angelegt, die ausschließlich die Aufrüttelung aus der alltäglichen Wahrnehmungslethargie initiieren sollen, andere dagegen, wie etwa die monologisch-sakralen Fluxushandlungen von → Beuys, stehen nur insoweit in der Dada-Tradition, wie das schockierende Element als provozierender »Energieschub verstanden wird, um ausgetretene Pfade eines zu einseitigen Denkens und Bewußtseins so auszuweiten, daß unbewußt Vorhandenes als Erfahrung wieder zu Tage treten kann und Indifferenz sich zumindest zum Interesse wandelt« (Beuys).

Pop Art

Wie bereits erwähnt, bildet in Amerika die neodadaistische Kunst mit ihrer Thematisierung der großstädtischen Industriekultur die Keimzelle der Pop Art. Dagegen erwächst die englische Pop Art aus einer selbständigen Volks- und Subkultur, zu deren Publikationsmedien vor allem Reklameannoncen, Trivialmagazine und Science-Fiction-Illustrationen gehören. Beiden Richtungen gemeinsam ist die zwiespältige Haltung von Verehrung und ironischer Distanz zur Pop Culture, d. h. zu der im Gegensatz zur traditionellen Hochkultur massenmedial verbreiteten Konsumkultur: »Pop Art will ohne jede Illusion die Dinge selbst zu Wort kommen lassen« (Warhol). Beide Richtungen konzentrieren sich auch in gleicher Weise auf aktuelle Themen und Erscheinungen der jeweiligen Zeitsituation und nutzen die künstlerischen Möglichkeiten der Collagetechnik, um mit greller, oft ins Ironische übergreifender Schärfe die Lebensform des modernen Menschen im Bild festzuhalten, der von Konsumgütern als Sozialfetischen, von banalen Idolen und von einem trivialen Unterhaltungsbedürfnis bestimmt ist.

Die Pop-Künstler benutzen oft Farben, die der Farbskala der modernen Neon-Reklame entnommen sind, und beziehen ihr Themenrepertoire aus der Warenhaus- und Vergnügungsindustrie, wobei die Dinge und Erscheinungen des Alltags mit kühler Überpointierung aus ihrer nebensächlichen Existenz in die ikonografischer ›Superstars‹ transformiert werden: → Oldenburg fertigt riesige Telefone, Waschbecken und Lichtschalter aus Leinenstoff und modelliert monumentale Kuchenstücke und Wurstbrötchen, → Wesselmann variiert in seinen *Great American Nudes* stets aufs neue die Pin-up-Glamour zu stilisierenden Emblemen, → Warhol erklärt die Suppenbüchse oder die Coca-Cola-Flasche ebenso zum Superstar wie das Film- und Rock-Idol und →Lichtenstein verweist auf den ästhetischen Reiz des trivialen Comic strip, den er zu Riesentafeln aus Rasterpunkten verfremdet. Während in der amerikanischen Pop Art die stilisierende Ikonografie dominiert, erhält die englische Version von → Dine, → Hamilton, → Hockney und → Jones durch spontane Improvisationsgesten die Ausdruckselemente des momenthaften individuellen Sentiments.

In den frühen 60er Jahren kann die Pop Art mit ihrer grellbunten Unkompliziertheit einen kometenhaften Aufstieg verzeichnen, wie ihn die Kunstszene des 20. Jahrhunderts in einer vergleichbaren unmittelbaren Rezeption für keine andere Stilrichtung erlebt hat. Aber genauso rasch, wie diese aus der Sub- und Trivialkultur entwickelte Bildersprache mit den Klischees der Illustrierten und Werbetafeln den Publikumsgeschmack erringt, verliert sie ihre Brisanz und erhält schon Ende der 60er Jahre die Aura musealer Klassizität. Neue Tendenzen formulieren sich als Reaktion, wobei vor allem Minimal Art, Land Art und Konzeptuelle Kunst eine dominierende Rolle spielen.

Minimal Art

Die Minimal Art stellt der suggestiven Bildwelt der Pop Art eine Ausdrucksweise im Bereich skulpturaler Gestaltung entgegen, die ihr Ausdruckspotential auf ein knappes, axiomatisch verwendetes Formenvokabular beschränkt. Zugleich ist sie aber auch eine Gegenreaktion auf den Kult von Emotion und individueller Artikulation im Abstrakten Expressionismus sowie eine Fortsetzung der Shaped Canvases in der Farbfeldmalerei. In dem Wunsch, jede Spur von Illusion, Metaphorik oder Symbolik auszuschalten, entstehen Arbeiten, deren Formensprache auf lapidar einfache Grundstrukturen reduziert ist (daher auch die Bezeichnung ›ABC Art‹ oder der Ausstellungstitel ›Primary Structures‹). Die Arbeiten bestehen normalerweise aus Einzelteilen in Form serieller Reihung und nur selten – etwa im Fall überdimensionaler Formate – aus einem Stück. Das Interesse verlagert sich dabei von der Arbeit selbst auf die Beziehung zwischen Skulptur und umgebendem Raum, das Wechselspiel von Positiv- und Negativform (z. B. bei → Judd und im Extrem bei zwei Ausstellungen von → Andre, bei denen die eine – *8 Cuts* in der Dwan Gallery, Los Angeles 1967 – die Umkehrung der anderen – *Equivalent I – VIII* in der Tibor de Nagy Gallery, New York 1966 – war). Die Akzentuierung des Kontextes und die Tendenz zu ›Objektivität‹, Entpersönlichung, Klarheit und Logik sind von großer Bedeutung für die Entwicklung der Konzeptuellen Kunst, wobei vor allem → LeWitt mit seinen Thesen und Arbeiten als Vermittler eine große Rolle spielt.

Serielle Kunst

Das Prinzip des Seriellen, das die Minimal Art bestimmt – Andres aneinandergereihte oder zu Rechtecken und Quadraten zusammengelegten Bodenstücke, LeWitts systematisches Durchspielen aller Möglichkeiten vorher fixierter Gegebenheiten in Skulpturen und Zeichnungen, → Flavins geometrische Formationen, → Judds in gleichen Abständen angeordnete Wand- und Bodenstücke –, war bereits in der ersten Hälfte des 20. Jahrhunderts im Konstruktivismus entwickelt worden, erlebt aber in den 60er Jahren eine neue Blüte. Als Reaktion auf Informel und Tachismus entsteht die Tendenz, deren exzessiv freie Bildformationen durch eine determinierte Anordnung abzulösen: Wiederholung, Permutation, Progression, Variation und vor allem die »präzise, unvariierte, lückenlose Reihung«, wie es → Roehr, bei dem die Serielle Kunst ihre strengste Ausformung erlebt, formuliert. Serielle Strukturen lassen sich bei fast allen Künstlern dieser Zeit entdecken, genannt seien nur die Vertreter der → Nouvelle Tendance und der ihr verwandten Gruppe → Zero sowie → Manzoni, → Schoonhoven, → Warhol, → Dibbets oder Hanne → Darboven.

Systemic Painting

Parallele Entwicklungen zur Minimal Art auf dem Gebiet der Malerei, die sich aber bei weitem nicht so präzise darstellen, werden 1966 in der Ausstellung ›Systemic Painting‹ im New Yorker Guggenheim Museum präsentiert. Es handelt sich dabei um eine Form von Malerei, deren Bildaufbau durch systematische Strukturen gesteuert wird. Diese Strukturierung beruht allerdings – im Gegensatz zur Minimal Art – oft auf durchaus verschiedenen Intentionen, was an der Liste der Teilnehmer deutlich wird, darunter Jo → Baer, → Insley, → Krushenick, → Mangold, Agnes → Martin und → Ryman, sowie die Hard edge-Vertreter → Held, → Kelly, → Noland und → Stella.

Land Art

Was die Minimal Künstler anhand von plastischen Objekten demonstrieren, zeigen die Künstler der Land Art in großräumigen Konzepten, die sie vorzugsweise in weiten Landschaftsräumen wie Wüsten und Küstenebenen realisieren. Die Natur wird damit zum künstlerischen Gestaltungsmaterial, eine Ausweitung des Kunstbegriffs, die für die Materialkunst Bedeutung erlangt. Die künstlerischen Markierungen der Land Art konkretisieren sich in Umgestaltungen natürlicher Räume, z. B. → De Marias Linien in der Wüste, → Longs geometrische Steinformationen in abgeschlossener Bergwelt oder → Smithsons spiralenförmige Erdaufschüttung in einem See. Diese vergängliche Dokumentation menschlicher Anwesenheit in einem von Menschen unbewohnten, leeren, schweigenden, »religiösen« Raum ist ein Protestakt gegen die Künstlichkeit der modernen Großstadtwelt und gegen die Metall- und Kunststoffästhetik in ihrer glatten, utilitaristischen Perfektion.

Konzeptuelle Kunst

Als konsequente Fortsetzung der Minimal Art entwickelt sich ab Mitte der 60er Jahre unter dem Einfluß von → LeWitt die Konzeptuelle Kunst. Kennzeichnend ist die Abwendung von der Kreativität (im Sinne der Erfindung eigener Bildwelten) zugunsten des klar Definierten, ›Objektiven‹ (im Sinne von in sich geschlossenen

Systemen ohne Aussage über etwas anderes als sich selbst bzw. im Sinne des nur noch Konstatierens und Fixierens von Prozessen). In der Erscheinungsform geht damit eine Auflösung der traditionellen Kunstformen durch Reduzierung des Objekthaften bis zur ›Entmaterialisierung‹ einher: D. h. das Kunstwerk existiert nicht mehr in konkret faßlicher Form, sondern wird mit Hilfe von Texten, Diagrammen und Fotografien ›umschrieben‹ und erst durch gedanklich-assoziative Prozesse in der Vorstellung des Betrachters existent. Typische Vertreter dieser Richtung sind → Barry, → Huebler und → Weiner, in weiterem Sinne werden aber oft auch Künstler wie → Buren, Hanne → Darboven, → Dibbets, → Gilbert & George und → Kawara dazu gerechnet.

Eine andere Richtung innerhalb der Konzeptuellen Kunst verkörpern die Künstler der → Art & Language-Gruppe, → Burgin und → Kosuth, die systematisch und explizit die Analyse der Konzeption (daher der Name ›Konzeptuelle‹ Kunst), d. h. der Bedingungen, unter denen Kunst existent ist, zum zentralen Thema ihrer Bemühungen erheben. Theorie (eine Fülle von Texten, die sie in eigenen Zeitschriften veröffentlichen) und die daraus hervorgehende praktische Demonstration der Ergebnisse gedanklicher Auseinandersetzung fallen als künstlerisches Tun zusammen, und nur hier ist in eigentlichem Sinn von Konzeptueller Kunst zu sprechen. Nach einer anfänglich auf die morphologische Beschaffenheit des Kunstobjekts gerichteten Analyse, wo bei Kosuths Arbeiten von 1965 wie *One and Three Chairs* der Charakter einer Art Grundsatzerklärung Konzeptueller Kunst zukommt, verlagert sich die Problematik später auf den als entscheidend erkannten ›Kunstkontext‹ (das System ›Kunst‹ mit allen seinen Implikationen) und entwickelt sich damit erstmals über die von Duchamp in der ersten Hälfte des Jahrhunderts aufgeworfenen Fragestellungen hinaus.

Ausgelöst durch die analytischen Untersuchungen der Konzeptuellen Kunst, setzen auch auf dem Gebiet der Malerei Bestrebungen ein, sich mit den eigenen Grundlagen zu befassen. Den analytischen Aspekten, der kühl-rationalen Arbeitsweise und den behandelten malerischen Grundsatzproblemen versucht man später in Bezeichnungen und Ausstellungstiteln wie Analytische Malerei, Geplante Malerei oder Fundamental Painting gerecht zu werden. Besonders radikale Ergebnisse finden sich bei → Buren und → Toroni, die den Bildgegenstand auf Streifen bzw. Pinselabdrücke reduzieren und so den Akzent ganz auf die Probleme von Farbe, Format, Malgrund und den Kontext der jeweiligen Arbeit verlagern. Der Amerikaner → Ryman verzichtet auf das Element der Farbe und konzentriert sich in seinen monochrom weißen Bildern ganz auf die Beziehungen zwischen Malgrund, Farbmaterial und Farbauftrag, wobei er diesen Komponenten eine ungeahnte Fülle von Variationen abgewinnt und auf die jüngere Generation schulbildend wirkt. Eine Gruppe französischer Künstler, die sich – wie schon der Name → Supports/Surfaces andeutet – ebenfalls mit den Problemen von Bildträger (support) und Bildfläche (surface) auseinandersetzt, verknüpft darüber hinaus die technisch-handwerkliche Analyse mit politischem Gedankengut (vor allem des Marxismus und Maoismus).

Analytische Malerei

Im Gegensatz zur Abstraktion in der Konzeptionellen Kunst und in Reaktion auf die perfekten geometrischen Formen der Minimal Art betont die Materialkunst die Dinghaftigkeit der Objekte und erforscht die Reize noch unverbrauchter, d. h. bis dahin noch nicht oder nur selten in der Kunst verwendeter Materialien wie Blei, Filz, Gummi, Kohle, Sand, Stein oder Zement, wobei die besonderen Eigenschaften wie trockene, spröde oder stumpfe Beschaffenheit herausgestellt werden. Wegen der offensichtlichen Dürftigkeit der Materialien prägt der italienische Kritiker Germano Celant 1967 für diese Strömung den Begriff ›Arte povera‹. Die ebenfalls typische Tendenz zur ›Formlosigkeit‹, die sich z. B. im Verstreuen des Materials im Raum äußert, führt 1968 zur Prägung des Begriffs ›Anti-Form‹ für diese Richtung durch → Morris und die Verwendung von Naturstoffen wie Wasser, Schnee, Blätter, Gras und Zweige sowie der Einsatz von Naturkräften wie Wind, Wachstum von Pflanzen und Schwerkraft – also die Einbeziehung von Veränderung bzw. die stärkere Betonung des Entstehungsprozesses gegenüber dem Endprodukt – zur Bezeichnung Prozeßkunst. Die Materialkunst stellt keine eigenständige künstlerische Richtung dar, sondern betrifft meist nur einen Teilaspekt oder einen Abschnitt im Schaffen des jeweiligen Künstlers. Besonders interessante Stücke finden sich bei → Anselmo, → Beuys, Eva → Hesse, → Merz, → Rückriem, → Ruthenbeck, → Serra und → Sonnier.

Materialkunst

Arte povera

Anti-Form

Prozeßkunst

Eine ganz andere Form von Prozeß begegnet in den Prozeßdemonstrationen von → Rinke und → Walther, die ein bestimmtes Aktionsangebot bereitstellen, das durch die Handlung ein genaues und umfassendes Kennenlernen der Bedingungsfaktoren dieser Handlungskausalität vermittelt. Dabei bieten sie Objekte oder Pro-

Prozeßdemonstration

gramme an, deren Benutzungszweck nicht schon aufgrund bekannter konventioneller Gebrauchsriten erkennbar ist. Sie dienen vielmehr als ›Instrumentarien‹ einer eigenständigen Erfindung von Benutzungsformen durch den Kunstrezipienten, die aus der eingehenden Analyse der dem Objekt eigenen Bedingungen und Eigenschaften abgeleitet werden müssen. Man könnte diese Prozeßkunst als aktive Trainingsform für bewußte Erfahrungs- und Tätigkeitshaltung typisieren und eine gewisse Weiterentwicklung von Intentionen des Happening-Aktionismus konstatieren, wenn man zugleich berücksichtigt, daß auch hier eine Trennung zwischen Künstler und Publikum betont wird.

Als Sammelbegriff für das Umfeld aller gestisch-theatralischen Aktionskunst, bei der das Publikum wie bei Fluxus im Prinzip nur zusieht und nicht wie beim Happening zu aktiver Teilnahme aufgefordert ist, setzt sich der Begriff
Performance ›Performance‹ durch. Aufgrund dieser Typisierung ist der Ausdruck sowohl auf die Selbstdarstellungen von → Gilbert & George wie auf Prozeßdemonstration, Body Art und Transformer anwendbar. Die unmittelbare Anwesenheit des Publikums wird dabei oft auch durch Fotografie, Film oder Video ersetzt, deren Informationen später unbeschränkt abgerufen werden können. Wichtigstes Medium wird dabei das Videotape, das dem Künstler mit dem Monitor ein ideales Kontrollinstrument bietet, mit dem Feedback und anderen technischen Tricks eine Fülle von Collagemöglichkeiten bereitstellt und natürlich wie auch der Film einmalige oder schnell vergängliche Aktivitäten aufzeichnen kann.

Die in den ausgehenden 60er Jahren sich for-
Body Art mierende Body Art, bei der der Körper des

Künstlers als Medium benutzt wird, besteht in diesem Sinne aus Performances mit Publikum oder Aufzeichnungen von privaten Aktionen. Die Manipulationen der Körperoberfläche werden dabei bis zur Verwundung getrieben, z. B. durch Abbrennen und Ausreißen der Körperbehaarung oder langandauerndes Reiben der Haut bei → Acconci (*Rubbing Piece*, 1970) durch übermäßige Sonneneinstrahlung bei → Oppenheim (*Reading Position for Second Degree Burn*, 1970) oder durch so extreme Aktionen wie die von → Burden, sich mit Nägeln durch die Handflächen an einen Volkswagen schlagen zu lassen (*Transfixed*, 1974). Verwandte Arbeiten finden sich in Arnulf → Rainers Selbstbemalungen und bei den Wiener Aktionisten, eine wichtige, frühe Vorform stellen Arbeiten wie *Art Makeup* (1967/68) und *Making Faces* (1968) von → Nauman dar.

Transformer

Eine andere Art der Performance begegnet uns bei den Transformern, Künstlern, die das Prinzip der Veränderung und Verwandlung ganz subjektiv auf sich beziehen und auf ihre eigene Person anwenden, wobei sie in ihren Arbeiten die konventionellen Fixierungen auf bestimmte Verhaltensweisen und geschlechtliche Rollenklischees problematisieren. Zu den bekanntesten Vertretern zählen → Castelli, → Klauke und → Lüthi.

Hyperrealismus

Neben diesen vielschichtigen Richtungen der Kunstavantgarde, bei denen sich die Kunstgattungen vollkommen aufgelöst haben und eine totale Medienexpansion und Medienrelativierung eingetreten ist, behauptet sich aber auch die traditionelle figurative Gestaltung weiter, wobei der sogenannte Hyper- oder Fotorealismus in seinen Bildsujets eine gewisse Fortsetzung von

Pop Art-Tendenzen markiert. Lautstark als Ersatz für die grelle Plakativität der Pop Art begrüßt, erlebt auch der Hyperrealismus, dessen Bilder auf den ersten Blick wie riesige Diaprojektionen anmuten, einen schnellen Aufstieg. Erst eine eingehende Betrachtung macht den neuartigen Ansatz des Hyperrealismus, der die Illusion von Realität und die Realität der Illusion zur Grundthematik seiner Malerei und Plastik erhebt, deutlich. In fotografisch exakten Figurationen zeigen die hyperrealistischen Bilder die verschiedenen Möglichkeiten einer fotografischen Veränderung der Wirklichkeit, indem sie ihr Sujet den Techniken fotografischer Manipulation aussetzen, von der Verschiebung der Tiefenperspektive bis zur Verwischung des Vordergrundes und Überbelichtung. So vielschichtig wie das Spektrum der kunsthistorischen Vorläufer (von der Neuen Sachlichkeit und der klassischen Trompe l'œil-Malerei bis zur Pop Art) ist auch das Erscheinungsbild des Hyperrealismus: Die Isolierung zwischen Mensch und Dingwelt wird bei → Kanovitz durch den Kontrast zwischen dem silhouettenhaft gezeichneten, szenischen Bildvordergrund und einem einfarbig flächigen Bildhintergrund symbolisiert, der den dargestellten Figuren und Gegenständen eine irritierende Entrücktheit aus dem Raum-Zeit-Gefüge aufzwingt. Die gleiche Thematik findet bei → Colville ihre künstlerische Gestaltung durch die befremdliche Bildperspektivik, während → Nesbitt eine künstliche Beleuchtung seiner Bilder im Stile der Werbefotografie wählt. → Close ironisiert die Glätte der Porträtfotografie, indem er auf seinen überdimensional gemalten Porträts mit der schockhaften Deutlichkeit einer klinischen Analyse genau jene Details der Physiognomie wie Falten,

Poren, Narben usw. betont, die der professionelle Fotograf retuschiert. Krasse Realistik gewinnt der Hyperrealismus in den Bildern von → Eddy, der das klassenspezifische Ferienidyll des amerikanischen Mittelständlers an der Küste Floridas glossiert. Hier kehrt sich der amerikanische Hyperrealismus um in die kritische Sozialreflexion, die besonders die deutsche Version des zeitgenössischen Realismus kennzeichnet.

Phantastischer Realismus

Ironische Brechung realistischer Darstellung durch manieristische Überpointierung und groteske Verzerrung ist bereits in jenen Werken des sogenannten Phantastischen Realismus aus den frühen 60er Jahren vorbereitet, die sich nicht in einem oberflächlichen erotischen Ästhetizismus und im malerischen Raffinement der Wiener Schule erschöpfen. Während der Phantastische Realismus im Surrealismus Bellmers und Dalis wurzelt, entsteht die Gegenständlichkeit des Kapitalistischen Realismus um 1963 aus der Antiposition zur utopisch-romantischen Ästhetik der → Zero-Bewegung. Die Bezeichnung wird von → Lueg und → Richter in Analogie zum Sozialistischen Realismus für eine Aktion in Düsseldorf gewählt (*Demonstration für den kapitalistischen Realismus*, 1963) und geht später auch auf Arbeiten anderer Künstler wie → Brehmer, → Hödicke, → Polke und → Vostell über, die mit malerischen und grafischen Mitteln die konsumgeprägte triviale deutsche Alltagswelt der frühen 60er Jahre und ihre kleinbürgerlichen Geschmacksideale ironisieren.

Kapitalistischer Realismus

Spanischer Realismus

In den subtilen Bleistiftzeichnungen der spanischen Realisten, die im Gegensatz zur grellbunten Glamourwelt des Hyperrealismus eine graue Alltäglichkeit und schlichte Interieurs bevorzugen, sowie in den Maschinenbildern →

Klaphecks entfaltet sich dagegen eine suggestive Objektsprache, die an Léger und die Neue Sachlichkeit erinnert. Zur Typisierung dieser Realismus-Variante greift die Kunstkritik auf den Begriff des Magischen Realismus zurück, den Franz Roh 1924 für die stilistische Kennzeichnung der Neuen Sachlichkeit prägte. Die Maler des Magischen Realismus registrieren in ihren Bildern die alltägliche sozial definierte Situation und vertiefen sich zugleich mit der Ruhe des genauen Beobachters in eine meditative Bilderfahrung. Dabei sprechen Dinge für Gefühle und Assoziationen, das Banale wird monströs, und das Pathetisch-Posenhafte erstarrt in Banalität. Die Grenzen zwischen den einzelnen Ausdrucksweisen des Realismus sind zum Teil sehr fließend und können daher nur sehr allgemein gezogen werden.

Magischer Realismus

Kritischer Realismus

Neben dem Magischen Realismus läßt sich auch eine kritisch sozial engagierte Form realistischer Figurationen aus einer Synthese von Neuer Sachlichkeit, Pop Art und Hyperrealismus ableiten. Je nach Sujet und individuellem Temperament des Malers treten dabei Pop-Elemente oder politisch-erzieherische Intentionen stärker in den Vordergrund.

Politkunst

In der direkten Auseinandersetzung mit sozioökonomischen und politischen Zeitstrukturen wird der Kritische Realismus zur engagierten Politkunst. Ihre Vertreter sind meist Einzelgänger, ihre Thematik beziehen sie aus dem breiten Katalog aktueller politischer und sozialer Mißstände, die sie anklagen, ironisieren oder satirisch bloßstellen. In Deutschland ist vor allem → Staeck als Politkünstler bekannt geworden, der ohne feste Bindung an eine bestimmte ideologische Programmatik seine provokative Kritik an der politischen Realität mit den Mitteln des

Plakats, der Postkarte und der Schautafel ausführt, um jene Öffentlichkeit zu erreichen, die für Wirksamkeit und Einflußnahme notwendig ist. Besonders aktiv ist die Politkunst in Italien und Spanien im Kampf gegen Faschismus und Diktatur sowie im aktiven Einsatz für sozialistische Gesellschaftsformen. So läßt → Canogar Folterung, Verhaftung und Polizeiterror plastisch aus der Bildfläche in Form von lebensgroßen, reliefartigen, gesichtslosen Polyesterfiguren herausspringen und → Erro benutzt die Reklamefarben und Klischeeformen der Pop Art, um das ideologische Systemdenken zu ironisieren. Dabei entsteht eine hintergründige Protestaussage, die sich auf keine politische Plattform festlegen läßt, sondern als agitatorisch zu typisieren ist. Politischer Kämpfer im Brechtschen Sinne ist aber vor allem → Guttuso, der den Faschismus mit allen malerischen Stilmitteln des 20. Jahrhunderts – vom Expressionismus und Kubismus bis zur sizilianischen Volkskunst und Pop Art – geißelt. Zu Beginn der 70er Jahre wenden sich auch Künstler wie → Haacke, → Burgin, → Kosuth und die Mitglieder der → Art & Language-Gruppe politisch engagierten Arbeiten zu.

Sozialistischer Realismus

Der Sozialistische Realismus, dessen Regeln nach dem Zweiten Weltkrieg für alle Länder des Ostblocks verbindlich wurden, zeigt heute vor allem in der Kunst der DDR ein gewandeltes Bild. Während in Polen und Ungarn schon in den frühen 50er Jahren eine Reihe von Künstlern Anschluß an westliche Stilrichtungen suchte und in dieser Außenseiterposition toleriert war, wird der Sozialistische Realismus in der DDR seit 1970 von der offiziellen Kulturpolitik selbst in formal experimentierfreudigere Bahnen gelenkt, indem man unter Beibehaltung ideologischer Thematik »Weite und Vielfalt der realistischen Malweise« fordert. Aus dem Repertoire der bürgerlichen Kunst verstärkt die Produktion von Bildbänden den Einfluß von Matisse und Picasso, auch gelangen die Altmeister der Neuen Sachlichkeit zu neuer Anerkennung und erhalten wie der auf keine Stilrichtung festgelegte → Guttuso Vorbildcharakter. Daneben finden sich Anleihen bei der Collagetechnik der westlichen Neuen Realisten, ein Hang zum Renaissance-Pathos in der Darstellung des heroischen Menschen, der nun zum sozialistischen Homo universalis umgedeutet wird, wie auch an den Surrealismus anklingende Bildgestaltungen mit starker individualistischer Ausdruckskraft. Zu den führenden Vertretern dieser neuen Version des Sozialistischen Realismus zählen vor allem die Maler → Mattheuer, → Sitte, → Tübke und → Wolff.

In der UdSSR und in den asiatischen Ländern des Ostblocks zeigt sich jedoch weiterhin eine stilistische Stagnation in alten Doktrinen und eine thematische Fixierung auf die pathetische Idealisierung von Sozialismus und Kommunismus. Nur die Verarbeitung einer heimatlichen Volkskunst führt z. B. in Kuba und bei einzelnen Malern der sozialistischen Volksrepubliken zu eigenständigen stilistischen Bewältigungen der offiziellen Themenstellung.

Individuelle Mythologien

Eine ganz andere Form von Gegenständlichkeit findet sich in den Individuellen Mythologien, eine Bezeichnung, die versucht, die verschiedenen ins Subjektive umschlagenden Tendenzen zu Beginn der 70er Jahre – nach der Wendung zum Objektiven Mitte der 60er – zusammenzufassen. Aufgrund formaler Kategorien sind die Arbeiten von anderen Kunstrichtungen nur schwer abzugrenzen, gemeinsam ist allen ein ureigener, geistiger Raum, die konzentrierte Darstellung eigener Erlebnishorizonte. Der Einzelne setzt Zeichen und Signale, die seine Welt bedeuten. Subjektive Weltsicht, Beschäftigung mit der eigenen Person und das Erfinden neuer Welten sind durchaus in der Kunst gebräuchlich, neu ist hingegen der Hang zum Enzyklopädischen und zum Konstruieren großer, übergreifender Systeme (zweifelsohne ein Erbe der 60er Jahre): sorgfältige und exakte – quasi ›wissenschaftliche‹ – Dokumentation und Rekonstruktion realer oder fiktiver Welten. Die Wendung nach Innen zielt oft eher auf das Kollektive als auf das Individuelle, auf das Alltägliche, den »signifikanten Durchschnitt« des Strukturalismus und der Ethnologie, zwei Wissenschaften, die wie auch die Archäologie von großem Einfluß waren.

Kultische Montagen, in denen die verlorengegangene arkadische Geborgenheit durch Eintauchen in mythologische Vorstellungen oder Beschwörung ferner Zeiten, fremder Länder oder der eigenen Vergangenheit wieder hergestellt werden soll, sind die environmentalen Anlagen von → Thek und → Buthe. Thek kombiniert einen individuellen mythischen Symbolhorizont aus Themen des Alten Testamentes und der nordischen Mythologie, Buthe konstruiert ein hippiehaftes, sonnenkultisches Refugium, ein künstliches Paradies mit dem Fluidum nah- und fernöstlicher Länder. Gemeinsam ist beiden eine Zeichenmystik, die den dargestellten Dingen im Sinne magischer Symbolik beigegeben wird. Symbolische Mystifikation findet sich auch im Mantel-Objekt → Etienne-Martins, das als ständig weitergeführtes Lebenswerk die Zeichen der

Jahre sammelt; Triumph der Phantasie über die Realität und moderne Ikarusträume sind die poetischen Luftmaschinen → Panamarenkos. Individuelle Mythologie schon in den 50er und 60er Jahren waren die Objekte von → Beuys, der die Relikte seiner Aktionen ausdrücklich als metaphorische Zeichen für existentielle Grunderfahrungen wie die Polaritäten von Wärme und Kälte, Leben und Tod, Chaos und Ordnung deklarierte.

Spurensicherung

Eine eigenständige Richtung innerhalb der Individuellen Mythologien wurde mit der Bezeichnung Spurensicherung belegt, weil sie sich auf das dokumentarische Sammeln von Zeichen einer realen oder fiktiven Wirklichkeit durch Fotografien, Nachbildungen, Rekonstruktionen usw. konzentriert. Bei → Bay ist das Ziel die eigene Umgebung, bei → Boltanski steht die Rekonstruktion der eigenen Kindheit und das Erfassen individueller Lebensspuren schlechthin als Symbol für ›das Leben‹. Auf alle übertragbar beweist es die Austauschbarkeit, d. h. die Gleichwertigkeit des Individuums. Auch → Gette verwischt die Grenzen zwischen dem Besonderen und dem Allgemeinen, wenn er mit höchster wissenschaftlicher Akribie – die nach Ansicht der Fachwissenschaft ja eigentlich nur dem Raren zukommt – botanische Erhebungen von Pariser Parkplätzen u. ä. macht. → Le Gac hingegen fügt sich den Klischees, gebärdet sich wie der ›Maler‹ in landläufiger Sicht, stellt Szenen aus einem Abenteuerroman nach, verknüpft seine Biografie mit einer anderen, fiktiven.

Ein echter Spurensicherer ist → Lang, der z. B. Relikte von und aus dem Umkreis einer bayrischen Kleinbauernfamilie, den Geschwistern Götte, sammelt oder die Herstellung von

Farben aus Erde bzw. von Werkzeug aus Stein rekonstruiert und mit eigener Hand nachvollzieht. Ähnlich → Costa, der kurzerhand ein leerstehendes Bauernhaus in Monteghirfo mit allen Utensilien zum ›Anthropologischen Museum‹ erklärt. Kleine vergängliche Behausungen aus winzigen Ziegeln, Miniaturwohnungen für ein erdachtes Volk von ›Little People‹ errichtet → Simonds in Mauerrissen und Wandvorsprüngen. Eine Mischung aus akribischer Sorgfalt und subjektiver Interpretation bestimmt die Rekonstruktionen antiker Ruinen oder fiktiver Städte durch Anne und Patrick → Poirier. Herbarien, archäologische Funde, Moulagen, Aufzeichnungen, Daten, Inventare ergänzen sich zu einem individuellen Bildsystem von poetischer Aussagekraft.

Ein Teil der Individuellen Mythologen – wie Bay, Boltanski und Le Gac – wird aufgrund ihrer Arbeit mit Fotos und Texten auch einer anderen Richtung, der Narrative Art zugerechnet. Der Ausdruck bezeichnet die charakteristische Neigung, Fotografie nicht objektiv im Sinne von Dokumentation, wie es für die 60er typisch war, sondern subjektiv zum ›Geschichten erzählen‹ zu benutzen. Dabei werden meist mehrere Fotografien zu Bildfolgen zusammengestellt und durch begleitende Texte – als integraler Bestandteil – kommentiert. Charakteristische Beispiele sind → Baldessaris Kunstparabeln und vor allem die schon 1966 entwickelten Sequenzen von → Michals.

Narrative Art

Die Erscheinungsformen der Kunst am Ende der 70er Jahre sind vielfältig wie kaum zuvor. Abgesehen von den bisher skizzierten Strömungen existieren zahlreiche zusätzliche Versuche, das bisherige Spektrum zu erweitern: Video und

Video

Performance behaupten unangefochten ihre Attraktivität für viele junge Künstler und führen zu neuen Ergebnissen, man arbeitet auf eine neue Art mit Räumen und mit der Natur (wie auf der Biennale 1976 in Venedig und auf der 6. Documenta zu sehen war), wobei symbolische und meditative Funktionen auftauchen, und das alte ›Kunst über Kunst‹-Thema erlangt neue Bedeutung.

›Frauenkunst‹

Seit 1976 gibt es auch erstmals Definitionsversuche einer ›Frauenkunst‹. So thematisiert Ulrike → Rosenbach in ihren Video-Installationen und -Performances Emanzipationsprobleme und Rollenklischees der Frau, ein Sujet, das auch bei den Österreicherinnen Valie → Export und Friederike → Pezold im Mittelpunkt filmischer und aktioneller Arbeit steht.

Aber gerade diese Vielfältigkeit wird der Kunst vorgeworfen. Man konstatiert eine gewisse Beliebigkeit, das Fehlen einer ›Richtung‹, die mangelnde Durchschlagskraft. Eben das dürfte aber – bei genauerer Überlegung – ihre Stärke sein.

Wenn etwas den siegreichen Aufstieg der amerikanischen Kunst zur lange Zeit absolut dominierenden Institution ermöglichte, dann war es der gewonnene Zweite Weltkrieg. Er war die Krönung des amerikanischen Sendungsbewußtseins, das deutliche Zeichen dafür, daß ›God's Own Country‹ dazu ausersehen war, die Probleme der Welt zu lösen. Dieses Selbstbewußtsein, das über 20 Jahre lang die Ausbreitung politischen, wirtschaftlichen und kulturellen amerikanischen Gedankenguts förderte, wird durch Vietnam und Watergate erstmals – aber nachhaltig – erschüttert. Ökologische Krisen machen darüber hinaus die ›Grenzen des Wachstums‹ deutlich. Der Traum vom ›American Way of Life‹ weicht einem bösen Erwachen.

Mit dem Bruch im amerikanischen Bewußtsein geht augenscheinlich ein Bruch in der Kunstentwicklung einher. Auffällig ist zumindest, daß sich seit Anfang der 70er Jahre keine der neuen propagierten Bewegungen aus Amerika hat durchsetzen können, auch nicht der so überglücklich begrüßte Hyperrealismus. Hingegen finden wir in Europa gleichzeitig Tendenzen – erstmals auf der 5. Documenta unter dem Namen ›Individuelle Mythologien‹ zusammengefaßt – an denen zweierlei bemerkenswert ist. Erstens sind sie eine europäische Entwicklung, d. h. sie sind ohne amerikanischen Einfluß entstanden und ohne amerikanische Parallele. Zweitens spiegeln sie gerade die eben angesprochenen Probleme, das gebrochene Selbstverständnis der westlichen Welt, den Zweifel an der eigenen Kraft und Herrlichkeit.

Was dieser Kunst abgeht, ist das Kämpferische, die Überzeugung, es besser zu wissen, der Wille, die eigene Sehweise durchzusetzen: »Man ist nicht dagegen, man ist woanders« (G. Metken). Damit ist erstmals der ödipuskomplexartige Kampf in der Kunst – die Tradition des Vatermordes jeder neuen Richtung an der gerade herrschenden – durchbrochen.

Was diese Kunst auszeichnet, ist – wie schon der Name sagt – der Rückzug auf das Individuelle, das man aber als ›Mythos‹, als etwas Über-Individuelles, Kollektives begreift. Die Rückbesinnung auf sich selbst führt erstmals nicht zur Hybris, sondern zu einer gewissen Form von Bescheidenheit. Man sieht sich als Teil eines Ganzen, sowohl der Umwelt wie der Kulturen. Das Eine hat Geltung neben dem Andern.

Daher die Beliebigkeit der verwendeten Formen und Mittel oder das Nebeneinander verschiedener Kulturen und Stilbereiche: nicht im Sinne restaurativer Orientierung an alten Werten, sondern als bewußter Akt der Gleichsetzung, der Gleich-Gültigkeit.

Es scheint, als hätte damit – und darin läge eine hohe symbolische Bedeutung, denn es wäre nicht das erste Mal, das Kunst latente Umschwünge im Bewußtsein einer Zeit vorausahnt – das lineare (historische) Denken zugunsten eines parallelen (anthropologischen) abgedankt, das Kulturen nicht mehr als Stufen einer Entwicklung vom Niedrigen zum Hohen, vom ›Unterentwickelten‹ zum ›Zivilisierten‹ begreift, sondern als parallele Möglichkeiten menschlichen Seins.

Bibliografie (Stilrichtungen nach 1945)

Abstrakter Expressionismus

Monogr.: I. Sandler, Abstract Expressionism. The Triumph of American Painting, London u. NY 1970, dt. Herrsching 1974; D. Ashton, The Life and Times of the New York School, Bath 1972; M. Seuphor u. M. Ragon, L'art abstrait, Bd 4, Paris 1973; A. Everitt, A. E., München 1977.
Kat.: The New American Painting, MOMA 1958; American Abstract Expressionists and Imagists, Guggenheim 1961; The New York School, Abstract Expressionism in the 40's and 50's, hrsg. v. M. Tuchman, LA County Mus. of Art 1965 (als Buch Greenwich/Conn. 1966 u. London 1970); New York Painting and Sculpture 1940–70, hrsg. v. H. Geldzahler, Metropolitan 1969 (als Buch London 1969).

Action Painting

Kat.: A. P. . . . 1958, MOCA, Dallas 1958.

Analytische Malerei

Monogr.: Kl. Honnef u. C. Millet, A. M., Ed. Masnata, Genua 1975.
Kat.: Geplante Malerei, Westf. Kv., Münster/Gal. del Milione, Mail. 1974; Eine Malerei-Ausstellung mit Malern, d. d. Malerei in Frage stellen könnten, ICC, Antwerpen / M. Claura u. R. Denizot, Paris / SM, Mglb. 1973; Fundamentele schilderkunst / Fundamental Painting, SM 1975; A proposito della pittura . . . / Betreffende het schilderen . . . / Concerning Painting . . ., Mus. van Bommel-van Dam, Venlo / SM, Schiedam / Hedendaagse Kunst, Utrecht 1975/76; Colours in Painting. A European Situation, Istituto Italo-Latino Americano, Rom 1976.

Art autre

Monogr.: M. Tapié, Un a. a., Paris 1952.

Art brut

Monogr.: J. Dubuffet, L'a. br. préféré aux arts culturels, Paris 1949.

Arte povera

Monogr.: G. Celant, A. p., Mail. 1969, dt. Tübingen 1969, engl. London u. NY 1969.
Kat.: A. p., Gal. La Bertesca, Genua 1967; A. P., Gal. De Foscherari, Bologna 1968; A. p. più azioni povere, hrsg. v. G. Celant, Ed. Rumma, Salerno 1969; Processi di pensiero visualizzati. Junge ital. Avantgarde, Km. Luzern 1970; Conceptual Art. A. p., Land Art, hrsg. v. G. Celant, Gal. Civica d'Arte Mod., Turin 1970; A. p., Kv. München 1971.

Assemblage

Monogr.: A. Kaprow, A., Environments & Happenings, NY 1966.
Kat.: The Art of A., hrsg. v. W. C. Seitz, MOMA/Dallas MOCA/SF Mus. of Art 1961/62; Von d. Collage zur A., Inst. f. mod. Kunst, Nürnberg 1968.

Body Art

Monogr.: L. Vergine, Il corpo come linguaggio. La »B.-a.« e storie simili, Mail. 1974 (= Preariana); Fr. Pluchart, L'art corporel, Paris 1975; N. Laliberte u. A. Mogelon, B. A., NY 1976.
Kat.: Körpersprache, Neue Gal. am Lm. Joanneum, Graz 1973; Körpersprache, Kat. HaW, Bln / Frankfurter Kv. 1975 / 76.

Colourfield Painting
siehe **Farbfeldmalerei**

Conceptual Art
siehe **Konzeptuelle Kunst**

Décollage

Kat.: Neodada. Pop. D., Kapitalistischer Realismus, Gal. R. Block, Bln 1964; Plakatabrisse aus d. Slg Cremer, Stgt 1971.

Environment

Monogr.: A. Kaprow, Assemblage, E. & Happenings, NY 1966; R. Kostelanetz, The Theater of Mixed Means. An Introd. to Happenings, Kinetic E., and Other Mixed-Means Performances, NY 1968 u.

London 1970; Arts of the E., hrsg. v. G. Kepes, London 1971 u. NY 1972; T. Maldonade, E. et idéologie, Paris 1972 (= Coll. 10–18); A. Henri, E. and Happenings, London 1974; G. Celant, Ambiente/Arte dal futurismo alla Body Art, Venedig 1977.
Kat.: E., Situations. Spaces, M. Jackson Gal., NY 1961; Lo spazio dell'immagine, hrsg. v. A. Marchioni u. a., Pal. Trinci, Foligno 1967 (als Buch Venedig 1967); 12 E., Kh. Bern 1968; E. U.S.A. 1957–67, Rose Art Mus., Brandeis Univ., Waltham (Mass.) 1968; Cinétisme. Spectacle. E., Maison de la Culture, Grenoble 1968; E., hrsg. v. Fr. Haks, Catharijne-convent, Utrecht 1968/69; Blockade 69, Gal. R. Block, Bln 1969; Räume u. E., SM Leverkusen 1969; Spaces, MOMA 1969/70; Figures – E., Walker, Minneapolis 1970.

Farbfeldmalerei

Kat.: Vormen van de kleur / Formen d. Farbe, SM/Kh. Bern/Württ. Kv., Stgt 1966/67.

Fluxus

Monogr. u. Kat.: siehe unter Happening.

Frauenkunst

Monogr.: L. R. Lippard, From the Center, NY 1977; F. Wilding u. a., By Our Own Hands, Double X, Santa Monica (Calif.) 1977.
Kat.: Magna, hrsg. v. V. Export, Gal. nächst St. Stephan, Wien 1975; Frauen-Kunst – Neue Tendenzen, Gal. Krinzinger, Innsbruck 1975; Frauen machen Kunst, Gal. Magers, Bonn 1976/77; Künstlerinnen international, Neuer Berliner Kv. 1977.

Geometrische Abstraktion

Kat.: Geometric Abstraction in America, Whitney 1962.

Happening

Monogr.: An Anth. of Chance Operations, Concept Art, Anti-Art . . ., hrsg. v. La M. Young u. J. MacLow, o. O. (NY) 1963, ^{2}1970; Kalender 63 u. 65, hrsg. v. H. J. Dietrich, Verlag Kalender, Dssd. 1963–65; H., Fluxus. Pop Art. Nouveau Réalisme. Eine Dokumentation, hrsg. v. J. Becker u. W. Vostell, Reinbek bei Hbg 1965; A Primer of H. & Time/Space Art, hrsg. v. A. Hansen, SEP, NY 1965; H., An Illustrated Anth., hrsg. v. M. Kirby, NY 1965, ital. Bari 1968; R. Filliou, A. Kaprow, D. Rot u. a., Manifestos, SEP, NY 1966 (= A Great Bear Pamphlet); A. Kaprow, Assemblage, Environments & H., NY 1966; J.-J. Lebel, Le H., Paris 1966; R. Kostelanetz, The Theater of Mixed Means. An Introd. to H., Kinetic Environments, and Other Mixed-Means Performances, NY 1968 u. London 1970; G. Tarrap, Le H., Analyse psycho-sociologique, Paris 1968; Fluxus. Chronology, Documents and Essays from the Most Radical and Experimental Art Movement of the 60's, hrsg. v. L. Alloway, NY 1970; Aktionen. H. u. Demonstrationen seit 1965. Eine Dokumentation, hrsg. v. W. Vostell, Reinbek bei Hbg 1970; J. Weber, Pop-Art. H. u. neue Realisten, München 1970; W. Nöth, Strukturen d. H., Hildesheim 1972 (= Studia semiotica. Series practica. 4); A. Henri, Environments and H., London 1974.
Kat.: Bloomsday 1964, Gal. D. Loehr, Ffm 1964; 24 Stunden (5. 6. 65, Gal. Parnass, Wuppertal) Verlag Hansen & Hansen, Itzehoe-Vosskate; H. & Fluxus. Materialien, hrsg. v. H. Sohm, Kölnischer Kv./Württ. Kv., Stgt/SM/Neue Ges. f. bildende Kunst, Bln 1970/71. – Source. Music of the Avantgarde (Fluxus-Sonder-H. 1974).

Hard edge

Kat.: Towards a New Abstraction, Jewish Mus., NY 1963; Systemic Painting, Guggenheim 1966; Vormen van de kleur/Formen d. Farbe, SM/Kh. Bern/Württ. Kv., Stgt 1966/67.

Hyperrealismus

Monogr.: U. Kultermann, Radikaler Realismus, Tübingen 1972; P. Sager, Neue Formen d. Realismus, Köln 1973, ^{3}1977; Super Realism. A Critical Anth., hrsg. v. Gr. Battcock, NY 1975.
Kat.: Paintings from the Photo, Riverside Mus., NY 1969; 22 Realists, Whitney 1970; Relativerend Realisme, Van Abbe 1972; Radical Realism, MOCA, Chicago 1972; Sharp-Focus Realism, S. Janis Gal., NY 1972; Amerikanischer Fotorealismus, Württ. Kv., Stgt/ Frankfurter Kv./KMv. Wuppertal 1972/73; Amerikanischer Foto-

realismus. Graphik, Kv. Braunschweig 1973; Mit Kamera, Pinsel u. Spritzpistole. Realistische Kunst in unserer Zeit, SKh., Recklinghausen 1973; Kunst nach Wirklichkeit. Ein neuer Realismus in Amerika u. Europa, Kv. Hannover / CNAC / SKh., München / Boymans / Pal. Reale, Mail. 1973; Hyperréalistes américains – réalistes européens, CNAC Archives 11/12, Paris 1974; Realismus u. Realität, Kh. Darmstadt 1975; Illusion and Reality, Australian Gal. Director's Council, Australian National Gal., Canberra u. a. 1977/78.

Individuelle Mythologien

Monogr. u. Kat.: siehe Spurensicherung

Informel

Monogr.: J. E. Cirlot, Informalismo, Barcelona 1950; E. Crispolti, Ricerche dopo l'informale, Rom 1968; ders., L'informale, 5 Bde, Mail. 1974; Dokumente zum dt. I., hrsg. v. M. de la Motte, Bonn 1976.
Kat.: Aspetti dell'informale, Bari 1971; Thema: I., SM, Leverkusen/HaW, Bln 1973. Gal. Hennemann, Bonn 1976.
vgl. auch Tachismus

Kapitalistischer Realismus

Monogr.: Grafik d. K. R., hrsg. v. R. Block unter Mitarbeit v. C. Vogel (mit Œuvrekat. d. Grafik v. Brehmer, Hödicke, Lueg, Polke, Richter u. Vostell), Bln 1971; Bd. II (Sept. 1971 – Mai 1976), hrsg. v. R. Block, Bln 1976.
Kat.: Neodada. Pop. Décollage. K. R., Gal. R. Block, Bln 1964.

Kinetische Kunst

Monogr.: Bewegte Bereiche d. Kunst, hrsg. v. P. Wember, Krefeld 1963 (= KWM, Krefeld. Bestandskat., 4); The Nature and Art of Motion, hrsg. v. G. Kepes, London u. NY 1965, frz. Brüssel 1968, dt. ebd. 1969; St. Bann, R. Gadney u. a., Four Essays on Kinetic Art, London 1966; Fr. Popper, Naissance de l'art cinétique, Paris 1967, engl. London 1968 u. NY 1970, dt. Neufassung als: Die K. K., Licht u. Bewegung. Umweltkunst u. Aktion, Köln 1975 (= DuMont Dokumente); G. Brett, Kinetic Art. The Language of Movement, London u. NY 1968; R. Kostelanetz, The Theater of Mixed Means. An Introd. to Happenings, Kinetic Environments, and Other Mixed-Means Performances, NY 1968 u. London 1970; J. Halas u. R. Manvell, Art in Movement. New Directions in Animation, London 1970; E. Bertola, Art cinétique. Le mouvement et la transformation: Analyse perceptive et fonctionelle, Paris 1971; J. Tovey, The Technique of Kinetic Art, London u. NY 1971; Kinetic Art. Theory and Practice, hrsg. v. Fr. J. Malina, NY 1974.
Kat.: Le mouvement, Gal. D. René, Paris 1955; K. K., Kunstgewerbemus., Zürich 1960; Bewogen beweging, SM/Louisiana Mus., Humlebaek/MOMU 1961; Le mouvement 2, Gal. D. René, Paris 1964/65; Art et mouvement, Mus. Tel-Aviv, Pavillon H. Rubinstein 1965; Arte cinetica, Triest 1965; Directions in Kinetic Sculpture, hrsg. v. P. Selz, Univ. Art Mus., Univ. of California, Berkeley 1966; In Motion, ACGB 1966; Optical and Kinetic Art, hrsg. v. M. Compton, Tate 1967 (als Buch NY 1968); Art et mouvement, Mus. d'Art Cont., Montreal 1967; Kinetika, Mus. d. 20. Jh., Wien 1967; Cinétisme. Spectacle. Environnement, Maison de la Culture, Grenoble 1968; Kinetics, Hayward Gal., London 1970.
vgl. auch: Lichtkinetik

Konkrete Kunst

Monogr.: Anmerkungen zur K. K., Ges. Manifeste, hrsg. v. M. Staber, St. Gallen 1966; G. Rickey, Constructivism. Origin and Evolution, London u. NY 1967; Neue K., K. K. – Realer Raum, hrsg. v. H.-L.-A. v. Berswordt-Wallrabe, Gal. m, Bochum o. J. (1971).
Kat.: K. K., 50 Jahre Entwicklung, Helmhaus, Zürich 1960; Arte concreta, Westf. Kv., Münster 1971; W. Rotzler, Konstruktive Konzepte. Eine Gesch. d. konstruktiven Kunst v. Kubismus bis heute, Zürich 1977.

Konzeptuelle Kunst

Monogr.: Kl. Honnef, Concept Art, Köln 1971; U. Meyer, Conceptual Art, NY 1972; E. Migliorini, Conceptual Art, Ed. d'Arte Il Fiorino, Florenz 1972; C. Millet, Textes sur l'art conceptuel, Ed. D. Templon, Paris 1972; Über Kunst. Künstlertexte zum veränderten Kunstverständnis nach 1965/On Art. Artist's Writings on the Changed Notion of Art after 1965, hrsg.

v. G. de Vries, Köln 1974 (= DuMont Kunst=Praxis, = DuMont-international). Kat.: C. Andre. R. Barry. D. Huebler. J. Kosuth. S. LeWitt. R. Morris. L. Weiner, S. Siegelaub u. J. W. Wendler, NY 1968 (d. sogenannte »Xeroxbook«); January 5–31, 1969, S. Siegelaub, NY 1969; March 1969, ebd., o. O. u. J. (NY 1969); July, August, September 1969/Juillet, Août, Septembre 1969/Juli, August, September 1969, ebd., o. O. u. J. (NY 1969); Konzeption-Conception. Dokumentation einer heutigen Kunstrichtung, hrsg. v. R. Wedewer u. K. Fischer, SM, Leverkusen 1969; 18 Paris IV. 70, hrsg. v. M. Claura, S. Siegelaub, NY o. J. (1970); Conceptual Art and Conceptual Aspects, hrsg. v. D. Karshan, New York Cultural Center 1970; Idea Structures, Camden Arts Centre u. Central Library, London 1970; Conceptual Art. Arte povera. Land Art, hrsg. v. G. Celant, Gal. Civica d'Arte Mod., Turin 1970; July/August. Exhibition. Book, Juillet/Août. Exposition. Livre, Juli/August. Ausstellung. Buch, hrsg. v. S. Siegelaub, London 1970 (Separatdruck d. Sommer-Nr v. Studio International, CLXXX/924, July/August 1970); Concept-Théorie, Gal. D. Templon, Paris 1970; Arte concettuale, Gal. D. Templon, Mail. 1971; »Konzept«-Kunst, hrsg. v. Zd. Felix u. K. u. E. Fischer, Km. Basel 1972; Kunst – Über Kunst, hrsg. v. W. Herzogenrath, Chr. Geelhaar, P. Maenz u. G. de Vries, Kölnischer Kv. 1974.

Kritischer Realismus

Kat.: Kr. R., Badischer Kv., Karlsruhe 1970; Prinzip Realismus, Bln 1973.

Land Art

Kat.: L. A., Fernsehgal. G. Schum, Bln 1969, Hannover [2]1970; Conceptual Art. Arte povera. L. A., hrsg. v. G. Celant, Gal. Civica d'Arte Mod., Turin 1970; Earth Art, Ithaca 1970.

Lichtkinetik

Monogr.: G. Kosice, Arte lumino-cinético, Buenos Aires 1968; Th. B. Hess u. J. Ashbery, Light, NY 1969.
Kat.: Licht u. Bewegung, Kh. Bern 1965; Light as a Creative Medium, Carpenter Center f. the Visual Arts, Harvard Univ., Cambridge (Mass.) 1965; Licht u. Bewegung. Kinetische Kunst, SKh., Dssd. 1966; KunstLichtKunst, Van Abbe 1966; Lumière et mouvement, hrsg. v. Fr. Popper, MAD 1967; Light. Motion. Space, Walker, Minneapolis/Milwaukee Art Center 1967; Licht. Bewegung. Farbe, hrsg. v. D. Mahlow, Nürnberg 1967; Light, Nelson Gal. of Art, Kansas City (Mo.) 1967; Light. Object and Image, Whitney 1968; Lucht-Kunst, SM 1971.

Magischer Realismus

Kat.: Ars phantastica. Dt. Kunst d. m. R., phantastischen Realismus u. Surrealismus seit 1945, Nürnberg 1967.

Materialkunst

Kat.: Anti-Illusion: Procedures/Materials, Whitney 1969.

Minimal Art

Monogr.: M. A., A Critical Anth., hrsg. v. Gr. Battcock, London u. NY 1968.
Kat.: Primary Structures, Jewish Mus. 1966; M. A., Gemeentemus., Den Haag 1968; M. A., Akad. d. Künste, Bln 1969; M. A., SKh., Dssd. 1969; M. A., Druckgrafik, Kestner 1976/77.

Mixed Media

Monogr.: R. Kostelanetz, The Theater of Mixed Means. An Introd. to Happenings, Kinetic Environments, and Other Mixed-Means Performances, NY 1968 u. London 1970; U. Kultermann, Leben u. Kunst. Zur Funktion d. Intermedia, Tübingen 1970.
Kat.: M. M. and Pop Art, Buffalo Fine Arts Acad. u. Albright-Knox 1963.

Monochromie

Kat.: Monochrome Malerei, SM, Leverkusen 1960; Weiß auf Weiß, Kh. Bern 1966.

Nachmalerische Abstraktion
siehe **Post-Painterly Abstraction**

Narrative Art

Kat.: PBA, Brüssel 1974; N. A. 2, Cannaviello Studio d'Arte, Rom 1975.

Neo-Dada

Kat.: N., Pop. Décollage. Kapitalistischer Realismus, Gal. R. Block 1964; New-dada e pop art newyorkesi, Gal. Civica d'Arte Mod., Turin 1969.

Neuer Realismus / New Realists / Nouveau Réalisme

Monogr.: M. Ragon, Naissance d'un art nouveau, Paris 1963; Happenings. Fluxus. Pop Art. N. R., hrsg. v. J. Becker u. W. Vostell, Reinbek bei Hbg 1965; P. Restany, Les Nouveaux Réalistes, Paris 1968, ital. Mail 1973; J. Weber, Pop-Art. Happenings u. neue Realisten, München 1970.
Kat.: Les Nouveaux Réalistes, Gal. Apollinaire, Mail. 1960; Le N. R., Gal. Rive Droite, Paris 1960; N. R., S. Janis Gal., NY 1962; Les Nouveaux Réalistes, Neue Gal. im Künstlerhaus, München 1963; Nieuwe Realisten, Gemeentemus., Den Haag 1964; Neue Realisten u. Pop Art, Akad. d. Künste, Bln 1964; Pop Art. N. R., PBA, Brüssel 1965; Pop Art. Nieuwe figuratie/N. R., Knokke 1970; N. R. 1960–70, Paris/Mail. 1970/71.

Objektkunst

Monogr.: W. Rotzler, O., Von Duchamp bis Kienholz, Köln 1972, NA als: O., Von Duchamp bis zur Gegenwart, Köln 1975 (= DuMont Dokumente).
Kat.: The Object Transformed, MOMA 1966; Objekte u. Bildreliefs, Stgt 1969; Das Ding als Objekt. Europäische O. d. 20. Jh., SKh., Nürnberg 1970; Métamorphose de l'objet, PBA, Brüssel/Boymans/Pal. Reale, Mail./Kv. Basel/MAD/NGB 1971.

Op Art

Monogr.: R. G. Carraher u. J. B. Thurston, Optical Illusions and the Visual Arts, London u. NY 1966; R. Parola, Optical Art. Theory and Practice, NY 1969; C. Barrett, O. A., London u. NY 1970, dt. Köln 1974; ders., An Introd. to Optical Art, London u. NY 1971.
Kat.: The Responsive Eye, hrsg. v. W. C. Seitz, MOMA/City Art Mus. of St. Louis/Seattle Art Mus. / Pasadena Art Mus. / Baltimore Mus. of Art 1965/66; Optical and Kinetic Art, hrsg. v. M. Compton, Tate 1967 (als Buch NY 1968); Optical Art, vdH, Wuppertal 1969.

Phantastischer Realismus

Monogr.: W. Schmied, 200 Jahre phantastische Malerei, Bln 1970.
Kat.: Ars phantastica. Dt. Kunst d. magischen Realismus, ph. R. u. Surrealismus seit 1945, Nürnberg 1967; Fantastik figuration, Kh. Göteborg 1969.

Plastik

C. Giedion-Welcker, Plastik d. 20. Jh., Volumen- u. Raumgestaltung, Stgt 1955; M. Seuphor, Die Plastik unseres Jh., Wörterbuch d. mod. Plastik, Köln 1959; Knaurs Lexikon d. mod. Plastik, München 1961; U. Kultermann, Neue Dimensionen d. Plastik, Tübingen 1967.

Politkunst

Kat.: Kunst u. Politik, Badischer Kv., Karlsruhe/Frankfurter Kv./KMv. Wuppertal 1970; Kunst im politischen Kampf, Kv. Hannover 1973; Aspekte d. engagierten Kunst, Kv. Hbg 1974; Art into Society. Society into Art. Seven German Artists, ICA, London 1974.

Pop Art

Monogr.: M. Amaya, Pop as Art. A Survey of the New Super Realism, London u. NY 1965; Happenings. Fluxus. P. A., Nouveau Réalisme, hrsg. v. J. Becker u. W. Vostell, Reinbek bei Hbg 1965; R. G. Dienst, P.-A., Eine kritische Information, Wiesbaden 1965; D. Herzka, P. A. One, NY 1965; J. Rublowsky u. K. Heyman, P. A., Images of the American Dream, NY 1965; J. Zurcher, P. A., Amsterdam 1965; E. Crispolti, La p. a., Mail. 1966; L. R. Lippard u. a., P. A., London u. NY 1966 (= Praeger World of Art), dt. München 1968, frz. Paris 1969; A. Boatto, P. A. in USA, Mail. 1967; Chr. Finch, P. A., Object and Image, London u. NY 1968, ²1969; H. Ohff u. W. Vostell, Pop u. d. Folgen, Dssd. 1968; J. Russell u. S. Gablik, P. A. Redefined, London u. NY 1969; T. Cash, Anatomy of Pop. London 1970; M. Compton, P. A., London 1970 (= Movements of Mod. Art); G. Melly, Revolt into Style. The Pop Artists in Britain, London 1970; J. Weber, P. A., Happenings u. Neue Realisten, München 1970; J. Hermand, Pop international. Eine kritische Analyse, Ffm. 1971; L. Al-

loway, American P. A., NY 1974; B. Hahn-Woernle, P.-A., München 1974; S. Wilson, Pop, London 1974 (= Dolphin Art Books); J. Pierre, DuMont's kleines Lexikon der Pop Art, Köln 1978.
Kat.: This is Tomorrow, Whitechapel 1956; Mixed Means and P. A., Buffalo Fine Arts Acad. u. Albright-Knox 1963; The Popular Image, Washington Gal. of Mod. Art/ICA, London 1963; Amerikansk Pop-Konst, MOMU 1964; American P. A., SM 1964; Pop-Konst, Louisiana Mus., Humlebaek 1964; Pop, Mus. d. 20. Jh., Wien 1964; P. A. USA, Oakland Art Mus., 1964; P. A., Fine Arts Acad., Vancouver 1964; Neue Realisten u. P. A., Akad. d. Künste, Bln. 1964; Neodada. Pop. Décollage. Kapitalistischer Realismus, Gal. R. Block, Bln 1964; P. A. and the American Tradition, Milwaukee Art Center 1965; P. A., Nouveau Réalisme, PBA, Brüssel 1965; 33. Biennale, Venedig 1966 (Amerikanischer Pavillon); 11 Pop Artists. The New Image, Gal. Friedrich & Dahlem, München 1966; Homage to M. Monroe, S. Janis Gal., NY 1967; Pop. Graphik u. Objekte, Hess. Lm., Darmstadt 1967; P. A., Hayward Gal., London 1969; New-dada e p. a. newyorkesi, Gal. Civica d'Arte Mod., Turin 1969; P. A., Nieuwe figuratie/Nouvelle Réalisme, Knokke 1970; Pop-Sammlung Beck, Dssd. 1970, ^{2}1970 (= Kunst u. Altertum am Rhein. Führer d. Rhein. Lm. in Bonn. 24); P. A. in England. Anfänge einer neuen Figuration 1947–63, Kv. Hbg 1976.

Post-Painterly Abstraction

Kat.: Towards a New Abstraction, Jewish Mus., NY 1963; P. P. A., hrsg. v. Cl. Greenberg, LA County Mus. of Art 1964.

Prozeßkunst

Kat.: 19:45–21:55. September 9th 1967 Frankfurt Germany (Dies alles Herzchen wird einmal Dir gehören), hrsg. v. P. Maenz, Gal. D. Loehr, Ffm. 1967.

Serielle Kunst

Kat.: Serielle Formationen, hrsg. v. P. Roehr u. P. Maenz, Studio Gal., J. W. Goethe-Univ., Ffm. 1967; Serial Imagery, hrsg. v. J. Coplans, Pasadena Art Mus./ Santa Barbara Mus. of Art 1968/69 (als Buch NY 1968).

Shaped Canvas

Kat.: Sh. C., Guggenheim 1964.

Sozialistischer Realismus

R. Hiepe, Die Kunst d. neuen Klasse, Gütersloh 1973; VIII. Kunstausstellung der DDR, Dresden 1977/78; L. Lang, Malerei u. Graphik d. DDR, Leipzig 1978.

Spanischer Realismus

Kat.: Magischer Realismus in Spanien heute, Frankfurter Kunstkabinett, Ffm. 1970 (= Kat. 14); Spanische Realisten. Zeichnungen, Staatl. Kh., Baden-Baden 1976.

Spurensicherung

Monogr.: G. Metken, Sp., Kunst als Anthropologie u. Selbsterforschung. Fiktive Wissenschaften in d. heutigen Kunst, Köln 1977 (= DuMont Aktuell).
Kat.: Sp., Archäologie u. Erinnerung, Kv. Hbg 1974.

Systemic Painting

Kat.: S. P., Guggenheim 1966.

Tachismus

Monogr.: J. Bazaine, Notes sur la peinture d'aujourd'hui, Paris 1948 u. 1953; M. Tapié, Un art autre où il s'agit de nouveaux dévidages du réel, Paris 1952; G. Mathieu, Au-delà du T., Paris 1956 u. 1963; M. Ragon, L'aventure de l'art abstrait, Paris 1956; Tr. Sauvage, Pittura ital. del dopo-guerra, Mail 1957; M. Tapié, Morphologie autre, Turin 1960; ders., Manifeste indirect dans un temps autre, Turin 1961; M. Seuphor u. M. Ragon, L'art abstrait, Bd 3, Paris 1972.

Transformer

Kat.: Tr., Aspekte d. Travestie, Km. Luzern/Neue Gal. am Lm. Joanneum, Graz/Mus. Bochum 1974/75.

Video

Monogr.: V. Art. An Anth., hrsg. v. I. Schneider u. B. Korot, NY 1976.
Kat.: V. Art, Toronto 1973 (Sonder-H. Artscanada, Oktober 1973); Trigon '73. Audiovisuelle Botschaften, Neue Gal. am

Lm. Joanneum, Graz 1973; V. Tapes, Kölnischer Kv. 1974; Impact Art. V. Art 74, PBA, Brüssel 1974; V. Art, ICA, Philadelphia 1975; Artist's V. Tapes, Brüssel 1975; V. Kat. 1975, Oppenheim Studio, Köln 1975; V. by Artists, hrsg. v. P. Gale, Art Metropole, Toronto 1976; V. End, Graz 1976 (= Pfirsich 16/17/18; Sonder-H. anläßlich d. V.-Tagung im Rahmen d. Steirischen Herbstes); New Artists' V., A Critical Anth., hrsg. v. Gr. Battcock, NY 1977.

Wiener Aktionismus

Monogr.: Wien. Bildkompendium W. A. u. Film, hrsg. v. P. Weibel u. V. Export, Ffm. 1970.

Lexikon

Abrahams, Ivor, * 1935 Lancashire
Englischer Vertreter der ◇ Pop Art, der in Anlehnung an → Dine und → Oldenburg in den 60er Jahren eine ◇ Objektkunst schuf, die das Thema des Konsums in Gestalt von bekleideten Gipsskulpturen ironisierte. In den ausgehenden 60er Jahren näherte sich A. einer Mischform von Collage und realistischer Malerei anhand von reliefplastischen Landschaftsbildern, bei denen Bäume und Wiesenstücke durch farbige Kunststoffmaterialien ausgeführt sind.

Kat.: Kölnischer Kv. 1973.

Acconci, Vito, * 1940 Bronx (N.Y.)
Amerikanischer Künstler, studierte ursprünglich Literatur, wandte sich dann der Kunst zu und lehrte 1968 bis 71 an der School of Visual Arts in New York. Mit seinen Aktionen ab 1970, in denen er seinen Körper als Ausdrucksmedium benutzte, wurde er zum bedeutendsten Vertreter der ◇ Body Art: A. veränderte z. B. durch langandauerndes Reiben der Haut oder durch Abbrennen und Ausreißen der Körperbehaarung die Oberfläche seines Körpers bis zur schmerzhaften Verwundung. Spätere Arbeiten verlagern den Akzent mehr auf psychische oder soziale Situationen (»Cultural Space Pieces«). Zur Aufzeichnung seiner Aktionen verwendet er Fotos und Videotapes.

Kat.: Sonnabend Gal., NY 1972; Km. Luzern 1978 – d 5, d 6/II.

Acht, René Charles, * 1920 Basel
Schweizer Maler, studierte an der Akademie in Basel. Anfänglich unter dem Einfluß von Hans von Marées wandte er sich nach 1945 einer kubistischen und Mitte der

Vito Acconci. Trademarks. 1970

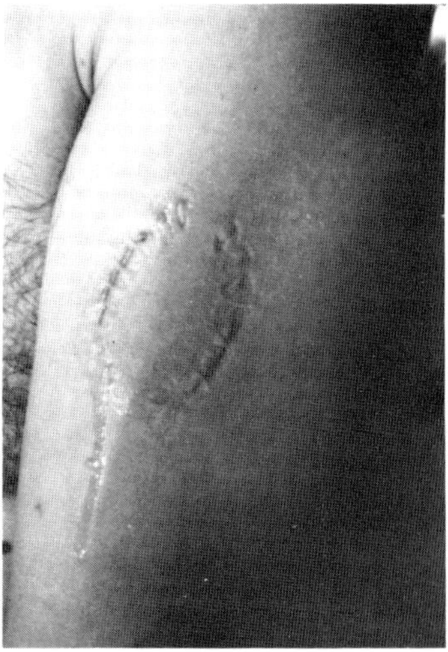

50er Jahre einer ◇ tachistischen Malweise zu.

Monogr.: Graphik von R. A. 1939–69, Lörrach 1969 (Œuvrekat.).
Kat.: d II/1.

Ackermann, Peter, * 1934 Jena
Deutscher Maler des ◇ Phantastischen Realismus, studierte an der Freien Universität und der HfbK in Berlin (1954–62), an der er seit 1976 selber als Professor lehrt. In den ausgehenden 50er Jahren gehörte er zur Schülergruppe um → Zimmermann. Seine Bildthematik konzentriert sich zumeist auf verödete Landschaften, deren Horizont von gewaltigen, verfallenen Ruinen vergangener Kulturen begrenzt wird. Dadurch gewinnt die Landschaft symbolischen Hinweischarakter auf die Leere, Entwurzelung und Vereinsamung des Menschen.

Monogr.: Radierungen 1963–70, Handzeichnungen 1963–69, Dssd. 1970 (mit Œuvrekat. d. Graphik).
Kat.: SKslg, Nürnberg 1969; Gal. Lietzow, Bln 1970 u. 1975; Kv. Mannheim 1971; Stadthalle Freiburg 1971; Kv. Wolfsburg, 1971; Gal. Söhn, Dssd. 1973; Kestner 1974; Gal. Kornfeld, Zürich 1976; Kv. Rh/W, Dssd. 1976. – d 6/III.

Adami, Valerio, * 1935 Bologna
Italienischer Maler, studierte an der Akademie Brera in Mailand (1953–57). In seiner Frühzeit gehörte er zum Umkreis von Matta. Während eines London-Aufenthalts 1961/62 erhielt A. wesentliche Impulse von → Bacon und der frühen englischen ◇ Pop Art und entwickelte in der Folgezeit die für seinen Stil typischen narrativen Bildstreifengeschichten mit einer cartoonhaften, plakativen Zeichnung und einer starken Farbakzentuierung. Trotz dieser Pop Art-Elemente behält seine Darstellung einen sehr persönlichen Erzähl- und Erlebnischarakter, der oft ins Surreale und Tiefenpsychologische hineinreicht.

Monogr.: C. Fuentes, Righe per A., Venedig 1968; H. Damisch u. H. Martin, V. A., München 1974 (mit Œuvrekat. 1962–73), engl. NY 1974, frz. Paris 1974.
Kat.: Gal. Schwarz, Mail. 1965–67 u. 1969; 34. Biennale, Venedig 1968; MAM 1969; Ulmer Mus. 1970; Gal. Buchholz, München 1972; Hamburger Kv. 1973 (Retro.); Gal. Maeght, Zürich 1976. – d/III 1, d 6/III.

Aeppli, Eva, * 1925 Zofingen
Schweizer Künstlerin, besuchte 1943–45 die Gewerbeschule in Basel; seit 1953 lebt sie in Paris. Bekannt wurde sie mit ihren lebensgroßen Figuren und Figurengruppen aus verschiedenen Textilien, die eine makabre Atmosphäre von Einsamkeit, Vergänglichkeit und Tod beschwören.

Kat.: Kh. Nürnberg 1970; Zürich 1974.

Aeschbacher, Hans, * 1906 Zürich
Schweizer Bildhauer, fand im Anschluß an eine Buchdruckerlehre zunächst zur Malerei, dann 1934 zur Bildhauerei. Nach frühen figurativen Skulpturen entwickelte er ab 1956 eine blockhafte abstrakte Stelenform, die er in den verschiedensten Steinmaterialien variierte.

Monogr.: H. Fischli u. M. Seuphor, H. Ae., Neuchâtel 1959 (mit Œuvrekat. 1946 bis 59); Zeichnungen 1924–71, Zürich 1973 (mit Œuvrekat.).
Kat.: Kh. Bern 1961; Gal. Lienhard, Zürich 1963; Gal. Appel & Fertsch, Ffm. 1965. – d II/2, d III/1.

Afro (Afro Basaldella),
* 1912 Udine
Italienischer Maler, Bruder von → Mirko, studierte an den Akademien

in Venedig und Florenz. In seinen Wandbildern der 50er Jahre entwickelte A. einen abstrakten Malstil, den man als eine sehr persönliche Umsetzung von Naturerlebnissen in illusionistische Raumvorstellungen typisieren kann.

Monogr.: L. de Libero, A., Rom 1946.
Kat.: Gal. Viviano, NY 1955; Gal. Blu, Mail. 1961; Gal. de France, Paris 1961; Gal. Im Erker, St. Gallen 1964. – d II/1, d III/1.

Agam, Yaakov (Jacob Gipstein),
* 1928 Rishon-le-Zion

In Israel geborener, heute in Paris lebender Vertreter einer ◇ kinetischen Kunst, die sich aus ◇ Op-Art-Effekten in der Nachfolge → Vasarelys ableitet. Nach Studien an der Kunstakademie Bezalel in Jerusalem und an der Züricher Kunstgewerbeschule und Universität siedelte A. 1951 nach Paris über. Dort entstanden erste Bilder und Objekte, die sich durch den wechselnden Standort der Betrachtung oder durch direktes Eingreifen des Beschauers in ihrer Erscheinungsweise verändern. Ab 1961 erweiterte A. den multisensuellen Charakter seiner Objekte durch Geräuschwirkungen und haptische Reize zur Aktivierung einer stärkeren Eigentätigkeit des Benutzers. Daneben entstanden architektonische Spielanlagen auf der Grundlage variabler Farbkombinationen. 1969/70 gestaltete er einen Saal für das Leverkusener Kulturforum.

Yaacov Agam. Free Standing. 1964. Öl/ Aluminium. Marlb., NY

Monogr.: Y. A., Neuchâtel 1962 (mit Texten v. A.); G. Metken, Y. A., Niederteufen 1972 u. 1976 (= Kunst heute. 23), engl. London 1974.
Kat.: Marlb., NY 1966; MuNAM 1972; SKh., Dssd. 1973; SM 1973; Stgt 1975. – d III/1.

Albers, Josef,
* 1888 Bottrop, † 1976 New Haven (Conn.)

Deutsch-amerikanischer Maler, Kunstpädagoge und Designer, studierte 1913–20 in Berlin, Essen, München und 1920–23 am Bauhaus, wo er ab 1923 selbst lehrte, bis er 1933 nach der Schließung des Bauhauses in die USA emigrierte. Als Lehrer am Black Mountain College in North Carolina (1933–49), wo u. a. →Motherwell, → De Kooning und → Rauschenberg seine Schüler waren, und an der Yale University in Connecticut (1950–59) hatte er einen bedeutenden Einfluß auf die junge amerikanische Malerei, vor allem auf die Vertreter der ◇ Op Art. Seine intensive Auseinandersetzung mit der Farbe kristallisierte sich in seinem Buch *Interaction of Color* (1943) heraus und ab 1949 in der berühmten Folge von Lithographien und Bildern *Homage to the Square,* in denen er die Wechselwirkungen der Farbe an der Form des Quadrates in einer Vielzahl von Variationen exemplifizierte.

Schriften: Poems and Drawings, New Haven 1958, 2. erw. Aufl. (zweisprachig), NY

Josef Albers. Huldigung an das Quadrat. Grüner Duft. 1963. Öl/Hartfaserplatte. 120 x 120 cm. ML

1961; Interaction of Color, New Haven (Conn.) u. London 1963 (mit Farbbeispielen), dt. Starnberg 1972 u. Köln 1970 (= DuMont Dokumente; nur d. Textteil); Search versus Research, Hartford (Conn.) 1969.
Monogr.: E. Gomringer, J. A., Starnberg 1958, ^{2}1971, 3. erw. Aufl. 1973, engl. NY 1968; Fr. Bucher, Trotz d. Geraden, Bern 1961, engl. New Haven u. London 1961; W. Spies, J. A., Stgt 1970 (= Kunst heute. 15), engl. NY 1970 u. London 1971; J. Wißmann, J. A., Recklinghausen 1970, ^{2}1973 (= Monogr. zur rhein.-westf. Kunst d. Gegenwart. 37); ders., J. A., Murals in New York, Stgt 1971.
Kat.: Khs Zürich 1956 (mit Fr. Glarner u. Fr. Vordemberge-Gildewart); Yale Univ. Art Gal. 1956 (Retro.); KEO, Hagen 1957; Gal. D. René, Paris 1957 u. 1968; Kv. Freiburg 1958; Lm. f. Kunst u. Kulturgesch., Münster 1959 u. 1973; SM 1961 (Retro.); Mus. Folkwang, Essen 1963; MOMA, 1964; Washington Gal. of Modern Art 1965; LA County Mus. of Art 1966; Rom 1967; Kestner 1968 u. 1973 (Studio); Lm. f. Kunst u. Kulturgesch., Münster/Kh. Basel/Overbeck-Ges., Lübeck/Badischer Kv., Karlsruhe/Rhein. Lm., Bonn/ Dt. Ges. f. Bildende Kunst, Bln/ACGB 1968/69; SKh., Dssd. 1970; Kv. München 1970; Hamburger Kh. 1970; Münster 1971; NY 1971; Gal. Beyeler, Basel 1973; Gal. Gmurzynska, Köln 1973; Rathaus d. Stadt Bottrop 1973. – d IV/1 u. 2.

Albert, Hermann, * 1937 Ansbach
Deutscher Maler des Berliner ◊ Kritischen Realismus, der die entleerte banale Handlungs- und Verhaltensweise des Wohlstandsbürgers in Ferien und Freizeit persifliert. In neuerer Zeit entstanden Zeichnungen mit Darstellungen von Bauern in ländlicher Umgebung.
Monogr. / Kat.: Gal. Poll, Bln 1972; Bilder u. Zeichnungen 1968–78, 2 Bde, Gal. Poll, Bln 1978. – d 6/III.

Albrecht, Hans Joachim,
* 1938 Wormditt (Ostpreußen)
Deutscher Bildhauer, überführt in seinen abstrakten Arbeiten körperliche Maßbeziehungen in konstruktive Zusammenhänge, diese zum Teil auch in mehrgliedrigen beweglich angelegten Konfigurationen. Durch Farbe erreicht A. eine zusätzliche konstruktive Verknüpfung seiner Stelenelemente und evoziert dadurch Assoziationen von Schwere oder Leichtigkeit.
Schriften: Farbe als Sprache, Köln 1974; Skulptur im 20. Jh., Raumbewußtsein und künstlerische Gestaltung, Köln 1977.
Kat.: KWM, Krefeld 1976.

Alcopley (Alfred L. Copley),
* 1910 Dresden
Deutsch-amerikanischer Maler, übersiedelte 1937 in die USA, lebte aber 1952–57 in Paris. Seine von Bewegung und Rhythmus geprägte abstrakte Malweise verdankt der östlichen Kalligrafie entscheidende Impulse und steht dem ◊ Abstrakten Expressionismus von → Kline und → Tobey nahe.
Kat.: München 1962.

Alechinsky, Pierre, * 1927 Brüssel
Belgischer Maler, der 1949–51 Mitglied der → Cobra-Gruppe

Pierre Alechinsky. La parole est aux enfants. 1961. Privat-Slg, NY

war. 1951 ging er nach Paris. Seine gestische Zeichensprache, die zum Phantastisch-Grotesken neigt, zeigt Einflüsse östlicher Kalligrafie sowie des surrealistischen Automatismus und der Malaktionen des ◇ Action Painting. In seiner Grafik tendiert A. trotz der spontanen, expressiven Gestaltungsweise zu einer figural deutbaren Zeichenstruktur, die oft von poetischen Texten begleitet ist.

Schriften: Roue libre, Genf 1971 (= Les sentiers de la création); L'avenir de la propriété, Paris 1973.
Monogr.: 20 Jahre Impressionen, München 1967 (Œuvrekat. d. Druckgrafik 1947–67); Les estampes de 1947–72, hrsg. v. Y. Rivière, Annecy 1973; J. Putnam, P. A., Mail. 1967.
Kat.: SM 1961 (mit Reinhout), 1963 u. 1966; Gal. Lefebre, NY 1962, 1963, 1965 u. 1967; Gal. van de Loo, München 1961; Paris 1962; Van Abbe 1963; Gal. Thomas, München 1968; Kv. Rh/W, Dssd. 1969; Gal. in d. Blutgasse, Wien 1972; Gal. Birch, Kopenhagen 1973; Die Pfalzgal., Kaiserslautern 1976; Gal. de France, Paris 1977. – d III/1, d 6/III.

Alfano, Carlo, * 1932 Neapel
Italienischer Künstler, arbeitet mit Tonbändern (autobiografische oder literarische Texte) und deren Transkription in Bilder und Zeichnungen.

Kat.: Gal. Art in Progress, München 1970 u. 1976; Kv. Heidelberg 1975. – d 6/III.

Alt, Otmar, * 1940 Wernigerode
Deutscher Maler und Grafiker, studierte an der HfbK in Berlin (1960–66) und wurde in den 60er Jahren durch seinen puzzleartigen semantischen Stil bekannt, dessen Zeichenrepertoire sich aus tiermythologischen und biomorphen Archetypen aufbaut. Diese märchenhafte Bilderwelt erfährt durch eine zum Geometrischen neigende Stilisierung sowie durch eine plakativ-kontrastreiche Koloristik eine gewisse dekorative Formelhaftigkeit.

Kat.: Badischer Kv., Karlsruhe 1967; Dssd. 1967; Braunschweig 1967 u. 1973; Gal. Thomas, München 1968 u. 1970; SKslg, Bonn 1969; Frankfurter Kunstkabinett 1969; Köln 1974; Kv. Rh/W Dssd. 1977/78.

Altenbourg, Gerhard, * 1926 Rödichen-Schnepfenthal (Thüringen)
Deutscher Maler und Grafiker, studierte 1948–50 an der Weimarer Hochschule. Als einziger DDR-Künstler praktizierte er schon in den mittleren 60er Jahren einen ◇ phantastisch-realistischen Stil sehr subjektiv-poetischer Prägung.

Monogr.: Werk-Verz. 1947–69, hrsg. v. D. Brusberg, Hannover 1969.
Kat.: d II/3, d 6/III.

Alvermann, Hans Peter, * 1931 Düsseldorf
Deutscher Objektkünstler, der nach dem Kunststudium an der Düsseldorfer Akademie (1954–58) seine künstlerische Arbeit zunächst mit Mobiles (1958/59) und magischen Objekten (1960–62) begann, bis er zu einer sozialkritischen Objektmontage fand, die auf den Metho-

den der dadaistischen und surrealistischen ◇ Objektkunst basiert. Das Themenrepertoire dieser Objekte reicht von der Kriegsanklage bis zur beißend-ironischen Persiflage von Sexkult und Kosmetikwerbung. 1966 gab A. seine künstlerische Tätigkeit auf und wurde als überzeugter Marxist Berufspolitiker. Seit 1970 hat A. jedoch die Objektkunst wieder aufgegriffen und in den Dienst seiner politischen Arbeit gestellt.

Monogr.: Denkmale 65, Bln 1965.
Kat.: KMv. Wuppertal 1970 (mit Œuvrekat. 1959–66).

Alviani, Getulio, * 1939 Udine
Italienischer ◇ Op-Art-Maler und ◇ Kinetiker, der ab 1961 durch seine Aluminiumobjekte mit Lichtvibration bekannt wurde. Zur gleichen Zeit war A. auch für verschiedene Modehäuser als Stoffdesigner tätig, wobei er in seinen Mustern häufig mit Op-Art-Effekten spielte. 1969 weitete A. das Prinzip der optischen Täuschung auf dreidimensionale Raumeinheiten aus. In seiner Malerei ordnet A. gegeneinander verkeilte komplementäre Farbbänder in strenger Reihung zu monochrom erscheinenden dynamischen Mischfarbflächen.

Schriften: Programmazioni plastiche, Venedig 1967.
Kat.: Gal. del Naviglio, Mail. 1965 u. 1969; Tobiès & Silex, Köln 1966; (Op) Art Gal., Esslingen 1966; Gal. Pauli, Lausanne 1969; New Smith Gal., Brüssel 1969; Gal. d'Art Mod., Basel 1969; Gal. nächst St. Stephan, Wien 1972 (mit Castellani u. Colombo). – d IV/2.

Anatol, * 1931 Insterburg
Deutscher Künstler, übt neben seiner Kunsttätigkeit weiterhin seinen Beruf als Polizist aus. A., Schüler von → Beuys, wurde durch seine Theorie der Kreativität durch Arbeitszeit bekannt. Diese Theorie wie auch sein Konzept einer Freien Akademie Oldenburg entwickelte sich aus dem Beuysschen Kreativitätsbegriff, der jeder menschlichen Tätigkeit die Möglichkeit zuspricht, Kunst zu sein.

Kat.: d 5.

Anceschi, Giovanni → **Gruppo T**

Andersen, Eric, * 1942 Kopenhagen
Dänischer ◇ Happening- und ◇ Fluxuskünstler.

Anderson, Laurie, * 1947 Chicago
Amerikanische Künstlerin, die in ihren ◇ Performances (ab 1972) vor allem autobiografische Momente zur Darstellung bringt.

Kat.: H. Solomon Gal., NY 1977. – d 6/I.

Andre, Carl, * 1935 Quincy (Mass.)
Amerikanischer Bildhauer, bedeutender Vertreter der ◇ Minimal Art. Er studierte 1951–53 an der Phillips Academy in Andover (Mass.). Unter dem Einfluß von Arbeiten Brancusis und → Stellas Streifenbildern entstanden 1958 die ersten Holzskulpturen. Den Hauptteil seiner Arbeit bilden die ab 1960 entwickelten *Element Series*: Objekte aus gleichartigen Einzelelementen in einfacher, serieller Anordnung, z. B. aneinandergereihte oder übereinandergeschichtete Holzblöcke oder Ziegelsteine und vor allem die aus Metallplatten zusammengesetzten, meist quadratischen Bodenstücke. Daneben entstanden ab 1963 zahlreiche *Poems* (serielle Anordnungen von Wörtern).

Carl Andre. 144 Aluminium Platten. 1967. Aluminium. Insgesamt 0,95 x 365,7 x 365,7 cm. Pasadena Art Mus.

Kat./Werkpubl.: SM, Mglb. 1968; Gemeentemus., Den Haag 1969; Seven Books, S. Siegelaub/Dwan Gal., NY 1969; Guggenheim 1970; Quincy Book, Addison 1973; 144 Blocks and Stones, Portland Center f. the Visual Arts 1974; Eleven Poems, Turin 1974 (Gal. Sperone); Kh. Bern 1975 (Œuvrekat.); Whitechapel 1978; Van Abbe 1978; Laguna Gloria Mus., Austin/Cincinnati Cont. Arts Center/ Albright Knox / AIC / La Jolla MOCA / Univ. Art Mus., Berkeley / Dallas MOFA / Mus. d'Art Cont., Montreal 1978/79. – d IV/1.

Andrea, John de → **De Andrea,** John

Annesley, David, * 1936 London
Englischer Bildhauer, studierte 1958 bis 62 an der St. Martin's School in London, an der er heute selbst lehrt. Seine Konstruktionen aus dünnem, kurvig gebogenem und farbig bemaltem Stahlblech sind von → Caro beeinflußt.

Anonima-Gruppe
Amerikanische Gruppe von ◇ Op-Art-Malern (Ernst Benkert, Francis Hewitt, Edwine Mieczkowski), die sich in der zweiten Hälfte der 60er Jahre zusammenfand und ähnlich wie → Vasarely und → Riley ihre Bilder mit Hilfe ◇ kinetischer Farbkonstellationen gestaltete, die die Netzhaut des Betrachters erregen. Die Künstler bemühten sich dabei um eine optimale methodische Ausschöpfung modernster Technologie.

Anselmo, Giovanni,
* 1934 Borgofranco d'Ivrea
Italienischer Vertreter der ◇ Arte povera. Sein Interesse gilt besonders dem Spannungsverhältnis zwischen organischen vergänglichen Stoffen und harten dauerhaften Materialien wie Stein.

Kat.: Gal. Sperone, Turin 1968; Km. Luzern 1973.

Antes, Horst, * 1936 Heppenheim
Deutscher Maler, studierte bei → Grieshaber an der Karlsruher Akademie (1957–59), an der er seit 1965 selbst lehrt (1967 Professor). Mit seinem stets unverändert gebliebenen Grundthema des ›Kopffüßler‹-Menschen, eines zwergenhaften Wesens in Profilansicht mit meist übereinanderliegenden Augen im Zentrum eines riesigen Kopfes, war A. in den frühen 60er Jahren einer der ersten Vertreter einer neuen figurativen Malerei in Deutschland.

Horst Antes. Figur schwarz-weiß. 1967. Aquatec. 150 x 120 cm. Kslg NRW

Monogr.: Werkverz. d. Radierungen 1962 bis 66, hrsg. v. G. Gercken, München 1968; Grafik, hrsg. v. B. Lutze, Stgt 1976 (Œuvrekat. d. Druckgrafik außer d. Radierungen); B. Lutze, H. A., Lithographien, Gütersloh 1976.
Kat.: Gal. Der Spiegel, Köln 1960 u. 1963; 3. Biennale, Paris/Ulmer Mus./SGal., München 1963/64; Gal. Stangl, München 1965, 1968 u. 1972; SKh., Mannheim 1966; Stgt 1966; Km. Basel 1967; Badischer Kv., Karlsruhe 1967; Lefebre Gal., NY 1967, 1969 u. 1974; Kv. Braunschweig 1968; Gimpel Fils, London 1968, 1970 u. 1973; Kh. Kiel 1971; Staatl. Kh., Baden-Baden/Kh. Bern/Kh. Bremen/Frankfurter Kv. 1971/72 (Retro.); Rosenheim 1974; Gimpel & Hanover, Zürich 1976; Gal. Pudelko, Bonn 1977; Badischer Kv., Karlsruhe 1978. SGal. Lüdenscheid 1978. – d III/1, d IV/1 u. 2, d 6/III.

Antonakos, Stephen,
* 1926 Südgriechenland
Griechischer Vertreter der ◇ Kinetik, kam 1930 nach New York. A. arbeitet seit 1961 mit Neonröhren; er konstruierte u. a. Raumeinheiten aus farbigen Neonröhren-Arrangements, die wechselnde Lichtformationen ausstrahlen.

Kat.: A. Priebe Art Gal., Wisconsin State Univ., Oshkosh 1971. – d 6/I.

Anuskiewicz, Richard (Joseph),
* 1930 Erie (Pa.)
Amerikanischer Maler, studierte am Cleveland Institute of Art (1948–55) und an der Yale University bei → Albers. In seiner ◇ Op-Art-Malerei benutzt A. die Quadratschachtelung von Albers zur Erzeugung einer tiefenperspektivischen Wirkung, die aus der seriellen Reihung der auf einen Brennpunkt hin geordneten quadratischen Farblineatur resultiert.

Kat.: S. Janis Gal., NY 1967. – d IV/2.

Appel, Karel, * 1921 Amsterdam
Niederländischer Maler, studierte 1940–43 an der Amsterdamer Kunstakademie. 1948 war er Mitbegründer der → Cobra-Gruppe, 1950 übersiedelte er nach Paris. Mit seiner expressiven farb-gestischen Mal-

Karel Appel. Mensch, Tier, Erde. 1952. Öl/Lwd. 110 x 100 cm. SM

weise aus dicken pastos aufgetragenen Farbstrichen, die sich zu einer aggressiven, rudimentär-figurativen Zeichensprache verbinden, gelangte er zu frühem Ruhm. Sein Stil zeigte zu dieser Zeit starke Parallelen zu den Tendenzen des amerikanischen ◇ Abstrakten Expressionismus, vor allem zu → De Kooning.

Monogr.: Sculptures de K. A., Turin 1962; H. Claus, K. A., Amsterdam 1962, NY 1962 u. 1964; J. Vrijman, De werkelijkheid v. K. A. Utrecht 1963.
Kat.: Gal. Rive Droite, Paris 1955; Gal. Lienhard, Zürich 1959 u. 1962; Gemeentemus., Den Haag 1961; M. Jackson Gal., NY 1960; Gal. Der Spiegel, Köln 1962; Gimpel & Hanover, Zürich 1963 u. 1969; Bochum 1964; SM/PBA, Brüssel 1965; Gal. W. Ketterer, München 1966; MOMU 1966; CNAC 1968; Brüssel 1969; Medusa Gal., Rom 1970; Cultureel Centrum, Venlo 1978. – d II/1 u. 3, d III/1.

Apple, Billy,
* 1935 Auckland (Neuseeland)
Amerikanischer Vertreter einer ◇ Objektkunst, die Elemente der ◇ Pop Art und der ◇ kinetischen Lichtkunst miteinander verbindet. Bekannt wurde A. zu Beginn der 70er Jahre vor allem durch originelle Neon-Skulpturen, die auf der Grundlage modernster Technologie konstruiert sind.

Arakawa, Shusaku, * 1936 Nagoya
Japanischer Maler, war – nach einem Studium der Medizin und Mathematik – 1958 in Tokio Mitbegründer einer ◇ neodadaistischen Künstlergruppe. 1961 übersiedelte er nach New York, wo 1963 die ersten *Diagrams* entstanden: meist einförmig graue Bilder mit Texten in schwarzer Schablonenschrift, Diagrammen, Grundrissen, Gebrauchsgegenständen und deren

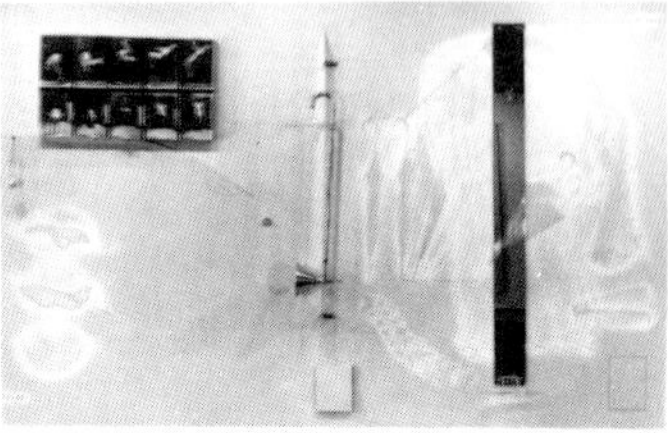

Shusaku Arakawa. As He Was Somersaulting through the Air . . . 1964. Öl, Collage/Lwd. 24,5 x 337 cm. Ehemals Dwan Gal., LA

farbig gespritzten Schatten u. ä. Mit Hilfe dieser collageartigen Elemente versucht er, die Eindeutigkeit der Übermittlung im Bilde zu verfremden und Situationen herzustellen, die das herkömmliche Funktionieren des ›Mechanismus der Bedeutung‹ in Frage stellen.

Schriften: Mechanismus d. Bedeutung (mit M. Gins), München 1971; For Example, Mailand 1974.
Kat.: Gal. dell'Ariete, Mail. 1965; vdH, Wuppertal 1967; Van Abbe 1967; Gal. Schwarz, Mail. 1967, 1969 u. 1971; MAM 1970; Badischer Kv., Karlsruhe 1970; Onnasch-Gal., Köln 1971; SKh. Dssd. 1977. – d IV/1, d 6/III.

d'Arcangelo, Allan, * 1930 Buffalo
Amerikanischer Maler, der Elemente der ◇ Farbfeldmalerei mit der werbehaften Zeichensprache der ◇ Pop Art verbindet. Sein Sujet ist vor allem das Verkehrsschild als Prototyp der modernen Signale einer durchtechnisierten Großstadtumwelt, die ein eigenes Zeichenrepertoire entwickelt.

Kat.: Gegenverkehr, Aachen 1969; Philadelphia 1971.

d'Armagnac, Ben, * 1940 Antwerpen
Belgischer Künstler, studierte 1959 bis 63 Malerei an der Amsterdamer

Akademie. In seinen ◇ Performances versucht er, meditativ Selbsterfahrungen zu erarbeiten (der Künstler als ›Zuschauer seiner selbst‹), die in einem zweiten Prozeßabschnitt dem Publikum mitgeteilt werden.

Kat.: Gal. De Appel, Amsterdam 1976. – d 6/I.

Arman
(eigentlich Arman Fernandez),
* 1928 Nizza
Französischer Künstler, bedeutender Vertreter des 1960 von ihm mitbegründeten ◇ Nouveau Réalisme. A. studierte in Paris u. a. an der Ecole des Arts décoratifs. Unter dem Einfluß der Arbeiten von Schwitters gelangte er von ◇ neodadaistischen Experimenten wie seinen *Cachets* (Stempelabdrücke), *Allures* (Abdrücke von in Farbe getauchten Gegenständen) und *Colères* (zertrümmerte und dann aufgeklebte Gegenstände, u. a. Streichinstrumente) zu den *Poubelles* (der in Plexiglaskästen gefüllte Inhalt von Papierkörben, ab 1959/60) und

Arman. Tanto tiene, tanto vale. 1960. Akkumulation. 30 x 20 x 14 cm. KWM, Krefeld

den sich daraus entwickelnden *Accumulations* (Anhäufungen von gleichen Gegenständen in Plexiglaskästen, z. B. Kannen, Uhren, Kämme oder Knöpfe). In diesen Ansammlungen von Objekten des täglichen Konsums wurde der einseitige Verbrauchscharakter dieser industriellen Massenprodukte ironisch in Frage gestellt.

Monogr.: O. Hahn, A., Paris 1973 (= Ateliers d'aujourd'hui); H. Martin, A., NY 1973.

Kat.: Gal. Schmela, Dssd. 1960; Gal. Schwarz, Mail. 1961 (mit Raysse), 1963 u. 1968; Dwan Gal., LA 1962; SM 1964 u. 1969; S. Janis Gal., NY 1965; MHL, Krefeld 1965; PBA, Brüssel 1966; Gal. I. Sonnabend, Paris 1967 u. 1969; Gal. M. Fels, Paris 1969; MAD 1969; SKh., Dssd. 1969; Gal. Jebensstr., Bln 1969; Zürich 1970; Gal. dell'Ariete, Mail. 1970; Gal. Borgogna, Mail. 1972; La Jolla MOCA 1974. – d III/1, d IV/1 u. 2, d 6/III.

Armando, *1929 Amsterdam
Niederländischer Künstler, studierte Kunstgeschichte und war als Journalist tätig. Seine Arbeiten entsprechen in ihrem künstlerischen Anliegen den Zielen der Gruppe → Nul, deren Mitglied er war.

Kat.: Utrechtse Kring 1969; SM 1974.

Armitage, Kenneth, * 1916 Leeds
Englischer Bildhauer, studierte am Leeds College of Art und an der Slade School. Sein künstlerisches Werk erhielt seine entscheidenden Impulse von den Skulpturen Moores. In seinen stark abstrahierenden Bronzeplastiken, die Menschen oder Menschengruppen darstellen, ragen dünne Gliedmaßen und winzige Köpfe aus silhouettenhaften Körpern hervor.

Monogr.: R. Penrose, K. A., Amriswil 1960.

Kat.: Khs Zürich 1959 (mit Hayter u. Scott); Whitechapel 1969 (Retro.); Svea Gal., Stockholm 1961 (mit Chadwick); Gal. Ch. Lienhard, Zürich 1963; Gal. W. Grosshennig, Dssd. 1963; Marlb., London 1962 u. 1965. – d II/2, d III/1.

Arnim, Bettina von, * 1940 Zernikow
Deutsche Malerin des Berliner ◇ Kritischen Realismus, die in einer Mischung aus ◇ Pop Art, ◇ Fotorealismus und Science-fiction-Phantastik die Bedrohung des Menschen durch die zivilisatorischen Verrohungsmechanismen thematisiert.

Arroyo, Eduardo, * 1937 Madrid
Spanischer Maler eines ◇ politisch engagierten Realismus. Die Gestalten A.s sind zumeist ohne individuelle Gesichtszüge ausgestattet, sie haben vielmehr typischen Charakter für bestimmte Klassen. Daneben malt A. Bilder, die ähnlich wie die → Equipo Cronica kunsthistorische Bildzitate ironisch verfremden.
Kat.: d 6/III.

Art & Language
Bezeichnung für eine Gruppe englisch-amerikanischer Künstler, die – z. T. unabhängig voneinander – Mitte der 60er Jahre begannen, mit ihren Arbeiten den konventionellen, hermetisch geschlossenen Zustand des Kunstobjekts in Frage zu stellen. Unter besonderer Berücksichtigung der Analogien zwischen Kunst und Sprache (daher ›A & L.‹) und mit Hilfe linguistischer Methoden befaßten sie sich mit Untersuchungen der Natur, d. h. der Konzeption von Kunst. Zur Veröffentlichung ihrer Texte gründeten Terry Atkinson (* 1939 Thurnscoe, Yorkshire), Michael Baldwin (* 1945 Chipping Norton, Oxfordshire), David Bainbridge (* 1941 Sheffield, Yorkshire) und Harold Hurrell (* 1940 Bolton-upon-Dearne, Yorkshire) 1968 in Coventry die A. & L. Press (ab 1969 erschien die Zeitschrift ›Art-Language‹), 1969 wurde Joseph → Kosuth American Editor, 1971 kamen Ian Burn (* 1939 Geelong, Australien) und Mel Ramsden (* 1944 Nottingham) als redaktionelle Mitarbeiter in New York hinzu. Später schlossen sich der Gruppe sowohl in England als auch in New York weitere Mitglieder an. Kommunikationsschwierigkeiten aufgrund immer komplexerer Fragestellungen und Spannungen innerhalb der Gruppe – vor allem nach Einbeziehung marxistischen Gedankenguts – führten zur Auflösung bzw. Aufspaltung in rivalisierende

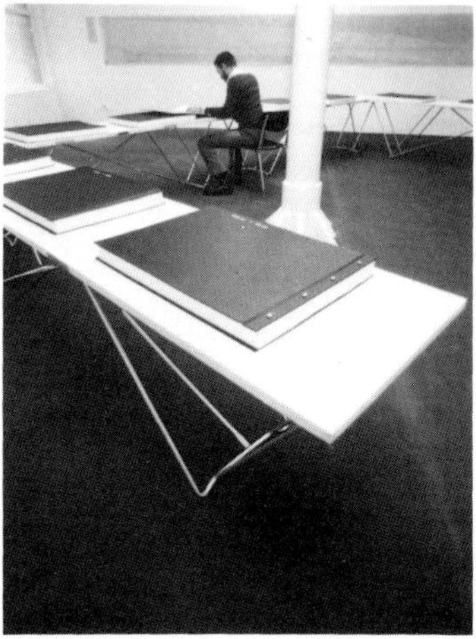

Art & Language. Lexical Items. 1973. 11 Bde

Gruppen. A. & L. verkörpert die extremste Form der ◇ Konzeptuellen Kunst.

Schriften: Art-Language, Coventry u. a. 1969 ff. (bisher 13 Hefte); A. & L., Texte zum Phänomen Kunst u. Sprache, hrsg. v. P. Maenz u. G. de Vries, Köln 1972 (=DuMont Kunst-Praxis, = Dumont International; engl./dt.).
Kat.: Catalogue raisonné, November 1965–February 1969, Leamington Spa/Zürich 1973 (A. & L. Press/Gal. Bischofberger); Km. Luzern 1974; MOMA, Oxford 1975. – d 5, d 6/III.

Artschwager, Richard,
* 1924 Washington (D. C.)
Amerikanischer Maler. Neben ◇ minimalartigen Skulpturen aus Formica entstanden seit Mitte der 60er Jahre Bilder mit Hilfe von Fotovorlagen (meist Architektureinheiten, Innenräume usw.). Durch eine starke Rasterung wird das Foto zu einer fast monochromen Punktstruktur verfremdet und dann auf Hartfaserplatten übertragen, wodurch der Eindruck einer grauen Gleichförmigkeit entsteht, die den figurativen Inhalt des Fotos fast ganz überdeckt.

Kat.: Kv. Hbg 1978. – d IV/1, d 5.

Asher, Michael, * 1943 Los Angeles
Amerikanischer Künstler, studierte an der University of California. Er wurde bekannt durch großangelegte Arbeiten mit Räumen, bei denen er mit einfachen, aber entscheidenden Eingriffen (Abschlagen des Putzes von allen Wänden; Einfärben einer Raumhälfte in Schwarz, der anderen in Weiß) ein Höchstmaß an Strukturveränderung und damit Bewußtseinserneuerung beim Rezipienten erzielt.

Kat.: ICA, LA 1977 (mit Askevold u. Long); Van Abbe 1977. – d 5.

Askevold, David, * 1940 Montana
Amerikanischer Künstler, lehrte 1968–73 am Nova Scotia College of Art and Design in Halifax. Seine der ◇ Narrative Art zugerechneten Arbeiten (Fotos und Texte) sind gekennzeichnet von A.s stark subjektivem Erfassen der Welt und einem eigenartigen, mystischen Unterton.

Kat.: ICA, LA 1977 (mit Asher u. Long). – Extra Nr 5 (A.-Sonderheft). – d 6/II.

Asmus, Dieter, * 1939 Hamburg
Deutscher Maler, studierte 1960–67 an der HfbK in Hamburg. 1965 war er Mitbegründer der Gruppe → Zebra, die sich bereits 1960 gegen die Vorherrschaft ◇ tachistischer Malerei formierte. In den frühen 60er Jahren fand A. zu einer ◇ realistischen Figuration; das nach Fotos gemalte Bild wird jedoch nicht zu einer illusionistischen Reproduktion, sondern die Fotorealität dient als Material einer Kombinatorik, die zu einer inhaltsverfremdenden, oft grotesken Staffelung figurativer Details in einem unwirklich erscheinenden Raumgefüge führt.

Monogr.: Werkverz. d. Ölbilder, Zeichnungen u. Grafik 1965–72, Gal. H. Hoeppner, Hbg 1972 (Œuvrekat.).

Atkinson, Terry → **Art & Language**

Atlan, Jean (Michel),
* 1913 Constantine, † 1960 Paris
Algerischer Maler jüdischer Glaubenszugehörigkeit, lebte ab 1930 in Paris. Nach philosophischen Studien und literarischer Tätigkeit fand er 1941 zur Malerei. 1944 wurden bereits alle Bilder seiner ersten Ausstellung in Paris von

Gertrude Stein erworben. Mit seinem zeichenhaft-totemistischen Stil, der auch in seiner intensiven Farbigkeit an die präkolumbische und afrikanische Primitivenkunst erinnert, gehörte A. zu den bekanntesten und wegweisenden Vertretern der ◇ Ecole de Paris in den ausgehenden 40er und frühen 50er Jahren.

Monogr. (o. O. = Paris): A. Verdet, A., 1956; M. Ragon u. A. Verdet, J. A., Genf 1960; B. Dorival, A., 1962; M. Ragon, A., 1962.
Kat.: Gal. D. René, Paris 1946; Gal. Maeght, Paris 1947; Gal. Sandri, Venedig 1949; Mus. d'Antibes 1957; Gal. del Naviglio, Mail. 1958; Kaplan Gal., London 1959; The Contemporaries Gal., NY 1960; MuNAM 1963.

Attersee, Christian Ludwig,
* 1941 Wien
Österreichischer Maler und Grafiker, studierte 1957–63 an der Akademie für angewandte Kunst in Wien. Seine grotesk-phantastischen Bilder und Zeichnungen voll erotischer Anspielungen sind bevölkert von monströsen Fabelwesen.

Monogr.: Das graphische Werk 1969–75, Büren 1975; A., Österreichischer Sonnenschein, Zürich/Solothurn 1968 (Gal. Bischofberger/Gal. Bernard).
Kat.: Gal. Lo Squero, Triest 1967; Gal. nächst St. Stephan, Wien 1968 u. 1969 (mit Pichler); Gal. Bischofberger, Zürich 1970; Gal. Ariadne, Köln 1972; Gal. Springer, Bln 1972; Gal. van de Loo, München 1974; Gal. Krinzinger, Innsbruck 1974 u. 1976; Deuringschlößchen, Bregenz 1974; MuNAM 1975; Gal. Grünangergasse, Wien 1975; Gal. Stähli, Zürich 1976. – d 6/III.

Aubertin, Bernard,
* 1934 Fontenay-aux-Roses (Seine)
Französischer ◇ Kinetiker, der 1958 zunächst mit monochromen roten Bildern begann. 1960 folgten rote Nagelbilder, 1961 erste kinetische Experimente mit dem Medium Feuer in Gestalt von Streichholzcollagen, rotierenden Feuerscheiben, Feuerwegen und Feuerbüchern, die verschiedenste pyrotechnische Aktionsprogramme enthielten.

Kat.: Maison des Quatre Vents, Paris 1968; CNAC 1972; Studio Firenze, Florenz 1974; Studio SB, Brescia 1975. – d 6/III.

Avramidis, Joannis,
* 1922 Batum (UdSSR)
Österreichischer Bildhauer griechischer Abstammung, studierte in Batum und Athen. 1943 emigrierte er nach Wien, wo er 1945–49 an der Akademie Malerei studierte und 1953–56 Schüler → Wotrubas war. Seit 1968 ist er Professor an der Wiener Akademie. In seinem skulpturalen Werk entwickelte A. eine eigenwillige, archetypisch anmutende, abstrakte Stelenform, die wie ein urbildhafter Rohentwurf der menschlichen Gestalt erscheint. Vertikale Längsschnitte durch diese Stelenfigur führen dann zu variablen Bauelementen, die als Grundformel einer tempelhaften Säulenarchitektur dienen, deren Maßstab der Mensch ist.

Kat.: Kestner 1967 (Retro.); Appel & Fertsch, Ffm. 1967; Badischer Kv., Karlsruhe 1968; Gal. Krugier, Genf 1970; Neue Gal. am Lm. Joanneum, Graz 1974; Gal. Ulysses, Wien 1975. – d III/1, d 6/III.

Aycock, Alice,
* 1946 Harrisburg (Pa.)
Amerikanische Künstlerin. Ihren architekturhaften Bauten liegt einerseits die Erfahrung altmittelmeerischer und indianischer Architektur zugrunde, andererseits das Bedürfnis, Bauten und Räume als physische Herausforderung bereitzustel-

len, in denen der Benutzer Funktionen für sich entdecken soll: Die Bauten sind nie fertig, sondern bieten Ausgangspunkte und Wege für eine individuelle strukturelle Weiterführung.

Kat.: d 6/I.

Ay-O, * 1931 Präfektur Ibaragi
Japanischer ◇ Happening- und ◇ Fluxuskünstler, studierte bis 1954 an der Kyoiku-Universität in Tokio und ging 1968 nach New York, wo er ab 1962 an Fluxus-Aktionen teilnahm.

Bacon, Francis,
* 1909 Dublin
Englischer Maler, neben → Sutherland der bedeutendste Vertreter einer visionären, vom Surrealismus beeinflußten Malweise in England. Seine bildnerischen Visionen spiegeln den psychischen Zustand tiefer Hoffnungslosigkeit und Angst. Seine Gestalten sind in leeren, bedrückenden Innenräumen eingeschlossen und erscheinen auf unheimliche Weise verzerrt oder verstümmelt. Inspirationsquelle sind für B. Schlachthäuser, Medizinbücher und Pressefotos, aber auch Werke von Malern wie Blake, Bosch, Füßli oder van Gogh, deren tiefenpsychologischer Gehalt ihn zu großen Bildserien angeregt hat. B. übte großen Einfluß auf die englische ◇ Pop Art aus.

Monogr.: J. Rothenstein u. R. Alley, Fr. B., London 1964; Fr. B., Paris 1971; A. Dückers, Fr. B., Stgt 1971; J. Russell, Fr. B., London 1971, dt. Bln 1972.
Kat.: ICA, London 1955; Gal. Rive Droite, Paris 1957; Gal. Galatea, Turin/Gal. dell' Ariete, Mail./Gal. L'Obelisco, Rom 1958; Hanover Gal., London 1959; 5. Biennale, Sao Paulo 1959; Marlb., London 1960, 1965 u. 1967; Nottingham Univ. 1961; Tate/SKh., Mannheim/Gal. Civica d'Arte Mod., Turin/Khs Zürich/SM 1962/63 (Retro.); Gal. d'Arte Galatea, Mail. 1962; Gal. Il Centro, Neapel 1963 (mit Sutherland); Guggenheim 1963 (Retro.); Kv. Hamburg/MOMU/MOMA, Dublin 1965; Gal. Maeght, Paris/Marlb., Rom/Gal. Toninelli, Mail. 1966/67; Siegen 1967; Marlb., NY 1968; Gal. Galatea, Turin 1970; Grand Pal., Paris/SKh., Dssd. 1971/72 (Retro.); Metropolitan, NY 1975; Gal. Cl. Bernard, Paris 1977. – d II/1, d III/1, d 6/1.

Francis Bacon. Study for Self Portrait. 1964. 155 x 140 cm. Marlb., London

Badura, Michael,
* 1938 Oppeln
Deutscher Objektkünstler, studierte u. a. an der Werkkunstschule in Krefeld (1957–60). Nach frühen Aktionen zum Thema Umwelt und ◇ neodadaistischen Objekten (*Eingeweckte Welt*, 1966) fand B. zur von ihm so genannten ›Story Art‹, in der er anhand von Fotos, gesammelten Belegen und Indizien Geschichten erzählt.

Kat.: SMus., Göttingen 1971; Gal. Art in Progress, Zürich/München 1973 u. 1975; Krefelder Kv. 1977. – d 6/III.

Baer, J. (Sephine Gail),
* 1929 Seattle (Wash.)
Amerikanische Künstlerin, studierte in Seattle und an der New School for Social Research in New York. Ihre für das ◇ Systemic Painting typischen Bilder (meist mehrteilige Arbeiten) bestehen aus weißbemalten Leinwänden mit schwarzen und dünnen farbigen Linien entlang der Ränder.

Kat.: Pasadena Art Mus. 1971; Whitney 1975; MOMA, Oxford 1977. – d IV/1.

Baertling, Olle, * 1911 Halmstadt
Schwedischer Maler und Bildhauer, der in seinen Arbeiten die neoplastizistische Theorie Mondrians anwendet und erweitert. Vor allem durch seine plastischen Konstruktionen aus geschweißtem und lakkiertem Eisen, die mit ihren feinlinigen Formen den Raum strukturieren, wurde B. bereits in den 50er Jahren zum Wegbereiter einer raumdefinierenden, rationalen Plastik.

Kat.: Gal. D. René, Paris 1958 u. 1962; Gal. Hybler, Kopenhagen 1963; R. Fried Gal., NY 1965, 1967 u. 1968; Königliche Akad., Stockholm/Gal. Aronowitsch, Stockholm/State Univ. of NY/E. Robles Gal., LA/R. Fried Gal. NY 1969/70 (Retro.); Kv. Rh/W, Dssd. 1977.

Baier, Jean, * 1932 Genf
Schweizer Maler, der in der Tradition Max → Bills und Antonio → Calderaras eine Malweise der ◇ konkreten Abstraktion in Gestalt von verkeilten Farbflächen vertritt, die oft den Bildrand zu durchbrechen scheinen. Dadurch entsteht die Optik winklig geschachtelter Farbebenen, die den Bildern eine plastische Wirkung geben.

Kat.: Genf 1967 (mit H. Uhlmann u. L. Florsheim).

Bailey, William,
* 1930 Council Bluffs (Ia.)
Amerikanischer Maler, studierte an der School of Arts der University of Kansas (1948–51) und bei → Albers an der Yale University, wo er 1969 selbst einen Lehrauftrag erhielt. Seine figurative Malweise ist in ihrer statuarischen Entrücktheit und klassischen Idealisierungstendenz der Pittura metafisica verbunden.

Bainbridge, David →
Art & Language

Baj, Enrico, * 1924 Mailand
Italienischer Maler, 1951 Mitbegründer der Gruppe → Movimento Nucleare, die in Ablehnung der geometrischen Abstraktion eine dem ◇ Informel nahestehende Malerei vertrat. B.s neofigurative Collagebilder aus verschiedenen Mate-

Enrico Baj. General. 1961. Collage. 146 x 114 cm. Gal. Schwarz, Mail.

rialien – Tapeten, Schnüre, Hölzer, Metall – in der Tradition Picassos und → Dubuffets sind von einer phantasievollen, naiv grotesken Figurenwelt geprägt.

Monogr.: E. Jaguer, E. B., Mail./NY 1956; I funerali dell'anarchico Pinelli, Venedig 1972; Cat. de l'œuvre graphique et des multiples, hrsg. v. J. Petit, 2 Bde (1952–70; 1970–73), Genf 1970–73; Cat. generale Bolaffi dell'opera di E. B., hrsg. v. E. Crispolti, Turin 1973.
Kat.: Gal. Schwarz, Mail. 1962; Gal. Berggruen, Paris 1962; Gal. Pierre, Stockholm 1965; Gemeentemus., Den Haag 1967; Pal. Grassi, Venedig 1971 (Retro.); Venedig 1972; Stockholm 1972; Pal. Reale, Mail. 1974; SKh., Dssd. 1975.

Baldessari, John,
* 1931 National City (Calif.)
Amerikanischer Künstler, studierte am San Diego State College. Seine zur ◇ Narrative Art gezählten Arbeiten (Fotos mit erläuternden Texten) übermitteln Geschichten, die sich meist als Kunstparabeln verstehen lassen.

Werkpubl.: Ingres and other Parables, London 1972; Fable, Hbg 1977.
Kat.: Wadsworth 1977 (= Matrix. 32). – d 5.

Baldwin, Michael →
Art & Language

Bandau, Joachim, * 1936 Köln
Deutscher Bildhauer, studierte 1956 bis 60 an den Kölner Werkschulen und an der Düsseldorfer Akademie. In seinen Objekten, die aus Installationsteilen künstliche Gliedmaßen entstehen lassen oder Badezimmerbrausen in Abhöranlagen verwandeln, visualisiert sich die psychische Erlebniswelt von Angst, Bedrängnis und Beklemmung.

Kat.: SM, Leverkusen 1971; Kh. Nürnberg/Kv. Freiburg 1972/73; Kh. Köln 1976. – d 6/III.

Barker, Clive, * 1940 Lutow
Englischer Objektkünstler, der mit ironischer Hintergründigkeit unscheinbare Dinge des Alltags (z. B. ein Wollknäuel) in präzis geformten Bronzeabgüssen zum Kunstwerk erhebt. Die ◇ Pop Art-Konzeption von → Johns verbindet sich hier mit dem Witz dadaistisch-surrealistischer ◇ Objektkunst in der Nachfolge Duchamps.

Barry, Robert, * 1936 Bronx (N.Y.)
Amerikanischer Künstler, bedeutender Vertreter der ◇ Konzeptuellen Kunst, an dessen Arbeiten sich der Entmaterialisierungsprozeß der Kunst in der Mitte der 60er Jahre exemplarisch verfolgen läßt. Nach Bildern in der Art des ◇ Systemic Painting und Skulpturen aus Ny-

Robert Barry. All the Things I Know . . . 1969 (aus: L. R. Lippard, Changing. Essays in Art Criticism, NY 1971). Privat-Slg, Köln

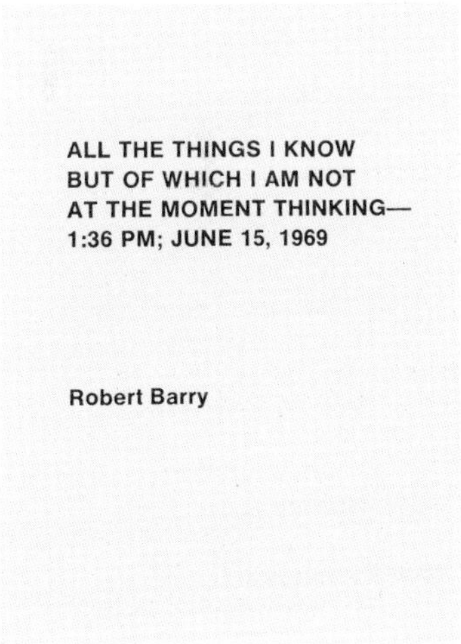

lonfäden (1968) gelangte er über Arbeiten mit unsichtbarem Material (Gas und Radiowellen, 1969) zu Sätzen, die rein geistige Phänomene – vor allem das Unbewußte – betreffen (*All the things I know ...*, 1969) und sich nur durch gedanklich-assoziative Prozesse in der Vorstellung des Betrachters verwirklichen (*Invitation Piece*, 1973 bis 74). Charakteristisch für sein Schaffen sind umfangreiche Arbeiten mit Wörtern in Form von Büchern, Dia-Projektionen (bei denen oft optische Signale wie geometrische Formen oder Fotografien abwechselnd mit den Wörtern verwendet werden), Zeichnungen und Tonbändern. Seine Arbeiten lassen sich als tautologische Beschreibung ihrer selbst, aber auch als Kunstparabeln verstehen.

Werkpubl.: It Has No Enduring Features . . ., Turin 1970; Two Pieces, Turin 1971; 30 Pieces as of 14 June 1971, Köln 1971; It is . . . it isn't, Paris 1972.
Kat.: Gal. Foksal PSP, Warschau 1973; Km. Luzern 1974; SM 1974; Van Abbe / Mus. Folkwang, Essen 1977/78. – d 5, d 6/III.

Bartolini, Luciano, * 1948 Fiesole
Italienischer Künstler, arbeitet seit 1971/72 an materialbezogenen Collagen, vor allem mit Zellstofftüchern in serieller Anordnung auf zusammenfaltbaren Papierbahnen.

Werkpubl.: Papierselbstdarstellung, Gal. D'Alessandro-Ferranti, Rom 1976; Traces, Zona, Florenz 1976.

Baruchello, Gianfranco,
* 1924 Livorno
Italienischer Maler, Literat und Filmemacher, gehört mit → Schifano zu den bekanntesten italienischen ◇ Pop-Vertretern im Bereich des Films, wobei seine Filme bis 1968 im Gegensatz zu denen → Warhols in ihrer Symbolik stark gesellschaftskritisch ausgerichtet sind. Diese Tendenz ändert sich um 1969 in Richtung auf eine subjektiv-lyrische Verinnerlichung und stellt ein Pendant dar zu seiner malerischen Chiffrensprache (ironisch-witzige Verarbeitung von Gegenständen der Umwelt und des Konsums) sowie zu seinen literarischen Arbeiten, die er ›visuelle Erzählungen‹ nennt.

Schriften: Mi viente in mente. Romanzo, Mail. 1966.
Monogr.: T. Trini, Introduction à B., Mail. 1975.
Kat.: Gal. Schwarz, Mail. 1965, 1966, 1968, 1970 u. 1975; Gal. Buchholz, München 1971. – d 6/III.

Basaldella → **Afro** bzw. → **Mirko**

Baschlakow, Alexej-Iljitsch,
* 1936 Slaboda
Russischer Maler, der um 1945 nach Deutschland gelangte, im Anschluß an eine Malerlehre die Werkkunstschule in Hannover besuchte und dann seine Studien in Florenz fortsetzte. Sein malerischer Stil, der seit den 60er Jahren keine wesentlichen Veränderungen aufweist, ist von organisch gewellten, archetypisch anmutenden abstrakten Formen und starker Farbigkeit geprägt. Dadurch entsteht der Eindruck einer fließenden Dynamik und einer objektivierten Vitalität.

Baselitz, Georg,
* 1938 Deutschbaselitz (Sachsen)
Deutscher Maler, studierte u. a. an der HfbK in Berlin bei → Trier (1957–64). Erstes Aufsehen erregte er mit dem Bild *Die große Nacht*

Georg Baselitz. Schlafzimmer (Elke und Georg). 1975. Öl/Lwd. 350 x 250 cm. ML

im Eimer (1962/63, ML). In der dämonischen Expressivität, vor allem an der visionären Verzerrung der menschlichen Gestalt, zeigt sein Stil Einflüsse des deutschen ◇ Expressionismus und des späten Corinth. Bekannt wurde B. vor allem mit seinen Bildern, deren Sujets auf dem Kopf stehen (ab 1969/70).

Schriften: Pandämonium 1–2, Bln 1961–62. Monogr.: Radierungen 1963–74, Holzschnitte 1966–67, Kat. SM, Leverkusen 1974.
Kat.: Gal. Werner u. Katz, Bln 1963; Gal. Friedrich & Dahlem, München 1965; Km. Basel 1970; Wide White Space, Antwerpen 1970; Gal. Tobiès & Silex, Köln 1971/72; SKh., Mannheim 1972; Kv. Hbg 1972; Gal. Zwirner, Köln 1972; 13. Biennale, Sao Paulo 1975; Haus d. Kunst, München 1976; Kh. Köln 1976; Kh. Bern 1976. – d 5, d 6/I u. III.

Baumgarten, Bodo, * 1940 Gdingen
Deutscher Maler, Zeichner und ◇ Objektkünstler, studierte an der Werkkunstschule Kiel und der HfbK in Hamburg (1962–69). Seit 1970 arbeitet er mit ›Raumverspannungen‹: in den Raum ausgreifende Flächenobjekte aus textilen Materialien oder Drahtnetzen.

Kat.: Gal. Defet, Nürnberg 1971/72 u. 1975; Kölnischer Kv. 1973; Kh. Kiel 1976; Badischer Kv., Karlsruhe 1977. – d 6/III.

Baumgarten, Lothar,
* 1944 Rheinsberg
Deutscher Künstler aus dem Umfeld der ◇ Individuellen Mythologien. Er wurde bekannt mit Arbeiten, die sich mit der Kultur und den Mythen der Indianer Südamerikas beschäftigen.

Kat.: Van Abbe 1975. – d 5.

Baumgartl, Monika, * 1942 Prag
Deutsche Künstlerin, studierte 1962 bis 1965 in Hofheim/Taunus Fotografie. Seit 1970 arbeitet sie mit → Rinke zusammen und fotografiert dessen Prozeßdemonstrationen. Ihre eigenen künstlerischen Arbeiten mit dem Medium Fotografie demonstrieren die wechselseitige Kausalabhängigkeit von Zeit und Bewegung.

Kat.: Gal. Walther, Dssd. 1973. – d 6/II.

Bay, Didier,
* 1944 Beauchamps (bei Paris)
Französischer Künstler. Seine zur ◇ Spurensicherung und zur ◇ Narrative Art gezählten Arbeiten sind gekennzeichnet durch eine subjektive Erfassung der Welt in Fotos und erläuternden Texten, z. B. ›seines‹ Stadtviertels in Paris.

Werkpubl.: Fenêtres-Windows-Vinduer, Kopenhagen 1974; Mon Quartier, Brüssel 1977.

Bayrle, Thomas, * 1937 Berlin
Deutscher Maler und Grafiker, studierte 1958–62 an der Werkkunst-

schule in Offenbach. Mit ◇ neodadaistischen und ◇ Pop Art-Stilmitteln arbeitend, entwickelte er in den 60er Jahren ein Strukturraster der Darstellung, das aus vielen gleichen Elementen ein Großbild zusammensetzt (z. B. einen Stuhl aus vielen kleinen Bildern des gleichen Stuhls).

Kat.: M. Hess-Stiftung, Ffm. 1967 (mit Kissel u. Walldorf) u. 1976. – d 6/III.

Bazaine, Jean, * 1904 Paris

Französischer Maler, der neben → Manessier zum bedeutendsten Vertreter der ◇ Ecole de Paris in den 50er Jahren wurde. Im Sinne impressionistischer Naturerfahrung schuf B. eine abstrakte Malweise, die aus rhythmisch bewegten Farbmustern orchestrale Farbklänge komponiert.

Schriften: Notes sur la peinture d'aujourd'hui, Paris 1948 u. 1953, dt. Ffm. 1959.

Jean Bazaine. Der Taucher. 1949. Öl/Lwd. 146 x 114 cm. ML

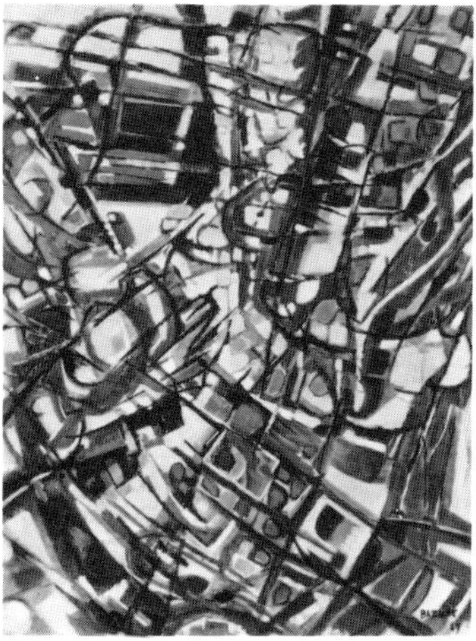

Monogr.: J. B., hrsg. v. E. Scheidegger u. W. Hachler, Paris 1953.

Kat.: Derrière le miroir Nr 23 u. 55/56, Paris 1949–53; SM 1959; Kestner 1962; Staatl. Kh. Baden-Baden 1968 (mit Estève u. Lapique). – d II/1, d III/1 u. 2.

Baziotes, William, * 1912 Pittsburgh (Pa.) † 1963 New York

Amerikanischer Maler, der in den 30er Jahren an der National Academy studierte und bis 1941 für WPA arbeitete. 1948 gründete er mit → Motherwell, → Rothko und → Newman eine eigene Kunstschule, die zur Keimzelle des ◇ Abstrakten Expressionismus in

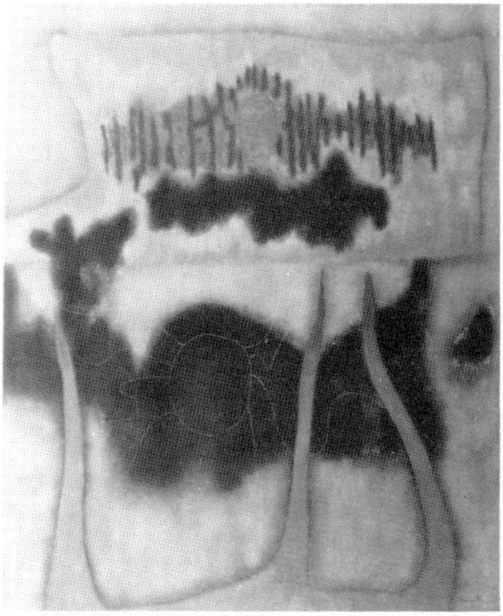

William Baziotes. Pompeji. 1955. Öl/Lwd. 152 x 122 cm. MOMA

Amerika wurde. Sein Stil ist von amöbenhaft biomorphen Formen und kalligrafischen Linien gekennzeichnet, die die Assoziation einer fast surrealen Unterwasserszene hervorrufen.

Kat.: Guggenheim 1965 (Retro.). – d II/1.

Beal, Jack, * 1931 Richmond (Va.)
Amerikanischer Maler, der am Art Institute of Chicago studierte. B. vertritt eine ◇ realistische Malweise, die im Rückgriff auf den sachlichen Verismus Sheelers die geometrische Linienführung betont. Dadurch entsteht eine reportagehafte Präzision der Darstellung, die nur durch die eigenwillige Setzung von Hell- und Dunkelwerten subjektive Akzente erhält.

Becher, Bernhard und Hilla,
* 1931 Siegen bzw. 1934 Potsdam
Deutsche Fotografen. Bernhard B. studierte an der Akademie in Stuttgart Malerei, wandte sich aber seit 1956 der Fotografie zu; Hilla B. war nach einer Fotolehre als Werbefotografin tätig. Beide studierten 1959–61 an der Düsseldorfer Akademie. Anknüpfend an analoge Werkkomplexe bei Blossfeldt und Sander arbeiten sie seitdem zusammen an der systematischen Wiedergabe und dokumentarischen Bestandsaufnahme industrieller Bauten des 19. und 20. Jh. (Kühl-, Wasser-, Fördertürme, Fachwerkbauten usw.). Aufgrund der Verwandtschaft ihrer Arbeitsweise zur ◇ Konzeptuellen Kunst wurden sie ab Mitte der 60er Jahre in den Kunstkontext integriert.

Kat./Werkpubl.: Die Neue Slg, München 1967; Anonyme Skulpturen, Dssd. 1969 (= Kunst-Zeitung. 2); Anonyme Skulpturen. Eine Typologie technischer Bauten, ebd. 1970; Industriearch. d. 19. Jh., Förder- u. Wassertürme, München 1970 (= Beitr. zur Motivkunde d. 19. Jh., 13); Gegenverkehr, Aachen 1971; B. u. H. B., Genua 1973; La Jolla MOCA, 1974; London 1974; H. G. Conrad u. E. Neumann, B. u. H. B., Zeche Zollern 2, München 1975; Rhein. Lm., Bonn/Kh. Tübingen 1975/76; Fachwerkhäuser d. Siegener Industriegebietes, München 1977; Typologien industrieller Bauten 1963–1975, 14. Biennale, Sao Paulo 1977; vdH, Wuppertal 1978. – d 5, d 6/II.

Bernd und Hilla Becher. Gasbehälter (Detail)

Bechtle, Robert,
* 1932 San Francisco
Amerikanischer Maler, der nach dem Studium zunächst als Grafiker tätig war, bis er ab 1965 Lehraufträge an verschiedenen ameri-

Robert Bechtle. '61 Pontiac. 1968/69. Öl/ Lwd. 152,5 x 213,5 cm. Whitney (R. and D. Rodgers Fund)

kanischen Colleges übernahm. Schon in den frühen 60er Jahren vertrat B. in Opposition zum ◇ Abstrakten Expressionismus eine ◇ realistische Malerei, die in ihrer anonymen Optik und perspektivelosen Raumstaffelung an die Neue Sachlichkeit erinnert. Bevorzugte Themen B.s sind menschenleere Straßen, parkende Autos und Häuserfronten in einer diffusen Atmosphäre.

Kat.: Sacramento 1973 (Retro.). – d 5.

Beckley, Bill, * 1946 Hamburg (Pa.)
Amerikanischer Vertreter der ◇ Narrative Art. Seine Arbeiten bestehen aus – voneinander getrennten – Foto(bild)- und Texttafeln, die als Mitteilungsmedien korrespondieren und durch die Verbindung von visueller Wahrnehmung und sprachlicher Kodifizierung den dialektischen Mechanismus zwischen Rezeption und Reflexion anregen.

Kat.: d 6/II.

Bell, Larry, * 1939 Chicago
Amerikanischer Bildhauer, dessen Werke die Intentionen der ◇ Farbfeldmalerei auf die Plastik übertragen. Bereits in den frühen 60er Jahren entwickelte B. für seine farbigen Kunststoff- und Glaswürfel mit Hilfe der Technologie der Luftfahrtindustrie ein neues Farbbeschichtungsverfahren, das es ermöglicht, Glas und durchsichtigen Kunststoff mit hauchdünnen Farbschichten zu überziehen. Die aufgeschweißten Farbmuster erhalten intensive Leuchtkraft und erzeugen bei auffallendem Licht eine kristallartige Lichtreflexion.

Kat.: SM 1967/68; Tate 1970 (mit Irwin u. Wheeler); Pasadena Art Mus. 1972; Marlb., Rom 1974. – d IV/2.

Bengston, Billy Al,
* 1934 Dodge City (Kans.)
Amerikanischer Maler, dessen mit Metallfarben und Acryllack überspritzte Aluminiumtafeln eine Mischung aus leuchtintensiver ◇ Pop-Emblematik und abstrakter Farbgestik darstellen.

Kat.: LA County Mus. of Art 1968/69.

Benkert, Ernst → **Anonima-Gruppe**

Benton, Fletcher,
* 1931 Jackson (O.)
Amerikanischer Vertreter einer ◇ kinetischen Plastik, der zunächst als Maler tätig war. Seine kinetischen Objekte aus Plexiglas und Leichtmetall, die er in den 60er Jahren entwickelte, sind Farbmaschinen, in denen Motore ein rhythmisch programmiertes Farbspiel erzeugen. In der Zusammenarbeit mit Norman → Zammit gelang B. eine intensive Nutzung modernster technologischer Erkenntnisse der Raumfahrtindustrie.

Bergander, Rudolf,
* 1909 Meißen
Dresdner Maler und Grafiker aus dem Schülerkreis von Dix, unter dessen Einfluß er bis 1945 sozialkritische Darstellungen bevorzugte. Nach 1945 wurden seine Kompositionen großflächiger und standen thematisch unter den Zielsetzungen des ◇ Sozialistischen Realismus. Ein Italienaufenthalt 1955/56 führte zur Aufnahme venezianischer und florentinischer Motive und förderte eine zum Altmeisterlichen tendierende Porträt-, Stillleben und Landschaftskunst.

Monogr.: W. Heese, R. B., Lpz. 1961.

Berner, Bernd, * 1930 Hamburg
Deutscher Maler, Mitglied der Gruppe → Syn in den 60er Jahren, die mit ihrer ◇ lyrisch-abstrakten Formensprache in Opposition zur Dominanz von ◇ Neo-Dada und ◇ Pop-Art stand.

Kat.: Gal. Roepke, Wiesbaden 1963.

Berrocal, Miguel,
* 1933 Villanueva de Algaidas
In Italien lebender spanischer Bildhauer, der nach dem Studium der Mathematik und Chemie Schüler des Bildhauers Angel Ferrant wurde und danach mehrere ausländische Studienstipendien erhielt. Seine aus Segmenten zusammengeschachtelten gesichtslosen Torsi aus glänzend poliertem Metall demonstrieren im Rückgriff auf klassische Traditionen die Tragik menschlicher Existenz zwischen heroischer Größe und quälender Erniedrigung.

Monogr.: G. Marchiori, La sculpture de B., Brüssel 1974.
Kat.: Gal. Ziegler, Zürich 1963; Gal. Thomas, München 1965; London 1967; Ffm. 1968; PBA, Brüssel 1968; Gal. Krugier, Genf 1968; Kestner 1969. – d III/1.

Bertholin, Jean-Marie,
* 1936 Granges-sur-Vologne
Französischer Künstler aus dem Umkreis der ◇ Individuellen Mythologien, von Beruf Krankenpfleger. Anfang der 70er Jahre wurde er bekannt mit seinen in großer Zahl hergestellten kleinen bis lebensgroßen Objekten bzw. Skulpturen aus brandgeschwärztem Papiermaché, die in ihrer ›Anonymität‹ an organische Formen oder paläolithische Kunst erinnern.

Kat.: Mus. de St Etienne 1977; Badischer Kv., Karlsruhe 1978. – d 6/I.

Beuys, Joseph, * 1921 Kleve
Deutscher Objektkünstler und Zeichner, studierte an der Düssel-

Joseph Beuys. Schneefall. 1965. 23 x 120 x 363 cm. Filzplatten über Tannenstämmen. Öffentliche Kslg Basel (E. Hoffmann Stiftung)

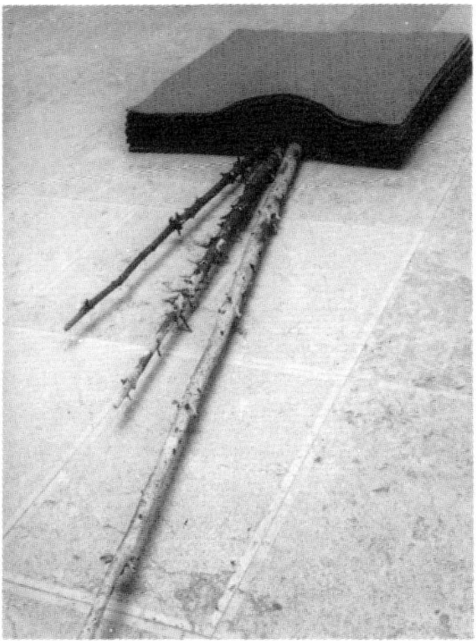

dorfer Akademie (1947–51; ab 1949 Meisterschüler von Mataré), an der er 1961–72 selbst lehrte. 1962 trat B. erstmals mit ◇ Happenings an die Öffentlichkeit und stellte 1963 mit der amerikanischen ◇ Fluxus-Gruppe aus. B. versucht in seinem Leben und in seinem Werk eine Wiederherstellung der verlorengegangenen Einheit von Natur und Geist und setzt dem zweckdeterministischen Rationalismus ein Denken entgegen, das archetypische, mythische und magisch-religiöse Zusammenhänge einbezieht. Die breite Fülle seiner Ausdrucksformen enthält oft Gegenbilder, die aus der individuellen Auseinandersetzung mit dem Kosmos entstehen und eine dialektische Symbolsprache besitzen. In der Vereinigung aller Existenzbedingungen wird das Kunstwerk für B. zum »Sprecher« und »Sender« des plastischen Grundprinzips »Kreativität«, das sich in den Fluxus-Aktionen und in den Objekten etwa in der Benutzung von Filz und Fett materialisiert. B.' Bestrebung, die künstlerische Kreativität auf alle Lebensbereiche zu übertragen, führte zu vielfältigen politischen Aktionen, wie z. B. zur Gründung eines ›Büros für direkte Demokratie‹ und einer ›Freien Internationalen Hochschule für Kreativität und interdisziplinäre Forschung‹, die erstmals auf der documenta 6 verwirklicht wurde. Die ebenfalls dort installierte *Honigpumpe am Arbeitsplatz* (1974–77) stellt für ihn ein als Kreislauf funktionierendes Lebenssymbol dar, das zugleich auch mit der Materie Honig als zirkulierende Energie die organische Dingsprache früher Fluxusaktionen wieder aufgreift und in direkte Beziehung zu seiner Lehrtätigkeit im Rahmen der Freien Akademie setzt.

Monogr.: H. Rywelski, Einzelheiten. J. B., Köln 1970 (Interview); Multiples u. Graphik, hrsg. v. J. Schellmann u. B. Klüser, München 1971, erweitert ²1972 u. ³1974 (2 Bde); L. Romain u. R. Wedewer, Über Beuys, Dssd. 1972; Zeichnungen 1947 bis 59 I, Köln 1972; Multiples, Bücher u.Kat., Bonn 1973 (Gal. Klein); G. Adriani, W. Konnertz u. K. Thomas, J. B., Köln 1973; Zeichnungen 1946–71 II, Dssd. 1973; Fr. J. v. d. Grinten u. a., J. B., Wasserfarben/Watercolours 1936–63, Bln 1975; Jeder Mensch ein Künstler. Gespräche auf d. documenta 5, 1972, aufgezeichnet von Cl. Bodenmann-Ritter, Ffm. 1975; v. Harlan u. a., Soziale Plastik. Materialien zu J. B., Achberg 1976; C. Tisdall, J. B., Coyote, München 1976; Chr. M. Joachimides, J. B., Richtkräfte, Bln 1977.

Kat.: SM Haus Koekkoek, Kleve 1961; Haus van der Grinten, Kranenburg 1963; SM, Mglb. 1967; Van Abbe 1968; Km. Basel 1969 u. 1969/70; Zeews Mus., Middelburg 1970; Kv. Ulm 1970; Gal. im Taxis Palais, Innsbruck/Gal. nächst St. Stephan, Wien 1970; Herzog-Anton-Ulrich-Mus., Braunschweig 1970/71; MOMU 1971; Gal. R. Block, Bln 1971; Schleswig-Holsteinischer Kv., Kh. Kiel 1971 vdH, Wuppertal 1971; Kv. St. Gallen 1971; Modern Art Agency, Neapel 1971; Hess. Lm. Darmstadt 1972; Gal. Schmela, Dssd. 1972; MOMA, Oxford/NG of Mod. Art, Edinburgh/ICA, London/Municipal Gal. of Modern Art, Dublin/Arts Council Gal., Belfast 1974; MHL, Krefeld 1974; Kv. Freiburg 1975; Kestner 1975/76; 37. Biennale, Venedig 1976; Km. Basel 1977; WRM/ML 1978 (mit Mataré). – d III/1 u. 2, d IV/1, d 5, d 6/I u. III.

Biasi, Alberto → **Gruppo N**

Biel, Michael von, * 1937 Hamburg Deutscher Komponist und Zeichner, studierte Musik (u. a. bei Stockhausen) und an der Düsseldorfer Kunstakademie (bei → Beuys). Seine Zeichnungen sind von einer lyrisch poetischen Empfindsamkeit geprägt, die sich vor allem in seinen mit zarten Bleistiftschraffuren komponierten phantastischen Landschaften äußert.

Kat.: Rhein. Lm. Bonn 1975; Köln 1975. – d 6/III.

Bill, Max,
* 1908 Winterthur
Schweizer Maler, Bildhauer und Architekt, der an der Kunstgewerbeschule in Zürich sowie am Dessauer Bauhaus studierte. In seiner künstlerischen Konzeption wurde B. entscheidend von der Funktionsidee des Bauhauses geprägt. Kunst ist für ihn die »Summe aller Funktionen in harmonischer Einheit und in materialgerechter Form«. 1932–36 war B. Mitglied von Abstraction-Création. 1944 erhielt er einen Lehrauftrag für Formlehre an der Kunstgewerbeschule in Zürich, der ebenso wie die Tätigkeit als Rektor an der Hochschule für Gestaltung in Ulm (1951–56) zu einer intensiven Beschäftigung mit der Formgestaltung führte. Seine Malerei basiert auf präzisen Formsystemen und großflächigen plakativen Farbkontrasten, die sich jedoch nie einem festen Schematismus einfügen. Der energetische Farbbegriff bei B. und seine Definition der Bildebene als Kraftfeld setzten wichtige Grundlagen für die Entwicklung der ◇ Op Art und der ◇ Farbfeldmalerei. In seiner Plastik thematisiert B. die Unbegrenztheit des Raumes, z. B. in den verschiedenen Variationen der *Unendlichen Schleife.* Neben seinem künstlerischen Werk wurde B. auch durch seine zahlreichen kunsttheoretischen Schriften bekannt.

Max Bill. Konstruktion aus einem Kreisring. 1942–44, Ausführung in Granit 1963. 120 x 120 cm. Albright-Knox

Schriften: System mit fünf vierfarbigen Zentren. Anleitung zum Betrachten eines Bildes, St. Gallen 1972.

Monogr.: T. Maldonado, M. B., Buenos Aires 1955; M. B., hrsg. v. E. Gomringer, Teufen 1958 (Fs. zum 50. Geburtstag); M. Staber, M. B., London 1964; dies., M. B., St. Gallen/Genf 1971 (= Künstler unserer Zeit. 16); Das druckgraphische Werk bis 1968, Kat. Kh. Nürnberg 1968/69.

Kat.: Ulmer Mus. 1956; Staatl. Neue Slg, München/Km. Duisburg/KEO, Hagen 1957; SM, Leverkusen 1959; Staatsgal. Stgt 1960; Km. Winterthur 1960; Gimpel & Hanover, Zürich 1963; Hanover Gal., London 1966; Kh. Bern 1968; Kestner 1968; Kv. Rh/W, Dssd. 1968; Gemeentemus., Den Haag 1968; Khs Zürich 1968/69; CNAC/Mus. Grenoble 1969/70; Gal. D. René, Paris 1971; Marlb., Zürich 1972 u. 1974; Buffalo 1974; Kh. Hbg/Akad., d. Künste, Bln/Württ. Kv., Stgt 1976; Mod. Gal., Bottrop 1978. – d II/2 u. 3, d III/1.

Bioulès, Vincent → **Supports / Surfaces**

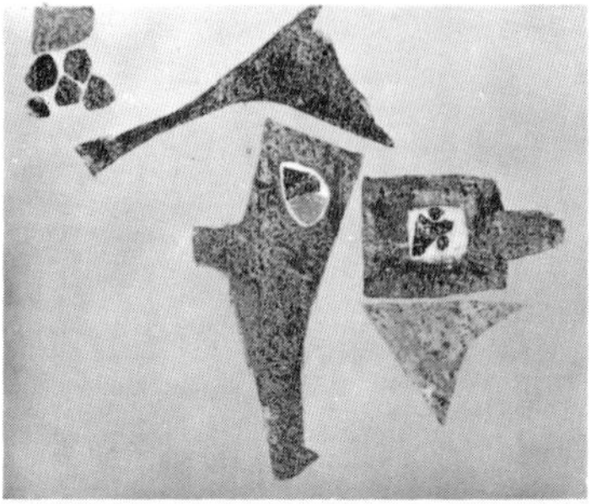

Julius Bissier. Komposition. 1952. 82 x 71 cm

Bissier, Julius,
* 1893 Freiburg i. Br. † 1965 Ascona
Deutscher Maler, der an der Freiburger Universität Kunstgeschichte studierte und danach die Karlsruher Akademie besuchte. Nach dem 1. Weltkrieg fand B. zu einer Landschaftsmalerei im Stil der Neuen Sachlichkeit. Seine Freundschaft mit dem Sinologen Ernst Grosse bereitete ihm den Zugang zur Kunst Ostasiens, die ihn ihrerseits zur Abstraktion in Gestalt von mediativen Zeichenformen führte. Nach 1945 entwickelte B. eine kalligrafische Tuschmalerei, die in ihrer schriftornamentalen Struktur an fernöstliche Pinseltuschzeichnungen erinnert und die neben den Eidos-Bildern seines Freundes Baumeister großen Einfluß auf die erste deutsche Generation informeller Maler in den 50er Jahren ausübte.

Monogr.: K. Leonhard, J. B., Stgt 1947; W. Schmalenbach, J. B., Farbige Miniaturen, München 1960 (= Piper Bücherei. 145); ders., B., Stgt 1963 (= Kunst heute. 2), frz. Paris 1963 (= Art actuel. 2), engl. NY 1964 (= Modern Artists); D. Vallier, J. B., Tuschen 1934–64, Stgt 1965; W. Schmalenbach, J. B., Köln 1974.

Kat.: Kv. Freiburg i. Br. 1951 (mit M. Bill u. G. Vantongerloo), 1954, 1958 u. 1973; Kestner/SM, Duisburg/KEO, Hagen/Kh. Bremen/Ulmer Mus. 1958/59 (Retro.); Gal. Ch. Lienhard, Zürich 1959; Gemeentemus. Den Haag 1959/60; Gimpel Fils Gal., London 1960 u. 1963; 30. Biennale, Venedig 1960; Gal. D. Cordier, Paris 1960; PBA, Brüssel 1961; Bezalel Nat. Mus., Jerusalem 1961; 6. Biennale, Sao Paulo 1961; Lefebre Gal., NY 1961, 1963, 1965, 1966, 1969 u. 1972; Gal. Beyeler, Basel 1962; Gal. Stangl, München 1962, 1964, 1967 u. 1971; Kv. Hbg/Ulmer Mus./ Staatsgal. Stgt/vdH, Wuppertal/ SKh., Mannheim/Augustinermus., Freiburg i. Br. 1962/63; ICA, Boston/The Arts Club of Chicago/The Detroit Inst. of Arts/Munson-Williams-Procter Inst., Utica (N.Y.)/ U.C.L.A. Art Gal., LA 1963/64 (Retro.); Gal. La Medusa, Rom 1964; R. N. Ketterer, Campione 1965; American Art Gal., Kopenhagen 1965; Scottish NG of Modern Art, Edinburgh 1965; Toninelli Arte Moderna, Mail. 1966; Gimpel & Hanover Gal., Zürich 1966; Ulmer Mus., 1966; Gal. A. Pauli, Lausanne 1966 u. 1970; Km. Winterthur/Aargauer Khs, Aarau 1967/68; SF Mus. of Art/Guggenheim/The Phillips Coll., Washington (D. C.)/Carnegie Inst. of Art, Pittsburgh/Dallas MOFA 1968/69 (Retro.); Kv. Rh/W, Dssd. 1970; Kslg NRW 1970; Gal. Artel, Genf 1973; NGB 1974; Haus d. Kunst, München 1978/79. – d II/1, d III/1 u. 2.

Bissière, Roger,
* 1888 Villeréal,
† 1964 Boissiérettes (Lot)
Französischer Maler, der in Bordeaux studierte. Nach einer Früh-

Roger Bissière. Komposition 321. 1956. Öl/ Lwd. 77 x 113 cm. Hamburger Kh.

phase kubistischer Malerei in den 20er Jahren unter dem Einfluß Braques konnte B. seine charakteristische Ausdrucksweise eigentlich erst nach dem 2. Weltkrieg entwickeln, da ihn eine Augenkrankheit bis 1948 an der Ausübung einer künstlerischen Tätigkeit hinderte. Seine Bilder der 50er Jahre begründeten seinen internationalen Ruf durch ihre naive Poesie und durch ihre harmonische, an Klee erinnernde Natursymbolik. Sie verbinden einfache abstrakte Formen oder figurative Zeichen mit einer strahlenden Farbigkeit und scheinen eine paradiesische Welt jenseits der grauenvollen äußeren Welt widerzuspiegeln.

Kat.: Kestner 1957; Km. Luzern 1962; Dssd. 1966. – d II/1, d III/1.

Bladen, Ronald,
* 1918 Vancouver
Amerikanischer Künstler kanadischer Abstammung, ließ sich 1957 in New York nieder. B. begann als Maler, wandte sich aber Mitte der 60er Jahre der Bildhauerei zu und wurde mit seinen großformatigen Arbeiten zu einem wichtigen Vertreter der ◇ Minimal Art.

Kat.: Vancouver Art Gal. 1970. – d IV/1.

Blake, Peter,
* 1931 Dartford
Englischer Maler, der am Londoner Royal College of Art in den 50er Jahren studierte. Mit Richard → Hamilton und Richard → Smith wurde B. nach einer frühen Periode realistischer Malerei zum Wegbereiter der englischen ◇ Pop Art. Vor allem seine gemalten Collagen nach Fund- und Erinnerungsstücken zeigen in der Liebe zum Detail der Dinge eine sehr persönliche Poesie, die sich einen eigenen Lebensraum zu schaffen scheint.

Peter Blake. Self-Portrait. 1961. 175 x 122 cm. R. Fraser Gal., London

Kat.: R. Fraser Gal., London 1965; City Art Gal., Bristol 1970; SM 1973; Kv. Hbg 1973/74 (Retro.); PBA, Brüssel 1974; Waddington Gal., London 1977.

Blume, Bernhard Johannes,
* 1937 Dortmund
Deutscher Künstler, studierte an der Düsseldorfer Akademie und an der Kölner Universität (Philosophie). Ab 1971 entwickelte er sein System der ›Ideoplastie‹. In Zeichnungen und Fotosequenzen erzählt er magisch-skurrile Geschichte von eigenartig befremdlichen Erfahrungen mit der Dingwelt.

Werkpubl.: Ideoplastie, o.O. o.J.; Ich sehe d. Dinge immer vor mir, Köln 1973. Kat.: Gal. Magers, Bonn 1976. – d 6/II.

Manfred Bluth. Hommage à C. D. Friedrich. 1970/71. 120 x 160 cm

Bluth, Manfred, * 1926 Berlin
Deutscher Maler, der an den Kunstakademien in Berlin und München studierte. Im Kreise der Berliner ◇ Kritischen Realisten ist B. stets ein Einzelgänger geblieben, der für sich die Tradition realistischer Darstellung von stillebenhaften Elementen der Neuen Sachlichkeit bis zu surrealer Magie fruchtbar macht. Seine Bilder sind ironische Rätsel, in denen sich Erinnerung und Gegenwart skeptisch und romantisch zugleich verquicken.

Bochner, Mel,
* 1940 Pittsburgh (Pa.)
Amerikanischer Künstler-Theoretiker, studierte am Carnegie Institute of Technology Malerei und Philosophie. B. wurde bekannt mit theoretischen und praktischen Arbeiten über das Problem des ◇ Seriellen und das Wesen der Skulptur.

Kat./Werkpubl.: Notes on Theory, Univ. of Rhode Island, Kingston 1971; o. T., Mail. 1971 (Gal. Toselli); 11 Excerpts, Paris 1972 (Gal. I. Sonnabend); Baltimore Mus. of Art 1976. – d 5, d 6/III.

Böhm, Hartmut, * 1938 Kassel
Deutscher Vertreter der ◇ kinetischen Plastik, der in den 60er Jahren vor allem Reliefs mit seriellen kinetischen Elementen schuf, deren Bewegungssystem durch Magnetkraft gesteuert ist.

Kat.: München 1969 (mit K. Fritz u. W. Krieglstein).

Böhmler, Claus, * 1939 Heilbronn
Deutscher ◇ Objektkünstler und Zeichner, der nach einer Lehre als Retuscheur an der Werkkunstschule Pforzheim sowie 1963–68 an der Stuttgarter bzw. Düsseldorfer Akademie (u. a. bei → Beuys) studierte. Sein zeichnerisches Werk ist durch ironische Anspielungen gekennzeichnet; seine neueren Arbeiten mit Fotografie, Video und Film beabsichtigen eine Auslotung der Überlagerungserscheinungen medialer Erfahrung und deren Bewußtmachung durch modellhafte Situationen.

Monogr.: Pinocchio, ein lineares Programm, Köln/NY 1970.
Kat.: Kölnischer Kv. 1974. – d 6/I–III.

Boer, Saskia de, * 1945 Amsterdam
In London lebende niederländische Vertreterin einer figurativen Plastik aus Schaumgummimaterial, die sich zwischen glamourartiger ◇ Pop-Ikonografie und ◇ hyperrealistischer Illusion einordnet und den zum Kitsch entarteten Starkult ironisiert.

Boetti, Alighiero, * 1940 Turin
Italienischer Künstler. Nach Arbeiten im Stil der ◇ Arte povera beschäftigte er sich mit der Visualisierung von Gegensätzen (wie Ordnung – Unordnung) und ihrer Aufhebung im Sinne einer höheren (Lebens-)Harmonie.

Kat.: Km. Luzern 1974. – d 5.

Boltanski, Christian,
* 1944 Paris
Französischer Künstler, der in seinen der ◇ Spurensicherung zugerechneten Arbeiten die eigene Kindheit rekonstruiert oder Lebensspuren anderer – zumeist im Medium der Fotografie – konserviert. Das Durchschnittliche, Allgemeine wird dabei im Sinne des Strukturalismus zum Signifikanten, zum Symbol für ›das Leben‹ und – da beliebig auf alle übertragbar – für die Gleichrangigkeit der Menschen.

Kat./Werkpubl. (u. a.): Recherche et présentation de tout ce qui reste de mon existence de 1944 à 1950, Ed. Givaudan, Paris 1969; Reconstitution de gestes . . ., Paris 1970; Album de famille de la famille D . . . 1939/1964, Paris 1972; L'album photographique de Chr. B. 1948–56, Ed. Hossmann, Hbg/Sonnabend Press, Paris 1972; Km. Luzern 1972 (mit Ben, Fernie u. Le Gac); Inventaire des objets appartenant à un habitant d'Oxford . . ., Westf. Kv., Münster 1973; Inventaire des objets ayant appartenu à une femme de Bois-Colombes, CNAC 1974; Modellbilder, Rhein. Lm., Bonn 1976 (mit Messager); Badischer Kv., Karlsruhe 1978. – d 5, d 6/II.

Christian Boltanski. Die 24 Kleidungsstücke des François C. im Jahre 1972 (Ausschnitt)

Bonalumi, Agostino,
* 1935 Vimercate
Italienischer Maler und Bildhauer, der in engem Kontakt zu → Manzoni stand. Seine abstrakten Reliefs aus farbiger Leinwand, die über ein Holzskelett gespannt ist, markierten in den 60er Jahren die Übergangstendenz von der expressiv-abstrakten Plastik zu einer raumfunktionalen Plastik, die sich auf wenige formale Definitionen beschränkt.

Monogr.: A. B., mit Einl. v. G. Dorfles, Mail. 1973.
Kat.: Gal. Schwarz, Mail. 1965; NY 1967; MaO, Dortmund 1968 (mit Cruz-Diez u. Honegger).

Bonato, Victor, * 1934 Köln
Deutscher ◇ Objektkünstler, der in Köln studierte. Seit 1966 baut B. Spiegelobjekte, die das Spiegelbild verzerren und bei jeder Bewegung ein Ineinander- und Auseinanderfließen von Linien, Flächen, Körpern und Farben bewirken.

Bontecou, Lee,
* 1931 Providence (Rh. I.)
Amerikanische Bildhauerin, die in den 60er Jahren durch ihre abstrakt-bizarren Gitterplastiken aus Köper-Sackleinen und Stahlgerüsten bekannt wurde. Die unbetitelten Arbeiten suggerieren ein breites Assoziationsfeld totemistischer Symbolik, die von sexuellen Grundvorstellungen bis zur psychischen Bedrängung reicht.

Kat.: Gal. I. Sonnabend, Paris 1965; SM, Leverkusen/HaW, Bln 1968. – d III/1.

Lee Bontecou. Ohne Titel. 1962. Geschweißter Stahl, Lwd. 193 cm hoch. Slg A. List, NY

Boriani, Davide, * 1936 Mailand
Italienischer ◇ Lichtkinetiker, der mit → Colombo die Mailänder → Gruppo T begründete. Nach frühen kinetischen Arbeiten, die mit magnetischer Kraft Bewegung erzeugten, wurde B. in den ausgehenden 60er Jahren vor allem durch seine environmentalen *Stroboskopischen Räume* bekannt, die den Betrachter zu spielerischen Aktivitäten anregen.

Kat.: Gal. del Naviglio, Mail. 1968.

Boshier, Derek, * 1937 Portsmouth
Englischer Maler und Bildhauer, gehörte mit → Hockney und → Jones zu den Studenten des Royal College of Art in London, die in den frühen 60er Jahren die englische ◇ Pop Art begründeten. Unter Richard → Smiths Einfluß kam er zu einer ◇ Op Art-Malerei mit pseudoperspektivischen Effekten. Heute arbeitet B. an Plexiglasplastiken.

Botero, Fernando, *1932 Medellin
Kolumbianischer Maler, lebt seit 1960 in New York. Im Stil spanischer Meister (Velázquez, Goya) gestaltet er seine Figuren: grotesk-naive, dickleibig aufgedunsene Fleischmonstren, Symbole einer degenerierten Kolonialbourgeoisie.

Monogr.: G. Arciniegas, B., NY 1976; Kl. Gallwitz, B., Stgt 1976.
Kat.: Gal. Buchholz, München 1968, 1970 u. 1972; Paris 1969; Hanover Gal., London 1970; Staatl. Kh., Baden-Baden 1970 (Retro.); NY 1972; Marlb., Zürich 1974; Boymans 1975; Marlb., NY 1975; Gal. Cl. Bernard, Paris 1976. – d 6/III.

Fernando Botero. Präsident. 1966. Öl/Lwd. 171 x 106 cm. Gal. Brusberg, Hannover (Paul Wunderlich, Hamburg)

Boto, Marta, * 1925 Buenos Aires
In Paris lebende argentinische Vertreterin der ◇ lichtkinetischen Plastik. In den 60er Jahren beschäftigte sich die Künstlerin vorwie-

gend mit Mobiles aus transparenten Materialien, deren kinetische Effekte sie durch rhythmisch wechselnde Lichtimpulse verstärkte.

Kat.: Paris 1969 (Retro.).

Boyle, Mark, * 1934 Glasgow
Englischer Künstler, gründete 1966 u. a. mit Joan Hills ›The Sense Laboratory Ltd.‹ zur Untersuchung physikalischer oder organischer Vorgänge, die in Form von ◇Performances oder Light Shows (u. a. in Zusammenarbeit mit Rock-Musikern wie Jimi Hendrix und The Soft Machine) präsentiert wurden (*Son et Lumière for Bodily Fluids and Functions,* 1966). Besonders bekannt sind die ›Earth probes‹ (ab 1964): aufgrund von Zufallsverfahren ermittelte Punkte der Erdoberfläche, die dann mikroskopisch akkurat fixiert werden (u. a. *Tidal Series,* 1969; *London Series,* ab 1969; *World Series*).

Monogr.: Journey to the Surface of the Earth, Köln 1970 (= Kat. Gemeentmus., Den Haag 1970; British Pavilion, Biennale Venedig 1978; Km. Luzern 1978.

Brauer, Erich (Arik), * 1929 Wien
Österreichischer Maler, Schüler von Albert Paris Gütersloh an der Wiener Akademie der bildenden Künste. Mit seiner ◇phantastischen Malerei gehört B. zur → Wiener Schule, die mit altmeisterlichen Techniken und jugendstilnaher Ornamentik eine visionär-mythische Lebensdeutung vermittelt. Dabei paaren sich surreale erotische Imaginationen mit apokalyptisch chaotischen Träumen.

Œuvrekat.: Das graphische Werk 1951–74, hrsg. v. W. Koschatzky, Glarus 1974 (= Österr. Graphik d. 20. Jh.).

Erich Brauer. Der Baumengel. 1967

Monogr.: A. Schmeller, Br., hrsg. v. H. Fleissner, München 1968, Neuaufl. 1974 (mit Œuvrekat.); W. Schmied, E. Br., Wien 1972 (mit Œuvrekat. 1946–71) u. 1976; A. Br., München 1975, engl. N. Y. 1975.

Kat.: Gal. Delta, Basel 1960; Gal. K. Flinker, Paris 1963; Gal. Sydow, Ffm. 1964, 1968 u. 1969; Gal. Peithner-Lichtenfels, Wien 1965; F. Landau Gal., LA 1965 u. 1967; Gal. 3+2, Paris 1969; Gal. La Vetrina, Rom 1969; Marlb., London 1969; Gal. W. Ketterer, München 1969; Internat. Studentenheim, Wien 1970; Mus. d. 20. Jh., Wien 1971; Marlb., NY 1971; Gal. Koch, Hannover 1971; Marlb., Zürich 1973.

Bravo, Claudio, * 1936 Valparaiso
Chilenischer Maler, der 1961 nach Madrid übersiedelte. In den 60er Jahren wurde seine figurative Malerei von surrealistischen Elementen bestimmt. Nach einem Aufenthalt in New York 1970 näherte sich B. dann ◇ hyperrealistischen Stilprinzipien. B. arbeitet jedoch im Gegensatz zu den meisten Malern des Hyperrealismus nicht nach fotografischen Vorlagen, sondern nach der Natur. Seine Bilder (meist Stillleben) sind von einer magisch-irritierenden Wirkung, die aus der Vermischung von Natürlichkeit und

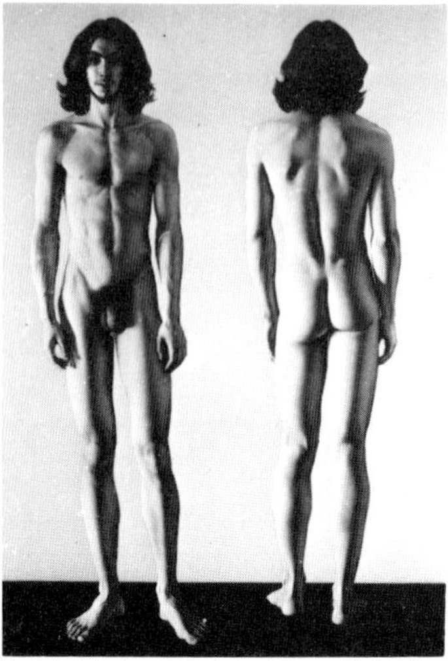

Claudio Bravo. Adam und Eva (Detail). 1971. Zeichnung. 174 x 123 cm. Staempfli Gal., NY

modellhafter Künstlichkeit resultiert.

Kat.: Gal. Staempfli, NY 1970 u. 1971/72; Gal. Vandrés, Madrid 1974. – d 5.

Brecht, George,
* 1926 Halfway (Oreg.)
Amerikanischer Künstler, eigentlich Chemiker, war schon ab 1959 an den entscheidenden ◇ Happening- und ◇ Fluxusaktionen in New York, Düsseldorf, Kopenhagen usw. beteiligt.

Schriften: Auto-Biogr., Eine Auswahl v. Siebenundzwanzig Träumen, Köln 1973 (= Spiegelschrift. 6).
Kat.: Gal. Schwarz, Mail. 1967 u. 1969; LA County Mus. of Art 1969; SM, Mglb. 1969 (mit Filliou); Kh. Bern 1978. – d 5, d 6/III.

Breer, Robert,
* 1926 Detroit (Mich.)
Amerikanischer Bildhauer und Filmemacher, der an der Stanford University studierte. Während eines mehrjährigen Paris-Aufenthalts in den 50er Jahren erhielt B. wesentliche Impulse von der europäischen ◇ Kinetik. In den mittleren 60er Jahren entstanden motorisierte Skulpturen aus Styroschaum, deren Elemente sich wie kriechende Tiere durch den Raum bewegten und jedem Hindernis selbständig ausweichen konnten. In seiner filmischen Arbeit steht B. unter dem Einfluß des abstrakten Films von Richter und Eggeling bis Len → Lye, wobei es ihm selbst um eine abstrakte, handlungslose Folge von Bildern geht, die er aus Zeichnungen zusammenstellt.

Kat.: Gal. Bonino, NY 1965/66; NY 1970; Buffalo 1971.

Brehmer, K. P. (Klaus-Peter),
* 1938 Berlin
Deutscher Maler und Grafiker des ◇ Kapitalistischen Realismus, studierte an der Werkkunstschule Krefeld (1959–61) und an der Düsseldorfer Akademie (1961–63); seit 1971 lehrt er als Professor an der HfbK in Hamburg. Seine Bilder stellen eine kritische und provokative Auseinandersetzung mit der konsumgeprägten, trivialen deutschen Alltagswelt der 60er Jahre und ihren kleinbürgerlichen Geschmackstendenzen dar. Bekannt wurden vor allem seine politisch engagierten Arbeiten: Siebdrucke im Stil von Briefmarken oder die *Farbengeographien.*

Kat.: Gal. R. Block, Bln 1965; Goethe Inst., Athen 1970; Gal. Centro, Oldenburg 1970; Kv. Hbg 1971. – d 5, d 6/III.

Breloh, Heinz, * 1940 Hilden
Deutscher Künstler. Studierte 1964–

68 an der Wiener Akademie Bildhauerei (u. a. bei → Wotruba). Er arbeitet heute überwiegend mit den Medien Fotografie und Video, oft zur Verdeutlichung perspektivischer Raumbeziehungen.

Kat.: Lepidopterum, Köln 1972; WRM, Köln 1976. –d 6/II.

Bremer, Uwe, * 1940 Bischleben
Deutscher Zeichner und Grafiker, wurde bekannt durch seine fabulierenden Zeichnungen und Buchillustrationen im Stil des ◇ Phantastischen Realismus.

Monogr.: Werkverz. d. Radierungen, 1964–73, hrsg. v. D. Rosenbach, Hannover 1974. Kat.: Hbg 1972; Bürgerhaus u. Kongreßhalle, Gießen 1976; Gal. Schmücking, Braunschweig 1978.

Brisley, Stuart, * 1933 Haslemere
Englischer Künstler, studierte an der Münchner Akademie Malerei, arbeitet aber seit 1966 in Form von ◇ Performances. In seinen sozialkristischen Aktionen baut er durch eine provokative Konstruktionshandlung ein Spannungsfeld zwischen sich und dem Publikum auf, das er dann in Kommunikation überführt. Er versucht, eine dialektische Rezeptionssituation herzustellen, in der beide Seiten aufeinander reagieren können.

Kat.: d 6/I.

Brock, Bazon, * 1936 Stulpow
Deutscher Künstler, Kunsttheoretiker und Ästhetiker, studierte in Hamburg und Frankfurt Philosophie, Literaturwissenschaft und Politologie. 1959 realisierte B. mit → Hundertwasser in der HfbK in Hamburg das Projekt der Hamburger Linie. Neben seiner Beteiligung an verschiedenen ◇ Happening-Aktionen betätigte sich B. in den frühen 60er Jahren als Dramaturg und Publizist der Happening-Szene. 1965–77 war er Dozent (ab 1969 Professor) für Neuere Ästhetik an der HfbK in Hamburg, seit 1977 ist er Professor für Gestaltlehre an der Hochschule für angewandte Kunst in Wien.

Schriften: B. Br., was machen Sie jetzt so?, Darmstadt 1968 (Autobiogr.); Ästhetik als Vermittlung. Arbeitsbiogr. eines Generalisten, hrsg. v. K. Fohrbeck, Köln 1977.

Brodwolf, Jürgen, * 1932 Dübendorf
Schweizer ◇ Objektkünstler, studierte u. a. Grafik an der Kunstgewerbeschule in Bern. 1959 entwickelte er aus ausgedrückten Farbtuben eine torsoartige Kunstfigur – für ihn Symbolgestalt des geschundenen, kaputten Lebens –, die er seitdem in stets neuen Assemblagen und mit den verschiedensten Materialien variiert. Seine bandagierten Leinwandfiguren setzen einerseits die Thematik des Verfalls fort, rufen aber in ihren schichtenhaften Verhüllungen zugleich Assoziationen an den Arbeitsprozeß des Archäologen wach. In diesem Sinne werden B.s Arbeiten der letzten Jahre auch der ◇ Spurensicherung zugeordnet.

Kat.: Duisburg 1975; Heidelberger Kv., 1976; Gal. del Naviglio, Mail. 1976; Gimpel Fils, London 1977; Entwicklung einer Kunstfigur 1968–1978, Kv. Hochrhein, Bad Säckingen 1978. – d 6/III.

Broodthaers, Marcel,
* 1924 Brüssel, † 1976 Köln
Belgischer Künstler. Nach literarischen Anfängen und Arbeiten unter dem Einfluß des ◇ Nouveau

Marcel Broodthaers. Plaques. 1970. Gal. M. Werner, Köln

Réalisme (Akkumulationen mit organischem Material wie Eier oder Muscheln) entstand ein umfangreiches Œuvre, in dem B. die spezifische Tradition des belgischen Surrealismus (Magritte) mit analytischer Haltung (Duchamp) und literarischen Bezügen (Mallarmé) verknüpft. Zu seinen Stilmitteln gehört das poetisch-ironische Zitieren künstlerisch-kultureller und trivialer Ausdrucksformen des 19. Jh. (*Un jardin d'hiver*, 1974). Ein großer Teil seiner Arbeiten hängt zusammen mit dem 1968 in Brüssel gegründeten, fiktiven *Musée d' Art Moderne, Departement des Aigles* und dessen verschiedenen Abteilungen (u. a. *Section XIXème Siècle*, 1968–69; *Section Cinéma*, 1971; *Section des Figures*, Ausst. SKh., Dssd. 1972).

Kat./Werkpubl.: SM., Mglb.; SKh., Dssd. 1972; Tractatus logico-catalogicus. L'art ou l'art de vendre, Brüssel 1972 (Gal. MTL); Km. Basel 1974; PBA, Brüssel 1974; MAM 1975; Kv. Freiburg 1975; MOMA, Oxford 1975; Editionen 1964–75, Gal. Friedrich, München 1978. – d 5, d 6/III.

Brooks, James, * 1906 St. Louis (Mo.)
Amerikanischer Maler des ◇ Abstrakten Expressionismus, der gegen Ende der 30er Jahre zunächst Wandbilder für die staatliche Organisation WPA malte. In den 40er Jahren entwickelte er unter dem Einfluß von → Pollock und → De Kooning eine Form des ◇ Action Painting ohne gewaltsame Hektik, die das aktionelle Moment dieser Kunstrichtung durch überlegte Farbwahl und ruhige Flächengestaltung relativiert.

Kat.: Whitney 1963. – d II/1.

Brouwn, Stanley,
* 1935 Paramaribo (Surinam)
Seit 1957 in den Niederlanden lebender ◇ Happening- und ◇ Fluxus-Künstler, der seit den frühen 60er Jahren mit den europäischen und amerikanischen Fluxus-Vertretern zusammenarbeitete. Bekannt wurden Aktionen wie *This Way Brouwn* (Zeichnungen von Passanten, die er nach dem Weg fragte), sein Projekt, in jedem Land der Erde 1 qm Land zu kaufen oder das Abmessen der Länge seiner Schritte.

Kat.: Gegenverkehr 1971; Van Abbe 1976; Whitechapel 1977; Kh. Bern 1977. – d 5, d 6/III.

Brüning, Peter,
* 1929 Düsseldorf, † 1970 Ratingen
Deutscher Künstler, studierte 1949 bis 1952 an der Stuttgarter Akademie bei Baumeister; ab 1969

lehrte er als Professor an der Düsseldorfer Akademie. Br., Vertreter einer semantischen Malerei, kombinierte seit den 60er Jahren kartografische Zeichen zu diagrammartigen Landschaften. Mit seinem signalhaften Bildalphabet baute B. künstliche Landschaften, die eine harmonische Integration von Natur und Technik anstreben.

Monogr.: R.-G. Dienst, P. Br., Recklinghausen 1973.
Kat.: Gal. 22, Düsseldorf 1958; Gal. Apollinaire, Mail. 1960; Gal. Ä. Abels, Köln 1960 u. 1965; Kh. Mannheim 1962; KEO, Hagen 1962; Kunst- u. Museumsverein, Wuppertal 1964; Gal. Cogeime, Brüssel 1965; Gegenverkehr, Aachen 1968; Kv. Düsseldorf 1970/71; Mannheim 1971; Km. Bonn 1972; Gal. Buchholz, München 1972; Köln 1975. – Brüning's Superland, Düsseldorf 1968 (= Kunst-Zeitung. 1). – d II/3, d III/1, d IV/1.

Brus, Günter, * 1938 Ardning
Österreichischer Vertreter des ◇ Wiener Aktionismus, studierte 1950–56 an der Kunstgewerbeschule in Graz und an der Wiener Akademie. B. begann mit *Aktionsmalereien* (1961), denen 1964 *Selbstbemalungen* und 1965 *Selbstverstümmelungen* folgten. Bei seinen Aktionen, die theatralisch inszeniert sind, bedient sich B. zumeist der Foto- oder Filmaufzeichnung (Kren-Filme), wie auch der verbalen Erklärung, um den Demonstrationscharakter seiner Aktionen zu unterstreichen. B. ist Herausgeber der Zeitschrift ›Die Schastrommel‹ (bisher 17 Hefte, 1969 ff.).

Günther Brus. Ohne Titel. 1971. Zeichnung

Kat.: Kh. Bern 1976. – d 5, d 6/III.

Bubenik, Gernot, * 1942 Troppau
Deutscher Maler, der in den 60er Jahren durch seine organischen Modellzeichen bekannt wurde, die biotechnische und biologische Prozesse in schematisierter Symmetrie und ◇ Pop Art-naher Farbgebung schaubildartig darstellen.

Schriften: Didaktische Texte, didaktische Bilder, St. Gallen 1966.
Œuvrekat.: Werkverz. d. Bilder, Schautafeln . . ., München 1976 (Gal. Thomas).
Kat.: SM, Leverkusen 1968.

Buffet, Bernard, * 1928 Paris
Französischer Maler, studierte in Paris, wo er noch heute lebt. 1948 war er Mitglied der anti-abstrakten Künstlergruppe ›L'homme témoin‹. Raschen Erfolg erlangte er in den 50er Jahren mit expressiven, von tristen Grautönen und einem schwarzen grafischen Gerüst beherrschten Elendsbildern des Menschen in der Großstadt, deren eintönige routinierte Wiederholung jedoch schon bald in einer modischen Manier endete.

Bernard Buffet. Stilleben. Flasche und Glas. 1951. Öl/Lwd. 37,5 x 60,5 cm

Œuvrekat.: Werkverz. d. Lithographien 1952–66, hrsg. v. F. Mourlot, Köln 1967 u. 1971, engl. NY 1968; Werkverz. d. Radierungen 1948–67, hrsg. v. G. F. Reinz, Köln 1968 u. 1971.
Monogr.: B. B., Genf ^{2}1964 (= Les grandes monographies. 5).
Kat.: Inst. Français, Bln 1958.

Burden, Chris,
* 1946 Boston (Mass.)
Amerikanischer Vertreter der ◇ Body Art. In seinen Aktionen, die er seit 1971 ausführt, thematisierte er anfangs seine physischen Beziehungen zu Objekten, experimentierte dann aber in steigendem Maße mit körperlichen Grenzsituationen, weit über das Maß von → Acconci hinaus. Typisch sind so extreme Arbeiten wie *Velvet Water* (Eintauchen des Kopfes in Wasser und wiederholte Versuche, zu atmen, 1974) und *Transfixed* (mit Nägeln durch die Handflächen an einen Volkswagen ›gekreuzigt‹, 1974).

Monogr.: Pieces 1971–73, LA 1974; Chr. B. u. A. Smith, B-car. The Story of Chr. B.'s Bicycle Car, NY 1977.
Kat.: d 6/I u. II.

Buren, Daniel,
* 1938 Boulogne-sur-Seine
Französischer Künstler, trat erstmals 1965 auf Aufstellungen mit Mosset, Parmentier und → Toroni hervor (BMPT), die – wie er – versuchten, in ihren Arbeiten die Malerei auf Grundstrukturen zu reduzieren: bei B. senkrechte, 8,7 cm breite, abwechselnd weiße und farbige Streifen. Die ursprünglich gemalten Bilder wurden bald darauf durch handelsübliche Markisenstoffe ersetzt (in dem Fall die beiden äußeren weißen Streifen noch einmal mit weißer Farbe übermalt) bzw. durch farbig bedruckte Papierbögen oder (seit 1974) transparente Plastikfolie. Da die Arbeiten wegen ihrer Neutralität und Anonymität als solche keine spezifische Aussagekraft besitzen, verlagert sich der Akzent ganz auf die Kontextfrage: materiell (der reale Ort) wie geistig (das System Kunst). Die Variabilität der einzelnen Komponenten – Farbe (von Arbeit zu Arbeit

Daniel Buren. Installation für die VI. Guggenheim International, NY 1971. Markisenstoff. 20 x 10 m

verschieden), Format (unter besonderer Berücksichtigung der räumlichen Gegebenheiten) und oft noch Zeit (Arbeiten mit Farbwechsel in bestimmten Intervallen), dazu die Möglichkeit, daß die Arbeiten als Untergrund (documenta 5, 1972) oder als ›Rahmen‹ (*Retrospektive*, Mönchengladbach 1975) dienen können – läßt ein dichtes Netz äußerst komplexer Bezüge entstehen (koordinierte Ausstellung Van Abbe/Kröller-Müller/SM 1976). Die verschiedenen Aspekte seiner Arbeit hat B. in zahlreichen Textveröffentlichungen auch theoretisch behandelt.

Schriften Kat.: Mise en garde, Antwerpen 1969; Limites critiques, Paris 1970 (Y. Lambert); Position-Proposition, SM, Mglb. 1971; Function of the Museum, MOMA, Oxford 1973; Es malt, Dssd. 1973 (K. Fischer); Five Texts, NY/London 1973 (J. Weber Gal./J. Wendler Gal.; engl. Fass. d. obigen Texte); Von da an/A partir de là, SM, Mglb. 1975; Notes sur le travail . . ., Centre d'art cont., Genf 1976 (engl. in: Kat. NY 1976 [s. u.], ital. in: Una ragnatela [s. u.]; Voile/Toile – Toile/Voile, Akad. d. Künste, Bln 1975/76; Rebondissements, Brüssel 1977.
Monogr.: Legend/Légende/Bildtext . . ., 2 Bde, 1973; R. H. Fuchs u. a., Discordance/Cohérence, Eindhoven 1976 (Van Abbe); Una ragnatela, Genua 1977 (Samanedizioni).
Kat.: Gal. suvremente umjetnosti, Zagreb 1974; Km. Luzern 1975; Van Abbe/Kröller-Müller/SM 1976 (3 verschiedene Kat.); L. Castelli Gal./J. Weber Gal., NY 1976; PBA, Brüssel 1977; Milwaukee Arts Center, 1977; Wadsworth 1977 (= Matrix. 33); Scottish Arts Council, Edinburgh 1977. – d 5, d 6/III.

Burgin, Victor, * 1941 Sheffield
Englischer Künstler, neben → Art & Language der bekannteste Vertreter der ◇ konzeptuellen Kunst in England. Nach Skulpturen und frühen, tautologischen Arbeiten mit Raumbeziehungen (*Photo Path*, 1967–68; *Room*, 1970, Tate) entstanden – neben wichtigen theoretischen Texten – ab 1971 Werke linguistisch-soziologischer und ab 1973 verstärkt politischer Natur unter Verwendung von (meist aus der Werbung stammenden) Fotografien (*Lei-Feng*, 1973–74, Tate).

Schriften: Work and Commentary, London 1973; Two Essays on Art Photography and Semiotics, ebd. 1976.
Kat.: Van Abbe 1977. – d 5.

Victor Burgin. What Does Possession Mean to You? 1976

Burn, Ian → **Art & Language**

Burri, Alberto,
* 1915 Città di Castello
Italienischer Maler, der zunächst Medizin studierte und während des 2. Weltkrieges als Arzt in amerikanischen Lazaretten tätig war. Seine Kriegserfahrungen spiegeln sich in einer eigenwilligen Form

Alberto Burri. Komposition. 1953. Öl, Gold u. Leim/Lwd. u. Jute. 86,3 x 100 cm. Guggenheim

von ◇ informellen Materialbildern, die gemalte Farbflächen mit verkohlten Holzkeilen, eingeschmolzenen Plastikfolien und zerbeulten Blechen verbinden. Im Gegensatz zur dadaistischen Materialcollage erhalten bei B. die Fundobjekte die poetische Funktion subjektiver Stimmungsträger.

Monogr. (o. O. = Rom): J. J. Sweeney, A. B., 1955; G. Marchiori u. M. Drudi Gambillo, I Ferri di B., 1961 (= Bibl. di alternative attuali. 1); C. Brandi, B., 1963 (= Maestri del XX. secolo; mit Œuvrekat. 1948–62 v. V. Rubiu) u. 1972; M. Calvesi, A. B., NY 1975.
Kat.: Gal. La Margherita, Rom 1947 u. 1948; Fondazione Origine, Rom 1951 (mit Ballocco, Capogrossi u. Colla) u. 1953; Gal. dell'Obelisco, Rom 1952, 1954 u. 1957; Gal. d'Arte Cont., Florenz 1952; Fine Arts Center, Colorado Springs/Oakland Art Mus./Seligman Gal., Seattle 1955; Gal. Rive Droite, Paris 1956 (mit César); Gal. del Naviglio, Mail. 1957; Gal. La Tartaruga, Rom 1957 u. 1959; Gal. La Loggia, Bologna/Gal. La Bussola, Turin 1957; Carnegie Inst., Pittsburgh/The Arts Club of Chicago/Albright-Knox/SF Mus. of Art 1957/58; Gal. La Salita, Rom 1958; Gal. Blu, Mail. 1958; Gal. Feigel, Basel 1959; PBA, Brüssel 1959; Gal. La Loggia, Bologna 1959; MHL, Krefeld/Wiener Secession 1959; Gal. Beyeler, Basel 1959 (mit Tàpies); MaO, Dortmund 1959; M. Jackson Gal., NY 1960; Hanover Gal., London 1960; Mus. Nacional de Bellas Artes, Buenos Aires 1960; Gal. Ä. Abels, Köln 1960; Gal. La Medusa, Rom 1961; Gal. de France, Paris 1961; Castello Cinquecento, L'Aquila 1962; Marlb., Rom 1962 u. 1963; MOFA, Houston 1963; Kestner 1964 (mit Capogrossi, Dorazio u. Fontana); Kh. Darmstadt 1967; Boymans 1967; Turin 1971; Guggenheim 1978. – d II/1, d III/1.

Bury, Pol,
* 1922 Haine-Saint-Pierre
Belgischer Künstler, malte unter dem Einfluß von Magritte und Tanguy anfänglich surrealistische Bilder. Gegen 1954 wandte er sich der Herstellung von ◇ kinetischen Objekten zu, wobei ihn vor allem Raum-Zeit-Verschiebungen inte-

Pol Bury. 66 Kugeln und ihr Zylinder. 1965. 145 x 65 x 65 cm. Lefebre Gal., NY

ressierten, etwa mit Hilfe von Kugeln, die sich kaum wahrnehmbar auf einer planen Fläche bewegen. Seine handwerklich sorgfältig bearbeiteten Holz- und Metallkonstruktionen zeichnen sich durch Sensibilität, Humor und eine taktile Qualität von großer Anziehungskraft aus.

Schriften: La boule et le cube, Brüssel 1967 (Gal. Fr. Mayer); L'art à bicyclette et la révolution à cheval, Paris 1972 (= Idées. 277).
Monogr.: P. B., hrsg. v. A. Balthazar, Mail. 1967; D. Ashton, P. B., Paris 1970 (Gal. Maeght); H. Dorchy, P. B. et le temps dilaté, Brüssel 1976.
Kat.: Gal. Apollo, Brüssel 1953; Gal. Lefebre, NY 1964 u. 1966; Gal. Maeght, Paris 1969; Univ. Art Mus., Berkeley 1970; Dssd. 1972 (Retro.). – d III/1, d IV/1 u. 2.

Buthe, Michael,
* 1944 Sonthofen
Deutscher Maler und ◇ Objektkünstler, studierte an der Werkkunstschule in Kassel (1964–67). B. wurde erstmals bekannt mit

Michael Buthe. Hommage an die Sonne. 1971. Farbige Tücher, mit Stoff umwickeltes Holz

großformatigen Arbeiten aus zerrissenen weißen Tüchern; ab 1971 wandte er sich einer Kunstform im Sinne der ◇ Individuellen Mythologien zu: Seine Environments stellen kultische Refugien – aus dem Alltag entrückte Paradiese – dar. Dabei verbinden sich die verschiedensten Einzelsymbole zu einem alchimistischen Mythenlabyrinth, das sich einer geschlossenen Deutung bewußt entzieht.

Werkpubl.: Die wundersame Reise d. Saladin Ben Ismael . . ., Köln 1977.
Kat.: vdH, Wuppertal 1969; Kölnischer Kv. 1973; SM, Leverkusen 1977. – d 5, d 6/III.

Butler, Reg(inald),
* 1913 Buntingford
Englischer Bildhauer, der mit → Armitage und → Chadwick zur ersten Generation der englischen abstrakten Metallplastiker nach dem 2. Weltkrieg gehörte. Seine von → Gonzales und Calder beeinflußten Eisendraht-Plastiken erscheinen wie menschlich-insektenhafte Zwitterwesen.

Kat.: C. Valentin Gal., NY 1965; Gal. Springer, Bln 1957; Gal. Vömel, Dssd. 1958; Hanover Gal., London 1960; P. Matisse Gal., NY 1962; London 1963; Frank Perls Gal., Beverley Hills 1964. – d II/2.

Buzzati, Dino, * 1906 Belluno
Italienischer Maler, der in einer Synthese aus ◇ Pop-Ikonografie und Surrealismus im Rückgriff auf das Votivbild die menschliche Psyche traumanalytisch erforscht.

Byars, James Lee, * 1932 Detroit
Amerikanischer ◇ Performance-Künstler. Beeinflußt von japanischen Traditionen läßt er medi-

tative Stille und Konzentration in seinen Arbeiten zur Wirkung kommen. Genannt seien Aktionen wie *The Perfect Kiss* (vor dem Louvre, 1976) und *The Play of Death* (auf dem Kölner Domplatz, 1976).

Kat.: ICC, Antwerpen 1976; SM Mglb. 1977. – d 5, d 6/III.

Cage, John,
* 1912 Los Angeles (Calif.)
Amerikanischer Komponist, der mit seinen revolutionären Ideen und Kompositionen – ähnlich wie Duchamp auf dem Gebiet der bildenden Kunst – das überkommene Verständnis von Musik radikal in Frage stellte. Das Moment der indirekten Mitwirkung des Publikums durch unwillkürlich erzeugte Geräusche bei seinem Stück *4'33"* (Komposition von 4,33 min. dauernder Stille) wurde weiter entwickelt und führte – in Zusammenarbeit mit → Johns und → Rauschenberg – zu frühen Formen des ◇ Happenings. Durch seine methodische Arbeit mit Zufallsoperationen (entstanden aus der Beschäftigung mit buddhistischem und konfuzianischem Gedankengut, vor allem mit dem ›Buch der Wandlungen‹ *I Ging*), durch neue (grafische) Notationsformen, ungewöhnliche oder zweckentfremdete Instrumente, neue Medien (Tonbänder, Computer), ›Komposition‹ von Texten und Übernahme szenischer Elemente in Musik trug er entscheidend zur Auflösung der Disziplinbeschränkungen und zur Entwicklung des ◇ Mixed Media bei. Auf dem Gebiet der Kunst wirkte er stark auf die ◇ Fluxus-Künstler (u. a. → Paik).

Schriften: Silence, Middletown (Conn.) 1961 u. London 1968, Paperback Cambridge (Mass.) u. London 1966; A Year from Monday, Middletown 1967 u. London 1968, Paperback Middletown 1969; J. C., NY 1968 [s. u.].
Monogr.: J. C., Werkverz., hrsg. v. R. Dunn, NY 1962; J. C., hrsg. v. R. Kostelanetz, NY 1968, Paperback 1970 (= Documentary Monogr. in Mod. Art; mit Schriften von C.), dt. Köln 1973 (= DuMont Dokumente) J. C., München 1978 (= Musik-Konzepte. Sonderbd).

Calderara, Antonio,
* 1903 Abbiategrasso
Italienischer Maler, Autodidakt, widmete sich nach einem Ingenieurstudium ab 1924 ganz der Malerei. Nach einer ersten langen Schaffensperiode mit trocken-realistischen Bildern gab er die Gegenständlichkeit auf (*La sposa,* 1958) und entwickelte ab 1959 einen → Albers nahestehenden, zartfarbigen abstrakten Stil.

Schriften: Pagini. Gedanken zur Kunst, Planegg 1973.
Monogr. (o. O. = Mail.): R. Giolli, A. C., Domodossola u. Mail. 1944; G. Nicodemi, 1947; B. Jappolo, A. C., 1948; G. Giani, A. C., 1954; A. Pica, A. C., 1955; ders., 15 disegni di A. C., 1958; C. Belloli, Unità organizzate. A. C., 1961; M. Mendes, A. C., 1965 (= Arte mod. ital., 52); Fr. Saba Sardi, A. C., 1965; G. C. Argan, A. C., 1966; V. Agnetti, A. C., 1970; R. Jochims, Der Maler A. C., Starnberg 1971 (= Kunst u. Umwelt. 3).
Kat. (u. a.): SM, Schiedam 1968; Kestner, 1968; Km. Luzern 1969; Gal. La Polena, Genua 1969; Gal. A. Verna, Zürich 1971; Gal. im Taxispalais, Innsbruck 1971; Gal. Milano, Mail. 1972; Marlb., Rom 1973. – d IV/1.

Calos, Nino, * 1926 Messina
Italienischer Vertreter der ◇ Kinetik, der 1956 nach Paris übersiedelte. C. wurde bekannt durch seine Mitarbeit an Frank → Malinas luminokinetischen Objekten.

Calzolari, Pierpaolo,
* 1943 Bologna
Italienischer Vertreter der ◇ Arte Povera. Sein Werk ist stark von literarisch-symbolischen Wesenszügen gekennzeichnet, was sich u. a. auch in den poetischen Titeln seiner Arbeiten ausdrückt. C. thematisiert in seinen Stücken die Materialeigenschaften von organischen Stoffen und Metallen, wobei er auf die oft nur in winzigen Nuancen faßbaren Unterschiede scheinbar gleicher Stoffe hinweist.

Kat.: d 5.

Camargo, Sergio de,
* 1930 Rio de Janeiro
Brasilianischer Vertreter der ◇ Op Art, gehörte in den 60er Jahren zur → Groupe de Recherche d'Art Visuel und wurde durch Reliefs und architektonische Raumgestaltungen bekannt, die ähnlich wie die Arbeiten → Sotos an der Grenze zur ◇ kinetischen Kunst liegen. C.s reliefplastisches Prinzip beruht auf der Strukturierung einer Fläche mit kleinen zylindrischen Körpern, die in verschiedenen Winkeln zueinander stehen. Die meist weiße Übermalung führt zu einer subtilen Licht-Schatten-Modulation des auffallenden Lichtes, die sich jeweils mit der Stellung des Betrachters zur Reliefebene verändert.

Kat.: Newsbull. (No. 5) of Signals, London 1965; Gimpel & Hanover, Zürich 1968; Gimpel Fils, London 1970. – d IV/1.

Campbell, Colin,
* 1942 Reston (Manitoba)
Kanadischer ◇ Videokünstler.

Kat.: d 6/II.

Campus, Peter, * 1937 New York
Amerikanischer ◇ Video-Künstler, studierte in den 60er Jahren an der Ohio State University in Columbus experimentelle Psychologie und am City College Film Institute in New York. 1970 entstanden seine ersten Videotapes. C.s Video-Installationen schließen den Betrachter meist in das Funktionssystem der Arbeiten ein. So verwirklicht der Besucher die Installation *aen* (1976/77) erst dann, wenn er sich in das Sehfeld der Kamera begibt, wodurch sein Abbild – auf den Kopf gestellt – in der Projektion erscheint. Video wird hier zum aktionellen Medium der Selbsterfahrung.

Kat.: Everson Mus. of Art, Syracuse (N.Y.) 1974. – d 6/II.

Cane, Louis,
* 1943 Beaulieu-sur-Mer
Französischer Maler, Mitglied der Gruppe → Supports/Surfaces, stu-

Louis Cane. Ohne Titel. 1973. 243 x 243 cm (Wand) bzw. 192 x 165 cm (Boden). Slg M u. Mme J. Salomon

dierte an den Ecoles des Arts Décoratifs in Nizza bzw. Paris. C. versucht in seinen Arbeiten eine Analyse der Malerei als kunstgeschichtliches wie auch als faktisches (Herstellen eines ›Bildes‹) Phänomen. In seinen theoretischen Schriften (Katalog- und Zeitschriftenbeiträge) wird die Situation des Künstlers aus gesellschaftlich historischen Bedingungen und eine Funktionsbestimmung des Bildes aus dem dialektischen Materialismus abgeleitet.

Kat.: Gal. D. Templon, Paris 1971; Gal. Y. Lambert, Paris 1972; Gal. del Milione, Mail. 1974; Gal. R. Zwirner, Köln 1974; Centre Pompidou, Paris 1977; Kh. Bielefeld 1978. – d 6/I.

Canogar, Rafael, * 1934 Toledo
Spanischer Maler, studierte 1948–53 bei V. Dias und gründete 1957 zusammen mit → Saura und → Millares die Gruppe El → Paso. Nach einer Phase ◇ abstrakt-expressionistischer Malerei entwickelte C. unter dem Einfluß der amerikanischen ◇ Pop Art ab 1964 einen politisch engagierten Realismus, der die Technik der Fotomontage mit einer plakativen Farbgebung verbindet, um den provokativen Charakter der Bildthematik stilistisch zu unterstreichen.

Rafael Canogar. Die Hoffnung. 1970. Polyester, Fiberglas, Acryl. 150 x 230 x 20 cm. SL

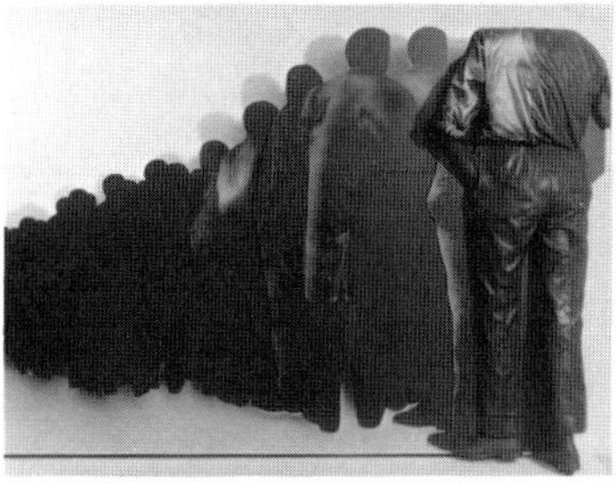

Monogr.: E. Crispolti, R. C., Madrid 1959 (= Coleccion del arte de hoy. 4); J. E. Cirlot u. a., R. C., Rom 1962 (= Quaderni dell'Attico. 5).
Kat.: Gal Blu, Mail. 1959; Gal. Rive Gauche, Paris 1963; Gal. L'Attico, Rom 1964; Gal. J. Mordo, Madrid 1968; Mus. Español de Arte Cont., Madrid 1972; Gal. Poll, Bln 1974.

Capogrossi, Giuseppe, * 1900 Rom
Italienischer Maler, der zunächst Rechtswissenschaften studierte. Nach kubistischen Anfängen in den 30er Jahren fand C. nach 1949 zu einer abstrakten Bildsprache, die aus einem einzigen ornamentalen Zeichen in rhythmischer Gliederung besteht. Durch den Wechsel von Farbgebung, Größe, Ausdeh-

Giuseppe Capogrossi. Superficie 104. 1954. 160 x 115 cm

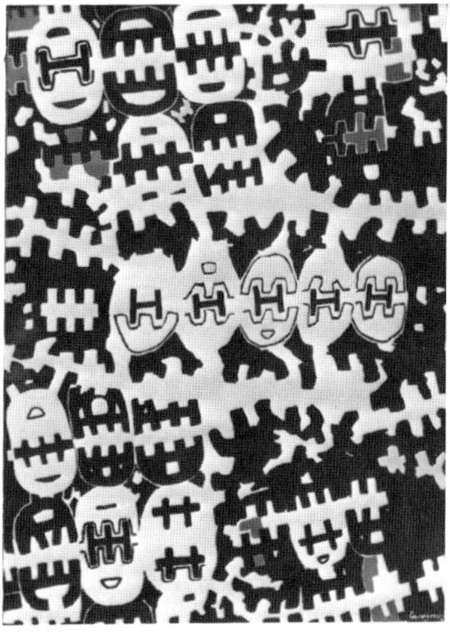

nungsdichte und Anordnung wird das Leitmotiv quasi zum Meditationsobjekt des bildnerischen Gestaltens.

Monogr.: C. Cagli, C., Venedig 1950; G. C. Argan, C., Rom 1967; ders., C., Rom 1972.
Kat.: PBA, Brüssel 1959; Gal. del Naviglio, Mail. 1962, 1963 u. 1968; Gal. La Medusa, Rom 1964; Gal. Im Erker, St. Gallen 1965; Staatl. Kh., Baden-Baden 1967; Kh. Nürnberg, 1967; Bln 1967; Marlb. Rom 1969. – d II/1.

Carer, Peter, * 1945 Rastenfeld
Österreichischer Maler, studierte an der Wiener Kunstakademie. In seinen ◇ kritisch-realistischen Bildern porträtiert er das spießbürgerliche Milieu von heute.

Caro, Anthony, * 1924 London
Englischer Bildhauer, lernte nach einem Ingenieurstudium Bildhauerei an den Royal Academy Schools (1947–52) und war 1951–53 Assistent von Moore, dessen Einfluß seine frühen Bronzefiguren prägte. Nach einem Besuch in Amerika und der Begegnung mit David → Smith (1959) wandte er sich der Abstraktion zu und schuf Konstruktionen aus starkfarbig bemalten, oft weit in den Raum ausladenden Stahlplatten und -röhren (*Early One Morning*, 1962, Tate). Als Bildhauer wie auch als Lehrer (1953–66 und ab 1968 an der St. Martin's School of Art in London) war C. von großem Einfluß auf die junge englische Bildhauerei.

Anthony Caro. Pompadour. 1963. Rosa lackierter Stahl. 275 x 481 x 173 cm. Kröller-Müller

Monogr.: R. Whelan, A. C., Harmondsworth 1974.
Kat.: Gal. del Naviglio, Mail. 1956; Whitechapel 1963; Washington Gal. of Mod. Art 1965; Kröller-Müller 1967 (mit Paolozzi); 10. Biennale, Sao Paulo 1969; ACGB, Hayward Gal., London 1969 (Retro.); A. Emmerich Gal., NY 1970. – d III/1, d IV/1.

Castellani, Enrico,
* 1930 Castelmassa
Italienischer Maler, kam über → Manzoni in Verbindung mit → Nul und → Zero. Er wurde in den frühen 60er Jahren bekannt durch die von ihm entwickelte Dy-

Enrico Castellani. Superficie rossa. 1970. Lwd, Holz, Nägel. 155 x 114 cm. Gal. m, Bochum

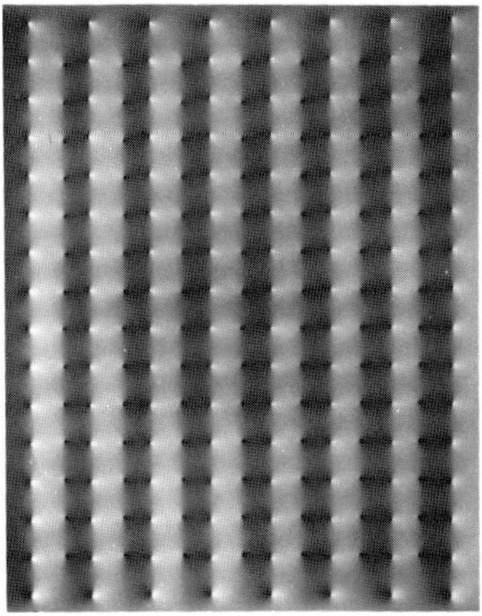

namisierung monochromer Leinwandflächen mit Hilfe einer rasterartigen, reliefplastischen Oberflächengestaltung, die das Licht in methodisch gesetzten Rhythmen in der Reflexion moduliert.

Monogr.: V. Agnetti, E. C. pittore, Mail. 1968.
Kat.: Wien 1972 (mit Alviani u. Colombo). – d IV/1.

Castelli, Luciano, * 1951 Luzern
Schweizer Künstler, wurde bekannt mit kleinen Objekten aus Ton, Glimmer, Federn usw. sowie Fotoarbeiten aus dem ◇ Transformer-Problemkreis.

Kat.: d 5.

Castillo, Jorge, * 1933 Pontevedra
Spanischer Maler, lebte bis 1955 in Argentinien und kehrte dann nach Spanien zurück. Unter dem Einfluß von Picassos *Guernica* entwickelte er in den 60er Jahren eine ◇ surrealistische Malweise mit realistischer Transparenz. In eine rauchig diffuse Tiefenräumlichkeit fügen sich absurde Figurationen als grafische Verfestigungen ein.

Monogr.: W. Haftmann u. L. Daval, J. C., Bln 1974; W. Haftmann, Gemälde. Aquarelle. Zeichnungen, Bln 1976.
Kat.: Kv. Rh./W, Dssd. 1964; Gal. Galatea, Turin 1965; Gal. Belarte, Barcelona 1965; Mus. de l'Athénée, Genf 1966; Gal. Krugier, Genf 1968, 1969 u. 1971; Frankfurter Kunstkabinett 1969; Gal. Iolas-Velasco, Madrid 1970; NGB 1970; Traverse Art Gal. and Univ. Art Center, Edinburgh 1971; MAH, Genf 1971; Gal. Pels-Leusden, Bln 1972; Kv. Darmstadt 1972; Gal. R. P. Hartmann, München 1972; Kestner 1973. – d IV/1.

Castro, Lourdès,
* 1930 Funchal (Madeira)
Portugiesische Künstlerin, bekannt für ihre Arbeiten mit Silhouetten-Menschen auf zwei Plexiglasscheiben (meist in Leucht- oder ◇ popartigen Farben) in geringem Abstand hintereinander. Das dadurch entstehende Schattenbild erscheint seinerseits als Doppelbild (positiv und negativ).

Kat.: Gal. Buchholz, München 1965; Indica Gal., London 1967; Gal. Ernst, Hannover 1968.

Caulfield, Patrick, * 1936 London
Englischer Maler. Beeinflußt von Dufy, Gris und der ◇ Pop Art schuf er Bilder, in denen er Alltagsgegenstände mit flächig aufgetragenen Farben in zweidimensionale, lineare Formen umsetzt.

Monogr.: Chr. Finch, P. C., Harmondsworth 1971 (= Penguin New Art. 2).
Kat.: R. Fraser Gal., London 1967; Waddington Gal., London 1973.

Ceroli, Mario,
* 1938 Castelfrentano
Italienischer Bildhauer, studierte in Rom am Istituto d'Arte. Seit den mittleren 60er Jahren verfertigt er Skulpturen, die überwiegend aus rohen Kistenbrettern bestehen, wobei zunächst vergrößerte Objekte des täglichen Lebens und später auch Umrisse der menschlichen Figur entstanden. Seit 1967 weitete er diese Konzeption zu käfigartigen Gehäusen und möbelhaften Gebilden aus.

Kat.: Bonino Gal., NY 1967; Albright-Knox 1969 (mit Pistoletto); Univ. Parma 1969 (Retro.); Mus. Folkwang, Essen 1970; HaW, Bln 1971; Frankfurter Kv. 1971; Gal. De Foscherari, Bologna 1972; Galleriaforma, Genua 1972; Pesaro 1972.

César (C. Baldaccini),
* 1921 Marseille
Französischer Bildhauer, studierte

César. Compression néocide. 1963. Schrottpaket aus Insektiziddosen. 36 x 36 x 22 cm. Im Besitz des Künstlers

an den Akademien von Marseille (1935–39) und Paris (1943–47). Nach dem Vorbild Picassos und Gonzalez' verschweißte er ab 1956 Schrotteile zu figurativen oder halbabstrakten Plastiken, die sich durch Phantasie und Humor auszeichnen. Im Geist des ◇ Nouveau Réalisme entstanden ab 1960 seine ›Compressions dirigées‹ (durch eine Metallpresse zusammengedrückte Autokarosserien oder Metallobjekte aller Art). Unter dem Einfluß der ◇ Pop Art arbeitete C. in den ausgehenden 60er Jahren auch mit farbigen Kunststoffen, die er im Gußverfahren zu ironischen Dingfetischen gestaltet (u. a. seine *Daumen*, d IV).

Monogr.: D. Cooper, C., Amriswil 1960; P. Cabanne, C. par C., Paris 1971; J. Baldwin u. Fr. Giroud, C., Compressions d'or, Paris 1973; P. Restany, C., Paris 1975, dt. Monaco 1975.
Kat.: MAD 1965 (mit D'Haese u. Tinguely); SM 1966; WLM, Duisburg 1966; Paris 1969; CNAC 1970; Mail. 1970. – d II/2, d III/1, d IV/1.

Chadwick, Lynn, * 1914 London
Englischer Bildhauer, studierte ursprünglich Architektur, wandte sich dann der Bildhauerei zu und wurde zu einem der bekanntesten englischen Metallplastiker der Nachkriegszeit neben → Butler und → Armitage. Seine frühen Mobiles und skeletthaften Konstruktionen standen unter dem Einfluß von Calder und Gonzalez; ab 1953 entwickelte er einen halbabstrakten, halb-figurativen Stil mit seltsamen Mischwesen zwischen Mensch, Vogel und Krustentier.

Monogr.: H. Read, L. Ch., Amriswil 1958 (= Künstler unserer Zeit. 4).
Kat.: 28. Biennale, Venedig / Wiener Sezession / SGal., München 1956; MAM / SM / PBA, Brüssel / ACGB 1957; Gal. Lienhard, Zürich 1959; Svea Gal., Stockholm 1961 (mit Armitage); Marlb., London 1961 u. 1966; Gal. W. Grosshennig, Dssd. 1964; Dssd. 1966. – d II/2, d III/1.

Chamberlain, John Angus,
* 1927 Rochester (Ind.)
Amerikanischer Bildhauer, studier-

John Angus Chamberlain. Velvet White. 1962. Autoteile. 210,8 x 144,8 x 121,9 cm. MOMA

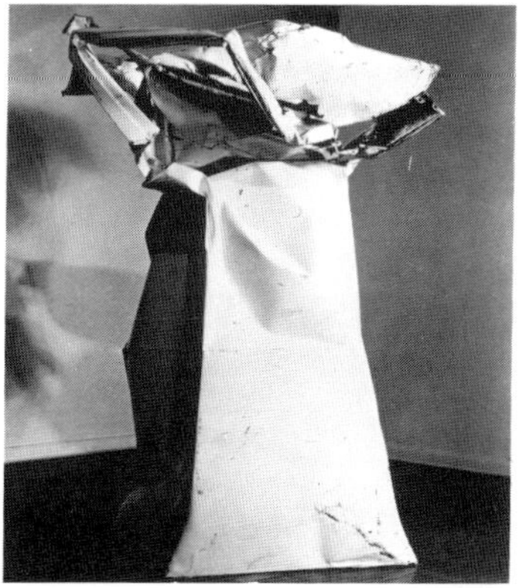

te am Art Institute of Chicago (1950–52) und am Black Mountain College (1955–56). Anfänglich von David → Smith geprägt, gelangte C. unter dem Einfluß des ◇ Nouveau Réalisme von einer linearen Abstraktion zu dynamischen Konstruktionen aus bemalten, verbogenen und zusammengepreßten Automobilteilen. 1966/67 entstanden Arbeiten aus zusammengeschnürtem Schaumstoff.

Kat.: Gal. I. Sonnabend, Paris 1964; Cleveland Mus. of Art 1967; Guggenheim 1971 (Retro).

Charlton, Allan, * 1948 Sheffield
Englischer Maler, studierte an der Sheffield Art School, der Camberwell School of Art und an der Royal Academy in London. Ch. wurde bekannt mit großformatigen Arbeiten, die Charakteristika der Malerei mit Skulptur (im Stil der ◇ Minimal Art) verbinden: monochrom grau eingefärbte Leinwände, straff über Holz gespannt, in das Vertiefungen eingelassen sind (z. B. kleine Quadrate an den vier Ecken), so daß man die Wand sehen kann, oder mehrteilige Arbeiten, bestehend aus Bildern in gleichem Format, die in knappen Abständen voneinander aufgehängt werden.

Kat.: MOMA, Oxford/Van Abbe 1975/76.

Chiggio, Enno → **Gruppo N**

Chillida, Eduardo,
* 1924 San Sebastian
Bedeutender spanischer Bildhauer, wandte sich nach einem Architekturstudium in Madrid 1947 der Bildhauerei zu. Seine abstrakten Eisenplastiken vereinigen Stilelemente der geometrischen und der expressiven Plastik mit dem Resultat einer massiven Schwere des Materials, die nur durch die balkenartig zerrissene Form getragen wird.

Eduardo Chillida. Raummodulation I. 1963. Metall. 53,9 x 69,9 x 40 cm. Tate

Monogr.: Cl. Esteban, Ch., Paris 1972 (mit Œuvrekat. 1948–70); Das graphische Werk 1959–72, hrsg. v. G. Michelin, Kat. Ulmer Mus. 1973; G. Celaya, Die Räume bei Ch., Barcelona 1974. – Derrière le miroir Nr 90/91, 124 u. 143, Paris 1956–64. Kat.: Kh. Basel 1962; McRoberts & Tunnard, London 1965; WLM, Duisburg 1966; Gal. Buchholz, München 1966; Khs Zürich 1969; Ffm. 1970. – d II/2, d III/1, d IV/1, d 6/III.

Christensen, Dan,
* 1942 Lexington (Nebr.)
Amerikanischer Vertreter der ◇ Farbfeldmalerei, der in rhythmischen Farbarabesken eine chromatische Lichtdynamik auf seinen Bildern erzeugt.

Christiansen, Henning,
* 1932 Kopenhagen
Dänischer Musiker und Künstler, studierte 1950–55 am Konservatorium in Kopenhagen, war dann als Klarinettist und Komponist tätig, wandte sich aber ab 1960 dem ◇

Happening zu und veranstaltete zahlreiche Aktionen, u. a. in Zusammenarbeit mit → Andersen, → Koepcke und → Beuys.

Christo, Javacheff,
* 1935 Grabovo
Bulgarischer Künstler, ging nach dem Studium an den Akademien in Sofia (1951–56) und Wien 1958 nach Paris – wo er sich für kurze Zeit dem ◇ Nouveau Réalisme anschloß – und 1964 nach New York. C. wurde bekannt durch seine Pakete und verpackten Objekte (ab 1958), Assemblagen aus Ölfässern in Köln (1961) und Paris (*Iron Curtain,* 1962; Barriere aus Ölfässern in der Mitte der Rue Visconti), große Kästen in der Art verhängter Schaufenster (*Store Fronts,* 1963/64) sowie durch seine überdimensionalen Verpackungsaktionen von Gebäuden (Kh. Bern, 1968), Luft (d IV-Projekt) und Landschaften (*Wrapped Coast,* Little Bay bei Sydney, 1969). Weltweite Beachtung fanden auch seine beiden nächsten Großraumprojekte: *Valley Curtain* (Rifle, Colo., 1972) und *Running Fence* (Kalifornien, 1976).

Christo. Wrapped Coast – Little Bay, Australia. 1969

Monogr.: Chr., mit Texten v. Künstler, D. Bourdon u. a., Mail. 1966; L. Alloway, Chr., NY 1969, dt. Stgt 1969 (= Kunst heute. 14); D. Bourdon, Chr., NY 1971. – 5600 Cubicmeter Package, Baierbrunn 1968 (Dokumentation d. d IV-Projektes); Wrapped Coast, Minneapolis 1969; Chr. projekt mon Schau, hrsg. v. W. Bongard, Köln 1971; Valley Curtain, NY 1973, dt. Stgt 1973.
Kat.: Gal. H. Lauhus, Köln 1961; Gal J, Paris 1962; Gal. Apollinaire, Mail. 1963 (2 Kat.); Gal. G. Sperone, Turin 1964; Van Abbe 1966; MOMA 1968; ICA, Philadelphia 1968; MOCA, Chicago 1969; Wide White Space, Antwerpen 1969; NGV, Melbourne 1969; A. Juda Fine Arts, London 1971; MHL, Krefeld 1971; MOFA, Houston 1971; Gal. De Foscherari, Bologna 1973; Boymans/Rhein. Lm., Bonn/Kestner 1977/78. – d IV/1, d 5, d 6/I u. III.

Chryssa, Varden M., * 1933 Athen
In Amerika lebende, griechische Künstlerin, studierte an der Académie de la Grande Chaumière in Paris (1953–54) und an der California School of Fine Arts in San Francisco (1954–55). 1955 übersiedelte sie nach New York. Bekannt wurde sie durch ihre ab 1962 entstandenen Lichtskulpturen mit Neonröhren, bei denen die Leuchtintensität des Neonlichtes oft noch durch eine besondere Konstruktion von lichtreflektierendem Metall oder Glas verstärkt wird.

Monogr.: S. Hunter, Chr., London 1974, dt. Stgt 1974 (= Kunst heute. 22).
Kat.: Guggenheim 1961; Pace Gal., NY 1968; Gal. D. René, Paris 1974. – d IV/2, d 6/III.

Cimiotti, Emil, * 1927 Göttingen
Deutscher Bildhauer, der nach einer Steinmetzlehre an den Akademien in Stuttgart (1949–53) und Berlin studierte und in Paris Schüler von Zadkine war. Seine abstrakten, stelenhaften Bronzeplastiken wirken wie stilisierte Symbiosen aus menschlichen, tierischen und pflanzlichen Körperelementen.

Monogr.: H. Wille, E. C., Göttingen 1966. Kat.: Gal. van de Loo, München 1958 u. 1961; Kölnischer Kv. 1960 u. 1967 (mit Meier-Denninghoff); Kv. Braunschweig 1964; SM, Göttingen 1966; Gal. Walther, Dssd. 1972. – d II/2, d III/1 u. 2.

Clark, Lygia,
* 1920 Belo Horizonte
Brasilianische Bildhauerin, studierte u. a. 1950 bei Léger in Paris. Ihr Frühwerk umfaßt abstrakte Reliefs, gelenkartig zusammengefügte Plastiken und Environments, die den Betrachter zur aktiven Erfahrung von Zeit und Raum auffordern. Seit 1960 entwickelt sie organisch anmutende ◇ kinetische Skulpturen, mit denen sie eine multisensuelle Publikumsbeteiligung am künstlerischen Kreativitätsprozeß provozieren will.

Kat.: Newsbulletin (No. 7) of Signals, London 1965.

Clarke, John Clem,
* 1937 Bend (Oreg.)
Amerikanischer Maler des ◇ Hyperrealismus. In seinen mythologisch-allegorischen Aktposen setzt C. durch eine formalisierende, auf wenige Tonwerte beschränkte Farbgebung eine parodistisch-ironische Distanz zu den klassisch-traditionellen Vorbildern seiner Bildthemen.

Close, Chuck,
* 1940 Monroe (Wash.)
Amerikanischer Künstler, studierte u. a. an den Kunstschulen der University of Washington (1958–62) und der Yale University (1962–64). Ab 1967 lehrte er an der School of Visual Arts in New York und ab 1970 an der New York University. C., einer der bedeutendsten Vertreter des ◇ Hyperrealismus, entwickelte einen

Chuck Close. Richard. 1969. Acryl/Lwd. 274 x 213 cm. SL

Porträtstil, der mit geradezu klinischer Akribie feinste Details (wie Poren, Falten, Barthaare) des überdimensional vergrößerten Gesichtes in überscharfer Deutlichkeit auf riesigen Leinwandflächen registriert.

Kat.: LA County Mus. of Art 1971; MOCA, Chicago 1972; Wadsworth 1977 (= Matrix. 35). – d 5, d 6/I u. III.

Cobra
1948 in Paris von niederländischen und skandinavischen Künstlern gegründete Gruppe, deren Name sich aus den Anfangsbuchstaben der Wohnorte der Künstler zusammensetzt (CO = Copenhagen, BR = Brüssel, A = Amsterdam). Die wichtigsten Mitglieder waren → Alechinsky, → Appel, → Constant, → Corneille und → Jorn. Gemeinsames Ziel war der spontane, expressive Ausdruck eines inneren Zustands, der sich in einer automatistischen wilden Malgestik äußerte. Die Gruppe, die bedeutende Ausstellungen veranstaltete und eine gleichnamige Zeitschrift herausgab, kann als eine Parallelbewegung zum amerikanischen ◇ Abstrakten Expressionismus betrachtet werden. Um 1951 löste sich die Gruppe auf.

Kat.: Boymans 1966; SM, Sint-Niklaas 1975.

Cohen, Bernard, * 1933 London
Englischer Maler, Bruder von Harold → Cohen, studierte an der St. Martin's School of Art sowie an der Slade School (1951–54) in London. C., Vertreter einer semantischen Malerei, schuf formaldekorative Bilder, die auf einem Geflecht endloser Linien beruhen und deutlich den Einfluß → Pollocks erkennen lassen.

Kat.: d III/1.

Cohen, Harold, * 1928 London
Englischer Maler, Bruder von Bernard → Cohen, studierte an der Slade School in London (1948 bis 1952), an der er 1962–68 selbst unterrichtete; seit 1968 wirkt er als Professor am Visual Arts Department der University of California in San Diego. Anfänglich vom ◇ Abstrakten Expressionismus beeinflußt, fand er bei seinem New York-Aufenthalt (ab 1959) zu einer strengen Horizontalität mit flächigen Zonen von Farben und nackter Leinwand. Nach seiner Rückkehr nach London (1961) entwickelte er ein breiteres malerisches Vokabular mit amöbenhaften farbigen Formen und wellen- oder spiralförmigen Linien. Seit Anfang der 70er Jahre beschäftigt er sich mit Computerzeichnungen.

Kat.: Whitechapel 1965. – d III/1, d 6/III.

Colla, Ettore, * 1899 Parma, † 1968
Italienischer Bildhauer, gründete mit → Burri und → Capogrossi die Gruppe ›Origine‹. In seinen Eisenplastiken der 50er Jahre bevorzugte C. emblematische und heraldische Themen.

Monogr.: L. Alloway, Iron Sculpture, Rom 1960; G. De Marchis u. S. Pinto, C., Rom 1972.
Kat.: ICA, London 1959; Gal. La Medusa, Rom 1966; Gal. Chr. Stein, Turin 1967; vdH, Wuppertal 1970; Van Abbe 1972 (mit Di Suvero).

Collien, Peter, * 1938 Berlin
Deutscher Maler des ◇ phantastischen Realismus aus der Schule Mac → Zimmermanns. Durch eine manierierte Stilistik setzt C. den mythologischen Horizont seiner Figurationen in ironische Distanz.

Kat.: Gal. Lüpke, Ffm. 1966 (mit Lincke, Schwarz u. Wölbing).

Collins, James,
* 1939 Northampton
Englischer Künstler, studierte 1959 bis 1964 Malerei an der St. Mar-

tin's School of Art in London und ging 1970 nach New York. Seit 1969 arbeitet er mit Fotografie (Diaprojektion, Film). Sujet ist meistens ein Mann, der eine Frau ansieht, die den Betrachter ansieht. Der Beziehungskreis wird geschlossen durch den Betrachter, der sowohl die Frau wie den Mann ansieht.

Kat.: Gal. Krinzinger, Innsbruck 1971. – d 6/II.

Colombo, Gianni, * 1937 Mailand
Italienischer ◇ Lichtkinetiker und Mitbegründer (1959) der Mailänder → Gruppo T. Nach Arbeiten mit Lichtprojektion (ab 1961) entstanden kinetische Environments (ab 1964), die den Betrachter zu taktilen Aktivitäten animieren.

Kat.: Gal. Schwarz, Mail. 1968; Gal. L' Attico, Rom 1968; PBA, Brüssel 1969; Neue Gal. am Lm. Joanneum, Graz 1971; Wien 1972 (mit Alviani u. Castellani); SM, Leverkusen 1975; Staatl. Kh., Baden-Baden 1976. – d IV/2.

Colville, David Alexander,
* 1920 Toronto
Kanadischer Maler, studierte 1938 bis 1942 an der Mount Allison University, an der er 1946–63 selbst lehrte. Während des Krieges war er im Mittelmeergebiet und in Nordeuropa als Kriegszeichner beschäftigt. C., der gern als ◇ magischer Realist bezeichnet wird, malt mit genauester Detailbeschreibung, feinster handwerklicher Ausführung und unter ungewöhnlichen Blickpunkten stille, rätselhafte Bilder von eigenartiger Symbolik.

Monogr.: H. J. Dow, The Art of A. C., Toronto 1972
Kat.: Kestner 1969/70; Marlb., London 1970; SKh., Dssd. 1977.

David Alexander Colville. Abschied. 1962. Slg H. Siegling, Hannover-Kirchrode

Conner, Bruce,
* 1933 MacPherson (Kans.)
Amerikanischer Objektkünstler und Filmemacher, der in seinen Assemblagen aus Abfallmaterialien eine Art ◇ neodadaistischer, brutaler Horrorkunst mit surrealistischen Einflüssen erstellt. Seine Objekte wurden in den 60er Jahren beispielhaft für die Stilrichtung der sogenannten Funk Art, der zeitweise auch → Kienholz und → Thek nahestanden.

Kat.: ICA, Univ. of Pennsylvania, Philadelphia 1967.

Conrad, Tony,
* 1940 Concord (N. H.)
Amerikanischer Musiker (Violinstudium am Peabody Conservatory in Baltimore; Zusammenarbeit mit La Monte → Young) und Künstler, studierte auch Mathematik (Harvard College, Boston) und befaßte sich mit Computermaschinen. Seit 1966 arbeitet er mit Film, den er als Medium (Material, Herstellungsprozeß, Technik usw.) thematisiert.

Kat.: d 6/II.

Constant (eigentlich Constant A. Nieuwenhuys),
* 1920 Amsterdam
Niederländischer Maler, Bildhauer und Architekt, der an der Amsterdamer Kunstakademie studierte. Neben abstrakten Plastiken (ab 1945) entstanden erste expressive Bilder, die programmatisch für die → Cobra-Gruppe werden sollten, deren Mitbegründer er 1948 war. Ab 1952 wandte sich C. in zunehmendem Maße Raum- und Architekturproblemen zu, die sich in seinem urbanen Ideal-Projekt ›Neu-Babylon‹ von 1956 im Modell konkretisierten.

Monogr.: H. van Haaren, C., Amsterdam 1967; ders., C., Opstand van de homo ludens, Bussum 1969.
Kat.: SKgal., Bochum 1961; Krefeld 1964; Gemeentemus., Den Haag 1965. – d II/3, d III/1.

Cooper, Ron, * 1943 New York
Amerikanischer Maler, wurde bekannt mit monochromen Bildern aus Polyesterharz auf Plexiglas.

Kat.: d 5

Copley, William, * 1919 New York
Amerikanischer Maler, studierte an der Phillips Academy in Andover (Mass.) und begann 1947 zu malen. 1951 ging er nach Paris, 1963 nach New York. Bekannt wurde er mit humoristischen, comicartigen Bildern.

Schriften: Notes on a Project for a Dictionary of Ridiculous Images, Köln/NY 1972 (= Zeichnungen. 3).
Kat.: ICA, London 1961; Hanover Gal., London 1962; Onnasch Gal., NY/Moore College of Art Gal., Philadelphia 1974. – d 5.

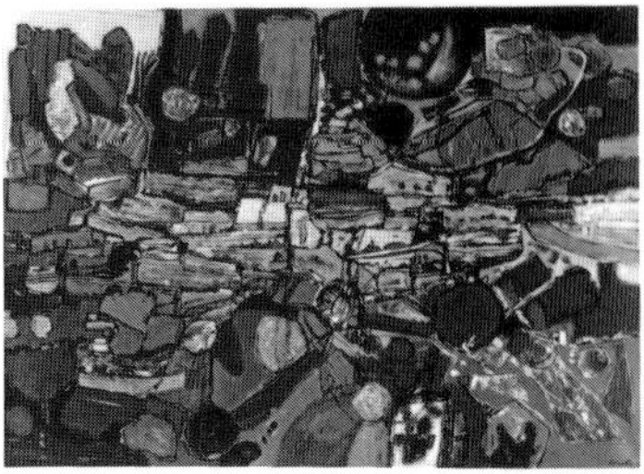

Corneille. La grande terre. 1958. Öl/Lwd. 135 x 181,5 cm. SM

Corneille (Cornelis van Beverloo),
* 1922 Lüttich
Belgischer Maler, Mitbegründer der → Cobra-Gruppe, deren Stil seine Malerei nahesteht. Sie ist jedoch kontrollierter und zeigt im delikaten Kolorit den Einfluß des französischen ◇ Informel.

Monogr.: J.-C. Lambert, C., Paris 1960; F. T. Gribling, C., Amsterdam 1972; E. Maurizi, L'opera grafica di C. 1948–74, Pollenza 1975.
Kat.: SM 1960; Gal. Ariel, Paris 1961; Gal. Berntsen, Oslo 1961; Paris 1962; Gal. Blanche, Stockholm 1963; Gal. Fels, Paris 1964; Lefebre Gal., NY 1964, 1965, 1967 u. 1970; Amsterdam 1966; Kv. Rh/W, Dssd. 1967; München 1969. – d II/1 u. 3, d III/1.

Corpora, Antonio, * 1909 Tunis
Italienischer Maler, der in Tunis und Florenz studierte und 1946 zu den Gründungsmitgliedern der → Fronte Nuovo delle Arti gehörte. Nach frühen Anfängen im Stil des Kubismus näherte sich C. in den 40er Jahren der ◇ informellen Malerei, wobei die Farbe in der Abstraktion von konkreten Formen die Funktion eines Kontemplationsträgers erhält.

Monogr.: Chr. Zervos, A. C., Œuvres 1951–57, Paris 1957.

Kat.: Gal. Springer, Bln 1958; Gal. Chalette, NY 1962; Gal. Senior, Rom 1971; Villaud & Galanis, Paris 1972. – d II/1.

Corner, Philip, * 1933 Bronx (N.Y.)
Amerikanischer ◇ Happening- und ◇ Fluxuskünstler.

Costa, Claudio, * 1942 Tirana
Italienischer Künstler albanischer Abstammung, studierte ursprünglich Architektur am Polytechnikum in Mailand. 1971 entstanden die ersten Arbeiten im Sinne der ◇ Spurensicherung: Nachbildungen von Händen, Füßen, usw. aus Wachs oder Ton, um die Evolutionsgeschichte der Menschheit zu demonstrieren; 1975 erklärte er ein leerstehendes Bauernhaus in Monteghirfo (Ligurien) zum anthropologischen Museum.

Kat./Werkpubl.: Interpretazione intera sub riferimento per un filtro tecnologico, Ed. Masnata, Neapel 1970; Sintomi di un lavoro, dies. u. Modern Art Agency, ebd. 1971; Evolution-Involution, Produzentengal., Bln 1971, ital. Ed. Masnata u. Centro Di, Florenz 1972; Estratti da Evoluzione – Involuzione, Ed. Masnata, Genua 1973 (= Chisel Books. 1); Due esercizii di antropologia, Brescia 1974; Neue Gal., Aachen 1974. – d 6/1.

Costa, Toni → **Gruppo N**

Costantini, Flavio, * 1926 Rom
Italienischer Maler, der in seinen nach historischen Fotos gemalten realistischen Bildern die Geschichte des Anarchismus in einer holzschnitthaften, expressiv-statuarischen Technik darstellt.

Cote, Allan,
* 1937 Windham Center (Conn.)
Vertreter der amerikanischen ◇ Farbfeldmalerei, studierte 1955–59 an der Art School des Bostoner Museums und ging 1965 nach New York. In seinen Bildern dehnt sich der tonal angehauchte Bildgrund zu unbegrenzten Tiefen aus, auf denen pastose Farbbalken und Farbtupfen wie schwerelose Substanzen schweben.

Cottingham, Robert,
* 1935 Brooklyn (N. Y.)
Amerikanischer Maler des ◇ Hyperrealismus, wandte sich nach einer Ausbildung als Reklamezeichner der Malerei zu. In seinen Bildern benutzt er die Perspektive des Teleobjektivs, um die Wortreklamen an Hausfassaden in einem isolierenden Blow-up-Stil zu erfassen.

Kat.: d 5.

Cotton, Paul, * 1939
Amerikanischer Künstler aus dem Umkreis der ◇ Konzeptuellen Kunst.

Kat.: d 5.

Coudenhove-Kalergi, Michael,
* 1937 Prag
Tschechischer Maler, der seit 1945 in Österreich lebt und an der Kunstgewerbeschule in Graz sowie an der Wiener Kunstakademie studierte. Seine ◇ phantastische Malerei, die stark unter dem Einfluß der → Wiener Schule – vor allem von → Fuchs – steht, erinnert in Stil und Sujet an den Symbolismus.

Cremer, Fritz,
* 1906 Arnsberg (Westf.)
In Berlin (DDR) lebender Bildhauer und Grafiker, der durch seine

antifaschistischen Denkmäler für die Konzentrationslager Buchenwald und Auschwitz bekannt wurde. In seinem zum Monumentalen neigenden Stil durchdringen sich Einflüsse von Käthe Kollwitz und Barlach mit Anregungen von Rodin und Maillol.

Monogr.: D. Schmidt, Fr. Cr., Dresden 1972.
Kat.: Deutsche Akad. d. Künste, Bln 1972; NG d. Staatl. Mus. zu Bln u. Akad. d. Künste d. DDR, Bln 1976/77. – d 6/I.

Crippa, Roberto,
* 1921 Monza, † 1972 Mailand
Italienischer Maler, der sich mit seiner von Matta beeinflußten ◇ abstrakt-expressionistischen Malweise 1948 am → Movimento-Spaziale beteiligte. Er entwickelte einen von motorisch kreisenden Strichen getragenen Stil, der an die Bahnsysteme von Flugkörpern erinnert.

Monogr.: G. Giani, C., Venedig 1956.
Kat.: SM, Leverkusen 1960; Gal. Schwarz, Mail. 1962; KWM, Krefeld 1963; MaO, Dortmund 1965; SKh., Mannheim 1965; Gal. Gissi, Turin 1970; Mail. 1971.

Cruz-Diez, Carlos,
* 1923 Caracas
Venezolanischer Maler, studierte in Caracas an der Schule der Schönen Künste (1940–45) und war zunächst als künstlerischer Leiter einer Werbefirma tätig. 1960 übersiedelte er nach Paris, wo er die Serie seiner ›Physichromies‹ begann. In seinen Bildern und Reliefs, die einer ◇ kinetischen ◇ Op Art zuzuordnen sind, arbeitet C. mit den optischen Erscheinungsformen der Farbverschmelzung und -vermischung.

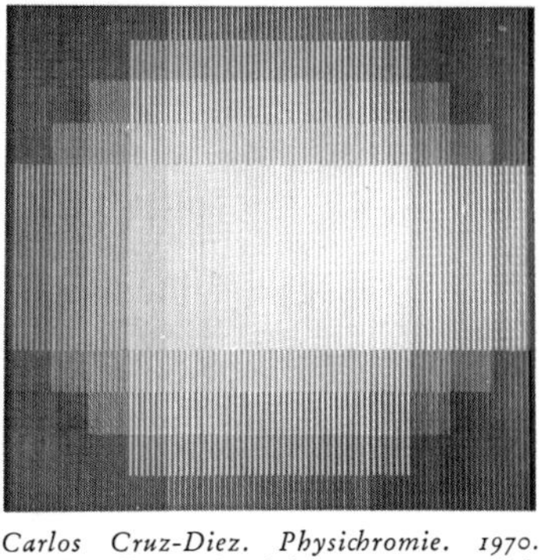

Carlos Cruz-Diez. Physichromie. 1970. Farblamellen/Holztafel. 100 x 100 cm. Gal. D. René, Paris

Transparente Farbstreifen werden von ihm so geschichtet, daß an ihren Randzonen Komplementärfarben entstehen.

Monogr.: J. Clay, Cr.-D. et les trois étapes de la couleur mod., Paris 1969.
Kat.: MaO, Dortmund 1968 (mit Bonalumi u. Honegger); Gal. D. René, Paris 1969. – A Decade of Physiochromies by C. Cr.-D. at Signals (No. 8), London 1965.

Cunningham, Merce,
* 1919 Centralia (Wash.)
Amerikanischer Choreograf, der sich in den 60er Jahren an ◇ Mixed-Media-Aktionen beteiligte. In *Variations V* (1965) – aufgeführt in der New Yorker Philharmonic Hall – mit Musik von → Cage, elektronischen Programmen von → Klüver sowie Film- und Fernsehprojektion von → Vanderbeek entwarf C. ein intermediales Tanzstück, das den beteiligten Tänzern eine eigenständige Improvisation des Klangraumes durch ihre Bewegungsabfolge ermöglichte.

Dadamaino, * 1935 Mailand
Italienischer ◊ Lichtkinetiker, der in den 60er Jahren mit fluoreszierenden Lichteffekten experimentierte.

Dado (eigentlich Miodrag Djuvic), * 1933 Cetinjine (Montenegro)
Jugoslawischer Künstler, studierte 1947–56 an der Schule für Bildende Künste in Hercegnovi und an der Akademie in Belgrad, 1956 übersiedelte er nach Paris. Nach einer Frühphase detailbetonten Realismus fand D. in den 60er Jahren zu einer magisch-surrealen Figuration mit historischen Anspielungen.

Kat.: CNAC 1970 (Retro.); Gal. J. Bucher, Paris 1973 u. 1975. – d III/2, d 6/III.

Dahmen, Karl Fred, * 1917 Stolberg (bei Aachen)
Deutscher Künstler, seit 1967 Professor an der Münchner Akademie. Seine Bilder aus den 50er Jahren

Karl Fred Dahmen. Bild mit Verschnürung. 1966. 130 x 110 cm. Slg Räber, Luzern

stehen unter dem deutlichen Einfluß der Ecole de Paris (1951–60 längere Aufenthalte in Paris). Mitte der 60er Jahre wandte er sich der Herstellung von Objekt- und Materialbildern zu, z. B. Montagen aus Abfallgegenständen des Konsums, die eine Atmosphäre von Verbrauch, Brutalität und Bedrohung ausströmen. D. versteht sie als Symbole einer sich versteckenden, aber stets gegenwärtigen Aggressivität.

Monogr.: R. G. Dienst, K. Fr. D., Das malerische Werk 1950–72, München 1972; W. Rothe u. W. Rotzler, K. Fr. D., Stgt 1976.
Kat.: Gal. 22, Dssd. 1958; SKh., Mannheim 1959; Gal. Ä. Abels, Köln 1961; Kölnischer Kv. 1965; Gal. Raeber, Luzern 1966 u. 1970; Kv. Freiburg 1970; Kv. Darmstadt 1974 (Retro.); Neue Gal. d. Stadt Linz 1976; Gal. Hennemann, Bonn 1978/79. – d II/1.

Danby, Ken, * 1940 Sault Ste. Marie
Kanadischer Maler, studierte am Ontario College of Art in Toronto (1957–60). D. vertritt einen ◊ magischen Realismus, der Landschaft und Leute der kanadischen Heimat scheinbar idyllenhaft, in Wirklichkeit aber in einer isolierten Weltfremdheit darstellt.

Dangelo, Sergio, * 1931 Mailand
Italienischer Maler, der der → Cobra-Gruppe nahestand und 1951 die Gruppe → Movimento Nucleare mitbegründete. D. entwickelte eine romantische Form ◊ abstrakt-konkreter Malerei.

Darboven, Hanne, * 1941 München
Deutsche Künstlerin, studierte an der HfbK in Hamburg, ging 1966 nach New York und lebt seit 1968

abwechselnd in Hamburg und New York. Beeinflußt von der ◇ Minimal Art – vor allem von → LeWitt – entstanden konstruktionsartige Zeichnungen auf Millimeterpapier (1966) und Blätter mit ausgeschriebenen Zahlen, ihrem Zahlwert entsprechend wiederholt (z. B. Drei, Drei, Drei; ab 1967). Ab 1968 reduzierte sie ihre künstlerische Tätigkeit auf die einfachste Form der Mathematik, die Addition von Zahlen (meist Kalenderdaten, strukturiert nach den drei Möglichkeiten Monat, Jahr und Jahrhundert; z. B. *August 1968*) zu Summen und Quersummen, deren An- und Abschwellen (1.8.68 [= 1 + 8 + 6 + 8] = 23; 2.8.68 = 24 usw.) oft auch graphisch in Form von Kästchen ode U-Bögen dargestellt wird. Ihre

Hanne Darboven. Ohne Titel. 1973/74. Schwarze und graue Tusche/Pergamentpapier. DIN A 4

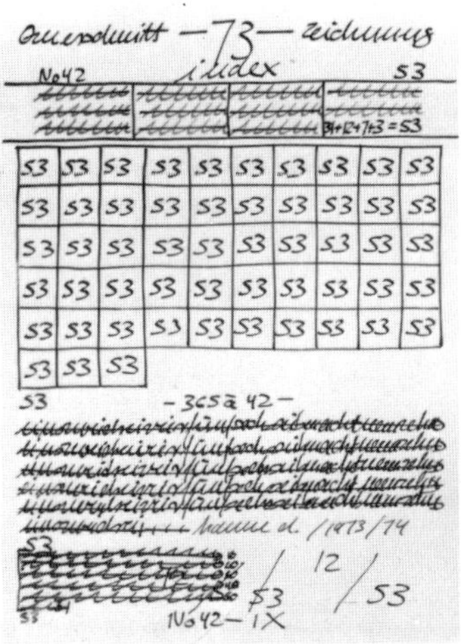

umfangreichste Arbeit umfaßt 402 Ordner mit Zeichnungen (*Ein Jahrhundert*, 1971–75, Slg Ludwig, Neue Gal., Aachen). Ab 1971 entstanden auch Arbeiten über Literatur (Homers *Odyssee*, 1971; Heines *Atta Troll*, 1975).

Kat./Werkpubl.: 6 Manuskripte »69«, Dssd. 1969 (= Kunst-Zeitung Nr 3); SM, Mglb. 1969; Westf. Kv., Münster 1971 (Retro); Information, Flash Art Ed., Mail. 1973; 12. Biennale, Sao Paulo 1973; Km. Basel 1974; Das sehen ist nämlich auch eine kunst . . ., Brüssel/Hbg 1974 (auch als Kat. f. d. Ausst. im PBA, Brüssel 1974); Diary – New York City, Castelli/Sperone, Turin 1974; SM 1975; Atta Troll, Km. Luzern 1975; 60 Arbeiten à 1 Arbeit, Gal. K. Fischer, Dssd. 1975. – d 5, d 6/III.

Davie, Alan, * 1920 Grangemouth
Schottischer Maler, studierte am Edinburgh Art College (1938–40) und ließ sich 1949 in London nieder. Beeinflußt von Klee und Picasso entwickelte er nach 1945 eine ungegenständliche Zeichensprache, die spontanen Impulsen und phantasievollen Assoziationen folgt (wie sie auch für seine Poesie und seine Betätigung als Jazzmusiker 1947/48 charakteristisch sind); den entscheidenden Anstoß erfuhr seine farbig-kraftvolle, emblematische Symbolsprache dann 1948 durch die frühen totemistischen Bilder von → Pollock.

Monogr.: M. Horovitz, A. D., London 1963 (= Ar tin Progress); A. Bowness, A. D., London 1967.
Kat.: Gal. Michelangelo, Florenz 1948; Gal. Sandri, Venedig 1948; Wakefield City Art Gal. / Nottingham Univ. / Whitechapel / Walker, Liverpool 1958 (Retro.); Gimpel Fils, London 1960, 1961, 1963, 1966, 1969 u. 1970; Gal. Ch. Lienhard, Zürich 1960; Gal. del Naviglio, Mail. 1961; SM / Kunstnernes Hus, Oslo / Staatl. Kh., Baden-Baden / Kh. Bern /

Kunst- u. Kunstgewerbever. Pforzheim 1962/63 (Retro.); Gal. La Medusa, Rom 1963 u. 1970; Gimpel & Hanover, Zürich 1964; Gal. R. Zwirner, Köln 1965; Kestner / Kv. Rh/W, Dssd. / Overbeck-Ges., Lübeck 1967–68; München 1970. – d II/1, d III/1, d 6/III.

Davies, John, * 1946 Cheshire
Englischer Bildhauer, formt aus Wachs und textilen Materialien Figurengruppen, die wie in einen Erstarrungszustand überführt erscheinen. Das Überziehen der einzelnen Figuren mit einer staubig grauen Kreideschicht läßt die visuelle Täuschung zurücktreten und verstärkt die psychologische Irritation.

Kat.: A. Juda Fine Art, London 1975. – d 6/I.

Davis, Douglas, * 1938 Washington
Amerikanischer Kunstkritiker, ◇ Videokünstler und Performer, der an der American University in Washington und an der Rutgers State University in New Brunswick studierte. In den ausgehenden 60er Jahren arbeitete er mit → Paik zusammen an der Entwicklung eines Video-Synthesizers. Die ersten ◇ Performances fanden 1967 statt, ab 1970 benutzt D. das Medium Fernsehen direkt als Botschafts- und Kontaktinstrument. Neben seiner künstlerischen Arbeit publizierte D. mehrere Bücher zum Themenkomplex Kunst (Theorie und Praxis) im Verhältnis zur modernen Technologie.

Schriften: Art and the Future, NY 1973, dt. als: Vom Experiment zur Idee, Köln 1975 (= DuMont Kunst=Praxis); Art culture, NY 1977.
Kat.: Everson Mus. of Art, Syracuse (N. Y.) 1972; Whitney 1977; Neue Gal., Aachen 1978. – d 6/I u. II.

Davis, Gene,
* 1920 Washington (D. C.)
Amerikanischer Maler, mit → Stella und → Kelly Vertreter der ◇ Nachmalerischen Abstraktion. In seinen großflächigen Bildern arbeitet D. mit kräftig leuchtender Farbe und genau bestimmten Formen, die auf eine glatte, nahezu neutrale Oberfläche gesetzt werden.

Monogr.: G. D., hrsg. v. D. Wall, NY 1975.
Kat.: Jewish Mus., NY 1968; SF Mus. of Art, 1968.

Davis, Ron
* 1937 Santa Monica (Calif.)
Amerikanischer Maler und Vertreter der ◇ Nachmalerischen Abstraktion Kaliforniens in den ausgehenden 60er Jahren. Seine Fiberglaskästen stellen ebensosehr Objekte wie Gemälde dar; ihre Oberfläche ist mit flüssiger Glaswolle bemalt, die beim Erhärten zum Bestandteil der Objektoberfläche wird. D. versteht seine perfekt gemachte, showhafte Objektmalerei als eine Verherrlichung der Technik, die ihm diese Art einer harten, traditionsreichen Ästhetik ermöglicht.

Kat.: L. Castelli Gal., NY 1968. – d IV/1.

De Andrea, John, * 1941 Denver
Amerikanischer Plastiker des ◇ Hyperrealismus, dessen lebensechte Aktfiguren seelenlos auf ihre bloße Nacktheit reduziert erscheinen. A. stellt seine Figuren aus Kunststoff, Polyester und Fiberglas her und verleiht ihnen außer der körpergetreuen Künstlichkeit keine Ausdruckswerte. In ihrer puppenhaften Posierung werden sie zu Mo-

John De Andrea. Arden Anderson und Nora Murphy. 1972. Polyesterharz bemalt. 90 x 240 x 165 cm. Slg Ch. Wilp, Dssd.

dellen einer nur noch als Illusion vorhandenen Individualität.

Lit.: d 5.

De Dominicis, Gino, * 1947 Ancona
Italienischer Künstler aus dem Umkreis der ◇ Arte Povera und ◇ Konzeptuellen Kunst.

Kat.: d 5.

Deem, George,
* 1932 Vincennes (Ind.)
Amerikanischer Maler, studierte am Art Institute of Chicago und arbeitete als Restaurator im Metropolitan Museum in New York. In seinen Bildern verarbeitet er bekannte Sujets alter Meister – vor allem des holländischen Realismus aus dem 17. Jahrhundert –, wobei er das Verhältnis Original – Reproduktion durch die Staffelung verschiedener Bildsujets in einem einzigen Bild ironisch reflektiert.

Kat.: Gal. Thelen, Essen 1969.

Dekkers, Ad(riaan),
* 1938 Nieuwpoort, † 1974
Niederländischer Maler, Mitglied der Gruppe → Nul. D. setzt sich in seinen abstrakt ◇ konstruktivistischen Bildern und Reliefs mit Mondrian auseinander. Nach einer Phase systematischer Erkundung verschobener Dreiecke experimentierte er mit Begrenzungen auf einer weißen Grundfläche (grafische Linien als optische Illusion oder reale Schichtungen weißer Flächen in Reliefstrukturen).

Monogr.: J. Leering, A. D. Reliefs, Frankfurt 1969.

Kat.: SM, Schiedam 1966; Groninger Mus. 1968; Gal. Amodula, Brescia 1970; Gal. Dwars, Amersfoort 1971; Gemeentemus. Den Haag 1972 u. 1974/75; Van Abbe/SKh., Dssd. 1974. – d IV/2.

Dekkers, Ger, * 1929 Borne
Niederländischer Grafiker, studierte 1950–54 an der Kunstakademie in Enschede. Seit 1972 stellt D. Fotosequenzen von holländischen Landschaften zusammen, wobei sich von Bild zu Bild der Vordergrund verändert, der Horizont aber gleich bleibt (erzielt durch Veränderung der Standortintervalle in gleichen Abständen). Ein konstruktives Element zeigt sich in der allen Fotos eigenen Horizontlinie als waagerechte Mittelachse der quadratischen Bilder.

Kat./Werkpubl.: Neue Gal., Aachen 1973; Landscape Perception, Drukkerij Rosbeek, Hoensbroek 1973; Gal. m, Bochum 1976; Kröller-Müller 1977; Cultureel Centrum, Venlo 1978. – d 6/II.

Willem De Kooning. Excavation. 1950. Öl/ Lwd. 203,5 x 204,3 cm. AIC

De Kooning, Willem,
* 1904 Rotterdam
Amerikanischer Maler niederländischer Herkunft, einer der Hauptvertreter des ◇ Abstrakten Expressionismus. Nach dem Besuch der Rotterdamer Akademie (1916–24) ging er nach Amerika und ließ sich 1927 in New York nieder, wo er engen Kontakt zu → Gorky unterhielt. Er war als Werbegrafiker und Dekorateur tätig und malte Wandbilder für WPA (1935–36). Neben seinen abstrakten Kompositionen entstand 1938 die erste *Woman*-Serie. Sein Werk, das von außerordentlicher Ausstrahlung war, durchlief verschiedene, von ◇ Expressionismus, ◇ Kubismus und ◇ Surrealismus geprägte Phasen; es ist gekennzeichnet durch kompositionelle Erfindungskraft, aber auch durch einen Hang zu spontaner Aggressivität, Willkür und einer gewissen Vulgarität. 1969 wandte er sich auch der Bildhauerei zu; ab 1970 entstanden lebensgroße figurative Arbeiten.

Monogr.: Thomas B. Hess, W. De K., NY 1959 (= The Great American Artist Series); ders., W. De K., Drawings, Greenwich (Conn.) 1972; H. Janis u. R. Blesh, De K., NY 1960; G. Drudi, W. De K., Mail. 1972; H. Rosenberg, De K., NY 1973 u. 1975.
Kat.: School of the MOFA, Boston 1953 (Retro.); P. Kantor Gal., Beverly Hills 1961 u. 1965; S. Janis Gal., NY 1962; Smith College Mus. of Art, Northampton (Mass.) 1965; M. Knoedler & Co., NY 1967 (auch als Buch); MOMA/SM/Tate/AIC/LA County Mus. of Art 1968/69; Walker, Minneapolis/NGC, Ottawa/Philips Collection, Washington/Albright-Knox/MOFA, Houston 1974/75; Wadsworth 1976 (= Matrix 15); SM 1976; WLM, Duisburg 1977; Guggenheim 1978. – d II/1, d III/1, d 6/I.

Del Pezzo, Lucio, * 1933 Neapel
Italienischer Maler und Bildhauer, der in seinen Leinwandtafeln und raumgreifenden Reliefs von der metaphysischen Stillebenmalerei De Chiricos und Morandis beeinflußt wurde. In den 60er Jahren schuf er nach frühen ◇ neodadaistischen Arbeiten Arrangements, bei denen Spielzeug und Landkarten vor monochromen Hintergründen mit Jugendstildekor auf Konsolen posieren.

Kat.: Gal Schwarz, Mail. 1961 u. 1963; Kröller-Müller 1965 (mit Brusse, Gentils u. van Hoeydonck); Marlb., Rom 1971; Mail. 1974.

Demarco, Hugo Rodolfo,
* 1932 Buenos Aires
Argentinischer Vertreter der ◇ Lichtkinetik, studierte an der Schule der Schönen Künste von Buenos Aires und repräsentierte dort zusammen mit → Rossi, → Le Parc und → Sobrino die »neue kinetische Generation«. Nach seiner Übersiedlung nach Paris stand D. nach 1960 in engem Kontakt mit den Künstlern der → Groupe de Recherche d'Art Visuel. Neben

Experimenten mit optischen Vibrationen beschäftigt sich D. mit der Verwendung von ultraviolettem Licht, um die Bewegungssequenzen von kleinen Körpern im dunklen Raum sichtbar zu machen.

Kat.: (Op) Art Gal., Esslingen 1967; Gal. D. René, Paris 1968; Gal. D. René/H. Mayer, Krefeld 1968. – d IV/2.

De Maria, Walter,
* 1935 Albany (Calif.)
Amerikanischer Künstler, ursprünglich Musiker (Schlagzeuger, u. a. 1965 bei der Rock-Gruppe Velvet Underground), studierte 1953–59 an der University of California in Berkeley und ließ sich 1960 in New York nieder. Sein symbolisch-mythisches Schaffen berührt verschiedene Kunstströmungen der 60er Jahre. Nach ◇ Happenings (1959/60) und Kästen aus Sperrholz wie *Box for Meaningless Work* (1961) sowie ›Invisible Drawings‹ (kaum sichtbare, mit Bleistift auf Papier geschriebene Wörter, ab 1963), der ◇ Minimal Art und seriellen Arbeiten verwandte Werke wie *Pyramid Chair* (1966, Ströher), *4-6-8* Series (1966, ebd.), *Bed of Spikes* (5 Teile, 1968/69) und Arbeiten mit geometrischen Formen aus Metall, meist mit einer dazugehörigen, beweglichen Metallkugel wie bei *Cross* (1965). Zu bedeutenden Werken der ◇ Land Art gehören die *Earth Show* (1600 Kubikfuß Erde auf dem Boden der Galerieräume von H. Friedrich, München 1968), *Mile Long Drawing* (2 parallel zueinander verlaufende Linien im Abstand von 360 cm, je eine Meile lang; Mojave-Wüste, Kalifornien, 1968) und die für die Olympiade 1972 in München geplante Erdskulptur, die in veränderter Form bei der documenta 6 als *The Vertical Earth Kilometer* verwirklicht wurde (ein massiver Messingstab von 5 cm Durchmesser und 1 km Länge in Richtung auf den Erdmittelpunkt).

Walter De Maria. Bed of Spikes. 1968. Rostfreier Stahl. 40,6 x 246,3 x 114,3 cm. Gal. H. Friedrich, Köln/NY

Kat.: Km. Basel 1972/73; Hess. Lm., Darmstadt 1974. – d IV/2, d 6/I u. III

Denny, Robyn,
* 1930 Abinger (Surrey)
Englischer Maler, studierte in Paris (1950) sowie in London an der St. Martin's School of Art (1951 bis 54) und dem Royal College of Art (1954–57). Unter dem Einfluß der ◇ Farbfeldmalerei, insbesondere von → Rothko (um 1959), gelangte er in den 60er Jahren zu einer ◇ Hard edge-Malerei von farbig subtilen geometrischen Formen auf großformatigen Leinwänden.

Monogr.: D. Thompson, R. D., Harmondsworth 1971 (= Penguin New Art. 3).
Kat.: Gal. Müller, Stgt 1963; Kate 1973; Waddington Gal., London 1977. – d III/1.

Devade, Marc → **Supports/ Surfaces**

Dewasne, Jean, * 1921 Lille
Französischer Maler, in den 40er und frühen 50er Jahren Vertreter eines geometrisch-konstruktivistischen Stils im Anschluß an Mondrian. Im Gegensatz zu → Vasarely, mit dem man ihn besonders in den 50er Jahren häufig verglich, zeigt D.s Malerei in dramatischen Bildakzenten eine sehr persönliche Gestaltungsnote objektiver Formelemente.

Kat.: Gal. Lorenzelli, Bergamo 1961; PBA, Brüssel 1969; Mus. Picasso, Antibes 1971.

Dewey, Ken, * 1934, † 1972
Amerikanischer Theaterleiter und Organisator, gründete Anfang der 60er Jahre das American Cooperative Theater, mit dem er ◇ happeningartige ◇Mixed-Media-Aktionen veranstaltete.

Dezeuze, Daniel → **Supports/ Surfaces**

D'Haese, Roel, * 1921 Grammont
Belgischer Bildhauer, erhielt eine Ausbildung als Schmied und Holzschnitzer und studierte 1938–42 an der Hochschule für Architektur und angewandte Kunst in Brüssel. Er gehörte zur ersten Generation junger Künstler, die mit ihrer naturverbundenen intuitiven Formgebung direkt nach dem 2. Weltkrieg eine nachexpressionistische Strömung im Bereich der Plastik begründeten. Seine kraft- und zugleich phantasievollen Gebilde aus gegossener Bronze spiegeln die Tradition gespenstischer Wesen in der flämischen Kunst von Bosch bis Ensor.

Kat.: Gal. Cl. Bernard, Paris 1961 u. 1976; MAD 1965 (mit César u. Tinguely); Paris 1970. – d II/2, d 6/III.

Dibbets, Jan (Gerardus Johannes Maria), * 1941 Weert
Niederländischer Künstler, studierte u. a. 1959–63 an der Akademie in Tilburg und 1967 an der St. Martin's School of Art in London, wo er → Long kennenlernte. Mit van → Elk und → Lucassen gründete er 1967 in Amsterdam das ›International Institute for Reeducation of Artists‹. Nach Arbeiten in der Art der ◇ Materialkunst befaßte er sich primär mit

Jan Dibbets. Shortest Day 1970 at K. Fischer Galerie, Düsseldorf (Ausschnitt). 1970. Farbfotos. 193 x 175 cm. Slg FER

verschiedenen Kategorien des Visuellen als autonomem Sinnenerlebnis. Insofern sieht er sich zu Recht in der Tradition der Malerei (speziell der niederländischen Landschaftsmalerei), deren Probleme wie Perspektive (*Perspektivkorrektur*, 1968, Stedelijk; *Dutch Mountains*, 1971, ebd.), Licht (*Der kürzeste Tag des Jahres*, 1970) und Schatten (*Abgeklebte Schatten*, Ausst. MHL, Krefeld 1969) er mit Hilfe neuer Mittel darstellt (Fotografie, Diaprojektion, Film und Video).

Kat./Werkpubl.: MHL, Krefeld 1969/70; Rotkehlchenterritorium/Skulptur, Köln/NY 1970; Gegenverkehr, Aachen 1970; Van Abbe 1971/72; 36. Biennale, Venedig 1972; SM 1972/73; Km. Luzern 1975. – d 5, d 6/III.

Diebenkorn, Richard,
* 1922 Portland (Oreg.)
Amerikanischer Maler, studierte u. a. an der California School of Fine Arts, wo er auch später Lehrer war. Heute unterrichtet er am California College of Arts and Crafts in Berkeley. Unter dem Einfluß von → Still und → Rothko wurde D. zum Haupt des kalifornischen ◇ Abstrakten Expressionismus, den er dann jedoch zur Figuration zurückführte. Mit breitem Pinselstrich und starker Farbigkeit malt D. einsame, in sich gekehrte Figuren, Ausdruck für eine Stimmung der Verlorenheit inmitten des kalifornischen Paradieses.

Diehl, Hans-Jürgen, * 1940 Hanau
Deutscher Maler und Grafiker, studierte nach einer Ausbildung als Goldschmied in München, Paris und Berlin Malerei (1959–66). In ihrem ◇ kritischen Realismus legen seine Bilder – gemalte Fotomontagen – die verschiedenen Methoden von Gesellschaftsmanipulation und die Mechanismen der Anpassung offen.

Kat.: Gal. Großgörschen, Bln 1966; Gal. Schmücking, Braunschweig 1968; Dssd. 1971 (mit W. Petrick); KEO, Hagen 1974 (mit dems.).

Dienst, Rolf-Gunter, * 1942 Kiel
Deutscher Maler und Kunstkritiker (seit 1964 Redakteur der Zeitschrift ›Das Kunstwerk‹), Mitglied der Gruppe → Syn. Seine kürzel- und partiturhafte Malerei (amorphe Formen in ◇ hard edge-artigen Farbflächen) geht aus dem ◇ Informel hervor und versteht sich in den 60er Jahren als Gegengewicht zur Dominanz der ◇ Pop Art.

Kat.: Gal. Klang, Köln 1969; Staatl. Kh., Baden-Baden 1969/70; SKh., Mannheim 1973; Mus. Bochum 1974; Staatl. Kh., Baden-Baden 1977/78.

Dimitrijević, Braco, * 1948 Sarajewo
Jugoslawischer Künstler, studierte u. a. 1968–71 an der Akademie in Zagreb. D. gehört mit seinen Arbeiten zum Umfeld der ◇ konzeptuellen Kunst.

Kat.: Interview, Zagreb/Belgrad 1974. – d 6/II.

Dine, Jim (James),
* 1935 Cincinnati (O.)
Amerikanischer Maler und Objektkünstler, studierte 1953–57 an der University of Cincinnati und an der Museum School in Boston. 1958 übersiedelte er nach New York, 1967 nach London. Beeinflußt vor allem von → Oldenburg, → Johns und → Rauschenberg entstanden 1959/60 ◇ Happenings und dann

Jim Dine. Tennis Shoe. 1962. Combine Painting. 44,5 x 50 cm. Slg Ströher

Mark Di Suvero. For Giacometti. 1962. Holz u. Stahl. 60,9 x 152,4 x 91,4 cm. Wadsworth Atheneum

Assemblagen, die Alltagsgegenstände mit Malerei und Zeichnung im Sinne der ◇ Pop Art verbinden. In einer vielschichtigen Form der Präsentation werden die Dinge auf meist monochromen Bildhintergründen sowohl real gezeigt als auch malerisch dargestellt.

Schriften: Gedichte u. Zeichnungen, Ffm. 1971.

Monogr.: Complete Graphics, hrsg. v. W. von Bonin u. M. S. Cullen, Bln 1970 (Verz. 1960–69).

Kat.: Gal. I. Sonnabend, Paris 1963; S. Janis Gal., NY 1963 u. 1964; R. Fraser Gal., London 1966; Art Gal. of Ontario/Albright-Knox 1967 (mit Oldenburg u. Segal); MOMA 1968; SM 1968; Kv. München 1969; Kh. Nürnberg 1969/70; Whitney 1970 (auch als Buch); Kestner 1970; Boymans/SKh., Dssd./Kh. Bern/NGB/Staatl. Kh., Baden-Baden 1971 (Retro.); Gal. G. Cramer, Genf 1972; Waddington Gal., London 1977. – d IV/1 u. 2, d 6/III.

Di Suvero, Mark,
* 1933 Schanghai (China)
Amerikanischer Bildhauer italienischer Abstammung, kam 1941 aus China in die USA. Er studierte an der University of California und ließ sich 1957 in New York nieder. Seine frühen Holzskulpturen (ab 1958) stehen unter ◇ konstruktivistischem Einfluß, die ab 1964 entstandenen raumgreifenden Außenskulpturen aus Stahlteilen, -trägern und -seilen sind von starker expressiver Kraft.

Kat.: Van Abbe 1972 (mit Colla); WLM, Duisburg 1972/73; Whitney 1975. – d IV/1.

Dobeš, Milan, * 1929 Prerov
Tschechoslowakischer Vertreter der ◇ kinetischen Lichtkunst, der – in der Tradition des ◇ Konstruktivismus stehend – vor allem durch lichtkinetische Multimedia-Environments bekannt wurde.

Kat.: d IV/2.

Dolla, Noel → **Supports/Surfaces**

Donaldson, Anthony, * 1939 Surrey
Englischer Maler der ◇ Pop Art, der in Anlehnung an → Wesselmann und → Warhol mit kontrastreichen, grellen Farben Pin-up-Silhouetten als ironische Persiflage moderner Werbung aneinanderreiht.

Dorazio, Piero, * 1927 Rom
Italienischer Maler, widmete sich nach Abschluß eines Architektur-

Piero Dorazio. Few Roses (Ausschnitt). 1963. Öl/Lwd. 162 x 130 cm. Marlb., Rom

studiums ab 1942 der Malerei. Zunächst entstanden Bilder im Stil des ◇ Sozialistischen Realismus, den er aber bald zugunsten einer abstrakten Bildkonzeption aufgab. Nach oberflächlicher Berührung mit der ◇ informellen Kunst gelangte er nach 1958 zu rasterartigen Farbkompositionen aus dicht gesetzten starkfarbigen Querstreifen, die als gemalte Lichträume aus Farbenergien zu verstehen sind.

Schriften: La fantasia dell'arte nella vita mod., Rom 1955.
Monogr.: M. Fagiolo dell'Arco, P. C., Rom 1966; M. Volpi Orlandini, P. D., L'opera completa, Venedig 1977; G. Ungaretti, P. D., St. Gallen 1977; M. Volpi Orlandini, J. Lassaigne, Giorgio Crisafi, D., Stgt 1978.
Kat.: Gal. La Tartaruga, Rom 1957; Gal. Springer, Bln 1959; Kv. Rh/W, Dssd. 1961; Gal. dell'Ariete, Mail. 1962, 1965, 1969 u. 1972; Gal. Müller, Stgt 1962; Cleveland Mus. of Art 1965; Marlb. NY 1965; Marlb. London 1966 u. 1973; Gal. Heseler, München 1966; Gal. Im Erker, St. Gallen 1966, 1969 u. 1971; Svensk-Franska Gal., Stockholm 1967; Marlb., Rom 1968 u. 1972; HaW, Bln 1969; Kv. Freiburg 1969; Gal. Alfieri, Venedig 1970. – d II/1, d III/1.

Dova, Gianni, * 1925 Rom
Italienischer Maler. Sein automatistischer, ◇ informeller Stil, der Assoziationen zu organischen, lebendigen Formen erweckt, beeinflußte → Baj und → Dangelo, die Begründer des → Movimento Nucleare (1951). D. selbst gehört zu der von → Fontana initiierten rivalisierenden Bewegung → Movimento Spaziale.

Kat.: Mus. Galliéra, Paris 1972. – d II/1.

Downey, Juan,
* 1940 Santiago (Chile)
In New York lebender, chilenischer ◇ Video-Künstler.

Kat.: Univ. of Pennsylvania, Philadelphia 1974. – d 6/II.

Druks, Michael, * 1940 Jerusalem
Israelischer ◇ Video-Künstler, lebt seit 1972 in London.

Kat.: ICC, Antwerpen 1975. – d 6/II.

Duarte, Angel, * 1930 Aldeanueva
Spanischer Künstler, übersiedelte 1954 nach Paris und 1961 in die Schweiz. D. war Mitbegründer der Gruppe → Equipo 57. Seine mit den Täuschungseffekten und plastischen Wirkungen gemalter Farbreihen und Farbwellen arbeitenden Bilder sind der ◇ Op Art verwandt.

Dubuffet, Jean, * 1901 Le Havre
Französischer Maler, studierte 1918 kurze Zeit an der Académie Julian in Paris und betätigte sich dann in verschiedenen Berufen. Erst ab 1942 widmete er sich wieder völlig der Malerei. Unter dem tiefen Eindruck der spontanen Ausdrucksformen von geisteskranken Kindern und Angehörigen primitiver Völ-

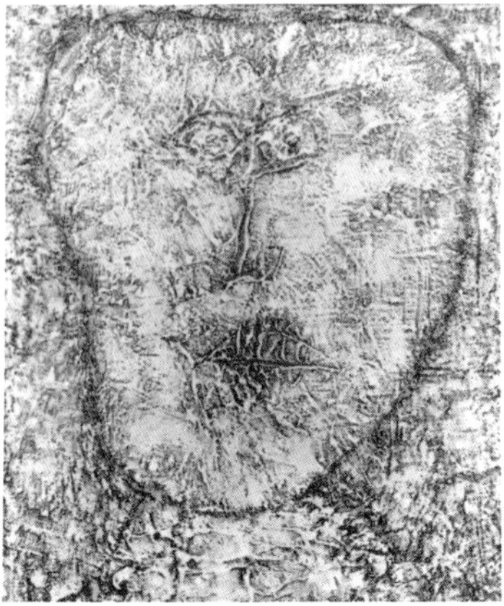

Jean Dubuffet. Mauvaises Nouvelles. 1951/52. Lackfarbe auf Gips-Kreide-Grund auf Hartfaserplatte. 59,7 x 49,5 cm. Slg Ströher

ker begann er mit dem Sammeln dieser von ihm so genannten ›Art brut‹, die auf seine eigenen Arbeiten von entscheidendem Einfluß war. Wie ◇ Dada und ◇ Surrealismus lehnte er die gängigen ästhetischen und moralischen Wertvorstellungen der westlichen Kultur ab. Durch Verwendung automatistischer Ausdrucksmittel und ungewöhnlicher Materialien unterstützte er das Irrationale und Zufällige. Bildgründe aus Gips, Sand, Leim, Kitt und andere Materialien, die gespachtelt, geknetet, geritzt und bekritzelt werden, reizten die Phantasie des Künstlers zu poetischen Ausdeutungen, Paraphrasen über die Tragikomik des menschlichen Lebens. Seit 1956 entwickelte D. eine neue Technik: puzzleartige kleine Formen werden zu poetischen Kompositionen zusammengesetzt oder überziehen gebirgszackenähnliche Skulpturen, die sich teils zu architektonischen Anlagen ausweiten.

Schriften: Prospectus et tous écrits suivants, 2 Bde, Paris 1967; Asphyxianthe culture, Paris 1968; Edifices, Paris u. Basel 1968; L'homme du commun à l'ouvrage, Paris 1973; La boîte à Nique, Genf 1973; The Selected Writings of J. D., hrsg. v. A. Michelson, NY 1973. – L'art brut (Hrsg.), 9 Bde, Paris 1964–73.

Monogr.: Cat. des travaux de J. D., hrsg. v. M. Loreau, bisher 25 Bde (Verz. bis 1972), Paris 1964–68, Genf 1968 ff.; Gravures et lithographies, hrsg. v. N. Arnaud, 1961 (Œuvrekat. 1921–60), Suppl. (1961 bis 65) hrsg. v. U. Schmitt, 1966. – P. Eluard, Quelques mots rassemblés pour Monsieur D., Paris 1944; L. Parrot, J. D., Paris 1944; G. Limbour, Tableau bon levain . . ., L'art brut de J. D., NY/Paris 1953; J. Fitzsimmons, J. D., Brève introd. à son œuvre, Brüssel 1958; M. Ragon, D., Paris 1958; P. Volboudt, Les assemblages de J. D., Paris 1958 u. Genf 1973; D. Cordier, Les dessins de J. D., Paris 1960, engl. NY 1960; R. Barilli, D. matériologue, Bologna 1962; ders., D., Le cycle de l'hour loupe, Paris 1977; B. Dal Fabbro, Esperienze musicali di J. D., Venedig 1962; L. Trucci, L'occhio di D., Rom 1965; M. Loreau, D. et le voyage au centre de la perception, Paris 1966; ders., J. D., Genf 1972 (mit Œuvrekat. 1942–72), engl. Greenwich 1973; Fr. Gagnon, J. D., Aux sources de la figuration humaine, Montreal 1973; G. Picon, Le travail de J. D., Genf 1973.

Kat.: Gal. R. Drouin, Paris 1944; P. Matisse Gal., NY 1947, 1952 u. 1959; ICA, London 1955; SM, Leverkusen 1957; Van Abbe 1960; SM 1960, 1964 u. 1966; Kestner/Khs Zürich 1960; MAD 1960/61 u. 1967 (La donation D.); Silkeborg 1961 u. 1966; MOMA/AIC/LA County Mus. of Art 1962; Gal. D. Cordier, Paris 1962; Pal. Grassi, Venedig 1964; Philadelphia Mus. of Art 1964; R. Fraser Gal., London 1964; Gal. Beyeler, Basel 1965, 1968 u. 1975; Tate 1966; Guggenheim 1966 u. 1973 (Retro.); Staatl. Graphische Slg, München 1966; Stockholm 1967 (2 Kat.) u. 1970; MOMA 1968 u. 1969; MBA, Montreal 1969/70; CNAC 1970 u. 1975; Kh. Basel 1970; AIC 1971; Gal. Levi, Mail. 1972; Grand Pal., Paris 1973; Badischer Kv., Karlsruhe 1977; Gal. Zwirner, Köln 1977. – d II/1 u. 3 d III/1 u. 2, d IV/2.

François Dufrêne. Lubie sur l'ongre. 1961. Plakatrückseite auf Papier aufgezogen. 67 x 102 cm

Dufrêne, François,
* 1930 Paris
Französischer Maler, in der 2. Hälfte der 50er Jahre Mitglied der Pariser Lettristen und 1960 Mitbegründer des ◇ Nouveau Réalisme. Bekannt wurde D. durch seine *Dessous d'affiche*, Arbeiten, die durch Abreißen übereinandergeklebter Plakatschichten von Plakatwänden entstanden. Im Gegensatz zur Plakatdécollage von → Hains spielte der ästhetische Reiz der einzelnen freigelegten Farbwerte und ihrer Schattierungen für D. eine wichtigere Rolle als das Destruktionsprinzip.

Dugger, John,
* 1948 Bellflower (Calif.)
Amerikanischer ◇ Aktionskünstler, studierte am Art Institute of Chicago und übersiedelte 1968 nach London. Bekannt wurde er durch seine gemeinsame Aktionstätigkeit mit → Medalla, die den Zuschauer an organischen Bewegungsabläufen beteiligt.
Kat.: d 5.

Dwisdschene (Bewegung)
1962 von → Nusberg in Moskau gegründete Gruppe, zu der Künstler, Techniker, Schauspieler und Musiker gehörten. Das Ziel war, theaterähnliche ◇ lichtkinetische Environments zu schaffen. In dem Primat streng geordneter, anonymer Formen, in der Ausweitung der benutzten Medien auf Fernsehen und Projektionen sowie im Interesse an einer aktiven Zuschauerbeteiligung zeigt die Gruppe ähnliche Ziele wie die → Nouvelle Tendance. Zu den bekanntesten Aktionen zählt das lichtkinetische Environment anläßlich der Jubiläumsveranstaltungen der Sowjetunion 1967 in Leningrad.

Eddy, Don,
* 1944 Long Beach (Calif.)
Amerikanischer Maler, studierte und lehrte in Honolulu und Santa Barbara. Als Sujet seiner ◇ hyperrealistischen Bilder bevorzugt er die Welt der Autos, vor allem Autowracks und -friedhöfe.
Kat.: Gal. Petit, Paris 1973. – d 5, d 6/III.

Eggenschwiler, Franz,
* 1930 Solothurn
Schweizer Künstler, studierte an der Kunstgewerbeschule in Bern (1944–51). Seine von → Beuys beeinflußten schreinartigen Glaskästen überführen Abfallobjekte des Konsums in die Symbolfunktion subjektiver Erlebnispoesie.
Kat.: Haus van der Grinten, Kranenburg 1970; Kh. Köln 1970; Km. Luzern 1970 (mit Beuys, Buthe u. a.); Km. Basel 1971; Gal. A. Meier, Genf 1978. – d 5.

Eggers, W. P. Eberhard,
* 1939 Hannover
Deutscher Maler des ◇ Phantastischen Realismus, Schüler von → Zimmermann. Die Bilder E.s wirken wie anatomische Fabeldramen, in denen verstümmelte Organismen mit jugendstilhaften wuchernden Arabesken figurieren.
Monogr.: W.P.E.E., hrsg. v. R. Jüdes, Dssd. 1970; Das graphische Werk 1961–70, hrsg. v. R. Behrens, Burgdorf 1971; W.P.E.E. II, Dssd. 1973.
Kat.: Gal. Pferdekämper, Hannover 1970 u. 1971; Burgdorf 1972.

Eisler, Georg, * 1928 Wien
Österreichischer Maler, Sohn des Komponisten Eisler. E. praktiziert einen realistischen Malstil, der von Kokoschka ausgeht und mit impressionistischer Farbigkeit das Atmosphärische betont.
Monogr.: O. Breicha, G. E., Wien 1970 (Œuvrekat.).

Elk, Ger van, * 1941 Amsterdam
Niederländischer Künstler, studierte Kunst und Kunstgeschichte an der Kunstgewerbeschule in Amsterdam (1959–61), dem Immaculate Heart College in Los Angeles (1961–63) und an der Reichsuniversität in Groningen (1965/66). Mit → Dibbets und Lucassen gründete er 1967 in Amsterdam das ›International Institute for Reeducation of Artists‹. Nach Arbeiten, die der ◇ Materialkunst nahestehen, aber schon eine besondere Form von Humor erkennen lassen, wandte er sich der Fotografie zu und entwickelte einen sehr persönlichen, ironisch-witzigen Stil (z. B. optische Umsetzungen von Redewendungen oder Begriffen, realistische Arrangements nach Stilleben von Klee u. a.).
Kat./Werkpubl.: Pieces of a Talk, Gal. Swart, Amsterdam 1968; The Well Shaven Cactus (1969) u. a., Gal Art & Project, ebd. 1972; Badischer Kv., Karlsruhe/Rhein. Lm., Bonn/Kv. Braunschweig 1977. – d 5, d 6/II.

El Paso → **Paso,** El

Emshwiller, Ed.,
* 1925 Lansing (Mich.)
Amerikanischer Künstler, studierte an der University of Michigan in Ann Arbor sowie an der Ecoles des Beaux-Arts in Paris (1949–50) und war danach als Science-Fiction-Illustrator tätig. Seit 1956 arbeitet er mit Film, seit 1971 mit ◇ Video und seinen Möglichkeiten elektronischer Bildveränderung (z. B. Auflösung in graphische Werte wie Umrißlinien) im Sinne einer Didaktik von Video.
Kat.: d 6/II.

Engels, Pieter,
* 1938 's-Hertogenbosch
Holländischer Künstler. Nach monochromen Arbeiten und ◇ neodadaistischen Aktivitäten in den frühen 60er Jahren beteiligte sich E. ab 1967 an ◇ Fluxusaktionen. Bekannt wurde er durch seine *Nußknacker-Suite,* in deren Verlauf er eine Nuß durch die Klappe eines Klaviers knackte.
Kat.: SM 1969; Van Abbe 1969. – d IV/1.

Equipo Cronica
Spanische Künstlergruppe, gegründet 1964 anläßlich der Ausstellung ›Freies Spanien‹ in Rimini von Manuel Valdes (* 1942 Valencia)

und Rafael Solbes (* 1940 Valencia). Die Gruppe reproduziert Meisterwerke der spanischen Kunstgeschichte in einem verfremdenden Stil (akademistische Maltendenzen in Verbindung mit collagehaft zitierten plakativen ◇ Pop Art-Elementen), um die politischen Verhältnisse des Franco-Regimes zu kritisieren.

Kat.: Frankfurter Kv./Kv. Hannover 1977.

Equipo 57
Spanische Künstlergruppe, u. a. mit den Mitgliedern → Duarte und → Serrano. In ihrer methodisch begründeten, kollektiven Arbeit verfolgte sie auf Pevsner, Gabo und → Vasarely basierende ◇ konstruktivistische Gestaltungsziele. Die Gruppe löste sich 1961 auf.

Kat.: Gal. Actuel, Bern 1966.

Erben, Ulrich, * 1940 Düsseldorf
Deutscher Maler, studierte in Hamburg, München, Venedig und Berlin (1958–63). Auf weiß oder monochrom grundierte Leinwand setzt E. farbige Rechtecke, die dann in einem weiteren Malprozeß mit vielen transparenten Schichten weißer Ölfarbe überstrichen werden. Dadurch entsteht auf der Bildfläche eine schwebende illusionistische Räumlichkeit aus der zarten Kontrastspannung zwischen matter Grunddierung und transparenter Form, deren Lineatur durch weiche Übergänge ihre geometrische Starre verliert.

Kat.: Kölnischer Kv. 1973; Gal. im Taxis-Palais, Innsbruck 1974; Gal. Art in Progress, München 1975; Kv. Freiburg 1976. – d 6/I u. III.

Erro. Amerikanisches Interieur Nr 7. 1968. Öl/Lwd. 97 x 115 cm. SL

Erro (Gudmundur Gudmundsson), * 1932 Olafsvik
Isländischer Maler und Filmemacher, studierte an den Akademien in Reykjavik (1949–51), Oslo (1952–54) und Florenz (1955–58) und lebt seit 1958 überwiegend in Paris. In seinen Bildern vertritt E. ein gesellschaftspolitisches Engagement, das mit den stilistischen Mitteln einer plakativen ◇ Pop Art ironisch-witzig formuliert wird.

Schriften: Erro-tics, Genf 1969.
Monogr.: E., hrsg. v. G. Fall, Paris 1968; Gr. Brownstone, E., A Consumer of Images/Un consommateur d'images, Paris 1972; E., Paris 1977 (Œuvrekat.).
Kat.: Genf 1970 u. 1971; Km. Luzern 1975.

Estes, Richard,
* 1936 Evanston (Ill.)
Amerikanischer Maler, studierte am Art Institute of Chicago (1952 bis 1956). In seiner ◇ hyperrealistischen Malerei bevorzugt E. als Sujets die Lichtreflexe auf chromblinkenden Autos und auf Schaufensterfassaden, die als Bildmedien einer verschachtelten Realitätswiedergabe dienen.

Kat.: d 5.

Richard Estes. Telefonzellen. 1967. Liquitex auf Karton

Estève, Maurice,
* 1904 Culan (Cher)

Französischer Maler, studierte an der Académie Colarossi in Paris (1924). Von Cézanne und dem späten Léger beeinflußt, entwikkelte er eine Synthese aus kubistischen Formen und fauvistischer Farbigkeit. In den 50er Jahren war er neben → Manessier einer der Hauptvertreter der lyrischen Abstraktion in der Ecole de Paris.

Monogr.: P. Francastel, M. E., Paris 1956; Hommage à M. E., Paris 1974 (= XXe siècle, Numéro spécial).

Kat.: Paris 1958 u. 1963; Villand & Galanis, Paris 1961; Kh. Basel 1961; SKh. Dssd. 1961; Zürich 1970 u. 1973; Bremen 1974. – d II/1.

Maurice Estève. L'enlèvement. 1953. Öl/ Lwd. 64,5 x 80,5 cm. Gal. Beyeler, Basel

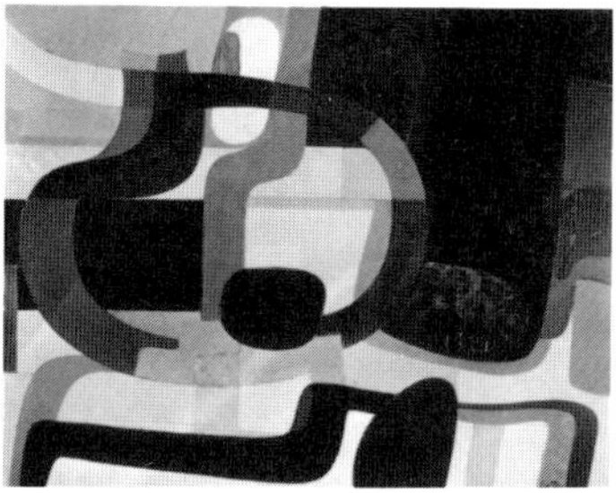

Etienne-Martin,
* 1913 Loriol (Drôme)

Französischer Künstler, studierte 1929–33 an der Kunstschule in Lyon. Eigentlich Bildhauer, konzipierte er schon in den 50er und 60er Jahren eine Art von ◇ Individueller Mythologie in seiner Architektur von Wohnungen *(Demeures)* für imaginäre Wesen und Götter. Seit Jahren arbeitet E.-M. auch an seinem ›Mantelobjekt‹, an dem er immer wieder neue textile Materialien im Sinne einer Sicherung seiner Lebensspur hinzufügt.

Monogr.: M. Ragon u. M. Franck, E.-M., Brüssel 1970 (Œuvrekat.).

Kat.: Gal. Breteau, Paris 1960 u. 1962; Kh. Bern 1963; SM 1963; PBA, Brüssel 1965; Gal. Cl. Givaudan, Paris/Genf 1967. – d III/1, d 5.

Export, Valie (eigentlich Waltraud Höllinger), * 1940 Linz

Österreichische Filmemacherin, besuchte in Wien die Textilfachschule und kam als Filmkomparsin, Fotomodell und Skriptgirl mit dem Film in Berührung. Seit 1969 veranstaltet sie – oft in Zusammenarbeit mit Peter → Weibel – Expanded-Cinema-Aktionen, wobei sie das System der Projektion problematisiert und eine Aufschlüsselung der Filmsprache vornimmt, indem sie die Syntaktik des Films auf andere Ebenen überträgt (z. B. Benutzung der Körperoberfläche als Projektionsmedium). In der Intention einer Sinnesaktivierung und Erweiterung der bewußten Erlebnisfähigkeit treffen sich diese Expanded-Cinema-Aktionen mit denen des ◇ Wiener Aktionismus.

Kat.: d 6/II.

Fabro, Luciano, * 1936 Turin
Italienischer Künstler aus dem Umfeld der ◇ Arte Povera.

Monogr.: Attaccapanni, Turin 1978 (= Einaudi letteratura. 57).
Kat.: Gal. Vismara, Mail. 1965; Gal. Notizie, Turin 1967, 1968 u. 1971; Qui Arte Cont., Rom 1968 (mit Kounellis u. Paolini); Gal. Arte Borgogna, Mail. 1971. – d 5.

Fahlström, Öyvind,
* 1928 São Paulo, † 1976 Stockholm
Schwedischer Maler, studierte Kunstgeschichte und Archäologie an der Universität Stockholm (1949–52), schrieb danach Theaterstücke und Gedichte und war als Journalist tätig. 1961 ging er nach New York, wo er eine variable Malerei entwickelte, in der mit Hilfe der Bildklischees von Comic strips und einer eigenwilligen

Öyvind Fahlström. Sitzen. 1964. Tempera/ Papier, auf Lwd montiert. 160 x 200 cm. MOMU

Schablonenmalweise die Marionettenfunktion und der Tauschmechanismus des Konsums wie auch das wechselnde Geschehen politischer Tagesereignisse mit surrealistisch-dadaistischer Ironie zum Ausdruck gelangt. Die oft mit Magneten ausgestatteten Bildteile ermöglichen Veränderungen des Arrangements.

Kat.: Gal. D. Cordier, Paris 1962/63; 33. Biennale, Venedig 1966; Gal. Schwarz, Mail. 1967; S. Janis Gal., NY 1967, 1969, 1971 u. 1973; Moore College of Art Gal., Philadelphia 1973; Gal. Buchholz, München 1974; SGal. im Lenbachhaus, ebd. 1975; Mail. 1976. – d IV/1, d 6/III.

Fangor, Wojciech, * 1922 Warschau
Polnischer Maler und Bildhauer, war 1954–62 Dozent an der Akademie in Warschau, übersiedelte dann 1965 nach London und 1966 in die USA. Seine zur ◇ Op Art zählenden Bilder bestehen aus leuchtintensiven Farbkreisen, die in verschiedenen Ebenen gestaffelt erscheinen.

Kat.: SM, Leverkusen 1964; Gal. Springer, Bln 1965; Guggenheim 1970.

Fanti, Lucio, * 1945 Bologna
Italienischer Maler, lebt in Paris, wo er Soziologie und Kunstgeschichte studierte. F. vertritt eine politisch engagierte, ◇ realistische Malerei, die mit Bildmontagen und plakativen Farbreizen gesellschaftspolitische Themen der Zeit kritisch interpretiert.

Faßbender, Joseph, * 1903 Köln
Deutscher Maler, studierte 1926–28 an den Kölner Werkschulen und war ab 1958 Professor an der Düsseldorfer Akademie. Mit seinen von der lyrischen Farb- und Formrhythmik → Winters und → Nays beeinflußten Arbeiten zählt er zur ersten Nachkriegsgeneration des ◇ Informel in Deutschland.

Monogr.: G. Aust, J. F., Recklinghausen 1961 (= Monogr. zur rhein.-westf. Kunst d. Gegenwart. 22).
Kat.: Kestner/KMv. Wuppertal/Kv. Hbg/ SM 1960/61; 32. Biennale, Venedig 1964; Kölnischer Kv. 1968; Rhein. Lm., Bonn 1973. – d II/1 u. 3; d III/1 u. 2.

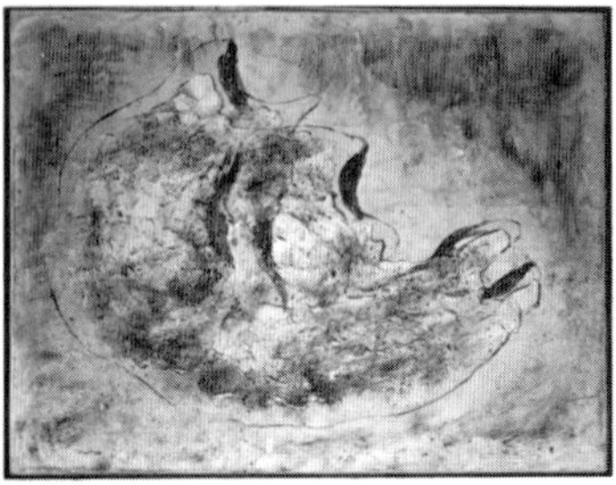

Jean Fautrier. Pièges. 1946. Öl, Material/ Karton, Lwd. 115 x 147 cm

Fautrier, Jean,
* 1898 Paris, † 1964 Châtenay-Malabry (bei Paris)
Französischer Maler, kam 1808 nach England, wo er an der Royal Academy und der Slade School of Art in London studierte, und kehrte 1917 nach Frankreich zurück. Von einer dunklen expressionistischen Malerei ausgehend, entwickelte er 1943 mit seiner ersten Serie der *Otages* (Geiseln) einen ganz persönlichen Stil: Auf einem mit dem Palettenmesser, Papier und Gips hergestellten hellen, rissigen Bildgrund mit einer zentralen Form malte er in subtilen, lyrischen Farben und leichten, automatistisch gesetzten Strichen hieroglyphenartige Zeichen, abstrakt verschlüsselte Figurationen von Menschen, Dingen und Landschaften.

Monogr.: Fr. Ponge, Notes sur les otages. Peinture de F., Paris 1946; J. Paulhan, F. l'enragé, Paris 1943; R. Droguet, F. 43, Lyon 1957; M. Ragon, J. F., Paris 1957 (= Le mus. de poche); A. Verdet, F., Paris 1958; G. C. Argan, F., Matière et mémoire, Mail. 1960; P. Bucarelli, J. F., ebd. (= La cultura. XX; mit Œuvrekat. 1921–60); Œuvre gravé, œuvre sculpté. Essai d'un cat. raisonné, hrsg. v. E. Engelberts, Genf 1969.
Kat.: Gal. R. Drouin, Paris 1943 u. 1945; Gal. Rive Droite, Paris 1955 u. 1956; A. Iolas Gal., NY 1956; Gal. Hugo, NY 1956; Gal. Rive Droite u. Gal. A. Schoeller, Paris 1957; Gal. 22, Dssd. 1958 u. 1959; Kv. Freiburg 1958; ICA, London 1958; Gal. Apollinaire, Mail. 1958; SM, Leverkusen 1958; Gal. L'Attico, Rom 1959; Hanover Gal., London 1959; Gal. Minami, Tokio 1959; Kv. Bergen/Kunstnernes Hus, Oslo/ MOMU 1963; MuNAM 1964; Kv. Hbg 1973; Gal. Th. Borgmann, Köln/Gal. Neuendorf, Hbg 1976. – d II/1 u. 3.

Feito, Luis, * 1929 Madrid
Spanischer Maler, Mitglied der Gruppe El → Paso und wie diese Vertreter eines ◇ informellen Stils.
Kat.: d II/1.

Feldmann, Hans-Peter,
* 1941 Düsseldorf
Deutscher Künstler. Nach dem Studium der Malerei wandte er sich dem fotografierten Bild zu: die unkommentierte Reproduktion ba-

Hans Peter Feldmann. Ohne Titel. 1977

naler, unsere Um- und Vorstellungswelt bestimmender Bildklischees in Form von Heften (ab 1968), Büchern, Postkarten usw. F. enthält sich dabei jeder Interpretation der verwendeten Bildzitate, deren inhaltlicher ›Wahrheitsgehalt‹ einerseits durch die Alltagswirklichkeit bestätigt wird, während andererseits ihr ästhetischer Charakter – durch die schwarzweiße Offsetreproduktion – einen vom Bildsujet unabhängigen Eigenwert annimmt.

Kat./Werkpubl.: Billeder af F., Forlaget Sommersko, Kopenhagen 1973; Kunstraum München 1975 (mit Abbildung aller Arbeiten 1968–75); Der Überfall, W. Hake Verlag, Köln 1975; Eine Stadt: Essen, Mus. Folkwang, Essen 1977. – d 6/II.

Filliou, Robert,
* 1926 Sauve (Gard)
Französischer ◇ Fluxuskünstler, ging 1946 in die USA, wo er u.a. für die Coca-Cola Company tätig war (1946–48) und an der University of California Ökonomie studierte (1948–51). Wie → Brecht, mit dem er befreundet ist, beteiligte er sich ab 1961 an den entscheidenden internationalen Fluxusveranstaltungen. Seine Arbeiten haben stark literarische Bezüge, seine Ideen konkretisieren sich gern in poetischen Objekten oder in Form von Bilderrätseln, die durch subtilen, ironischen Humor gekennzeichnet sind.

Schriften/Werkpubl.: Ample Food for Stupid Thought, NY 1965; A. F. Sampler, NY 1967; Games at the Cedilla, or The Cedilla Takes off, NY 1967 (mit Brecht); 14 Chansons et 1 Charade, Stgt 1968; Galerie Légitime, Stgt 1968; A Selection from 1000 Basic Japanese Poems, Köln 1971 (= Spiegelschrift. 5).
Kat./Werkpubl.: Gal. Koepcke, Kopenhagen 1961; Gemeentemus. Den Haag 1968; La cedille qui sourit, SM, Mglb. 1969; Commemor, Neue Gal., Aachen 1970; Gal. R. Block, Bln 1971; SM 1971; Km. Luzern 1975. – d 5, d 6/III.

Fine, Jud, * 1944 Los Angeles
Amerikanischer Künstler aus dem Umkreis der ◇ Individuellen Mythologien, der den geschichtlichen Mythos mit symbolischen Zeichen in die Gegenwart beschwört. Seine Objekte sind von einer pfadfinderhaften Romantik geprägt, die bewußt mit der suggestiven Kraft naturnaher Materialien operiert.

Kat.: d 5.

Fischer, Lothar,
* 1933 Germersheim
Deutscher Bildhauer, studierte an der Münchner Akademie (1952–58) und gründete 1958 mit einigen Malerfreunden der Akademie die Gruppe → Spur. Mit → Nele wurde F. in den ausgehenden 50er und frühen 60er Jahren zum Exponenten eines neuen bildhauerischen Expressionismus, wie er in Belgien gleichzeitig mit → D'Haese begegnet. Seine Plastiken näherten sich nach einer frühen ◇ informelhaften Phase zunehmend grotesken Figurationen, in denen einzelne Körperteile sich mit technischen Elementen zu makabren, zerstörerischen Maschinenorganismen vereinigen.

Kat.: Gal. van de Loo, München 1963; Kv. Braunschweig 1967; Atelier NW 8, Beindersheim 1969. – d III/1.

Fisher, Joel,
* 1947 Salem (O.)
Amerikanischer Künstler aus dem Umfeld der ◇ Individuellen Mythologien. Charakteristisch für ihn

ist ständiges erneutes Umarbeiten von organischem Material, z. B. Herstellen von Papier aus seinen abgetragenen Kleidungsstücken oder aus bereits benutztem Papier (u. a. Auflösen aller in seinem Besitz befindlicher Arbeiten aus Papier, um neues daraus zu schöpfen; Ausst. Mglb. 1975).

Kat.: o. T., Bln 1974 (DAAD); Instances of Change, Gal. M. Bonomo, Bari 1975; SM, Mglb. 1975; MOMA, Oxford 1977. – d 5.

Flanagan, Barry, * 1941 Prestatyn
Englischer Bildhauer, studierte 1964–66 an der St. Martin's School of Art in London. Seine Arbeiten seit 1966 setzen sich im Sinne der ◇ Materialkunst mit Form und Material (Textilien, Reisig, Seile, Sand usw.) auseinander.

Kat.: MHL, Krefeld 1969; Van Abbe 1977.

Flavin, Dan, * 1933 New York
Amerikanischer Künstler, studierte Kunstgeschichte an der New School for Social Research (1956) und an der Columbia University (1957 bis 59), als Künstler Autodidakt. Nach Anfängen in konventionellen Medien verwendete er erstmals 1961 Licht (*Icons* aus Glühlampen). Er wurde dann vor allem bekannt für seine ab 1963 entstandenen Arbeiten aus handelsüblichen, genormten Leuchtstoffröhren (als erste *The Diagonal of May 25, 1963;* im 45°-Winkel auf der Wand befestigt), mit denen er – ohne sie sonst zu verändern – strenge geometrische Formationen an den Wänden (*The Nominal Three,* 1963; *Monuments for V. Tatlin*) oder im Raum (Lichtbarrieren, -schranken, ab 1968) aufbaut. Diese zur ◇ Minimal Art zählenden, meist sehr ausgedehnten und für spezielle Räume entworfenen Arbeiten lassen aufgrund der einschneidenden optischen Veränderungen des Raumes durch das weiße oder farbige Licht quasi ›Skulpturen‹ aus Licht, F.s eigentlichem Medium, entstehen.

Dan Flavin. The Nominal Three (To William of Ockham). 1963. 6 Leuchtstoffröhren. Je 183 cm hoch

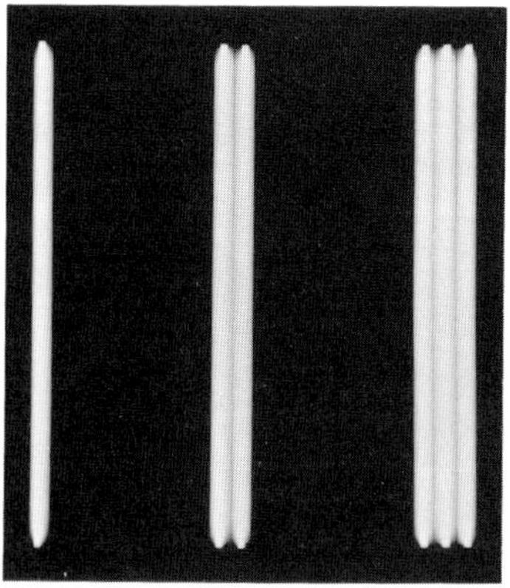

Kat.: MOCA, Chicago 1967/68; Gal. Sperone, Turin 1968; NGC, Ottowa/Vancouver Art Gal. 1969; Gal. I. Sonnabend, Paris 1970; St. Louis Art Mus. 1973; WRM in der Kh. Köhn 1973/74; Kh. u. Km. Basel 1975; Scottish Arts Council, Edinburgh 1976. – d IV/2, d 6/I u. III.

Fleischner, Richard Hugh, * 1944 New York
Amerikanischer Künstler, studierte 1962–68 an der Rhode Island School of Design. Nach Arbeiten mit Heuballen als Bauelement arbeitet er seit 1972 mit einer unmittelbaren Verbindung von Natur und Kunst: der minimalen Veränderung von Rasen, aus dem

Stücke ausgehoben und neu gesetzt werden.

Kat.: Univ. Gal., Amherst/Mass. 1977. – d 6/I.

Fontana, Lucio,
* 1899 Rosario di Santa Fé (Argentinien)
† 1968 Comabbio (Varese)
Italienischer Maler und Bildhauer, studierte an der Accademia Brera in Mailand (1927–29) und wurde 1934 Mitglied der Gruppe Abstraction-Création. In der Vorkriegszeit entstanden polychrome, figurative Plastiken. Die Kriegsjahre verbrachte er in Argentinien, wo er 1946 sein ›Manifiesto blanco‹ herausgab, in dem er erstmals seine Theorie des ›Spazialismo‹ entwickelte und bei der Erfindung neuer künstlerischer Ideen und Materialien zur Zusammenarbeit mit der modernen Wissenschaft und Technik aufforderte. Nach seiner Rückkehr nach Mailand (1947) begründete er den → Spazialismo, in dem sich Vorstellungen ◇ konkreter Kunst mit experimentellen und provokanten Verfahren des ◇ Dadaismus verbinden (6 Manifeste, 1948–53). Auf den Arbeiten der Folgezeit, den *Concetti spaziali* (Raumkonzepte), die versuchen, das ›Leere‹ als positives Element zum Ausdruck zu bringen, beruht die Bedeutung F.s für die neuere Kunstentwicklung: Neben Papier- und Stoffperforationen (ab 1949) entstanden Raumgestaltungen in Form von Environments (ab 1949) sowie monochrome, ein- oder mehrfach geschlitzte Leinwände (*Attese*, ab 1958), für die er besonders bekannt ist, und aufgesprengte, kugelförmige Keramik- oder Metallskulpturen (*Nature*, ab 1959).

Lucio Fontana. Concetto spaziale/attese. 1960/61. Öl/Lwd. 100 x 76 cm. Gal. m, Bochum

Monogr.: Cat. raisonné, hrsg. v. E. Crispolti, 2 Bde, Brüssel 1974. – E. Persico., L. F., Mail. 1934; E. E. Baumach, Le sculture di L. F., Mail. 1938; J. Zocchi, L. F., Buenos Aires 1945; B. Joppolo, Concetti spaziali di L. F., Mail. 1951; A. D. Pica, F. e lo spazialismo, Venedig 1953; G. Giani, F., Venedig 1958; L. Alloway, F., London 1960; M. Tapié, Devenir de F., Turin 1961; A. Jouffroy, L. F., Mail. 1962 (Gal. Schwarz); Sh. Takiguchi, F., Tokio 1964; J. E. Cirlot, F., Barcelona 1966; Fr. De Bartolomeis, Segno antidisegno di L. F., Turin 1967; L. F., Mail. 1968 (m. Fotografien v. U. Mulas); G. Ballo, L. F., Turin 1970, dt. Köln 1971, engl. NY 1971; E. Crispolti u. G. Brownstone, L. F., Paris 1970; P. Fossati, Concetti spaziali, Turin 1970.

Kat.: Gal. del Cavallino, Venedig 1957; Gal. L'Attico, Rom 1959; Gal. Stadler, Paris 1959; Gal. Schmela, Dssd. 1960; M. Jackson Gal., NY 1961; McRoberts & Tunnard Gal., London 1962; SM, Leverkusen 1962; Gal. Pater, Mail. 1962; Gal.

dell'Ariete, Mail. 1962 u. 1963; Gimpel & Hanover, Zürich 1963; Marlb., Rom 1964; Gal. Pierre, Stockholm 1964; Gal. La Polena, Genua 1966; Walker, Minneapolis/Univ. of Texas Art Mus., Austin/Centro de Artes Visuales, Inst. Torcuato di Tella, Buenos Aires/Marlb., NY 1966; Gal. A. Iolas, Paris 1966; Gal. La Bussola, Turin 1967; Paris 1968; SM/Van Abbe/MOMU 1967; Kestner 1968; KMv., Wuppertal 1969 (Hommage à F.); Gal. Civica d'Arte Moderna, Turin 1970; Paris 1970; Gal. Michelucci, Florenz 1971; Pal. Reale, Mail. 1972; Rom 1972; Gal. Merian, Krefeld 1973. – d II/1, d IV/1.

Forest, Fred,
* 1933 Mascara (Algerien)
Französischer Künstler, war u. a. als Zeichner für Pariser Tageszeitungen tätig. Seit 1972 experimentiert er mit den Massenmedien Fernsehen und Zeitung, mit deren Bedingungen er das Publikum durch aktive Beteiligung vertraut macht, um so eine Veränderung des Bewußtseins – der üblichen passiven Hinnahme – zu bewirken.

Kat.: ICC, Antwerpen 1974. – d 6/II.

Fox, Terry, * 1943 Seattle (Wash.)
Amerikanischer Künstler, studierte u. a. an der Accademia di Belle Arti in Rom (1962–63). 1969 begann er mit der Herstellung von ◇ Videotapes, in denen er simple Handlungsabläufe mit Gebrauchsgegenständen in eine bewußte Erfahrung überführt. Dabei bemüht sich F. um eine Reduzierung der Objekte, die auf dem Videoband erscheinen, damit die wenigen Dinge, die vorgeführt werden, eine größtmögliche Aufmerksamkeit erfahren.

Kat.: Reese Palley, SF 1970; Univ. Art Mus., Berkeley (Calif.) 1973. – d 5, d 6/II.

Sam Francis. Sommer Nr 1. 1957. Öl/Lwd. 264 x 198 cm. M. Jackson Gal., NY

Francis, Sam,
* 1923 San Mateo (Calif.)
Amerikanischer Maler des ◇ Abstrakten Expressionismus, studierte anfänglich Medizin, dann 1941–43 Malerei und Kunstgeschichte an der California School of Fine Arts und der University of California. 1950 ging er nach Paris, wo er sich dem Kreis amerikanischer Maler um → Riopelle anschloß. Seine Reisen in den Fernen Osten (Japan und Indien 1957 und 1959) brachten einen orientalischen meditativen Klang in seine abstrakten Kompositionen (organisch geformte Farbflecken und dünne -rinnsale auf weißem Bildgrund).

Monogr.: P. Selz, S. Fr., NY 1975.
Kat.: Kornfeld & Klipstein, Bern 1957, 1959, 1961, 1963, 1965, 1966 u. 1973; Kv. Rh/W. Dssd. 1959; Kh. Bern 1960; Kestner 1963; Kh. Basel/SM 1968; Gal. J. Fournier, Paris 1968; LA 1969; Buffalo 1972. – d II/1, d III/1.

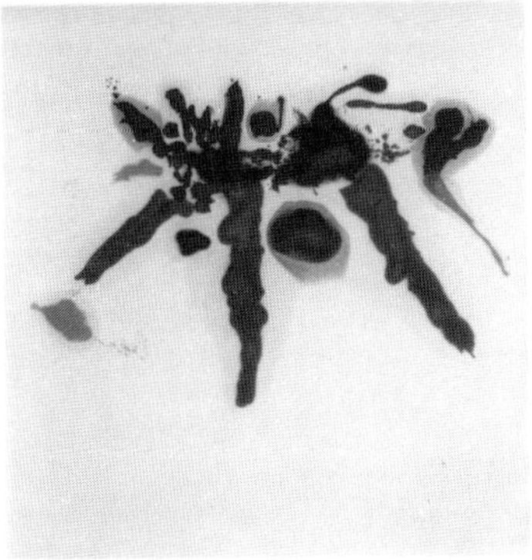

Helen Frankenthaler. Approach. 1962. Öl/Lwd. 208,2 x 198,1 cm. A. Emmerich Gal., NY

Frankenthaler, Helen,
* 1928 New York
Amerikanische Malerin des ◇ Abstrakten Expressionismus, studierte u. a. am Bennington College und der Art Students' League. Beeinflußt vor allem durch → Pollock, entwickelte sie ab 1951 einen Stil freier, lyrischer Improvisation, wobei sie eine Technik mit dünnflüssigen, die rohe, ungrundierte Leinwand durchtränkenden Farben erfand, die von zahlreichen Malern (u. a. → Louis und → Noland) aufgegriffen wurde. Ihre zarten Farben wurden später intensiver und die Formen verfestigten sich.

Monogr.: B. Rose, H. Fr., NY 1971.
Kat.: Jewish Mus., NY 1960; A. Emmerich Gal., NY 1966, 1971 u. 1973; Whitney, NY 1969; Metropolitan, NY 1969/70 (mit Johns, Motherwell u. Newman). – d II/1.

Frazier, Charles,
* 1930 Morris (Okla.)
Amerikanischer Künstler, studierte 1952–56 am Chouinard Art Institute und arbeitete dann als Trickzeichner für Filmstudios. Nach ◇ Pop Art- und ◇ kinetischen Skulpturen arbeitet er seit Mitte der 60er Jahre mit elektronischen Medien, seit 1973 vor allem mit ◇ Video.

Kat.: Ch. Fr., Fine Arts Gal., Calif. State Univ., LA 1976. – d 6/II.

Freed, Hermine, * 1940 New York
Amerikanischer Künstler, studierte 1961–67 an der Cornell University in Ithaca (N. Y.) und der University of New York, beschäftigte sich seit 1972 mit ◇ Video.

Kat.: d 6/II.

Fried, Howard, * 1946 Cleveland (O.)
Amerikanischer ◇ Performance- und ◇ Videokünstler, studierte u. a. an der Syracuse University (1964–67) und an der University of California (1968–70).

Kat.: d 5.

Friedlaender, Johnny, * 1912 Pless
Polnischer Maler, der nach Frankreich emigrierte. Seine Malweise der 60er Jahre, die Parallelen zu Kandinskys expressiver Abstraktion aufweist, ist durch lyrische ◇ Informel-Zeichen bestimmt, die wie verbildlichte Klangakkorde erscheinen.

Monogr. (alle Braunschweig): Werkverz. d. Radierungen 1949–60, hrsg. v. R. Schmücking, 1961; Radierungen 1930–72, hrsg. v. R. u. H. Schmücking, 1973; J. Fr., hrsg. v. R. Schmücking, 1973.
Kat.: Mus. Braunschweig 1960 (Retro.); Molton Gal., London 1960; Gal. M. Meyer-Ellinger, Ffm. 1978.

Fronte Nuovo delle Arti
Italienische Künstlergruppe, gegründet 1946 als Reaktion auf die

Vorherrschaft der Pittura metafisica im Italien der Vorkriegszeit von Birolli, Cassinari, → Corpora, → Guttuso, Morlotti, Pizzinato, → Santomaso, Turcato und → Vedova. Darstellungsprinzip war die Verwandlung realer Naturmotive in eine hermetische Formensprache (nach dem Vorbild des orphischen Kubismus) unter Einbeziehung gesellschaftlichen Engagements und Einschränkung der Abstraktion durch figurative Formen. Doch schon 1948 gerieten vor allem Corpora, Santomaso und Vedova zunehmend unter den dominanten Einfluß abstrakter Sprachmittel, so daß die Gruppe kurz darauf auseinanderfiel.

Frost, Terry, * 1915 Leamington
Englischer Maler aus dem Malerkreis von → St. Ives. Seine abstrakten Bilder – Metaphern der Landschaft von St. Ives – verraten in der Konzentration auf klare Linien und Formen den Einfluß von Ben Nicholson und Barbara Hepworth.

Fruhtrunk, Günter, * 1923 München
Deutscher Maler, studierte 1940 bis 41 Architektur und 1945–50 privat Malerei. 1954 übersiedelte er nach Paris, seit 1967 ist er Professor an der Münchner Akademie. Ausgehend vom ◇ Konstruktivismus (u. a. Herbin) entwickelte er einen dem ◇ Hard edge verwandten Malstil mit rhythmisch gegliederten, diagonal oder vertikal ausgerichteten, leuchtintensiven Farbbändern.

Kat.: Gal. D. René, Paris 1960; Gal. Pagani del Grattacielo, Mail. 1962 u. 1966; Gal. Ch. Garibaldi, Marseille 1963; MaO, Dortmund 1963; Gal. Der Spiegel, Köln 1965; Gal. Heseler, München 1967; Gal. Appel & Fertsch, Ffm. 1968; Kestner/Overbeck-Ges., Lübeck/Mannheimer Kv. 1969 (mit Girke u. Pfahler); München 1969; Gal. St. Johann, Saarbrücken 1970; MAM 1970; München 1971; SGal., München/Badischer Kv., Karlsruhe/Kslg Bochum 1973 (Retro.). – d IV/1 u. 2.

Fuchs, Ernst, * 1930 Wien
Österreichischer Maler, studierte in Wien u. a. bei Gütersloh (1946 bis 50). F. gilt neben → Hausner als der bekannteste Vertreter der → Wiener Schule, deren ◇ phantastisch-realistische Malweise sich technisch an der altmeisterlichen Malfinesse der niederländischen und italienischen Meister orientiert. F.' Stil ist gekennzeichnet durch einen Hang zur Mythologie, zum Fabulösen und zu apokalyptischen Visionen im Verein mit einer jugendstilnahen Ornamentik.

Ernst Fuchs. Die Einkleidung Esthers im Jungfrauenhaus (aus dem Zyklus ›Esther‹). Radierung. 1967. 30,7 x 24,2 cm

Schriften: Architectura caelestis. Die Bilder d. verschollenen Stils, Salzburg 1966 u. 1970.
Monogr.: H. Weis, E. F., Das graphische Werk, München/Wien 1967 (Œuvrekat. 1945–67); E. F., hrsg. v. R. P. Hartmann, München 1977.
Kat.: Gal. W. Ketterer, München 1967 u. 1968; Gal. Sydow, Ffm. 1968; Gal. Gmurzynska, Köln 1969 u. 1970; Felix Landau Gal., LA 1970; Kv. Freiburg 1970; Ffm. 1972; Köln 1973; MAH, Fribourg 1975; Rottendorf 1976.

Fulton, Hamish, * 1946 London
Englischer Künstler, ursprünglich Maler, wandte sich aber 1969 der Fotografie zu. Auf der Grundlage von ausgedehnten Wanderungen entstehen Arbeiten (bewußt inszenierte, sorgsam stilisierte Aufnahmen von meist menschenleeren, stillen, ›romantischen‹ Landschaften, dazu ein kurzer erläuternder Text über Ort, Zeit usw.), die auf die Beziehungen zwischen Objekt (Landschaft: realer Ort und reale Zeit) und Subjekt (Mensch: ›erlebter‹ Ort und ›erlebte‹ Zeit) hinweisen.
Kat./Werkpubl.: Hollow Lane, Situation Publ., London 1971; The Sweet Grass Hills of Montana, Gal. Sperone, Turin 1971; 10 Views of Brockmans Mount, SM 1973; o. T., Gal. Toselli, Mail. 1974; Skyline Ridge, P. J. M. Self Gal., London 1975; Sixteen Selected Walks, Km. Basel 1975 (2 Kat.); Van Abbe 1977; Wege u. Pfade, Stgt 1978. – d 5, d 6/II.

Gäfgen, Wolfgang, * Hamburg
Deutscher Maler, studierte 1957 bis 61 an der HfbK in Hamburg und an der Stuttgarter Akademie; seit 1961 lebt er in Paris. G. vertritt einen magisch reduzierten Realismus, der die stillebenhaft gemalten Gegenstände in einen leeren, ungreifbaren Raum überträgt und dadurch ihrer gewohnten Funktionsweise entfremdet.
Monogr.: P. Léonard, W. G., Dessins 1970 bis 1976, Paris 1976.
Kat.: d 6/III.

Garcia-Rossi, Horacio, * 1929 Buenos Aires
Argentinischer Maler, übersiedelte 1959 nach Paris, wo er sich 1960 der → Groupe de Recherche d'Art Visuel anschloß und optisch-kinetische Bilder mit programmierten Vibrationseffekten malte. Ab 1962 entstanden dreidimensionale ◇ kinetische Arbeiten mit realer Bewegung, die den Zuschauer zur aktiven Betätigung anregen.

Gasiorowski, Gérard, * 1930 Paris
Französischer Maler, Autodidakt. In seiner ◇ hyperrealistischen Malerei macht G. die Entfremdung zwischen Realität und Abbild dadurch deutlich, daß er den gemalten Fotoausschnitt in ein einheitliches milchiges Grau taucht, das zugleich als Sinnbild für die Banalität der Fotooptik steht.

Gaul, Winfred, * 1928 Düsseldorf
Deutscher Maler, studierte an der Universität Köln und bei Baumeister an der Stuttgarter Akademie (1949–53). In den 50er Jahren unter dem Einfluß des ◇ Informel, entwickelte er ab 1961 eine eigene, vom Bildvokabular der Verkehrszeichen angeregte, starkfarbige abstrakte Signalbildsprache, die er als Hieroglyphen einer neuen Großstadtkunst versteht. Seine neueren Arbeiten setzen sich im Sinne der ◇ Analytischen Malerei mit den Phänomenen Farbe sowie

Winfred Gaul. Enne. 1966. PVA/Lwd. 180 x 180 cm. Im Besitz des Künstlers

den Autonomien ›Zeichnung‹ und ›Malerei‹ auseinander.

Kat.: Gal. Ä. Abels, Köln 1960; Gal. Müller, Stgt 1963; SKh., Mannheim/KEO, Hagen 1966/67; Gal. Swart, Amsterdam 1967; PBA, Brüssel 1967; Gal. Raeber, Luzern 1967; Gegenverkehr, Aachen 1968; Gal. Niepel, Dssd. 1968; Gal. La Polena, Genua 1969; Dssd. 1972; Westf. Kv., Münster/SKslg Ludwigshafen/Kh. Bielefeld/Ulmer Mus. 1973/74 (Retro.); Gal. del Milione, Mail. 1975; WLM, Duisburg 1975; Gal. Peccolo, Köln 1977; Kh. Kiel 1978. – d II/1, d 6/I.

Geiger, Rupprecht, * 1908 München
Deutscher Maler, studierte Architektur in München (1928–32) und wandte sich erst nach dem Kriege der Malerei zu (Autodidakt). 1949 wurde er Mitglied der → Zen-Gruppe, 1965–76 war er Professor an der Düsseldorfer Akademie. G. wurde bekannt mit weich modulierten, schwebenden Farbflächen – oft nur eine kreisähnliche Formation auf monochromem Grund – in intensiven (Leucht-)Farben.

Schriften: Farbe ist Element, Dssd. 1975.
Monogr.: Werkverz. d. Graphik 1948–64, hrsg. v. R. Schmücking, Kat. Kv. Wolfsburg 1964; Werkverz., hrsg. v. Fr. Jahn, München 1971; Werkverz. Druckgraphik 1948–72, Dssd. 1972; H. Heißenbüttel, R. G., Stgt 1972 (= Kunst heute. 17).
Kat.: Gal. Stangl, München 1958 u. 1961; Westf. Kv., Münster 1965 (mit Pfahler u. Uhlmann); Wuppertal 1965; HaW, Bln 1966; Kestner 1967; SKh., Dssd. 1967; Gegenverkehr, Aachen 1968; Kv. München 1969 (mit Graevenitz, Lang u. Wittenborn); Gal. Müller, Köln 1970; Bonn 1970 (R. G. u. seine Schüler); Gal. D. René/H. Mayer, Dssd. 1975; Mod. Gal., Bottrop 1977. – d II/1 u. 3, d III/1, d IV/1, d 6/III.

Genovés, Juan, * 1930 Valencia
Spanischer Maler, studierte an der Akademie in Valencia. Seine Bilder schildern in einem ◇ kritischen Realismus die anonyme faschistische Gewalt. Die Benutzung von Schablonen und Spritzpistole führt zu einer suggestiven Entindividualisierung der Gestalten, die das politische Engagement des Künstlers als Anklage verstärkt.

Kat.: Marlb., London 1967; Marlb., NY 1967; Frankfurter Kv., 1971; HaW, Bln 1971; Württ. Kv., Stgt/SKh. Recklinghausen/Boymans 1972; Marlb., NY 1973.

Gentils, Vic, * 1919 Illfracombe
In Antwerpen lebender englischer Objektkünstler. Ab 1960 baute er aus angekohlten Holzstücken ◇ neosurrealistische Reliefs und aus zerlegten Klavieren schreinartige Objektmontagen mit phantastischen Instrumentenformen; ab 1963 entstanden dann möbelartige Sarkophage, die von manieristischen Grabmälern inspiriert sind.

Kat.: Kröller-Müller 1965 (mit Brusse, Del Pezzo u. van Hoeydonck); Boymans 1970; PBA, Brüssel 1970. – d III/1.

Gerstner, Karl, * 1930 Basel
Schweizer Maler, besuchte nach einer Graphikerlehre (1945–50) die Kunstgewerbeschule in Zürich. Ab

1953 entstanden programmierte Farbbilder, die – in der Tradition ◇ konkreter Kunst – mit den verschiedensten Farbeffekten experimentieren.

Schriften: Kalte Kunst? Zum Standort d. heutigen Malerei, Teufen 1957; Programme entwerfen, ebd. 1968; Do it yourself Kunst. Brevier f. jedermann, Köln 1970 (= Spiegelschrift. 3); Kompendium f. Alphabeten, Stgt 1971.
Kat.: Kh. Bern 1969 (mit Rot, Spoerri u. Thomkins); KEO, Hagen 1969. – d IV/2.

Gertsch, Franz,
* 1930 Mörigen (Bern)
Schweizer Maler des ◇ Hyperrealismus, der (ähnlich wie → Close) seine Bilder von überdimensional vergrößerten Diapositiven abmalt. G. konzentriert sich dabei auf die transparente Wiedergabe des Lichtes, das die Gegenstände seiner Bilder in phosphoreszierende Farbwerte entmaterialisiert.

Kat.: Km. Luzern 1972; Akad. d. Künste, Bln 1975. – d 5.

Franz Gertsch. Medici. 1971. Dispersion/Lwd. 400 x 600 cm. SL

Gerz, Jochen, * 1940 Berlin
Deutscher Künstler, lebt seit 1967 in Paris. G. begann mit literarischen Arbeiten (ab 1960), die sich der Konkreten Poesie zurechnen lassen, in seinem Versuch der ›Entgrenzung‹ griff er aber immer

Jochen Gerz. Die Schwierigkeit des Zentaurs beim vom Pferd steigen. 37. Biennale, Venedig 1976 (Deutscher Pavillon)

stärker auch zu den Mitteln der bildenden Kunst (seit 1968; 1972 die ersten Video-Bänder). Sein Werk ist gekennzeichnet von Verweigerung, von Zweifel an Kommunikation und Mitteilbarkeit: je mehr ›beschrieben‹, je mehr fixiert wird, desto mehr entzieht sich die Möglichkeit des Kontaktes (*Das Auto-Portrait*, 1975). Konsequente Folge ist der totale Verzicht auf die Umwelt im *Transsib.-Prospekt* (Reise Moskau–Wladiwostok und zurück bei verdunkelten Fenstern; d 6, 1977). Bekannt wurde auch sein *Zentaur* für die Biennale in Venedig 1976.

Schriften/Kat./Werkpubl.: Footing, Paris 1968; Replay, Paris 1969; Resurrection, Gal. La Comune, Brescia 1970; Annoncenteil. Arbeiten auf/mit Papier, Neuwied 1971; Die Beschreibung d. Papiers, Darmstadt 1973; Die Zeit d. Beschreibung, Lichtenberg 1974; Kh. Kiel 1974; Badischer Kv., Karlsruhe/WLM, Duisburg/Kv. Braunschweig 1975/76; Die Schwierigkeit d. Zentaurs beim vom Pferd Steigen, Kunstraum München 1976; Das zweite Buch. Die Zeit d. Beschreibung, Lichtenberg 1976; Les livres de Gandelu, Lüttich 1976; A Danish Exorcism, Ringkøbing 1976; Kestner 1978; Westf. Kv., Münster 1978. – d 6/I–III.

Gette, Paul-Armand, * 1927 Lyon
Französischer Künstler, studierte 1946–51 Botanik und Zoologie und war anfangs als Ingenieur tätig. Nach Berührung mit dem ◇ Nouveau Réalisme wandte er sich der Kunst zu. Bekannt wurde er mit Arbeiten im Sinne der ◇ Spurensicherung, die das wissenschaftliche System der Botanik bzw. der Zoologie umkehren: ›Untersuchungen begrenzter Orte‹ mit höchster wissenschaftlicher Akribie an Pariser Parkplätzen, Beschilderung in der Art eines botanischen Gartens an Unkraut, Vorlesungen lateinischer Käfernamen als seien sie eine esoterische Form von Poesie.

Kat./Werkpubl. (u. a.): La plage, Malmö 1972; CNAC, Paris 1975; Nymphea alba L. – Hommage à Cl. Monet, Paris 1976. – d 6/I.

Gibson, Ralph, * 1939 Los Angeles
Amerikanischer Fotograf, studierte am Art Institute in San Francisco und lebt heute in New York. Seine Fotos (stets Einzelwerke) erzählen mit ◇ magisch-realistischer Eindringlichkeit und zugleich kühler Distanz Geschichten in bildhafter Form.

Werkpubl.: The Somnabulist, 1970; Déjà vu, 1973; Days at Sea, 1974.

Giese, Rainer → **Knoebel,** W.

Gilardi, Piere, * 1942 Turin
Italienischer Objektkünstler, studierte in Turin. G. wurde bekannt mit verblüffend realistischen Objekten aus Schaumstoff (überwiegend Pflanzen- und Tierarrangements).

Kat.: Gal. I. Sonnabend, Paris 1967.

Gilbert & George
(Gilbert Proersch, * 1943 Dolomiten;
George Passmore, * 1942 Devonshire)
Englische Künstler, studierten Bildhauerei an der St. Martin's School of Art in London. Seit 1968 präsentieren sie sich selbst als ›Human Sculptors‹, deren stark stilisierte Alltagsrituale (Spazierengehen, Rauchen, Trinken usw.) als ›Living Sculptures‹ in den Rang eines Kunstwerks erhoben werden. Besonders eindrucksvoll sind ihre ◇ Performances *Underneath the*

Gilbert & George. Underneath the Arches. Performance. 1970

Arches (›Singing Sculpture‹, ab 1969; Vorführungen des etwa 5 Minuten dauernden Stückes ohne Unterbrechung bis zu 8 Stunden täglich) und *The Red Sculpture* (ab 1976). Ihre zahlreichen Karten, Bulletins und Publikationen, die sie unter dem Motto ›Art for All‹ veröffentlichen, bestehen – wie auch ihre Fotoarbeiten, Bilder und Zeichnungen – aus einer verblüffenden Mischung von gewollter Banalität und Dilettantismus mit äußerstem Kalkül und ästhetisch ungemein sicherer Präsentation.

Kat./Werkpubl.: A Guide to the Singing Sculptures. 1970 / The Pencil on Paper-Descriptive Works of G. & G. the Sculptors. 1970, Art for All, London 1970; To Be with Art is All We Ask, ebd. 1970; dass., Gegenverkehr, Aachen 1970; A Day in the Life of G. & G. the Sculptors, Art for All, London 1971; The Paintings (with Us in Nature), Kv. Rh/W, Dssd. 1971; Side by Side, Köln/NY 1972; Oh, the Grand Old Duke of York, Km. Luzern 1972; G. & G., Sydney 1973; Dark Shadow, London 1976. – d 5, d 6/II u. III.

Girke, Raimund,
* 1930 Heinzendorf (Schlesien)
Deutscher Maler, studierte an der Düsseldorfer Akademie (1952–56); seit 1971 ist er Professor an der HfbK in Berlin. Bereits in den ausgehenden 50er Jahren entwickelte er eine Methode systematischer Farbreduktion, die ihm eine Strukturuntersuchung der Farbe Weiß und später von diversen abgestuften Grauwerten erlaubte. Während der 60er Jahre waren die weißen oder grauen Farbnuancen durch lineare Streifen auf der Leinwand strukturiert, ein Prinzip, das G. in seinen jüngsten Arbeiten zugunsten einer diffusen, dynamischen Farbschichtung aufgegeben hat.

Raimund Girke. Weiße Struktur. 1962. Öl/Lwd. 100 x 125 cm. Gal. Der Spiegel, Köln

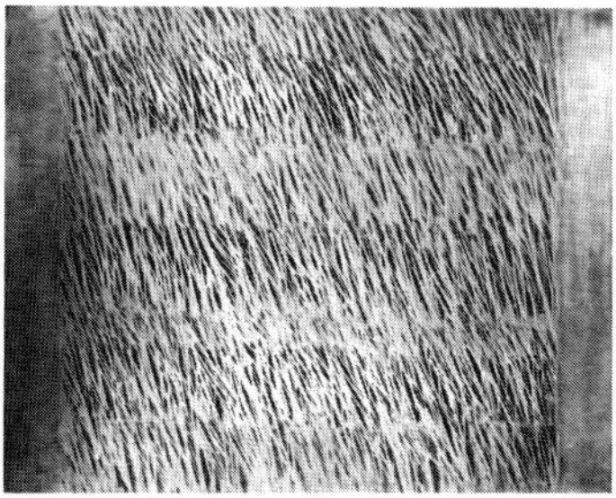

Kat.: Gal. h, Hannover 1966; Kestner/Overbeck-Ges., Lübeck/Mannheimer Kv. 1969 (mit Fruhtrunk u. Pfahler); Westf. Kv., Münster 1974; Gal. De Gestlo, Hbg 1977. – d 6/I u. III.

Glombitza, Günter, * 1938 Breslau
Deutscher Maler, studierte in den 60er Jahren in Leipzig bei → Tübke. Seine realistisch-figurativen Bilder überführen Stilelemente der italienischen Renaissance in eine moderne Formensprache, deren melancholische Freude an körperlicher Schönheit Assoziationen an Botticelli wachruft.

Gnoli, Domenico,
* 1933 Rom † 1970 New York
Italienischer Maler, Autodidakt, in den 50er Jahren als Entwerfer von Theaterdekorationen und Kostümen tätig. In Ablehnung des ◇ Informel und angeregt durch den Surrealismus und seinen Freund → Hundertwasser entwickelte er in den frühen 60er Jahren einen ◇ magisch-realistischen Stil in der Tradition der symbolhaften Gegenständlichkeit der Neuen Sachlichkeit. Die trocken-stumpfen, mit

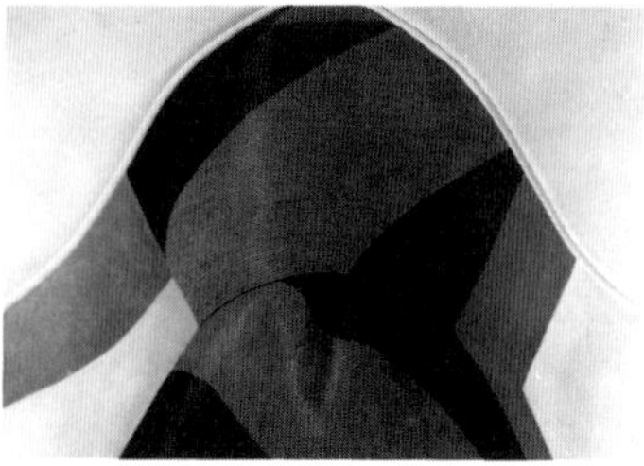

Domenico Gnoli. Krawattenknoten. 1968. Öl/Lwd. 141 x 200 cm. SL

Sand gemalten Bilder bestehen aus überdimensional vergrößerten Details (Krawattenknoten, gescheitelte Haarpartien, Knopfleisten von Anzügen, Schuhe).

Schriften: Oreste or the Art of Smiling, NY 1962.
Kat.: Gal. Galatea, Turin 1966; PBA, Brüssel 1968; Kestner 1968; S. Janis Gal., NY 1969; Genf 1970 (Retro.); Kv. Darmstadt/Boymans/CNAC/PBA, Brüssel 1973/74. – d IV/1.

Goepfert, Hermann, * 1926 Bad Nauheim
Deutscher Vertreter der ◇ Lichtkinetik, studierte an der Städelschule und an der HfbK in Frankfurt. Bekannt wurde er in den 60er Jahren durch kinetische Reflektionsobjekte aus Aluminium sowie durch architektonische Anlagen in Form von Lichtwalzen, -brunnen und -gärten. Er beschäftigte sich auch mit der Verbindung von Licht- und Toneffekten (*Optophonium I*, 1961/62 bzw. *II*, 1971–73).

Schriften: Die psycho-dynamische Straße, Ffm. 1968 (= Planungsgemeinschaft f. neue Formen d. Umwelt. 1).
Monogr.: R. Kowallek u. a., H. G., Ffm. 1966 (= Kleine Egoist Künstler-Monogr.); ders. u. a., G., Ffm. 1970.
Kat.: Gal. d, Ffm. 1963; PBA, Brüssel 1967. – d III/1.

Goeritz, Mathias, * 1915 Danzig
Deutscher Bildhauer, lebt seit 1949 in Mexiko. Für Queretaro, die neue Satellitenstadt Mexicos Citys, errichtete er 1958 ein bemaltes Betonmonument aus fünf Türmen – Versuch einer neuen funktionellen Verbindung zwischen Skulptur und Architektur unter dem Stichwort ›Kunst am Bau‹.

Monogr.: O. Zuniga, M. G., Mexico City 1963.

Goeschl, Roland, * 1932 Salzburg
Österreichischer Bildhauer, studierte an der Kunstakademie und als Schüler → Wotrubas. Seine Bronze- und Holzarbeiten der 60er Jahre, die sich zunächst noch auf die aufrechtstehende menschliche Figur beziehen, verlieren ihre gegenständliche Bindung durch den Einbezug von Farbe und eine environmentale Raumorganisation.

Kat.: Mus. d. 20. Jh., Wien 1969. – d III/1, d IV/1.

Götz, Karl Otto, * 1914 Aachen
Deutscher Maler, Herausgeber der Zeitschrift ›Meta‹ (1948–53), seit 1959 Dozent an der Düsseldorfer Akademie. 1949 schloß er sich der → Cobra-Gruppe an und Anfang der 50er Jahre der Frankfurter Künstlergruppe ›Quadriga‹, die einen vor allem von → Wols und dem Automatismus beeinflußten ◇ Tachismus vertrat. Seine frühe metamorphosenhafte Malweise, die Assoziationen von Insekten und Vögeln weckt, wandelte sich in den 50er Jahren zu einer metaphorischen Zeichensprache mit einer har-

Karl Otto Götz. Agde. 1957 (4. 11. 57). 60 x 70 cm. Privat-Slg

monischen Übereinstimmung von Farbe und Rhythmus.

Schriften: Probleme d. Bildästhetik, Dssd. 1972 (mit Karin G.).
Monogr.: W. Grohmann u. a., K. O. G., Rom 1962 (= Quaderni dell' Attico. 2).
Kat.: Studio f. neue Kunst, Wuppertal 1946; Witten 1948; Kestner 1956 (mit Sonderborg); Kölnischer Kv. 1957; SKm., Duisburg 1958 (mit Hoehme u. Schultze); Gal. 22, Dssd. 1958; Gal. D. Cordier, Paris 1960; Gal. L'Attico, Rom 1961 u. 1963; Rom 1962; Appel & Fertsch, Ffm. 1964; PBA, Brüssel 1964; Kunstakad. Dssd. 1965; SKh., Mannheim 1969; Gal. Hennemann, Bonn 1978. – d II/1.

Goings, Ralph,
* 1928 Corning (Calif.)
Amerikanischer Maler, studierte am California College of Arts and Crafts und am Sacramento State College. In seinen ◇ hyperrealistischen Bildern bevorzugt er als Sujet das Auto als Standardsymbol und Wunschobjekt der modernen Zivilisation. Die Akzentuierung dieses Konsumfetichismus wird noch dadurch gesteigert, daß die Autos vor anderen Markenzeichen bürgerlichen Wohlstands, z. B. dem Einfamilienhaus mit Schwimmbad und Vorgarten, aufgebaut werden.

Kat.: d 5.

Ralph Goings. Airsteam. 1970. Öl/Lwd. 152 x 216 cm. SL

Gojowczyk, Hubertus,
* 1943 Oels (Schlesien)
Deutscher Künstler, studierte 1967 bis 72 an der Düsseldorfer Akademie. Seit 1968 widmet er sich überwiegend der Verarbeitung von Büchern zu Buchobjekten.

Kat.: Kh. Kiel 1975; Staatl. Kh., Baden-Baden 1977 (›9 Bewerber . . .‹); Kv. Rh/W, Dssd. 1978. – d 5, d 6/III.

Golden, Daan van, * 1936 Rotterdam
Niederländischer Maler, malt – beeinflußt von Stilelementen → Johns' und → Artschwagers – Tapeten mit Blumenmustern sowie glatte Packpapier- und Textilflächen. Durch monochrome Farbgebung mit Hilfe der Spritzpistole entsteht eine äußerst objektive Anonymität, die nur von der eintönig verwendeten Lackfarbe gebrochen wird.

Kat.: Tokio 1966. – d III/1.

Goller, Bruno, * 1901 Gummersbach
Deutscher Maler, kam 1920 nach Düsseldorf und wirkte 1949–64 als Professor an der dortigen Akademie (Lehrer u. a. von → Klapheck). Schon in den 50er Jahren

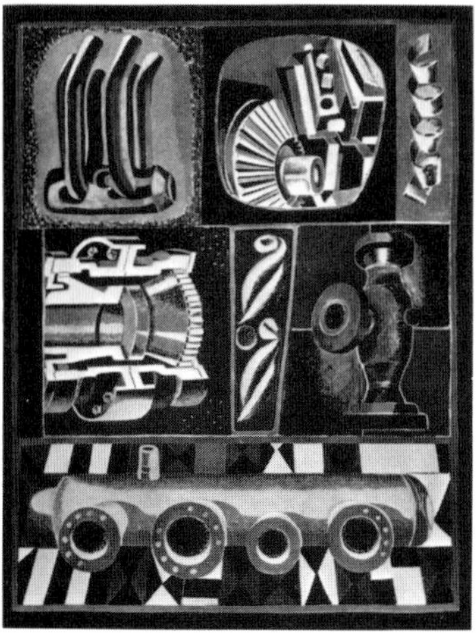

Bruno Goller. Maschinenteile. 1952. Öl/ Lwd. 150 x 115 cm

vertrat er einen symbolisch-magischen Realismus, wobei die Figuration von Gegenständen psychische Zustände beschreibt. Die in einer trockenen, flächigen Malerei reproduzierte Dingwelt (Kaffetassen, Hüte, Regenschirme) gewinnt ihren Sinnbildcharakter durch die Isolierung aus dem gewohnten Zusammenhang.

Monogr.: A. Klapheck, Br. G., Recklinghausen 1958 (= Monogr. zur rhein.-westf. Kunst d. Gegenwart. 10).
Kat.: Recklinghausen 1958 (mit Klapheck); Kestner/Overbeck-Ges., Lübeck 1958; KMv., Wuppertal 1964; 7. Biennale, Sao Paulo 1965; SKh., Dssd. 1969 (Retro.). – d II/1.

Gonschior, Kuno,
* 1935 Wanne-Eickel
Deutscher Maler, studierte 1957 bis 61 an der Düsseldorfer Akademie. Seit 1958 beschäftigt sich G. mit Farbwahrnehmung. Durch die Spannung zwischen seinen tropfenartig aufgetragenen Farbpunkten und dem monochromen Untergrund entsteht ein schwingender, pulsierender Farbraum, der sich durch Standortwechsel des Betrachters in seinen Nuancen ständig wandelt.

Kat.: SM, Gelsenkirchen 1969; SM, Leverkusen 1971 (= Werkstatt. 1); WLM, Duisburg 1971; HaW, Bln 1971; Württ. Kv., Stgt 1976; Kh. Kiel, 1977. – d 6/I.

Goodyear, John,
* 1930 Southgate (Calif.)
Amerikanischer Vertreter der ◇ Op Art. In den 60er Jahren hängte er vor seinen wellenförmigen Bildern Roste auf, die die optischen Täuschungseffekte der Malerei noch verstärkten.

Gorella, Arwed D.,
* 1937 Schweidnitz
Deutscher Maler, Graphiker und Buchillustrator, der an der HfbK und an der FU Berlin studierte. Seine karikaturhaften Bilder vertreten einen ◇ kritischen Realismus, der gesellschaftspolitische Themen reflektiert.

Kat.: Bln 1967; Overbeck-Ges., Lübeck 1976; Kv. Hannover 1977; Kv. Hbg 1977/78.

Gorky, Arshile (seit etwa 1925; eigentlich Vosdanig Manoog Adoian),
* 1905 Khorkom Vari (Armenien)
† 1948 Sherman (Conn.)
Amerikanischer Maler armenischer Abstammung, kam 1920 nach Amerika und lebte ab 1925 in New York. Er wurde von 3 Kunstschulen ausgeschlossen und bildete sich autodidaktisch unter dem Einfluß von Picasso und Léger, später der ◇ Surrealisten (vor allem Miró) und in enger Nähe zu → De

Arshile Gorky. Agony. 1947. Öl/Lwd. 101,6 x 128,2 cm. MOMA (A. Conger Goodyear Fund)

Kooning und Matta. Von einem starkfarbigen ◇ Kubismus entwickelte sich sein Stil zu einem sehr persönlichen abstrakten Surrealismus mit flüssigen Farbgründen, feinen automatistisch geführten Linien, organischen und vegetabilen Formen und explosiver Farbigkeit. Spontaneität und Erfindungskraft seiner Malerei waren von großem Einfluß auf den ◇ Abstrakten Expressionismus.

Monogr.: E. Schwabacher, A. G., NY 1957; H. Rosenberg, A. G., NY 1962 u. 1971; J. Levy, A. G., NY 1966.
Kat.: J. Levy Gal., NY 1945 u. 1948; Kootz Gal., NY 1950; Whitney/Walker, Minneapolis/SF Mus. of Art 1951 (Retro.); The Art Mus., Princeton Univ. 1952; S. Janis Gal., NY 1953 u. 1962; MOMA 1962 (Retro.); Karlsruhe 1964; PBA, Brüssel 1965; Boymans 1965; Mus. d. 20. Jh., Wien 1965; Art Gal., Univ. of Maryland 1969; M. Knoedler & Co., NY 1969 (auch als Buch). – d II/1, d III/2.

Gottlieb, Adolph, * 1903 New York Amerikanischer Maler, studierte an der Art Student's League bei Henri und Sloan und an der Académie de la Grande Chaumière in Paris. In den 30er Jahren war er für → WPA beschäftigt. 1935 gründete er in New York die Künstlergruppe ›The Ten‹. Ab 1940 entstanden seine ›Pictographs‹, schriftartig aneinandergereihte magische Symbolzeichen. Später reduzierte G. seine Bildsprache auf zwei Grundformen, den geschlossenen Kreis als Symbol für den Kosmos, und den gestaltlosen Klecks als Symbol für das Chaos, wobei er sich → Roth-

Adolph Gottlieb. Burst. 1957. Öl. 243,8 x 101,6 cm. Slg Mr and Mrs Ben Heller, NY

kos meditativer Interpretation des ◇ Abstrakten Expressionismus anschloß.

Kat.: Wakefield Gal., NY 1944; 67 Gal., NY 1945; Kootz Gal., NY 1947 u. 1952; Bennington College 1954 u. 1963; Jewish Mus., NY 1957; S. Janis Gal., NY 1962; Walker, Minneapolis 1963; 7. Biennale, Sao Paulo 1963; Marlb., NY 1966; Whitney/Guggenheim 1968 (auch als Buch); Marlb., Rom 1970; Marlb., London 1971. – d II/1.

Gräsel, Friedrich, * 1927 Bochum
Deutscher Bildhauer, dessen Plastiken der 60er Jahre aus geometrischen Quadern und vor allem Zylindern kalkulierte Raumkonzeptionen markieren.

Kat.: Mus. Bochum 1968; vdH, Wuppertal 1970; SM, Leverkusen (= Werkstatt. 2)/WLM, Duisburg 1971; Essen 1971.

Graevenitz, Gerhard von, * 1934 Schilde (Mark Brandenburg)
Deutscher ◇ kinetischer Künstler, studierte Wirtschaftswissenschaften in Frankfurt und 1957–61 an der Münchner Akademie. Er war Mitbegründer der Gruppe → Nouvelle Tendance (1962). Von weißen Reliefs (1959) kam G. zu kinetischen Objekten (ab 1960), die aus reflektierenden Elementen bestehen oder aus einfachen, von einem Motor bewegten, sich drehenden Teilen, die ein Netzwerk von Bewegung erzeugen.

Gerhard von Graevenitz. Kinetisches Objekt (in Bewegung). 1965. Verschiedene Materialien. 100 x 100 cm. Im Besitz des Künstlers.

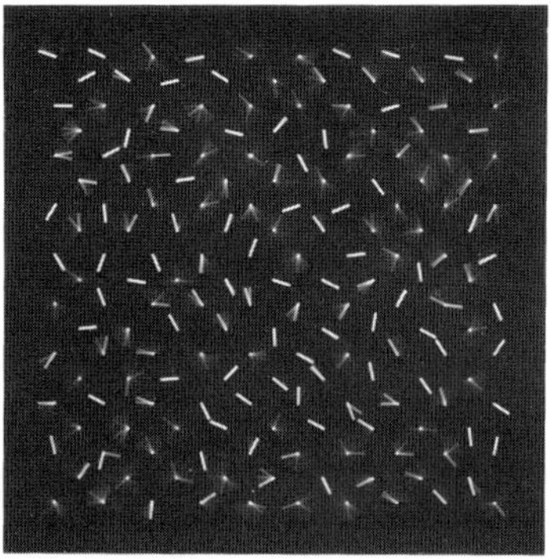

Kat.: Gal. Ernst, Hannover 1968; Kv. München 1969 (mit Geiger, Lang u. Wittenborn); Kh. Kiel 1974/75. – d IV/1.

Graham, Dan, * 1942 Urbana (Ill.)
Amerikanischer Künstler, studierte kurze Zeit Philosophie an der Columbia University in New York, als Künstler Autodidakt. Mitte der 60er Jahre entstanden Arbeiten mit ◇ konzeptuellen Bezügen, ab 1969 erste Filme und ◇ Performances, bei denen ihn vor allem die soziopsychologischen Phänomene der Interaktion zwischen Publikum und Vorführenden interessierten. Seit 1970 arbeitet er überwiegend

Dan Graham. Two Correlated Rotations. 1969

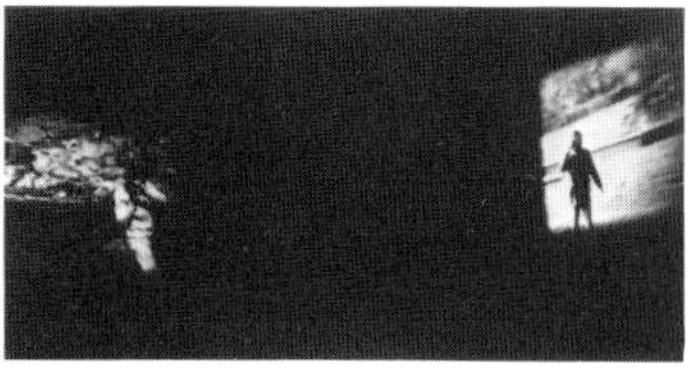

mit ◇ Video, vor allem in Form architektonisch-environmentaler Anlagen (Video-Raum mit Zeitverzögerung von 8 Sekunden, so daß der Besucher sich selbst beim Eintreten beobachten kann; Projekt '74, Köln).

Kat./Werkpubl.: End Moments, 1969; 1966, J. Gibson Gal., NY 1970; Performance 1, ebd.; o. T., Lisson Publ., London/König Publishing, Köln 1972; For Publication, Otis Art Inst. of LA County 1975; Kh. Basel 1976; Films, Genf 1977; Van Abbe 1977. – d 5, d 6/II.

Graham, Robert,
* 1938 Mexico City
Englischer Bildhauer der ◇ Pop Art, wurde in den 60er Jahren mit realistisch geformten Miniatur-Aktfiguren in Plexiglaskästen bekannt.

Monogr.: Works 1963–69, Gal. Neuendorf, Köln 1970 (Œuvrekat.).
Kat.: Whitechapel 1970; NGB./Kv. Hannover 1972.

Graubner, Gotthard,
* 1930 Erlbach (Vogtland)
Deutscher Maler, studierte an der HfbK in Berlin (1947/48) und Dresden (1948–52) sowie an der Düsseldorfer Akademie (1954–59). 1965 wurde er Dozent, 1969 Professor an der HfbK in Hamburg, 1973 Professor an der Düsseldorfer Akademie. G.s monochrome ›Kissenbilder‹ thematisieren die Lichtqualität der Farbe: die Nylonüberspannung ermöglicht feinste Nuancen einer subtilen Farbtonalität und läßt durch ihre weichen Auswölbungen lichtmodulierende Farbräume entstehen. 1968/69 beschäftigte sich G. mit environment-artigen ›Nebelräumen‹.

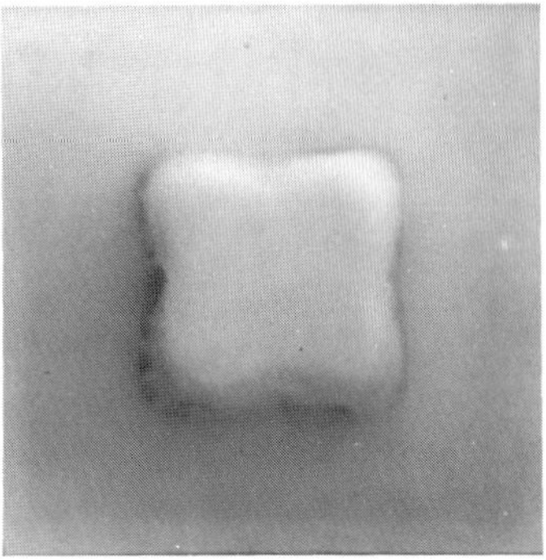

Gotthard Graubner. Kissenbild. 1965. Schaumstoff u. Polyester mit Porlox überspannt. 65 x 65 cm

Schriften: Farbe = Verdichtung zum Organismus = Malerei, hrsg. v. W. Hofmann, Hbg 1975.
Monogr.: D. Helms, G. G., Recklinghausen 1974 (= Monogr. zur rhein.-westf. Kunst d. Gegenwart).
Kat.: Gal. Schmela, Dssd. 1960; (Op) Art Gal., Esslingen 1965; Gal. h, Hannover 1965; Kestner/Kv. Rh/W, Dssd. 1969 (Retro.); Hamburger Kh., 1976; Frankfurter Kv. 1978 (mit Nestler). – d IV/1, d 6/I u. III.

Graves, Nancy Stevenson,
* 1940 Pittsfield (Mass.)
Amerikanische Künstlerin, studierte am Vassar College (1957 bis 61) und an der Yale University School of Art (1961–64). Bekannt wurde sie mit ihren Kamelskulpturen (ab 1969) und Arbeiten, die das Archetypische, Prähistorische im Sinne der ◇ Individuellen Mythologien wiederentdekken. In jüngster Zeit entstanden abstrakt-expressive Bilder nach Aufnahmen der Mondoberfläche.

Monogr.: Sculpture/Drawings/Films 1969 bis 71, Neue Gal., Aachen 1971.
Kat.: Neue Gal., Aachen 1971 [nicht identisch mit obiger Publ.]; ICA, Philadelphia

Nancy Graves. Shaman. 1970. Stahl, Latex, Gaze, Ölfarbe, Marmorstaub, Acryl. ca. 425 x 425 x 365 cm. ML

1972; La Jolla MOCA 1973. – d 5, d 6/I u. III.

Green, Alan, * 1932 London
Englischer Maler, studierte 1949 bis 53 an der Beckenham School of Art und 1955–58 am Royal College of Art in London. Gr. beschäftigt sich mit Malprozeß und -methode im Sinne der ◇ Analytischen Malerei.

Kat.: A. Juda Fine Art, London 1975 u. 1978. – d 6/I u. III.

Greenham, Lilly, * 1928 Wien
Österreichische ◇ Multimedia-Künstlerin, studierte Musikwissenschaft, Philosophie und Psychologie und experimentierte autodidaktisch mit der Verbildlichung der Computerprogrammierung. Durch Kontakte zur → Groupe de Recherche d'Art Visuel entstanden in der 2. Hälfte der 60er Jahre ◇ lichtkinetische Environments, gekoppelt mit elektro-akustischen Musikprogrammen und Projektionen.

Grieshaber, HAP,
* 1909 Rot (Oberschwaben)
Deutscher Grafiker (vorwiegend Holzschneider), studierte nach einer Schriftsetzerlehre an der Stuttgarter Akademie. Um 1930 trat er erstmals mit seiner typographisch-stempelhaften Ausdruckstechnik hervor, 1932 entstand der erste Holzschnitt. Nach zahlreichen Reisen und Auslandsaufenthalten entwikkelte G. ab 1933 – zurückgezogen mit oppositionellen Künstlern wie Baumeister arbeitend – in den sogenannten Reutlinger Drucken den für ihn typischen, graphischen Stil, der stark von der mittelalterlichen Holzschnittechnik beeinflußt ist. Ähnlich wie auch bei den expressionistischen Holzschnitten der Brücke dominieren bei G. winkligklare Linien, großflächig runde, abstrahierende Formen sowie eine stets gegenständlicher Erfahrung verbundene humanistisch engagier-

HAP Grieshaber. Flötenspieler. 1949. Holzschnitt. 38 x 39 cm

te Figuration der Tier- und Menschenwelt; Elemente, die er in der Illustration seiner mythisch-religiösen Bildwelt ausprägte und in zahlreichen Mappenwerken variierte.

Monogr.: M. Fürst, H.A.P. G., Der Holzschneider, Stgt 1964; H.A.P. G., Der Drucker u. Holzschneider, Hbg 1965; Gr. 60, Stgt 1969; H.A.P. G., fotografiert von P. Swiridoff, Stgt 1970.
Kat.: Hannover 1954; Kv. Freiburg 1959; Recklinghausen 1959 (G., sein Freundeskreis u. seine Schüler); Hbg 1960; Münster 1963; Kv. Rh/W, Dssd. 1963; Kestner 1964; Reykjavik 1964; Gal. Der Spiegel, Köln 1964 (= Geh durch d. Spiegel. 39); Schwenningen am Neckar 1965; Km Luzern 1965; Goethe Inst., Paris 1966; Singen 1967; Maastricht 1967; Städt. Bodensee-Mus., Friedrichshafen 1968; Osnabrück 1970; Karlsruhe 1971; Heidelberger Kv. 1972; Rottendorf 1977. – d II/3, d III/1.

Griffa, Giorgio, * 1936 Turin
Italienischer Maler aus dem Umkreis der ◇ Analytischen Malerei, studierte 1954–58 Jura in Turin, wo er seit 1958 auch als Rechtsanwalt tätig ist. Nach ersten Malstudien 1946–50 wandte er sich erst 1960 erneut der Malerei zu. Bekannt wurden vor allem seine locker aufgehängten rohen Leinwände mit einigen wenigen dünnen, parallelen Linien in der oberen Hälfte.

Schriften: Non c'è rosa senza spine, Martano Ed., Turin 1975.
Kat.: Gal. Martano, Turin 1968; Gal. Godel, Rom 1972; Gal. dell'Ariete, Mail. 1973; Gal. Cl. Botello, Turin 1975; Gal. Nova, Prato 1975; Kunstraum München 1975.

Grosvenor, Robert,
* 1937 New York
Amerikanischer Bildhauer, studierte u. a. an der Ecole des Arts Decoratifs in Paris (1957–59). Seine ab Mitte der 60er Jahre entstandenen, oft an der Decke befestigten Skulpturen mit großen, einfachen Formen verkörpern in ihrem Bestreben nach einer grundlegenden Raumdefinition einen entscheidenden Aspekt der ◇ Minimal Art (*Transoxiana,* 1965). Seit 1972 entstehen Arbeiten, die auf dem Zerbrechen und Zusammenlegen von Holz (z. B. Telefonmasten wie bei der d 6) beruhen.

Kat.: d 6/I.

Groupe de Recherche d'Art Visuel
1958 in Paris gegründete Gruppe ◇ kinetischer Künstler, zu der → Camargo, → Garcia-Rossi, → Le Parc, → Morellet, → Sobrino, → Stein und → Yvaral gehörten. Die Gruppe, die vor allem mit den Mitteln von Licht und Bewegung arbeitete, definierte ihr Ziel in einem 1961 erschienenen Manifest: die Herstellung einer neuen visuellen Beziehung zwischen dem Objekt und dem Auge des Beschauers, in der die Intervention des Künstlers auf ein Minimum beschränkt ist. Zu diesem Zweck führte sie ein kooperatives Forschungsprogramm ein, das sie 1966 bei ihrer *Journée dans la rue* öffentlich vorführte. 1969 löste sich die Gruppe wieder auf.

Schriften: Proposition sur le mouvement, Gal. D. René, Paris 1961.
Kat.: MaO, Dortmund 1968.

Gruber, Hetum, * 1937 Tilsit
Deutscher Künstler, studierte 1957 bis 61 an der Münchner Akademie. Neben Fotos, Filmen und Videos entstehen seit 1975 Arbeiten, die aus Aluminiumplatten bestehen, deren Oberfläche – durch Prozesse

wie Schlagen auf Schotter u. ä. aufgerauht – im Tiefdruckverfahren reproduziert wird. Platte, Abdruck und ein Foto vom Bearbeitungsprozeß der Platte bilden die Arbeit.

Kat.: Kh. Nürnberg 1976; Kh. Kiel 1978. – d 6/I u. III.

Grützke, Johannes, * 1937 Berlin
Deutscher Maler und Grafiker, studierte 1957–64 an der HfbK in Berlin. Sein Grundthema ist der fremdbestimmte, politisch ohnmächtige Massenmensch als manipulierter Einheitstyp. In einer

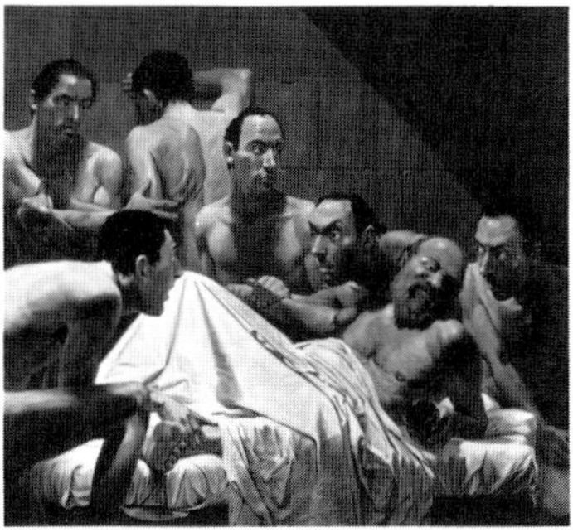

Johannes Grützke. Der Tod des Sokrates. 1975. Öl/Lwd. 180 x 205 cm. SL

Form des ◇ Kritischen Realismus parodiert er die modischen Emanzipationsparolen, indem er seinen Figuren die eigene fratzenhaft verzerrte Gesichtsmaske überstülpt. 1973 gründete er die ›Schule der neuen Prächtigkeit‹ (vgl. Kat. Bln 1974).

Monogr.: Werkverz. d. Druckgraphik 1964–75, hrsg. v. B. Holeczek u. P. O. Krückmann, Freiburg 1975; Werkverz. d. Gemälde 1964–77, hrsg. v. E. Schenk zu Schweinsberg u. T. Lehnert, Kv. Braunschweig 1977; SGal., Wuppertal 1978.
Kat.: Neuer Berliner Kv., Bln. 1974.

Gruppo N
1960 in Padua gegründete italienische Künstlergruppe, deren ◇ lichtkinetisches Kunstkonzept die Gestaltungsziele der → Nouvelle Tendance vertrat. Zu ihren Mitgliedern zählten Alberto Biasi, Enno Chiggio, Toni Costa, Eduardo Landi und → Massironi.

Monogr.: I. Mussa, Il Gruppo Enne. La situazione dei gruppi in Europa negli anni 60, Rom 1977.

Gruppo T
1959 in Mailand gegründete italienische Künstlergruppe, zu deren Mitgliedern Giovanni Anceschi, → Boriani, → Colombo, De Vecchi und Grazia Varisco zählten. Ähnlich wie die → Gruppo N vertrat sie die Stilvorstellungen der → Nouvelle Tendance, war jedoch im Gegensatz zu ihr schon in den frühen 60er Jahren bestrebt, die ◇ lichtkinetische Objektkunst auf große environmentale Raumkompositionen auszuweiten.

Grzimek, Waldemar,
* 1918 Rastenburg (Ostpreußen)
Deutscher Bildhauer, der nach kurzer Steinmetzlehre an der Berliner Akademie studierte. Unter dem Einfluß seines Lehrers Richard Scheibe entwickelte er einen expressiven, bisweilen etwas gespreitzten Stil, der sich besonders in seinen Akten äußert.

Monogr.: G. Marcks u. B. Krimmel, Plastik u. Graphik 1940–71, Bln 1971.
Kat.: Staatl. Gal. Moritzburg, Halle 1957; Staatl. Kslg, Dresden 1958; NGB 1960; Mannheimer Kv. 1962; Kölnischer Kv. 1963; Gal. Baukunst, Köln 1966. – d III/1.

Guston, Philipp, * 1913 Montreal
Amerikanischer Maler kanadischer

Philip Guston. Painter's City. 1956–57. Öl. 165 x 195,5 cm. Slg Mr and Mrs I. D. Grossman, NY

Abstammung, kam 1919 nach Los Angeles. Auf einer Mexikoreise 1934 lernte er den Realismus der mexikanischen Wandmalerei kennen, der seine frühen Wandbilder für WPA (1936–40) beeinflußte. In den 50er Jahren näherte er sich dem ◇ Abstrakten Expressionismus, den er in lyrisch-impressionistischer Weise interpretierte.

Monogr.: D. Ashton, Ph. G., NY 1959. Kat.: S. Janis Gal., NY 1960; Guggenheim/LA County Mus. of Art 1962/63; SM 1962; Jewish Mus., NY 1966. – d II/1.

Gutai

1954 in Osaka gegründete, stark fluktuierende japanische Künstlergruppe, deren Hauptvertreter → Yoshida und → Yoshihara waren. Das Stilkonzept der Gruppe enthielt ähnliche Tendenzen wie in Europa die ◇ Op Art und die → Nouvelle Tendance im Bereich der ◇ Lichtkinetik. Mit → Zero und → Nul gab es um 1965 einen lebhaften Gedankenaustausch. Die Künstler der Gruppe realisierten zahlreiche lichtkinetische Environments und Aktionen, vor allem in Osaka.

Kat.: Kölnischer Kv. 1966; Gal. Mickery, Loenersloot 1966.

Guttuso, Renato,
* 1912 Bagheria (Sizilien)
Italienischer Maler und Illustrator, der zunächst ein Jurastudium begann, bevor er sich der Malerei widmete. 1947 war er Mitbegründer der → Fronte Nuovo delle Arte; seit 1961 lehrt er als Professor an der Akademie in Rom. In seinen antifaschistischen Zeichnungen *Gott mit uns* sowie dem großformatigen Gemälde *Landnahme* (1948) entwickelte G. – beeinflußt von Picasso (u. a. *Guernica)* – einen neorealistischen, dramatischen, expressiv farbigen Stil für die Darstellung seiner sozialkritischen und z. T. agitatorischen Sujets. Sein Realismus – wegen seiner Thematisierung des Arbeiteralltags und wegen der Zugehörigkeit G.s zur Kommunistischen Partei Italiens (ab 1940) oft als ◇ Sozialistischer Realismus typisiert – ist weniger naturalistisch als vielmehr eine Verbindung von Elementen des ◇ Expressionismus, des

Renato Guttuso. Caffè Greco. 1976. Öl/ Lwd rentoilliert. 282 x 330 cm. ML

◇ Kubismus, der sizilianischen Volkskunst und der ◇ Pop Art.

Monogr.: Zeichnungen 1930–70, hrsg. v. G. Ungaretti, Bln 1971; L. Lang, R. G., Bln (DDR) 1973 u. 1975; Autobiogr. Bilder, hrsg. v. W. Haftmann, Bln 1973.
Kat.: Salzburg 1961; NGB 1967; Gal. Hertz, Bremen 1969; MAM 1971; München 1971; Neue Ges. f. bildende Kunst, Bln 1972; Gal. Toninelli, Mail. 1972; Gal. M. Hertz, Bremen 1973; Frankfurter Kv. 1975; Kh. Köln 1977. – d 6/III.

Haacke, Hans, * 1936 Köln
Deutscher Künstler, studierte 1956 bis 60 an der HfbK in Kassel und ließ sich 1965 in New York nieder, wo er seit 1967 an der Cooper Union lehrt. Geistig von Duchamp, ästhetisch von → Zero ausgehend, widmet er sich seit 1963 der modellhaften Darstellung ›realzeitlicher‹ (bei ihrem Stattfinden beobachteter), ›offener‹ (auf Information von außen reagierender) Systeme. Dabei handelt es sich um physikalische (*Kondensationskästen,* ab 1963), biologische und soziologische Systeme (*Skapolsky et. al., Manhattan Immobilienbesitz,* 1971), auch in engerem Zusammenhang mit Kunstvermittlung und -besitz (*Manet-Projekt '74,* 1974) sowie politischer Aussage (*Die prognostische Erkenntnistheorie ..., Ausbildungsverbot der Christine Fischer-Defoy,* 1976).

Monogr.: H. H., Köln 1972 (= DuMont Kunst-Praxis).
Kat./Werkpubl.: MHL, Krefeld 1972; Framing and Being Framed. 7 Works 1970–75, NSCAD, Halifax/NY Univ. Press 1975; Frankfurter Kv./ Badischer Kv., Karlsruhe 1976/77; The Good Will Umbrella, J. Weber Gal., NY 1977; Wadsworth 1977 (= Matrix. 31); MOMA, Oxford 1978. – d 5.

Hans Haacke. Kondensationswürfel. 1963. Plexiglas/Wasser. 75 x 75 x 75 cm.

Haber, Ira Joel,
* 1947 Brooklyn (N. Y.)
Amerikanischer ◇ Objektkünstler, dessen Miniatur-Environments als Assemblage-Schaukästen die allmähliche Destruktion der Lebensräume in Stadt und Natur symbolisieren. Hinter den scheinbar naiv gebauten Anlagen verbirgt sich eine subtile Ironie, die idyllische Wunschträume mit der krassen Realität im Gegensatz von fotografierter Wirklichkeit und spielzeughafter Phantasie konfrontiert.

Hacklin, Allen,
* 1943 New York
Amerikanischer Maler, Vertreter der ◇ nachmalerischen Abstraktion in den 60er Jahren. In seinen Bildern spielt H. mit raumillusionistischen Schwelleffekten, indem er gleichbleibende Farbbänder durch veränderte Farbwertigkeit zu raumoptischen Funktionsträgern macht.

Haese, Günter, * 1924 Kiel
Deutscher Bildhauer, zunächst als Dekorationsmaler tätig, dann 1950 bis 57 Schüler von → Goller und Mataré an der Düsseldorfer Akademie. In den 60er Jahren wurde er durch poetisch-phantasievolle Konstruktionen aus fragilen Uhrenbauteilen bekannt.

Kat.: Gal. Bernard, Paris 1961; Ulmer Mus. 1964; Gal. Stangl, München 1964; Marlb., London 1965; 33. Biennale, Venedig 1966; SKh., Dssd. 1967/68; Kunstnernes Hus, Oslo 1968; 10. Biennale, Sao Paulo 1969; Mus. f. Kunst u. Gewerbe, Hbg/Boymans 1972; Marlb., Zürich/Staatsgal. mod. Kunst, München 1974; Neue Gal., Linz 1978/79. – d III/1

Haese, Roel d' → **D'Haese,** Roel

Hains, Raymond,
* 1926 Saint-Brieuc (Côtes du Nord)
Französischer Künstler, ursprünglich Fotograf, experimentierte nach 1946 mit abstrakten Fotos und entwickelte Ende der 40er Jahre zusammen mit → Villeglé das Prinzip der ›Affiches lacérees‹ (zerrissene Plakate). 1960 war er Gründungsmitglied des ◇ Nouveau Réalisme. Seine Plakatmontagen, die von ihm nicht ästhetisch aufgearbeitet werden wie bei Villeglé, verstehen sich als kritische Schaubilder des modernen Medienverbrauchs.

Kat.: Paris 1976. – d IV/1.

Raymond Hains. C'est ça le renouveau? 1958. Plakatabriß. 50 x 75 cm

Hajdu, Etienne,
* 1907 Turda (Rumänien)
Französischer Bildhauer ungarischer Herkunft, der an der Wiener Akademie, an der Ecole des Beaux-Arts in Paris und an der Academie de la Grande Chaumière bei Bourdelle studierte. Sein bildhauerischer Stil wurde anfangs von Rodin und der romanischen Plastik bestimmt. In den 30er Jahren näherten sich H.s Arbeiten der Abstraktion, zunächst von ruhigen Formen, dann von dramatischen Effekten in Gestalt von Rissen und Sprüngen geprägt. Erst nach dem 2. Weltkrieg fand H. in den ›Abdrücken‹, Flachreliefs, die wie Prägestempel aus Metall wirken, zu seinem eigentlichen abstrakten Stil, der ihn bekannt machte.

Monogr.: R. Ganzo, H., Paris 1957; I. Jianou, E. H., Paris 1972 (= Les grandes sculptures).
Kat.: Knoedler Gal., NY 1958; Kestner 1961; MaO, Dortmund 1972. – d II/2, d III/1.

Hajek, Otto Herbert,
* 1927 Kaltenbach (ČSSR)
Deutscher Bildhauer, studierte 1947 bis 54 an der Stuttgarter Akademie. In seinen architektonischen Integrationen aus geometrischen, farbigen Formelementen und in seinen Farbwegen konzipiert H. eine funktionsgebundene Plastik im Sinne einer raumdefinierenden ›Kunst am Bau‹. 1977 vollendet H. im australischen Adelaïde eine

Otto Herbert Hajek. Farbwege 67/3. 1967. Aluminium. 84 x 63 x 36 cm

vieldiskutierte begehbare Kunstlandschaft als urbanes Freizeitzentrum.

Kat.: Gal. 22, Dssd. 1958; HaW, Bln 1963; Gal. Ä. Abels, Köln 1964; Gal. Thomas, München 1965; Spálova Gal., Prag 1966; Kv. Braunschweig 1968; Wedden Gal., Boston 1968; Kh. Bielefeld 1971; Stgt 1974; Ostdt. Gal., Regensburg 1976. – d II/2, d III/1.

Hall, David, * 1937 Leicester
Englischer Künstler, studierte Architektur (1954–56) sowie am Leicester College of Art und 1960–64 am Royal College of Art in London. Nach Skulpturen, die von → Caro beeinflußt sind, wandte er sich 1967 der Fotografie und dem Film zu und 1970 dem ◇ Video, mit dessen technischen Möglichkeiten er vor allem experimentiert.

Kat.: d 6/II.

Hamilton, Richard, * 1922 London
Englischer Maler, bildete sich als technischer Zeichner aus und studierte an den Royal Academy Schools sowie 1948–51 an der Slade School of Art; 1957–61 lehrte er Interior Design am Royal College of Art. In den frühen 50er Jahren gehörte er zur → Independent Group des Institute of Contemporary Art, deren von H. organisierte Ausstellung ›This is Tomorrow‹ 1956 in der Whitechapel Art Gallery den Beginn der ◇ Pop Art ankündigte, vor allem H.s Beitrag *Just What is it ...* (1956). Wie Duchamp – mit dem er seit 1959 eng befreundet war, dessen Retrospektive 1966 in der Tate Gallery er organisierte und von dessen *Großem Glas* er 1965/66 eine Rekonstruktion anfertigte – stellt auch H. in seinen Arbeiten die bisher gültigen Maßstäbe für ›Kunst‹ und ›Realität‹ in Frage: Die Idee, nicht der Stil, bestimmt

Richard Hamilton. Just What Is It that Makes Today's Homes so Different, so Appealing? 1956. Collage/Papier. 26 x 25 cm. Kh. Tübingen, Slg Zundel

sein Werk. Jedes Mittel, jede Technik wird akzeptiert und – vor allem in der Grafik – nebeneinander verwendet. H.s Arbeiten sind Zeugnisse der modernen großstädtischen, von der Technik beherrschten Massenkultur.

Werkpubl.: Polaroid Portraits, Stgt o. J. (1972).
Kat.: Hanover Gal., London 1964; Gal. A. Iolas, NY 1967; Studio Marconi, Mail. 1968; Gal. H. Neuendorf, Hbg 1969; Onnasch Gal., Bln 1970; Tate/SM/Kh. Bern 1970 (Retro.); NGC, Ottawa 1970; SM 1971; Gal. R. Block, Bln 1971; Whitworth Art Gal., Manchester 1972; Guggenheim/SGal. im Lenbachhaus, München/Kh. Tübingen 1973/74 (Retro.); Karlsruhe 1976; Collaborations (mit Rot), Stgt 1977. – d IV/1, d 6/I.

Han, H. N., * 1939 Hunan
In New York lebender chinesischer Maler, der auf Taiwan studierte. Sein realistisch-fotografischer Malstil konzentriert sich mit objektivierter Anonymität auf die Wiedergabe von Industrieanlagen und Großstadtperspektiven.

Hanson, Duane,
* 1925 Alexandria (Minn.)
Amerikanischer Künstler, entwikkelte ab 1967 eine ◇ hyperrealistische Form von Plastik (*War*, 1967, WLM, Duisburg), die in ihrer typenhaften Wiedergabe von alltäglichen Lebenssituationen Parallelen zu → Segal aufweist. H. zeigt mit seinen Menschentypen die amerikanische Gesellschaft in ihrem persönlichen, sozialen und politischen Lebensstil; das Spektrum seiner Arbeit reicht von der Putzfrau bis zum Rocker, vom Arbeiter bis zum Drogensüchtigen. Dabei führt die hyperrealistische Genauigkeit, mit der die Accessoires und das Ambiente der Menschentypen dargestellt werden, zu einer beklemmenden Isolation, die das Selbstverständliche des ›Normalen‹ relativiert.

Duane Hanson. Supermarket Lady. 1970. Fiberglas u. originale Kleidung. Lebensgröße. SL

Kat.: Württ. Kv., Stgt/Neue Gal., Aachen/Akad. d. Künste, Bln 1974/75 (mit Œuvrekat. 1967–74); Wadsworth 1977 (=Matrix. 36). – d 5.

Haraguchi, Noriyuki,
* 1946 Yokosuka
Japanischer Bildhauer, wurde in Europa bekannt durch seine Installation auf der d 6: ein riesiges, mit Rohöl gefülltes Eisenbecken. H. versucht mit dieser Arbeit eine Totalisierung der Wahrnehmung und – durch die angespannte Konzentration – eine Art kosmischer Erfahrung beim Betrachter zu erzielen.

Kat.: d 6/I.

Hans Hartung. Komposition T 55–18. 1955. Öl/Lwd. 162 x 110 cm. Museum Folkwang, Essen

Hartung, Hans Heinrich Ernst,
* 1904 Leipzig
Französischer Maler und Grafiker deutscher Herkunft, studierte an den Akademien in Dresden, Leipzig und München und ließ sich 1935 in Paris nieder. Beeinflußt vom deutschen ◇ Expressionismus und vor allem von Kandinsky und Klee wandte sich H. schon in den 20er Jahren der Abstraktion zu und entwickelte eine automatisch-improvisatorische Bildsprache von sich kreuzenden, gebündelten und geknäuelten Farblinien, die sogenannte ›Tintenstrichtechnik‹. Diese kalligrafische Gestaltungsform versteht sich als eine direkte Niederschrift psychomotorischer Energien. Neben → Fautrier, → Wols und → Riopelle wurde H. zum anregendsten Künstler der Ecole de Paris in der ersten Nachkriegsphase, aus der sich das ◇ Informel als Parallelbewegung zum amerikanischen ◇ Abstrakten Expressionismus formierte.

Monogr. (o.O. = Paris): M. Rousseau u. O. Domnick, H. H., Stgt 1949; R.-V. Gindertael, H. H., 1960, engl. NY 1961, dt. Bln 1962; D. Aubier, H., 1961 (= Le mus de poche); J. Tardieu, Sur 10 pastels de H., 1962 (= Peintres d'aujourd'hui); Werkverz. d. Graphik 1921–65, hrsg. v. R. Schmücking, Braunschweig 1965; W. Grohmann, Aquarelle 1922, St. Gallen 1966; U. Apollonio, H. H., Mail. 1966 (= Le grandi monogr.), frz. Paris 1967 (= L'art de notre temps); J. Siblík, H. H., Prag 1967 (= Současné svetové umení. 24). – H. H., 1960; Œuvres de 1920–39, 1961; Dix peintures, 1962 (alle Gal. de France).
Kat.: Gal. Lutz & Meyer, Stgt 1949; Kh. Basel 1952 (Retro.); PBA, Brüssel 1954 u. 1963; Mus. d'Antibes 1959; Kestner 1957; Gal. Stangl, München 1958; Gal. van de Loo, Essen 1960; Ateneo, Madrid 1961; Kunsthaus Zürich 1963; Gal. Im Erker, St. Gallen 1963 u. 1966; SKh., Dssd. 1963 (Retro.); Mus. d. 20. Jh., Wien 1963; Turin 1966; MuNAM 1969 (Retro.); Kv. Braunschweig 1969; Gal. Verannemann, Brüssel 1969; Albertina 1970; Paris 1971; Gal. Metras, Barcelona 1971; Gal. Gili, ebd. 1972; Köln 1974; NGB 1975. – d II/1 u. 3, d III/1 u. 2.

Hartung, Karl,
* 1908 Hamburg, † 1967 Berlin
Deutscher Bildhauer, studierte 1925 bis 1929 in Hamburg und hielt sich 1929–32 in Paris auf. Anfänglich von Bourdelle und Maillol beeinflußt, entwickelte er später einen abstrakten, auf Elementarformen basierenden Stil, der Brancusi und Arp nahestand. H. gehörte zu den populärsten deutschen Bildhauern der ersten Nachkriegsjahre.

Kat.: Kestner 1953; Dt. Kunstrat, Antwerpen 1958. – d II/2, d III/1.

Karl Hartung. Plastik. 1956. Bronze. 60 cm hoch. Im Besitz des Künstlers

Haus-Rucker-Co
1967 gegründetes österreichisches Künstler- und Architektenteam, das seine Projekte von Düsseldorf und New York aus organisiert. In architektonisch - avantgardistischen Kunsträumen simulieren sie Lebenssituationen der Zukunft, z. B. in luft- und wasserverseuchter Umwelt. Perfekte Technik wird hier zum satirisch-humorvollen Sprachorgan eines notwendigen gesellschaftspolitischen Plädoyers für den Kampf gegen akute Gefahren des technischen Fortschritts. In ihren neuesten Arbeiten beschäftigt sich die Gruppe mit einer provisorischen Architektur, die als eine Mischung aus Technik und Natur den ständig wechselnden Erfordernissen moderner Urbanplanung dienstbar gemacht werden kann.

Monogr.: L. Ortner, Provisorische Architektur. H.-R.-Co, Dssd. 1976.
Kat.: Mus. d. 20. Jh., Wien 1970; MHL, Krefeld 1972; Hamburger Kh. 1973; Centre Pompidou, Paris 1977. – d 5, d 6/I.

Hauser, Erich, * 1930 Rietheim
Deutscher Bildhauer, der nach seiner Lehre als Stahlgraveur (1945–48) an der Freien Kunstschule Stuttgart studierte (1949–51). Seine Plastiken der 60er Jahre sind aus Säulen und Dreiecksplatten zu geschlossenen abstrakt-kristallinen Formen zusammengeschweißt.

Monogr.: E. Trier, E. H., Köln 1963; Werkverz. d. Plastik 1962–69, hrsg. v. G. Bott, Nürnberg 1970.
Kat.: Ulmer Mus. 1964; Gal. Brusberg, Hannover 1966; Gimpel Fils Gal., London 1971; Gal. Defet, Nürnberg 1967; Gal. Hennemann, Bonn 1976. – d III/1, d IV/1, d 6/III.

Erich Hauser. Stahl 13/65. 1965. Stahl. 280 x 100 x 90 cm. Gal. Müller, Stgt

Hausner, Rudolf, * 1914 Wien
Österreichischer Maler, studierte an der Wiener Kunstakademie. Seit 1968 besitzt H. eine Professur in

Rudolf Hausner. Adam und sein Maschinist. 1963. Tempera, Harzölfarbe/Kupferplatte. 55 x 55 cm

Wien und an der Hamburger Hochschule für bildende Künste. H., der zur sogenannten → Wiener Schule gehört, vertritt einen ◇ phantastischen Realismus, der unter der zeitlosen mythischen Modellfigur des Adam Jedermann visionäre Lebensträume in der Distanz zur bestehenden Realität visualisiert.

Monogr.: W. Schmied, R. H., Salzburg 1970 (= Österr. d. 20. Jh., 1.; mit Œuvrekat.). – Adam, Stgt 1974 (mit M. Bockelmann). – d II/1.

Hay, Alex, * 1930 Valrico (Fla.)
Amerikanischer Tänzer, der unter der Leitung von → Cage, → Rauschenberg und → Cunningham bei intermedialen Theateraktionen mitwirkte, so bei den New Yorker ›Nine Evenings‹ von 1966.

Hays, Ron, * 1944 Omaha (Nebr.)
Amerikanischer Künstler, erhielt eine Ausbildung für elektronische Medien an der Northwestern University. H. arbeitet bevorzugt mit dem von → Paik und Abe entwickelten Synthesizer, der es ermöglicht, akustische Ereignisse (bei H. meist bekannte Musikstücke) in optische umzusetzen.

Kat.: d 6/II.

Hayter, Stanley William, * 1901 London
Englischer Grafiker und Maler, wandte sich nach einem naturwissenschaftlichen Studium der Kunst zu und ließ sich 1926 in Paris nieder, wo er sich eng an die ◇ Surrealisten anschloß. 1933 gründete er sein ›Atelier 17‹, in dem er neue grafische Techniken entwickelte und das von vielen bedeutenden jüngeren Künstlern besucht wurde. 1940–50 lebte er in New York. H. erweiterte die Druckgraphik durch Verwendung surrealistischer automatistischer Techniken und Experimente mit Farben und Strukturen.

Kat.: Whitechapel 1957 (Retro.); ACGB 1958; Khs Zürich 1959 (mit Armitage u. Scott); Kh. Bielefeld 1968. – d II/3.

Healey, John, * 1894 London
Englischer ◇ Lichtkinetiker, der in den 50er Jahren Lichtkästen konstruierte, die ähnlich wie bei Moholy-Nagy und Thomas Wilfred bewegte Formen auf Wände und Leinwände projizieren.

Heerich, Erwin, * 1922 Kassel
Deutscher Bildhauer, studierte 1945–54 bei Mataré an der Düsseldorfer Akademie, an der er seit 1969 selbst als Professor wirkt. Er wurde bekannt durch seine ›Kartonplastiken‹: exakt gefaltete stereometrische Konstruktionen aus

Erwin Heerich. Ohne Titel. 1967. Kartonplastik. 75 x 60 x 25 cm

Pappkarton (seit Ende der 50er Jahre).

Kat./Werkpubl.: Kranenburg 1964; SM, Mglb./Van Abbe 1967/68; Dwan Gal., NY 1968; Gal. Th. Borgmann, Köln 1970; Karton-Plastiken, Dssd. 1970 (= Karton. 1); Zeichenpläne, ebd. 1971 (= Karton. 2); Kv. Rh/W, Dssd. 1972 (Retro.); Kv. Freiburg 1976. – d IV/1, d 6/III.

Heidelbach, Karl, * 1923 Hanau
Deutscher Maler, geprägt durch seine Bekanntschaft mit Otto Dix (1945) und die Neue Sachlichkeit. Das Leiden kreatürlicher Existenz wird in H.s Bildern zur Grundthematik einer ◇ realistischen Figuration, die sich auf alltägliche Situationen beschränkt, um diese beklemmende Aussage zu treffen. Der sozialkritische Anspruch bedient sich nicht plakativer Direktheit, sondern offenbart sich in der Hintergründigkeit einer magischen Starre und in einem subjektiv gesetzten Helldunkelkontrast.

Kat.: Gal. Brusberg, Hannover 1967; SKslg, Bonn 1968; Köln 1975.

Heiliger, Bernhard, * 1915 Stettin
Deutscher Bildhauer, seit 1949 Professor an der HfbK in Berlin. Anfänglich von seinen Lehrern Maillol und Despiau beeinflußt, geriet er später unter den Einfluß Brancusis und Moores. Mit seinen halb abstrakten, halb organischen Konstruktionen aus Bronze oder Aluminium, die oft Themen wie Flug oder Geschwindigkeit behandeln, war H. in den 50er Jahren einer der erfolgreichsten Bildhauer Deutschlands. In Zusammenarbeit mit Architekten führte er viele öffentliche Aufträge aus (u. a. eine 28 m lange Reliefwand im Berliner Schiller-Theater, 1951).

Monogr.: H. Th. Flemming, B. H., Bln 1962 (mit Œuvrekat. 1935–62).
Kat.: HaW, Bln/MaO, Dortmund/Folkwang Mus., Essen/Hamburger Kh./KWM, Krefeld 1950/51; 28. Biennale, Venedig 1956; HaW, Bln 1956 u. 1957; Gal. Roland, Browse & Delbanco, London 1958; Gal.

Bernhard Heiliger. Flamme. 1962/63. Bronze. 680 x 630 cm. Stadt Bln

H. Nebelung, Dssd. 1959 u. 1971; Stadthalle Wolfsburg/Kongreßhalle Bln/SKh., Mannheim/Km. Luzern 1959/60 (Retro.); Staempfli Gal., NY 1961; Gal. Im Erker, St. Gallen 1964; Gal. Franke, München 1965, Bln 1973. – d II/2, d III/1.

Heisig, Bernhard, * 1925 Breslau
Deutscher Maler und Grafiker, studierte an der Leipziger Hochschule, an der er seit 1954 selbst lehrt (1961 Professor). Seine ◇ realistische Malweise ist inhaltlich weitgehend von den historischen Ereignissen der Arbeiterbewegung bestimmt (*Pariser Kommune*, 1960 bis 1965), stilistisch orientiert sie sich – vor allem in der Koloristik – an Corinth und Léger sowie an Beckmann und Kokoschka. H. gehört zu den bekanntesten Vertretern der Malerei in der DDR.

Kat.: Gemäldegal. Neue Meister, Dresden/ Mus. d. bildenden Künste, Leipzig 1973 (mit Œuvrekat.). – d 6/I.

Heizer, Michael,
* 1944 Berkeley (Calif.)
Amerikanischer Künstler, studierte 1963/64 am Art Institute in San Francisco und ging 1966 nach New York. Ursprünglich Maler, wandte er sich 1966 der Skulptur, vor allem im Sinne der ◇ Land Art, zu. Typisch für H. sind Arbeiten mit der Erdoberfläche, Eingriffe (Erd- und Felsbewegungen, Aushebungen, Einschnitte, ab 1968) in unberührte Landschaften wie etwa die Wüsten von Nevada und Kalifornien: z. B. *Double Negative* (zwei Felseinschnitte in kurzem Abstand hintereinander, 1969) und *Displaced – Replaced Mass* (3 in rechteckig ausgehobene Vertiefungen gesetzte Felsblöcke, 1969). Da es sich – wie bei anderen Arbeiten der Land Art auch – oft um Objekte handelt, die den verändernden Einflüssen der Natur ausgesetzt sind, existieren sie heute vielfach nur noch in Form von Dokumentation durch Fotos oder Film. Mitte der 70er Jahre entstanden locker mit grauer Farbe bestrichene Bilder in Form von Rechtecken mit ausgesparten Partien am Rand, so daß ein treppenförmiger Effekt entsteht.

Kat.: Detroit Inst. of Arts 1971; X. Fourcade Inc., NY 1976; Gal. im Taxispalais, Innsbruck 1977. – d 6/I u. III.

Held, Al, * 1928 New York
Amerikanischer Maler, studierte an der Art Students' League und in Paris bei Zadkine (1949). Von einem politisch engagierten sozialen Realismus gelangte H. ab 1962 zu einer großformatigen, farblich plakativen ◇ Hard edge-Malerei, die sich anfänglich aus Schriftzeichen, später aus geometrischen Formen aufbaute.

Al Held. Weiße Göttin. 1964. Öl/Lwd. 267 x 185 cm. Slg O. u. I. Dobermann, Altenberge

Kat.: Gal. R. Ziegler, Zürich 1964; SM 1966; SF Mus. of Art 1968; ICA, Philadelphia 1968; A. Emmerich Gal., NY 1970 u. 1972; Whitney 1974; Gal. A. Emmerich, Zürich 1977 (Retro.). – d IV/1, d 6/III.

Henderikse, Jan, * 1937 Delft
Niederländischer Maler, arbeitete ab 1959 vornehmlich in Düsseldorf, später in Curaçao und in New York. Anfangs unter dem Einfluß des ◇ Informel und der → Nul-Gruppe, schloß er sich in den 60er Jahren dem ◇ Nouveau Réalisme an. In Parallele zu → Arman schuf er seriell strukturierte, in Kästen eingeschlossene Assemblagen aus Autonummernschildern und Haushaltsgegenständen.

Kat.: Rotterdam 1968; SM 1968.

Heron, Patrick, * 1920 Leeds
Englischer Maler, studierte an der Slade School of Art (1937–39) und kam unter dem Einfluß → Rothkos 1956 zur Abstraktion. Sein bildnerisches Thema ist »die Farbe und der Raum, der durch die Farbe erzeugt wird«.

Schriften: Changings Forms of Art, 1955.
Kat.: City Art Gal., Wakefield 1952; Gal. Lienhard, Zürich 1963; London 1972.

Hesse, Eva, * 1936 Hamburg
† 1970 New York
Amerikanische Bildhauerin deutscher Abstammung, kam 1939 nach New York. Sie studierte 1953 an der Art Students' League und 1954 bis 1957 an der Cooper Union in New York sowie 1957–59 an der Yale University in New Haven (Conn.). Nach frühen gestischlinearen Zeichnungen (ab 1961) und Reliefs aus weichen plastischen Stoffen entwickelte sie ab 1965 eine sehr persönliche Form von Plastik – Textilien, Gummi, Kunstharze, Fiberglas usw. in amorphen Formen –, mit der sie zu einer bedeutenden Vertreterin der ◇ Materialkunst, speziell der ◇ Anti Form-Richtung wurde.

Eve Hesse. Arbeiten. 1965/66

Monogr.: L. Lippard, E. H., NY 1976 (mit Œuvrekat. d. Skulpturen 1965–70).
Kat.: Kv. Rh/W, Dssd. 1965; Owens-Corning Fiberglas Center, NY 1970 (mit De Lap u. Gallo); Guggenheim/Albright-Knox/MOCA, Chicago/Pasadena Art Mus./Univ. Art Mus., Berkeley 1972–74; Wadsworth 1975 (= Matrix. 5). – d 5, d 6/III.

Hewitt, Francis → **Anonima-Gruppe**

Heyboer, Anton,
* 1924 Sabang (Indonesien)
Niederländischer Künstler. Seine anfangs figurativen Grafiken werden später abstrakter und bilden ein Gewebe aus Punkten und Linien.

Monogr.: J. L. Locher, A.H., Amsterdam 1976.
Kat.: Gemeentemus. Den Haag 1967. – d II/3, d III/1.

Higgins, Dick (Richard Carter),
* 1938 Jesus Pieces
(Cambridge, England)
Amerikanischer ◇ Fluxus- und ◇ Happening-Künstler, kam 1939 in

die USA. H. studierte Musik und war ab Ende der 50er Jahre an vielen Fluxus-Veranstaltungen beteiligt. 1964 distanzierte er sich von der Bewegung, gründete aber im gleichen Jahr die ›Something Else Press‹ in New York, die zahlreiche Publikationen aus dem Umfeld von Happening und Fluxus herausbrachte. Seine künstlerische Arbeit konzentrierte sich zunehmend auf Intermedia-Aktivitäten, vor allem eine Verbindung von Theater, konkreter Poesie, bildender Kunst und Literatur. 1960 heiratete er Alison → Knowles.

Schriften (u. a.): Jefferson's Birthday. Postface, NY 1964; Foew&ombwhw, SEP, NY 1969.
Kat.: d IV/1.

Hill, Anthony, * 1930 London
Englischer Künstler, studierte 1947 bis 1951 an der St. Martin's School in London. Anfangs Maler wandte er sich in den 50er Jahren der Bildhauerei zu (1954 erste abstrakte Reliefs) und entwickelte eine rhythmisch gegliederte, abstrakte Form der Plastik im Sinne der ◇ Konkreten Kunst.

Kat.: d IV/2.

Hilliard, John, * 1945 Lancaster
Englischer Künstler, studierte 1962 bis 1964 am Lancaster College of Art und 1964–67 an der St. Martin's School of Art in London. Bis 1969 arbeitete er an raumbezogenen Skulpturen, aus deren fotografischer Dokumentation sich Arbeiten entwickelten, die auf die fotografische Fixierung hin konzipiert waren, d. h. den fotografischen Vorgang selbst (*Camera Recording Its Own Condition*, 1971) bzw. die Manipulierbarkeit der Bildaussage durch wechselnde Bildausschnitte, -legenden und -kombinationen thematisierten. Seit 1975 entstehen vor allem Triptychen, in denen die dargestellte Szene durch wechselnde Tiefenschärfe und Bildlegenden ihre Aussage verändert.

Kat./Werkpubl.: Elemental Conditioning, MOMA, Oxford 1974; Black Depths, White Expanse, Grey Extent, R. Self Publ., London 1976; Badischer Kv., Karlsruhe 1977. – d 6/II.

Hiltmann, Jochen, * 1935 Hamburg
Deutscher Bildhauer, wurde in den 60er Jahren durch abstrakte, kugel- oder halbkugelförmige Stahlplastiken mit gerauhter, rissiger Oberfläche bekannt, die wie geologische Prozesse aus dem Fluß des Metalls hervorgewachsen scheinen.

Schriften: Aus d. paradiesischen Treibhaus, Hubbelrath 1964.
Kat.: Gal. Appel & Fertsch, Ffm. 1963; Gal. L'Attico, Rom 1965; Ulmer Mus. 1967. – d III/1.

Hinman, Charles,
* 1932 Syracuse (N.Y.)
Amerikanischer Vertreter des sogenannten ◇ Shaped Canvas. Seine Arbeiten bestehen aus geometrischen Formen, die unter bestimmten Sichtperspektiven optische Effekte hervorrufen.

Kat.: Gal. D. René/H. Mayer, Krefeld 1970; Gal. D. René, Paris 1971.

Hockney, David, * 1937 Bradford
Englischer Maler und Grafiker, studierte 1953–57 am Bradford College of Art und 1959–62 am Royal College of Art in London. Seine anfangs von → Kitaj beeinflußten Arbeiten trugen dazu bei, die englische ◇ Pop Art auf der Ausstellung ›Young Contempora-

David Hockney. Sunbather. 1966. Acryl/Lwd. 183 x 183 cm. ML

ries‹ 1961 durchzusetzen. Seine Aufenthalte in Kalifornien (seit 1963) verstärkten seine Neigung zu einem trockenen Realismus, der allerdings in seiner flächigen Gliederung der unwirklich hellen Farbskala und der kühlen, künstlichen Acryloberfläche etwas Unwirkliches und Surreales hat. Seine oft nach (von ihm selbst aufgenommenen) fotografischen Vorlagen entstandenen Bilder zeugen von scharfer Beobachtungsgabe und handwerklicher Präzision, wie auch seine Zeichnungen und Radierungen (vielfach nach poetischen Vorlagen).

Monogr.: 72 Drawings, London 1971 u. NY 1972; Œuvrekat. Graphik, Gal. Mikro, Bln 1968 (Verz. 1957–68); M. Fumaroli, D. H., Paris 1975; H. by H., hrsg. v. N. Stangos, London 1976 u. 1977.
Kat.: Whitworth Art Gal., Manchester 1969; Whitechapel/Kestner/Boymans/NG Belgrad 1970 (Retro); Kh. Bielefeld 1971; Overbeck-Ges., Lübeck 1971; A. Emmerich Gal., NY 1972; MAD 1974; Kv. Hbg 1977. – d IV/1 u. 2, d 6/II u. III.

Höckelmann, Antonius,
* 1937 Oelde (Westf.)
Deutscher Zeichner und Bildhauer, studierte nach einer Holzbildhauerlehre (1951–55) bei → Hartung an der HfbK in Berlin (1957–61). H., mit → Baselitz befreundet, entwickelte in den 60er Jahren seinen charakteristischen Stil: großformatige Zeichnungen mit schwungvoll hingeworfenen, dramatisch-bewegten, spannungsgeladenen Formen.

Kat.: Gal. Werner, Bln 1966; SM, Leverkusen 1975; Kh. Bern 1975. d 6/III.

Hödicke, KH (Karl Horst),
* 1938 Nürnberg
Deutscher Künstler, studierte u. a. an der HfbK in Berlin (1959). Er war beteiligt an den Ausstellungen und Aktionen des ◇ Kapitalistischen Realismus.

Kat.: Gal. R. Block, Bln 1965; Badischer Kv., Karlsruhe 1977. – d 6/III.

Hoehme, Gerhard,
* 1920 Greppin bei Dessau
Deutscher Maler, studierte in Halle und Düsseldorf. Anfangs von lebhaften ◇ tachistischen Formen bestimmt, entwickelte er später eine Bilderschrift mit seriellen Strukturen, aus denen die mit Nylonfäden bespannten farbigen Plexiglaskästen der 60er Jahre entstanden.

Monogr.: G. C. Argan u. a., Rom 1969 (Gal. L'Attico).
Kat.: Gal. L'Attico, Rom 1960 u. 1963; Kölnischer Kv. 1962; SKh., Mannheim 1964; HaW, Bln 1965; Ulmer Mus. 1967; Gal. Senior, Rom 1967 u. 1970; Duisburg 1972; Gal. Hennemann, Bonn 1976; Dssd. 1976. – d II/1.

Höke, Bernhard,
* 1939 Braunschweig
Deutscher Vertreter des ◇ Neodada in den 60er Jahren, der sich an Aktionen und Environments mit den Veränderungsprozessen der Materie, wie z.B. von organischer Natur,

Wasser und Licht beteiligte. Seine Aktivitäten wurden oft von Manifesten begleitet, in denen er seine Gedanken zu Kultur und Politik darlegte.

Hoeydonck, (Adolf) Paul van, * 1925 Antwerpen
Belgischer Maler und Plastiker, der in den 50er Jahren monochrome ◇ kinetische Bilder und Plexiglasreliefs schuf. Unter dem Einfluß des ◇ Nouveau Réalisme und der ◇ Pop Art entstanden später figurative Assemblagen, wobei kopflose, mit Tüchern drapierte Puppentorsi auf weiß gestrichenen Holzreliefs montiert sind und phantastische Assoziationen an Raumfahrtmenschen und Roboter hervorrufen.

Monogr.: M. Fryns, P. van H., Space Art, Brüssel 1969; W. Sandberg, P. van H., ebd. 1971.
Kat.: Kröller-Müller 1965 (mit Brusse, Del Pezzo u. Gentils). – d III/1.

Hofkunst, Alfred, * 1942 Wien
Österreichischer Maler und Zeichner, kam 1948 in die Schweiz und erhielt eine Lehre als Schriftsetzer und Theatermaler (1959–63). Sein zeichnerisch präziser Malstil, auf den er sich seit 1965 voll konzentriert, stellt die Dinge in eine bewußte Isolation, die den Betrachter zu einer intensiven Dinganalyse veranlassen soll.

Kat.: Van Abbe 1972; Km. Winterthur/Hamburger Kh. 1973; Gal. J. Krugier, Genf 1975; Kestner 1975; Mus. Cantini, Marseille 1976. – d 6/III.

Hoflehner, Rudolf, * 1916 Linz
Österreichischer Bildhauer, studierte zunächst Maschinenbau in Linz, dann Architektur in Graz (1936–38) und an der Wiener Akademie (1938 bis 1940); 1951–54 war er im Atelier → Wotrubas tätig. Seit 1962 ist er Professor an der Stuttgarter Akademie. Die kraftvoll-expressive Struktur seiner abstrahierenden Eisen- und Stahlblöcke zeigt deutlich den Einfluß seines Lehrers.

Monogr.: W. Hofmann, H., Stgt 1965, engl. London 1965 u. NY 1967, frz. Paris 1965; W. Spies, R. H., Wien 1971 (= Österr. Graphiker d. Gegenwart. 4; mit Œuvrekat. d. Radierungen u. Lithographien).
Kat.: Neue Gal. d. Stadt Linz 1951; Gal. d'Art Mod., Basel 1951; Gal. Würthle, Wien 1952; 30. Biennale, Venedig 1960; Mus. d. 20. Jh., Wien/Kh. Basel/Mus. Folkwang, Essen/KMv. Wuppertal/Württ. Kv., Stgt 1963/64; SM 1964; HaW, Bln 1967; SM, Leverkusen 1967; Mus. d. 20. Jh. u. Albertina, Wien 1972. – d II/2, d III/1, d 6/III.

Hofmann, Hans, * 1880 Weißenburg (Bayern) † 1966 New York
Amerikanischer Maler deutscher Abstammung, studierte in München

Hans Hofmann. Exuberance. 1955. Öl/Lwd. 127 x 101 cm. Albright-Knox

und Paris (1904–14), wo er von Delaunay, dem Kubismus und Matisse beeinflußt wurde. Nach seiner Rückkehr nach München eröffnete er 1915 eine Schule für moderne Kunst. 1930–31 hielt er Sommerkurse an der University of California in Berkeley ab, 1932 ließ er sich endgültig in den USA nieder. Er unterrichtete an der Art Students' League in New York, eröffnete 1933 seine erste eigene Schule und 1934 die H. H. School of Fine Arts in New York. Mit seinen Arbeiten sowie als Lehrer (bis 1958) und Vermittler der modernen europäischen Kunst war H. von großem Einfluß auf die jungen abstrakten Maler der New York School, mit denen er in engem persönlichen Kontakt stand. Er selber entwickelte in einer späten Schaffensphase noch eine persönliche Spielart des ◇ Abstrakten Expressionismus mit Rechtecken als charakteristischer Grundform.

Schriften: Search for the Real and Other Essays, Andover (Mass.) 1948 (Addison), rev. Cambridge 1967 u. 1973.
Monogr.: Cl. Greenberg, H. H., Paris 1961; S. Hunter., H. H., NY 1963. – Derrière le miroir. 16, Paris 1949.
Kat.: Art of this Century, NY 1944; Kootz Gal., NY 1949, 1951, 1952, 1954, 1955, 1957, 1959, 1960 u. 1964; Bennington College, Bennington (Vt.) 1955 (Retro.); Rutgers Univ., New Brunswick 1956; Whitney/Art Gal. of the Univ. of Calif., LA 1957/58; Kölnischer Kv., 1962; Nürnberg 1962; Bln 1962; MOMA 1963; Gal. Andersson-Mayer, Paris 1963; Worth Ryder Art Gal., Univ. of Calif., Berkeley 1964; SM 1965; Württ. Kv., Stgt 1965; Gal. Civica d'Arte Moderna, Turin 1965; NY 1972. – d II/1.

Hofschen, Edgar, * 1941 Tapian
Deutscher Maler, Autodidakt, studierte später Pädagogik, Philosophie und Kunstgeschichte sowie 1972–75 Malerei in Düsseldorf. H. wurde bekannt mit Arbeiten auf olivgrüner Zeltleinwand, wobei grobe Nähte zugleich Verbindung und Trennung von Flächen manifestieren; nach 1974 konzentrierte er sich auf die Fläche als Farbträger und malte schwebende dunkle Farbfelder auf neutraler Leinwand.

Kat.: Gal. Hennemann, Bonn 1977. – d 6/I u. III.

Hollein, Hans, * 1934 Wien
Österreichischer Architekt, Planer und Designer, der an der Akademie der bildenden Künste in Wien, am Institute of Technology in Chicago und an der University of Berkeley studierte. 1967 wurde er Professor an der Düsseldorfer Akademie, 1976 Leiter des Instituts für Design an der Hochschule für angewandte Kunst in Wien. Als Architekt plante er u. a. Teile des Olympischen Dorfes in München (1972) und das im Bau befindliche Museum in Mönchengladbach. Seine konstruktionshaften Zeichnungen und utopischen Geräte besitzen eine magische Symbolik, die – ähnlich wie bei → Pichler – Bedrohung, Todesnähe und anonymen psychischen Zwang ausstrahlt.

Kat.: SM, Mglb. 1970. – d 6/III.

Holt, Sara, * 1946 Los Angeles
Amerikanische Bildhauerin, die an der University of Colorado studierte. Ihre mit transparentem Polyesterharz farbig bemalten geometrischen Plastiken suchen eine Verbindung zwischen Kunst und urbanem Lebensraum.

Holweck, Oskar, * 1924 St. Ingbert
Deutscher Künstler. Seine Arbeiten

mit geschlitztem und eingerissenem weißen Papier stehen unter dem Einfluß von ◇ Zero und → Fontana.

Monogr.: P. Iden u. Fr. Seitz, O. H., Saarbrücken 1974.
Kat.: Zürich 1967.

Honegger, Gottfried, * 1917 Zürich
Schweizer Maler und Grafiker, entwickelte seine bildnerische Konzeption 1958–60 während eines New York-Aufenthaltes: schräggeschnittene, monochrom weiße, übereinandergeschichtete Kartonformen, wobei an den Kantenlinien der Collagen subtile Schattenwirkungen entstehen.

Monogr.: K. W. Forster, G. H., Niederteufen 1972.
Kat.: Gimpel & Hanover, Zürich 1963, 1965, 1966 u. 1971; Kh. Zürich 1967; MaO, Dortmund 1968 (mit Bonalumi u. Cruz-Diez); Gimpel Fils, London 1968; Gal. Thelen, Köln 1970; Gal. d'Art Moderne, Basel 1973; Gal. D. René, Paris 1974.

Hoover, Nan, * 1931 New York
Amerikanische Künstlerin, studierte 1950–55 Malerei an der Corcoran Gallery School in Washington und übersiedelte 1969 nach Amsterdam. Seit 1973 beschäftigt sie sich mit ◇ Video, das sie als eine erweiterte Form von Malerei verwendet.

Kat.: d 6/II.

Horn, Rebecca, * 1944 Michelstadt
Deutsche Künstlerin, studierte an der HfbK in Hamburg. 1968 begann sie mit ersten Aktionen unter Benutzung ihres Körpers. Bekannt wurde sie mit ◇ Videotapes (ab 1972) nach ◇ Performances, bei denen sie in choreographischen Ritualen die Identität menschlicher Existenz mit naturhaften und mythologischen Vorgängen demonstriert. Dabei erweitert sie den Körper durch Materialien wie z. B. Federn (oder Bänder und Masken), um sie als Fühler oder Flügel zu benutzen.

Rebecca Horn. Die Paradieswitwe. Aktion 1975

Werkpubl.: Dialogo della Vedova Pasadisiaca, Samaned., Genua 1976 (ital. engl.).
Kat.: Kölnischer Kv. 1977; Staatl. Kh., Baden-Baden 1977 (›9 Bewerber . . .‹); Kestner 1978.

Hoyland, John, * 1934 Sheffield
Englischer Maler, studierte am Sheffield College of Art und an den Royal Academy Schools. 1964 erhielt er während eines New York-Aufenthalts wesentliche Anregungen vom amerikanischen ◇ Abstrakten Expressionismus. Er schuf großformatige Leinwände mit flächigen, harten Farbbahnen vor diffusen Farbhintergründen.

Kat.: Whitechapel 1967. – d IV/1.

Alfred Hrdlicka. Judith und Holofernes. 1962. Radierung. 30,6 x 25,5 cm

Hrdlicka, Alfred, * 1928 Wien
Österreichischer Bildhauer, Maler und Grafiker, studierte in Wien 1946–52 Malerei und 1952–57 bei → Wotruba Bildhauerei. In seinen graphischen Zyklen und seinem bildhauerischen Œuvre setzt er sich in einem stark expressiven Stil mit dem Menschen als leidendem Wesen auseinander.

Schriften: Autobiogr., München 1969 (= Moos-Künstler-Bücher. 1).
Monogr.: Randolectil, hrsg. v. K. Sotriffer, München 1969 u. 1972 (= Österr. Druckgraphiker d. Gegenwart. 1; mit Œuvrekat. d. Radierungen 1947–68); Skulptur u. große Zeichnung, Wien 1973 (mit Œuvrekat. v. M. Chobot); Radierungen, 3 Bde, Ffm. 1975.
Kat.: Gal. Welz, Salzburg 1963 (mit Œuvrekat. 1949–63) u. 1969; Marlb., London 1968; A. Dürer-Ges., Nürnberg 1968; Neuer Berliner Kv., Bln 1970; Kv. Freiburg 1971; Ulmer Mus. 1972; Kestner 1974; Gal. Valentien, Stgt 1974.

Hucleux, Jean-Olivier,
* 1923 Chauny
Französischer Maler des ◇ Hyperrealismus, der seine Bilder von Menschen- und Autofriedhöfen nach projizierten Fotos malt. Die Gegenständlichkeit erscheint im Brechungswinkel des durch die Fotografie ausgewählten und in der Malerei vergrößerten Realitätsausschnitts, wodurch sie eine Steigerung ihrer atmosphärischen Ausstrahlungskraft gewinnt.

Kat.: d 5

Huebler, Douglas,
* 1924 Ann Arbor (Mich.)
Amerikanischer Künstler aus dem Umfeld der ◇ Konzeptuellen Kunst, studierte u. a. an der University of Michigan und der Cleveland School of Art. Nach Skulpturen im Stil der ◇ Minimal Art wandte er sich Arbeiten zu, die eigentlich erst in der Vorstellungswelt des Betrachters – aufgrund gedanklich assoziativer Prozesse – existent werden. Besonders konsequente Ausformungen stellen die Werkkomplexe dar, die einen Punkt, eine Linie oder eine leere Fläche immer wieder anders interpretieren (ab 1968). Besonders

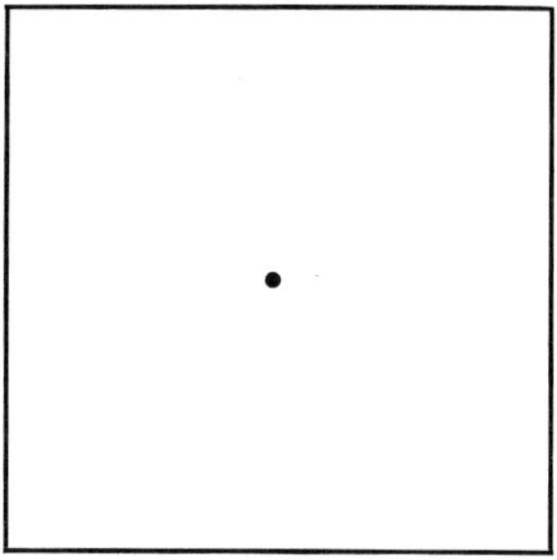

DouglasHuebler. Der obige Punkt beginnt genau in dem Augenblick, in dem man ihn erblickt, sich in jede Richtung bis in die Unendlichkeit auszudehnen: Während der ganzen Zeit, in der diese Worte gelesen werden, breitet er sich mit Lichtgeschwindigkeit aus, er kehrt aber sofort nach dem letzten Wort in seinen ursprünglichen Zustand zurück. 1970. Gal. Sperone, Turin

bekannt wurde er mit seinen in Themengruppen zusammengefaßten Arbeiten wie *Duration Pieces, Location Pieces* und *Variable Pieces* (alle ab 1968) sowie *Alternative Pieces* (ab 1970), in denen er die – in den erstgenannten Arbeiten nur suggerierte – Veränderung und Bewegung (Beziehung zwischen Ort und Zeit) thematisiert und explizit formuliert. Der prozessuale Charakter wird dabei mit Hilfe von Dokumentation wie Fotos, Landkarten, Zeichnungen und Texten fixiert.

Kat./Werkpubl.: o. T., S. Siegelaub, NY 1968; Durata/Duration, Sperone Ed., Turin 1970; Addison 1970; MOFA u. ICA, Boston 1972; Westf. Kv., Münster 1972/73; Selected Drawings. 1968–73, Gal. Sperone, (Turin) 1975; L. Castelli Gal., NY 1976; Gal. S:t Petri, Lund 1976; Secrets, Printed Matter, NY 1977. – d 5, d 6/III.

Hüppi, Alfonso,
* 1938 Freiburg i. Breisgau
Deutscher Bildhauer, studierte nach einer Silberschmiedlehre an der HfbK in Hamburg und an der Kunst- und Werkschule in Pforzheim. Er lehrt heute als Professor an der Düsseldorfer Akademie. Seit den frühen 60er Jahren benutzt H. für seine reliefartigen Objekte ungehobeltes Holz, aus dem er einfache figurale Zeichen herausschneidet.

Kat.: SM, Leverkusen 1974; Kh. Basel 1974. – d 6/III.

Hundertwasser, Friedensreich (ab 1949; eigentlich Friedrich Stowasser), * 1928 Wien
Österreichischer Maler und Grafiker, studierte kurze Zeit an der Wiener Akademie (1948). Seine dekorativen, spiralförmig (ab 1953) oder labyrinthisch angelegten Bilder, die meist auf einem Farbklang

Friedensreich Hundertwasser. Cette fleur aura raison des hommes. 1957

von Rot, Grün oder auch Gold basieren, beziehen ihre Inspirationen u. a. vom Wiener Jugendstil und von Klee. 1959 realisierte H. mit → Brock das ◇ Happening-Projekt der ›Hamburger Linie‹, die das Ziel einer Verbindung von Kunst und Leben programmatisch darstellen sollte.

Monogr.: P. Restany, H., Paris 1957 (= Peinture actuelle); W. Hofmann, H., Salzburg 1965; A. Schmeller, Fr. H., ebd. 1971; W. Schmied, Fr. H., ebd. 1974 (= Österr. d. 20. Jh.). – Regentag, München 1972 (mit M. Bockelmann), engl. NY 1974; H. in Neuseeland, Hamburg 1978. Kat.: Art-Club, Wien 1953; Gal. Facchetti, Paris 1954 u. 1956; Gal. del Naviglio, Mail. 1955; Gal. nächst St. Stephan, Wien 1957; Gal. Cordier, Paris 1960; Tokyo Gal. 1961; 31. Biennale, Venedig 1962; Gal. La Medusa, Rom 1962 u. 1967; Gal. Ä. Abels, Köln 1963; Kestner/Kh. Bern/KEO, Hagen/Mus. d. 20. Jh., Wien/SM/MOMU 1964/65 (mit Œuvrekat. 1934–64); Hammerlund Gal., Oslo 1965; Hanover Gal., London 1967 (mit Œuvrekat. 1964–67); Genf 1967; Kopenhagen 1968 (mit Œuvrekat. d. Lithographien 1951–68); Berkeley (Calif.) 1968; Gal. Hoeppner, Hbg 1971; Haus d. Kunst, München 1975 (Retro.). – d III/1.

Hutter, Wolfgang, * 1928 Wien
Österreichischer Maler, Sohn von A. P. Gütersloh, dem Inspirator der → Wiener Schule; seit 1966 Professor an der Wiener Akademie für angewandte Kunst. Seine phanta-

stischen Figurationen, die starke Einflüsse des ◇ Surrealismus (Dali) aufweisen, zeichnen ein entrücktes Paradies, dessen utopischer Charakter durch eine eigentümliche Statuarik bewußt gemacht wird.

Monogr.: D. Breicha, W. H., Wien 1968 (mit Œuvrekat.).

Icaro, Paolo, * 1936 Turin
Italienischer Künstler. Nach Anfängen im Stil der ◇ Arte Povera wandte er sich Anfang der 70er Jahre Arbeiten zu, in denen er – ausgehend von seinem eigenen Körper – versucht, elementare Erfahrungen in Objekte zu übertragen (z. B. Arbeiten aus gebogenem Stahl, die zwei Punkte des Körpers – wie Achselhöhle und große Zehen – in Beziehung setzen).

Kat./Werkpubl.: Memo pad. Misure intime, Minetti Rebora Ed., Genua 1973; o. T., Ed. A. Verna, Zürich 1974; Lavori 1963–75, Mail 1976.

IMI → Knoebel, W.

Immendorf, Jörg,
* 1945 Bleckede (Elbe)
Deutscher Künstler, studierte an der Düsseldorfer Akademie (u. a. bei → Beuys) und trat bereits 1965 mit ersten Aktionen (ab 1968 unter dem Namen ›Lidl‹) hervor. In der Folgezeit wurde er bekannt mit politisch engagierten Bildern, in denen er eine realistische, revolutionär-demokratische und operative Kunst im Dienste des Volkes und der Werktätigen fordert und zu verwirklichen sucht. Sein *Café Deutschland* (1977) bildet das Gegenstück zu → Guttusos *Caffè Greco*.

Schriften: Hier und Jetzt: Das tun, was zu tun ist, Köln/NY 1973.
Kat.: Hedendaagse Kunst, Utrecht 1977. – d 5.

Robert Indiana. Love. 1968. Farbserigrafie. 86 x 86 cm

Independent Group
Lockere Verbindung von Künstlern, die sich 1952–54 im Londoner ICA trafen und deren Ideen in zwei entscheidenden Ausstellungen zum Ausdruck kamen: ›Parallel of Life and Art‹ (ICA 1953) und ›This is Tomorrow‹ (Whitechapel 1956), die die englische ◇ Pop Art einleitete. Wichtige Mitglieder der Gruppe waren der Kritiker Lawrence Alloway sowie → Hamilton, → Paolozzi und → Turnbull.

Indiana, Robert (eigentlich R. Clark), * 1928 New Castle (Ind.)
Amerikanischer Maler und Grafiker, studierte u. a. am Art Institute of Chicago (1949–53). Im Kontakt mit Malern wie → Kelly, → Smith und → Youngerman wandte er sich Mitte der 50er Jahre einer Malerei zu, die von der Form des Gingkoblattes ausging; Anfang der 60er Jahre entwickelte er einen flächigen, leuchtendfarbigen, reklamehaften Stil im Sinne der ◇ Pop Art unter Verwendung von Buchstaben *(Love-Bilder)*, Ziffern oder Verkehrszeichen.

Monogr.: Druckgraphik u. Plakate 1961 bis 1971, Stgt 1971 (Œuvrekat.)
Kat.: Walker, Minneapolis/ICA, Boston 1963/64 (mit Stankiewicz); MHL, Krefeld 1966; Van Abbe 1966; ICA, Philadelphia 1968. – d IV/1 u. 2.

Insley, Will, * 1929 Indianap. (Ind.)
Amerikanischer Künstler, studierte Architektur an der Harvard School of Design und lehrte 1969–73 an der School of Visual Arts in New York. In der Art ◇ Individueller Mythologien konzipierte er eine ›Onecity‹ inmitten der USA mit 160 000 Quadratmeilen umbauten Raums für die gesamte Bevölkerung. Für die großangelegte Bibliothek und eine Vielzahl von Zeremonialräumen entstanden seit Anfang der 60er Jahre Zeichnungen, Fotos, sogenannte *Wall-Fragments* (in der Art des ◇ Systemic Painting, ab 1965) und Modelle (bisher über 30, ab 1967; u. a. *Gate,* 1971/72, d 5).

Kat.: ICA, Univ. of Pennsylvania 1969; MOMA 1971; MHL, Krefeld/Württ. Kv., Stgt 1973/74; Gal. A. Verna, Zürich 1976; MOCA, Chicago 1976. – d 5, 6/III.

Ipoustéguy, Jean,
* 1920 Dun-sur-Meuse
Französischer Bildhauer, beschäftigte sich Ende der 40er Jahre mit sakraler Fresken- und Glasmalerei, wandte sich aber 1949 ausschließlich der Bildhauerei zu. Nach abstrakten Anfängen (*Der Kuß,* 1956) bezog er allmählich figurative Elemente ein und schuf großformatige szenarische Skulptur-Landschaften (*Gespräch über Mistra,* 1964–66).

Kat.: Gal. Bernard, Paris 1962, 1966 u. 1968; Gal. Loeb, NY 1964; Hanover Gal., London 1964; SM, Leverkusen 1965/66; Württ. Kv., Stgt 1966; Gal. Galatea, Turin 1968; Paris 1969 u. 1972; Badischer Kv., Karlsruhe/vdH, Wuppertal/Kh. Basel/NGB 1970; Artel Gal., Genf 1974. – d III/1, d 6/III.

Irwin, Robert, * 1928 Long Beach
Amerikanischer Künstler. Nach Anfängen im Stil des ◇ Abstrakten Expressionismus wandte er sich in den ausgehenden 60er Jahren mit seinen Scheibenbildern (mit Acrylfarbe bespritztes Aluminium) einer Malerei zu, die ähnlich wie die ◇ Op Art auf der Netzhaut des Betrachters kinetische Effekte erzeugt. Seit der Teilnahme an der Art and Technology-Ausstellung (LA County Mus. of Art, 1972) widmet er sich verstärkt der Untersuchung und Irritation der menschlichen Wahrnehmung in großangelegten architektonischen Environments.

Kat.: LA County Mus. of Art 1966 (mit Price); Jewish Mus., NY 1968; Fort Worth Art Center Mus. 1969 (mit Wheeler); Tate 1970 (mit Bell u. Wheeler); MOCA, Chicago 1975; NY 1977.

Iseli, Rolf, * 1934 Bern
Schweizer Künstler, besuchte nach einer Lehre als Fotolithograf die Kunstgewerbeschule in Bern (1950 bis 54). Seine künstlerische Arbeit begann mit monochromen Bildern (ab 1955), später folgten Collagenserien (ab 1964), farbige Holzobjekte (1968) und Eisen- und Stahlstücke, die ebenso wie seine Erdbilder (ab 1970) die benutzte Materie selbst zur Darstellung bringen.

Kat.: Kh. Bern 1965; Km. Luzern 1968; Gal. Raeber, Luzern 1972; Khs Zürich 1977, Kv. Braunschweig 1978 (Retro). – d II/1, d 5.

Isenrath, Hans Paul,
* 1936 Mönchengladbach
Deutscher Bildhauer, studierte 1953 bis 57 an der Werkkunstschule in Krefeld sowie bei → Lardera und → Kricke. Seit 1969 beschäftigt er sich mit horizontalen Metallskulpturen, seit 1971 auch in Verbindung

mit Wasser (Außenskulpturen in Form extrem langer Wasserrinnen, z. B. auf der d 6).

Kat.: Kv. Gelsenkirchen 1976. – d 6/I.

Isnard, Vivien → **Supports/ Surfaces**

Israel, Robert, * 1939 USA
Amerikanischer Bildhauer, dessen Objekte der ausgehenden 60er Jahre aus Vinylschläuchen taktile und optische Reizeffekte verbinden und die Möglichkeit künstlerischer Benutzung modernster technischer Materialien erproben.

Jaccard, Christian → **Supports/ Surfaces**

Jacobsen, Robert (Jakobsen), * 1912 Kopenhagen
Dänischer Bildhauer. Nach ersten Arbeiten in Holz unter dem Einfluß des deutschen ◇ Expressionismus entstanden in den 40er Jahren erste abstrakte Skulpturen aus Stein und – nach seiner Übersiedlung 1947 nach Paris – aus Eisen, seitdem sein bevorzugtes Material. Seine Arbeiten erhalten ihre kraftvoll-dynamische Spannung durch die charakteristische Verbindung von geraden mit gekrümmten Linien.

Monogr.: E. Mentze, R. J., En dansk kunstner i fremmed milieu, Kopenhagen 1961.
Kat.: Gal. de France, Paris 1958 u. 1963; Louisiana Mus., Humlebaek 1959; Gal. A. Abels, Köln 1965; München 1965; NY 1966; SKh., Dssd. 1970. – d II/2.

Jacquet, Alain, * 1939 Neuilly-sur-Seine
Französischer Maler, studierte in Grenoble und Paris Architektur und arbeitete zunächst als Schauspieler, bevor er sich der Malerei zuwandte. In seinen Bildern benutzt er die Siebdrucktechnik der ◇ Pop Art und setzt die farbigen Punkte des Rasters bewußt zur bildnerischen Verfremdung fotografischer Vorlagen ein.

Kat.: Gal. Y. Lambert, Paris 1968; Mus. Lodz 1969.

Janssen, Horst, * 1929 Hamburg
Deutscher Zeichner und Grafiker, studierte 1946–51 an der Landeskunstschule Hamburg. Seine skurril-satirischen Zeichnungen und Radierungen, die den Einfluß Ensors verraten, zeugen von großer handwerklicher Meisterschaft und virtuoser Behandlung der Technik.

Monogr./Werkpubl.: Ballhaus Jahnke, Ffm. 1969; Zeichnungen, Bln 1970; Radierungen 1970–71, hrsg. v. H. J. Hower, 2 Bde, Bln 1971; Hokusai's Spaziergang. Traktat über d. Radierung, hrsg. v. G. Schack, Hbg 1972; Tessin, Hbg 1972;

Horst Janssen. Selbst mit drei Nasenlöchern. 1971. Radierung

Neue Zeichnungen, Bln 1973; Minusio, Bln 1973; Norwegisches Skizzenbuch, Bln 1973; Carnevale di Venezia, hrsg. v. G. Schack, Hbg 1973; Landschaften, hrsg. v. G. Schack, Hbg 1974; November, Bln 1975; Zeichnungen u. Radierungen 1969–75, Hbg 1976.
Kat.: Kestner 1965 (mit Œuvrekat. u. Druckgraphik) u. 1973; Dssd. 1966; Kh. Basel 1966; Marlb., London 1970; Gal. Brockstedt, Hbg 1971 u. 1978/79; SKh., Mannheim 1976. – d 6/III.

Jenkins, Paul,
* 1923 Kansas City (Mo.)
Amerikanischer Maler, lebt seit 1953 in Paris. Seine aus dem ◇ Abstrakten Expressionismus entwikkelte Malerei ist gekennzeichnet durch den Wechsel zwischen knetend geformter Farbe und aquarellhaften Farbschleiern.

Monogr.: K. B. Sawyer u. P. Restany, P. J., Paris 1961; J. Cassou, Stgt 1963 (= Kunst heute. 1), engl. NY 1972; A. Elsen, P. J., NY 1973.
Kat.: Kölnischer KV. 1962; Gal. Lienhard, Zürich 1962; Gal. Flinker, Paris 1963; A. Tooth & Sons, London 1963; Kestner 1963/64; Charleroi 1974 (Retro.); Köln 1974. – d III/1.

Jensen, Alfred,
* 1903 Guatemala City
Amerikanischer Maler, der in Dänemark seine Jugend verlebte und u. a. bei → Hofmann in München (1927/28) studierte. Nach Beschäftigung mit Goethes Farbenlehre, Leonardos Schriften und verschiedenen Zahlensystemen entwickelte er ab 1957 eine geometrisch-abstrakte Malerei in reinen Spektralfarben, die naturgesetzliche Harmonien widerspiegeln soll; in den 70er Jahren verstärkte sich sein Hang zu Zahlentheorien und -mystik.

Kat.: Kornfeld & Klipstein, Bern 1963; Kh. Basel 1964 (mit Kline); SM 1964; Gal. R. Ziegler, Zürich 1966; Kestner/Mus. Louisiana, Humlebaek/Staatl. Kh., Baden-Baden/SKh. Dssd./Kh. Bern 1973 (Retro. 1957–72). – d III/1, d IV/1, d 5.

Jochims, Reimer, * 1935 Kiel
Deutscher Maler, Autodidakt, studierte 1955–57 und 1965–68 Philosophie und Kunstgeschichte an der Universität München. Seit 1971 ist er Professor an der Städelschule in Frankfurt. J. praktiziert in seinen Bildern eine Malweise, die die chromatische Fluktuation zwischen Farbe und Fläche durch eine nuancierte Dichte von Farbpigmenten auf der Leinwand analysiert.

Schriften: Der Maler A. Calderara, Starnberg 1971 (= Kunst u. Umwelt. 3); Identitätstexte 1962–73, München 1973.
Kat.: München 1967 u. 1975; Gal. Milano, Mail. 1972; Mus. f. Kunst- u. Kulturgesch. Lübeck 1978.

Johns, Jasper, * 1930 Allendale (S.C.)
Amerikanischer Maler, studierte an der University of South Carolina.

Jasper Johns. Flagge auf orangefarbenem Grund. 1957. Enkaustik/Lwd. 167 x 124 cm. ML

1952 ging er nach New York, wo er sich an → Rauschenberg anschloß. Im Kontakt mit ihm und → Cage entwickelte er die Ideen Duchamps weiter. Ausgehend vom ◇ Abstrakten Expressionismus wandte er sich Mitte der 50er Jahre bewußt banalen Sujets zu: Zahlen, Schießscheiben, die amerikanische Flagge (ab 1954). Diese Arbeiten, wie auch seine Assemblagen mit eingefügten realen Gegenständen (ab 1957) oder die in Bronze gegossenen und bemalten ›Sculpmetals‹ (z. B. Glühbirnen oder Konservendosen, ab 1960) waren von entscheidendem Einfluß auf die Entwicklung der ◇ Pop Art. Die Flaggen-Bilder brachten darüber hinaus erstmals in der Geschichte der Malerei den Bildgegenstand mit dem Bild selbst zur Deckung und stellten damit – erstmals nach Duchamps *Fountain* und von anderer Position aus – die Frage nach der Identität des Dinges und des Bildes (Johns: »Is it a flag or is it a painting?«), ein Problem, das später von der ◇ Konzeptuellen Kunst (vor allem von → Kosuth) erneut in Angriff genommen wurde. In jüngster Zeit entstanden Bilder, bei denen die Leinwand im Sinn des → Pollockschen ›All Over Painting‹ gleichmäßig mit farbigen Linienbündeln gefüllt ist.

Monogr.: L. Steinberg, J. J. NY 1963; M. Kozloff, J. J., NY 1967 u. 1970; ders., J. J., NY 1972 [mit d. vorangehenden Publ. nicht identisch]; Prints 1960–70, hrsg. v. R. S. Field, Philadelphia Mus. of Art 1970 (Œuvrekat.); Graphik, hrsg. v. C. Huber, Bern 1970.

Kat.: Columbia Mus. of Art 1960; MOMU/Kh. Bern 1961/62 (mit Leslie, Rauschenberg u. Stankiewicz; Ellin Gal., LA 1962 (Retro); Jewish Mus., NY 1964 (Retro); Whitechapel 1964; Pasadena Art Mus. 1965; M. Koogler McNay Art Inst., San Antonio 1969; Mus. f. mod. Kunst, Belgrad 1969 (mit Tàpies); Km. Basel 1969 (hektographierter Kat.); Metropolitan, NY 1969/70 (mit Frankenthaler, Motherwell u. Newman); SM, Mglb. 1971; Kv. Hannover/SKslg, Ludwigshafen 1971; MOMA, Oxford/Mappin Art Gal., Sheffield/Herbert Art Gal., Coventry/Walker, Liverpool/City Art Gal., Leeds/Serpentine Gal., London 1974/75; Wadsworth 1976 (= Matrix. 20); Whitney 1977. – d III/1, d IV/1 u. 2, d 5, d 6/I u. III.

Jonas, Joan, * 1936 New York
Amerikanische Künstlerin, studierte u. a. an der Boston Museum School und der Columbia University in New York. 1968 entstanden ihre ersten ◇ Performances sowie ihr erster Film (mit → Campus), 1971 ihre ersten Filme und ◇ Videoarbeiten (mit → Serra). Unter Ausnutzung der technischen Möglichkeiten dieser Medien versucht sie, die eingefahrenen Wahrnehmungsmechanismen aufzubrechen und zu verändern.

Kat.: d 5, d 6/II.

Jones, Allen, * 1937 Southampton
Englischer Maler, studierte u. a. am Royal Callege of Art (1959–60), wo er von → Kitaj beeinflußt wurde. Er war an der Ausstellung ›Young Contemporaries‹ (1961) beteiligt, die der englischen ◇ Pop Art zum Durchbruch verhalf. J.' Malerei ist geprägt durch einen von → Hamilton beeinflußten nostalgischen Hang zur Pop-Kultur Amerikas der 40er Jahre sowie durch eine teils banale, teils aggressive Darstellung sexueller Sujets, die er mit den klischeehaften Mitteln der Werbung noch übersteigert.

Monogr.: Das graphische Werk, Köln 1969; Figures, Bln 1969; Projects, Tübingen 1971.

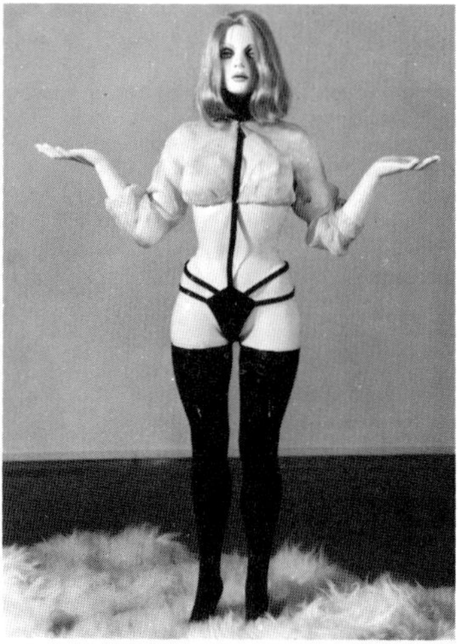

Allen Jones. Hutständer (aus ›Hutständer, Tisch u. Stuhl‹. 3 Figuren). 1969. Fiberglas bemalt, Leder, Haar. Lebensgröße. SL

Kat.: A. Tooth & Sons, London 1963; Gal. Bischofberger, Zürich 1967; Gal. R. Zwirner, Köln 1970; Gal. Milano, Mail. 1970; Gal. Il Fauno, Turin 1971; Marlb., London 1972; Waddington Gal., London 1976 (2 Kat.). – d III/1, d IV/1 u. 2.

Jones, Howard, * 1922 New York
Amerikanischer Vertreter der ◇ Lichtkinetik, der seine Environments mit modernsten technologischen Mitteln und elektronischen Geräuschprogrammen ausstattet.

Jorn, Asger (eigentlich A. Jorgensen), * 1914 Vejrum † 1973 Aarhus
Dänischer Maler, arbeitete 1936/37 bei Léger und Le Corbusier in Paris. Starke Eindrücke empfing er durch Klee und Miró. 1948 war er Mitbegründer der → Cobra-Gruppe, seit 1954 lebte er in Paris und in Albisola (Italien). Seine Malerei ist eine nordische Variante des

Asger Jorn. Brief an meinen Sohn. 1956/57. Öl/Lwd. 130 x 195 cm. Slg A. Niels, Rhode-Saint-Genèse

◇ Abstrakten Expressionismus mit einem magischen, spukhaften Unterton. In einer expressiven gestischen Zeichensprache und mit leuchtenden, dick aufgetragenen Farben evozierte er Erscheinungen einer grotesk-dämonischen Fabelwelt.

Schriften: Gedanken eines Künstlers, München 1966.
Monogr.: V. Schade, A. J., Kopenhagen 1965; M. Loreau, Vers une peinture péremptoire. A. J., Paris 1967; G. Atkins, J. in Scandinavia 1930–53. A Study of His Artistic Development, Kopenhagen 1968 (mit Œuvrekat. 1930–53); ders. u. Tr. Andersen, A. J., The Crucial Years 1954–64, London 1976 (mit Œuvrekat.); M. De Micheli, J. scultore, Mail. 1973; Werkverz. d. Druckgraphik 1932–72, München 1976 (Gal. van de Loo). – A Bibliogr. of A. J.'s Writings to 1963, hrsg. v. G. Atkins u. E. Schmidt, Kopenhagen 1964.
Kat.: Gal. Rive Gauche, Paris 1960, 1963 u. 1965; A. Tooth & Sons, London 1961; Lefebre Gal., NY 1962, 1967, 1970 u. 1972; Gal. van de Loo, München 1963, 1965, 1966, 1968, 1970 u. 1973; Pal. Grassi, Venedig 1963 (= Momenti. 1); Kh. Basel/SM/Louisiana Mus., Humlebaek 1964 (Retro.); Gal. J. Bucher, Paris 1967, 1969, 1970 u. 1972; Kestner/NGB/PBA, Brüssel/Nordjyllands Km., Aalborg/MONU 1973 (Retro.; als Buch St. Gallen/Genf 1973). – d II/1 u. 3, d III/ 1 u. 2.

Judd, Donald,
* 1928 Excelsior Springs (Mo.)
Amerikanischer Bildhauer, studierte

Donald Judd. Ausstellung Februar 1966, L. Castelli Gal., NY

an der Art Students' League (1948) sowie Philosophie (1949–53) und Kunstgeschichte (1957–62) an der Columbia University in New York. Nach Anfängen als Maler gelangte er über reliefartige Bilder (1961) zur Bildhauerei (erstes freistehendes Bodenstück 1962). Mit seinen in der Folgezeit entstandenen, industriell hergestellten und meist großformatigen Arbeiten wurde er zu einem der bedeutendsten Vertreter der ◇ Minimal Art: Einzelstücke oder mehrteilige Arbeiten aus einfachen geometrischen Formen (aus Metall – z. T. mit farbigem Plexiglas oder bemalt – und Holz), die in gleichen Abständen über- oder nebeneinander (an der Wand) bzw. hintereinander angeordnet sind. B. war auch als Kunstkritiker tätig (u. a. für ›Art News‹; 1959–65 Mitherausgeber von ›Arts Magazine‹) und verfaßte einige für die Kunstauffassung nach 1965 bedeutende Aufsätze.

Schriften: Complete Writings, Halifax/NY 1975.

Kat.: Whitney 1968; Gal. I. Sonnabend, Paris 1969; Art Gal., Univ. of Calif., Irvine 1969 (mit Andre, Flavin, Morris u. Serra); Van Abbe/Folkwang Mus., Essen/Kv. Hannover/Whitechapel 1970; SF Mus. of Art 1970 (mit Andre, McCracken u. T. Smith); Pasadena Art Mus. 1971; Gal. H. Friedrich, München/Gal. A. Verna, Zürich/Gal. Swart, Amsterdam/Gal. H. Friedrich, Köln/Gal. im Taxispalais, Innsbruck 1973/74; NGC, Ottawa 1975 (mit Œuvrekat. 1960–74); Km. Basel 1976; Kh. Bern 1976; Mod. Gal., Bottrop 1977. – d IV/1, d 6/III.

Jürgen-Fischer, Klaus, * 1930 Krefeld

Deutscher Maler, Grafiker und Kunstkritiker (seit 1955 Redakteur von ›Das Kunstwerk‹), der an den Kunstakademien in Düsseldorf und Stuttgart (bei → Baumeister) studierte. 1965–67 gab er die gleichnamige Zeitschrift der Gruppe → Syn heraus, deren Zielrichtung auch für seine Malerei programmatisch wurde. Nach Arbeiten im Anschluß an Baumeister und surreale Motivik sowie einer Phase ◇ informeller Malerei gelangte J.-F. zu seismografisch wirkenden Linienstrukturen, in denen sich sein subjektiver Erlebnisraum artikuliert und schließlich in emblemhaften Zeichen verfestigt.

Kat.: Il Grifo, Turin 1960; Kv. Freiburg 1969; Staatl. Kh., Baden-Baden 1970; Märkisches Mus. d. Stadt Witten 1977.

Kacere, John, * 1920 Walker (Ia.)

Amerikanischer Maler des ◇ Hyperrealismus, der das Blow up und Pin-up der Porno-, Reklame- und Kinoindustrie in Gestalt aufreizender Aktfragmente ironisch-effektvoll übersteigert.

Kadishman, Menashe,
* 1932 Tel-Aviv
Israelischer Bildhauer, studierte in Tel Aviv sowie in London an der St. Martins' School of Art (1959) und der Slade School of Art (1960). K. schuf u. a. abstrakte Plastiken aus bemaltem Metall und Glas.

Kat.: d IV/1.

Kahlen, Wolf, * 1940 Aachen
Deutscher Künstler, studierte an der Werkkunstschule Braunschweig und an der Freien Universität in Berlin. K. arbeitet im Bereich der ◇ Body Art und der ◇ Konzeptuellen Kunst sowie ab 1969 mit ◇ Video.

Kat.: Haus am Lützowplatz, Bln 1975. – d 6/II u. III.

Kalinowski, Horst Egon,
* 1924 Düsseldorf
Deutscher ◇ Objektkünstler, studierte an der Kunstakademie in Düsseldorf (1945–48) und ging 1950 nach Paris. Nach frühen Collagen mit Packpapier schuf er höhlenartige Objektkästen aus Holz und dunklem Leder, in die gefundene Gegenstände eingefügt werden. Diese sogenannten *Caissons* (oft mit Titeln aus der antiken Mythologie) versteht K. als einen „Versuch, erfahrenes Leben fossilhaft und rätselvoll zu konservieren".

Horst Egon Kalinowski. La porte des supplices. 1963. Leder, Holz, Eisen. 200 x 160 cm. MOMA

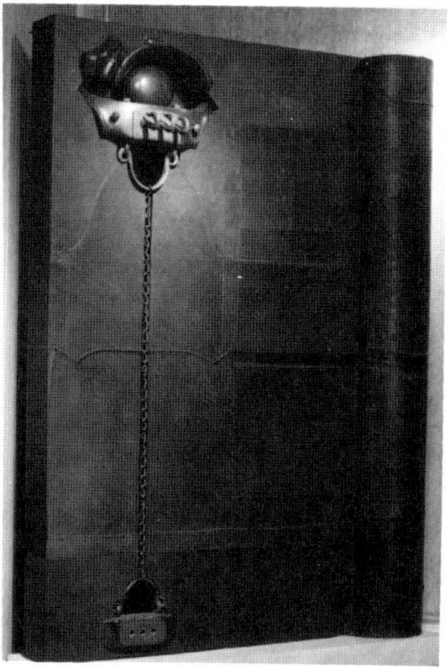

Monogr.: Druckgraphik 1961–71, hrsg. v. W. Rothe, Heidelberg 1971.
Kat.: Gal. D. Cordier, Paris 1958 u. 1963; Gal. 22, Dssd. 1959; SKh., Mannheim/WLM, Duisburg/Pfalzgal. Kaiserslautern/SKslg, Bonn 1967; CNAC/Kestner 1969; Lefebre Gal., NY 1969; Kölnischer Kv. 1972.

Kaltenbach, Stephen James,
* 1940 Battlecreek (Mich.)
Amerikanischer Künstler aus dem Umfeld der ◇ Materialkunst.

Kampmann, Utz Rüdiger,
* 1935 Berlin
Deutscher Bildhauer, studierte 1957 bis 1963 an der HfbK in Berlin. Nach totemartigen Plastiken und Tonreliefs in den frühen 60er Jahren wandte sich K. unter dem Einfluß von → Gaul abstrakten Farbobjekten zu, die Würfelsegmente in vielfacher Verdoppelung schichten. 1966–70 arbeitete er an der Farbkoordinierung des Märkischen Viertels in Berlin.

Kat.: Gal. Bischofberger, Zürich 1966 u. 1969; WLM, Duisburg 1970. – d IV/1.

Kanovitz, Howard,
* 1929 Fall River (Mass.)
Amerikanischer Maler, studierte an der School of Design in Rhode Island, war als Schaufensterdekora-

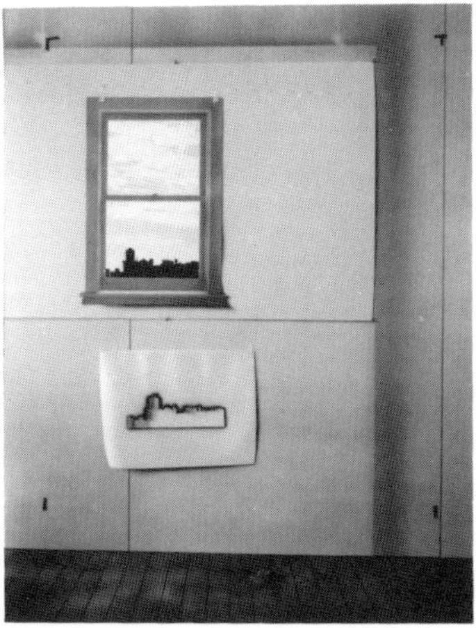

Howard Kanovitz. Komposition 1971. Liquitex, Polymer, Acryl/Lwd. 204 x 152 x 3 cm. Boymans

teur tätig und arbeitete danach bei → Kline. K. entwickelte dann eine Form des ◇ Hyperrealismus (ab 1963 Arbeiten nach fotografischen Vorlagen, ab 1967 Verwendung der Spritzpistole), der eine gewisse konzeptuelle Systematik im Umgang mit dem Realitätsabbild aufweist: Indem er die Wirklichkeit ausschnitthaft zitiert, entrückt er sie ihrem üblichen räumlichen Zusammenhang. Darüber hinaus führt das realistische Zitat von Figuren und Gegenständen vor einem einfarbigflächigen Bildhintergrund zu einer magischen Irritation der üblichen Wahrnehmungsperspektive des Betrachters.

Kat.: Jewish Mus., NY 1966; Waddell Gal. NY 1969 (2 Kat.); Gal. Thelen, Köln 1970; Everyman Gal., NY 1970 (Œuvrekat. d. Grafik); Hedendaagse Kunst, Utrecht/WLM, Duisburg 1974 (Retro.); Km. Basel 1976. – d 5, d 6/III.

Kantor, Tadeusz,
* 1915 Wielopole (bei Krakau)
Polnischer Maler und Regisseur, studierte 1934–39 Malerei und Bühnenbildnerei an der Akademie in Krakau, an der er 1948–69 selbst lehrte. Nach anfänglicher Malerei im Stil des Surrealismus folgte ein ◇ informelles Assemblage-Konzept, das in seiner Verbildlichung von Zufallserscheinungen auch in seinen Theater-Veranstaltungen zum Ausdruck kommt. Seit 1963 realisiert K. theatralische ◇ Happenings, die das Motiv der Verpakkung oder Bekleidung variieren.

Kat.: Dssd. 1959; Gal. Foksal, Warschau 1971 u. 1973; Gal. Foksal/Whitechapel 1976. – d II/1, d 6/III.

Kaprow, Alan
* 1927 Atlantic City (N. J.)
Amerikanischer Künstler, studierte 1945–49 Architektur an der New York University, 1950–52 Kunst-

Alan Kaprow. Yard. 1961. Environment

geschichte an der Columbia University und 1947/48 Malerei bei → Hofmann. Ab 1969 lehrte er am California Institute of Arts, 1974 wurde er Professor und Leiter des Visual Department der University of California in San Diego. K. setzte sich in seinen Bildern (ab 1947) mit dem ◇ Abstrakten Expressionismus – vor allem → Pollock – auseinander und weitete dessen räumlich-gestische Aspekte – bestärkt von → Cage, bei dem er 1956–58 studierte – zu ◇ Environments und ◇ Happenings aus, wobei der Begriff ›Happening‹ auf ihn zurückgeht (*18 Happenings in 6 Parts*, Reuben Gal., NY 1959) und dessen bedeutendster Vertreter er auch wurde. Zu seinen bekannten Arbeiten zählen u. a. sein Environment *Yard* aus alten Autoreifen für ›Environments, Situations, Spaces‹ (M. Jackson Gal., NY 1961) und Happenings wie *Chicken* (Philadelphia 1962), *The Courtyard* (NY 1962), *Eat* (NY 1964) und *Gas* (1966).

Schriften/Werkpubl.: Assemblage, Environments and Happenings, NY 1966; Some Recent Happenings, SEP, NY 1966 (= A Great Bear Pamphlet); Days off. A Calender of Happenings, NY 1971; Maneuvres, Neapel 1976.
Kat.: Pasadena Art Mus. 1967 (Retro.); Gal. L. Anselmino, Mail. 1975; Kh. Bremen 1976; Mail. 1976. – d 6/II.

Katz, Alex,
* 1927 Brooklyn (N. Y.)
Amerikanischer Maler, studierte an der Cooper Union School of Art in New York (1945–49) und war neben seiner künstlerischen Tätigkeit als Entwerfer von Kostümen und Bühnenkulissen tätig. K. arbeitet in einer schablonenhaften plakativen Malweise, einer flächigen, stumpfen Variante des ◇ Hyperrealismus.

Monogr.: A. K., hrsg. v. I. Sandler u. B. Berkson, NY 1971.
Kat.: Utah MOFA/Univ. of California, San Diego/Minneapolis Mus. of Art/Wadsworth 1971.

Kawara, On, * 1933 Aichi-ken
Japanischer Künstler, wurde bereits 1952 mit eigenartigen, figurativen Bildern bekannt, ging aber 1958 nach Mexiko, um Architektur zu studieren. Nach einer schweren Identitätskrise Mitte der 60er Jahre dienen seine Arbeiten seitdem der unmittelbaren, existentiellen Bewältigung jedes einzelnen Tages, sei es durch sporadisch geschickte Telegramme mit der Feststellung *I am still alive* (meist an Organisatoren von Gruppenausstellungen, zu denen er eingeladen wurde, gleichzei-

On Kawara. I Got up at 4.43 p. m. 1976. Bestempelte Postkarte. Slg H. Schröter, Köln

tig sein Beitrag), sei es durch seine in Serien zusammengefaßten Arbeiten, die auf verschiedene Arten seine Existenz fixieren: die 1966 begonnenen Serien *Date Paintings* (Bilder mit dem Datum des Tages, an dem sie entstanden sind) bzw. *I Read* (Ausschnitte aus der Tagespresse der Tage, von denen ein *Date Painting* existiert) sowie die 1968 begonnenen Serien *I Went* (Fotokopien von Stadtplänen mit der Einzeichnung des am betreffenden Tag zurückgelegten Weges), *I Met* (Verzeichnis der Namen der am betreffenden Tag getroffenen Personen) und *I Got Up* (Ansichtskarten des jeweiligen Aufenthaltsortes, von denen pro Tag 2 verschickt werden, bestempelt mit *I Got Up*, der Uhrzeit, dem Ort, seinem Absender und der Adresse des Empfängers). Eine weitere umfangreiche Arbeit war *One Million Years* (10 Bände mit den Jahreszahlen von 998 031 v. Chr. bis 1969, 1969), deren Fortsetzung in die Zukunft (1970 ff.) im Entstehen ist. Wegen ihrer klaren gedanklichen Konzeption und ihrer systematischen Struktur werden K.s Arbeiten der ◇ Konzeptuellen Kunst zugerechnet.

Kat.: Kh. Bern 1974; PBA, Brüssel 1975; Centre Pompidou, Paris 1977; Otis Art Inst., LA 1977. – d 5, d 6/III.

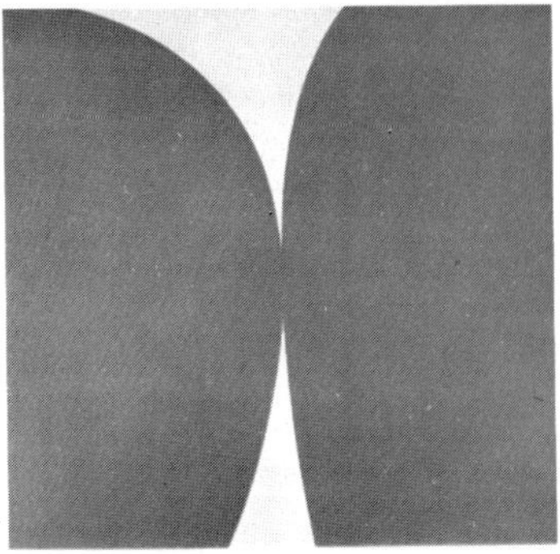

Ellsworth Kelly. Blue-White. 1962. 274 x 262 cm. Rose Art Mus., Brandeis Univ., Waltham (Mass.), Slg Gevirtz-Munchin

Kelly, Ellsworth,
* 1923 Newburgh (N. Y.)
Amerikanischer Maler und Bildhauer, studierte u. a. 1946–48 an der Boston Museum School und 1948–50 an der Ecole des Beaux-Arts in Paris, wo er bis 1954 lebte. 1955 übersiedelte er nach New York. Beeinflußt von Arp, Braque, Matisse und in Auseinandersetzung mit dem ◇ Abstrakten Expressionismus und ◇ konstruktivistischen Einflüssen entwickelte K. eine Form der Malerei und Skulptur mit starkfarbigen monochromen Farbflächen in organisch weichen oder geometrisch klaren Formen (u. a. auch aus einzelnen Teilen – Rechtecke, Quadrate, Rhomben – zusammengesetzte Bilder), in der er versuchte, der Farbe eine eigene, ›konkrete‹ Realität zu geben und mit der er zum Hauptvertreter des ◇ Hard edge wurde. Daneben entstanden nach 1959 auch Zeichnungen nach der Natur in knappen Umrißlinien (z. B. Blüten und Blätter).

Monogr.: D. Waldman, E. K., Drawings. Collages. Prints, Greenwich (Conn.) 1971 (mit Œuvrekat. d. Druckgrafik 1950–70); J. Coplans, E. K., NY 1972. – Derrière le miroir Nr 110 u. 149, Paris 1958 u. 1964.
Kat.: A Tooth & Sons, London 1962; Washington Gal. of Mod. Art 1963/64; S. Janis Gal., NY 1965, 1967 u. 1968;

MOMA 1973 (hrsg. v. E. C. Goossen, als Buch Greenwich 1973); Wadsworth 1975 (= Matrix. 1). – d III/1, d IV/1, d 6/III.

Kemeny, Zoltan,
* 1907 Banica, † 1965 Zürich
Schweizer Maler und Bildhauer ungarischer Abstammung, studierte in Budapest Architektur und Malerei und war in den 30er Jahren in Paris als Designer tätig. Nach seiner Übersiedlung 1942 in die Schweiz nahm er seine künstlerische Tätigkeit wieder auf und wurde in den 50er Jahren mit Metall-Reliefs (oft unter Verwendung industrieller Serienprodukte) in lyrisch-rhythmischer Anordnung bekannt.

Monogr.: M. Ragon, Z. K., Neuchâtel 1960; G. Picon u. E. Rathke, Z. K., Reliefs en métal, Paris 1973. – Derrière le miroir, Nr 172, Paris 1968.
Kat.: Khs Zürich 1959; Gal. P. Facchetti, Paris 1959 u. 1961; MBA, La Chaux-de-Fonds 1961; Dssd. 1962; Kestner 1963; 32. Biennale, Venedig 1964 (mit Luginbühl); Gal. dell'Obelisco, Rom 1965; Paris 1966; WRM 1967; Gal. Lorenzelli, Bergamo 1967; Fondation Maeght, St Paul 1974. – d II/1, d III/1.

Kepes, Gyorgy, * 1906 Selyp
Amerikanischer Maler und Schriftsteller ungarischer Abstammung, der nach seiner Übersiedlung in die USA zusammen mit Moholy-Nagy die ◇ Bauhaus-Ziele weiterführte. Dabei förderte er im Rahmen seiner Lehrtätigkeit in der Licht- und Farbabteilung des Institute of Design in Chicago 1937–43 vor allem eine enge Verbindung zwischen moderner Technologie und Kunst. 1946 bis 1974 war er Professor für Visual Design am Massachusetts Institute of Technology, wo er auch das Center for Advanced Visual Studies gründete und leitete (1968–74). 1966 erregte er Aufsehen mit seinem Projekt einer Lichtarchitektur für den Bostoner Hafen.

Schriften: The Language of Vision, Chicago 1944; The Nature and Art of Motion (Hrsg.), NY 1965, frz. Brüssel 1968, dt. ebd. 1969; Arts of the Environment, London 1971 u. NY 1972.
Kat.: d 6/I.

Kiefer, Anselm,
* 1945 Donaueschingen
Deutscher Maler, studierte 1965 bis 1970 Romanistik und Jura, wandte sich aber gleichzeitig der Kunst zu und studierte 1969 Malerei bei → Antes sowie 1970 bei → Beuys. 1973 befreundete er sich mit → Baselitz. Wie dieser vertritt er einen expressiv-gestischen, figurativen Stil meist mit mythologischen Szenen als Sujet (*Parsival*, 1973; *Heliogabal*, 1974; *Siegfried vergißt Brünhilde*, 1976).

Kat.: Bonner Kv. 1977; Kh. Bern 1978. – d 6/III.

Kienholz, Edward,
* 1927 Fairfield (Wash.)
Amerikanischer ◇ Objektkünstler, studierte an verschiedenen Colleges

Edward Kienholz. Five Car Stud. 1969–72. Installation d 5

im Westen der USA und lebt seit 1953 in Los Angeles. K.s Entwicklung vollzog sich von der Malerei über bemalte Holzreliefs zu ◇ Assemblagen und ◇ Environments, die auf Entfremdung, Brutalität und moralischen Verfall der Menschen in der modernen Massengesellschaft verweisen. Diese aus ›Zivilisationsmüll‹ (alten ausgedienten alltäglichen Gegenständen) arrangierten ›Tableaux‹ sind eingefrorene Situationen der deprimierenden, banalen (Konsum-)Wirklichkeit. Ebenso wie mit seinem frühen Environment *Roxy's*, einem Bordell-Interieur der 40er Jahre (1961), erregte K. auch mit seiner Arbeit *Five Car Stud* (1969–72) aufgrund ihrer eindringlichen Ausstrahlungskraft und inhaltlichen Dichte zum Thema Rassendiskriminierung großes Aufsehen (d IV bzw. d 5).

Monogr.: P. Hultén u. E. K., K., Greenwich 1974.
Kat.: A. Iolas Gal., NY 1963; Dwan Gal., LA 1963; LA County Mus. of Art 1966; Washington Gal. of Mod. Art 1967/68; MOMU 1970 (als Buch NY 1974); SM 1970; SKh., Dssd. 1970; CNAC 1970; Khs Zürich 1971; ICA, London 1971; Onnasch Gal., Köln 1971; Bln/SKh., Dssd. 1977. – d IV/1, d 5.

King, Philip, * 1934 Tunis
Englischer Bildhauer, studierte 1954 bis 1957 Sprachen an der Universität Cambridge, war 1957 Schüler von → Caro an der St. Martin's School of Art (an der er seit 1959 selbst lehrt) und 1958–59 Assistent von Moore. Seine meist farbig bemalten Arbeiten mit ihren einfachen, geometrisch klaren Formen waren von entscheidendem Einfluß auf die englische Skulptur in den 60er Jahren.

Philip King. Dschinghis-Khan. 1963. Plastik u. Fiberglas. 213,3 x 365,7 cm. P. Stuyvesant Foundation, London

Kat.: 34. Biennale, Venedig 1968; Gal. Y. Lambert, Paris 1968; Whitechapel 1968; Boymans 1969 (mit Riley); Kröller-Müller 1974; Kh. Bern 1974. – d III/1, d IV/1.

Kirili, Alain, * 1946 Paris
Französischer Maler und – ab 1972 – vor allem Bildhauer (Autodidakt). Nach Skulpturen aus Zink und Stahl sind seine neueren Arbeiten (seit 1975) von einer Rückbesinnung auf einfache Formen (Stäbe in Verbindung mit dünnen Platten) und elementare Behandlung des Materials Eisen gekennzeichnet (Schmieden, Schweißen).

Kat.: Gal. I. Sonnabend, Paris 1972; ebd., NY 1977. – d 6/I.

Kirkeby, Per, * 1938 Kopenhagen
Dänischer ◇ Happening- und ◇ Fluxuskünstler. In den 60er Jahren entstanden sogenannte ›Romane‹, Zusammenstellungen von Fotos bzw. Zeichnungen in Buchform, darunter der Zyklus *Landskaberne*, *Personerne* und *Handlingen* (1969 bis 1971).

Werkpubl.: Landskaberne, Jysk Kunstgalerie, Sv. Hansen, o. O. 1969; Personerne, ebd. o. J.; Handlingen, ebd. 1971.
Kat.: Mus. Folkwang, Essen 1977.

Kitaj, Ronald B.,
* 1932 Chagrin Falls (O.)
Amerikanischer Maler, studierte u. a. 1951 an der Wiener Akademie und 1959–61 am Royal College of Art in London, wo er unter seinen Mitschülern – den zukünftigen Vertretern der englischen ◊ Pop Art (u. a. → Jones und → Hockney) – eine einflußreiche Rolle spielte. K. erzeugt in seinen Bildern den Sinngehalt aus einer Vielzahl von Andeutungen und setzt in überraschender Weise Ideen und Bildvorstellungen nebeneinander, wodurch sich ihre Identität durch Assoziation oder Transmutation verändert.

Monogr.: Complete Graphics 1963–69, Kat. Gal. Mikro, Bln 1969.
Kat.: Marlb., London 1963; Marlb., NY 1965 u. 1974; LA County Mus. of Art 1965; SM 1967; Univ. Art Mus., Univ. of Calif., Berkeley 1967; Kestner/Boymans/Marlb., London 1970; Marlb., London 1970 (anderer Kat.); ACGB 1976. – d III/1 u. 2., d IV/1 u. 2, d 6/III.

Ronald B. Kitaj. Österreichisch-Ungarischer Infanterist. 1961. Öl, Collage/Lwd. 152,5 x 91 cm. ML

Klapheck, Konrad,
* 1935 Düsseldorf
Deutscher Maler, studierte 1954–58 bei → Goller an der Düsseldorfer Akademie und trat schon 1955 (das

Konrad Klapheck. Die Ahnen. 1960. Lwd. 115 x 125 cm. ML

erste Schreibmaschinenbild) mit seiner »prosaischen Supergegenständlichkeit« dem lyrischen ◊ Tachismus entgegen. Seine figurativen Maschinenbilder – zumeist Gebrauchsartikel wie Schreibmaschinen und Nähmaschinen, Telefone und Bügeleisen, für die K. als Vorlagen Annoncenabbildungen verwendet – verleihen den Gegenständen durch ihre Isolierung vor einem neutralen Hintergrund personalen Charakter.

Monogr.: J. Pierre, K. Kl., Köln 1970 (= Veröff. d. Inst. f. Mod. Kunst, Nürnberg; mit Œuvrekat. 1955–70), Werkverz. d. Druckgraphik 1960–77, Köln 1977.
Kat.: Gal. Schwarz, Mail. 1960, 1963, 1968 u. 1972; R. Fraser Gal., London 1964; Gal. I. Sonnabend, Paris 1965; Kestner 1966 (Retro.); S. Janis Gal., NY 1969; Gal. Zwirner, Köln 1971; Gal.

Beyeler, Basel 1976; Boymans/PBA, Brüssel/SKh. Dssd. 1974/75. – d III/1, d IV/1, d 6/III.

Klasen, Peter, * 1935 Lübeck
Deutscher Maler, lebt seit 1959 in Paris. Mit den stilistischen Mitteln der ◇ Pop Art und des ◇ Hyperrealismus greift er Körperteile und Objekte zitathaft aus ihrem Alltagsgefüge heraus und entlarvt mit aggressiver Deutlichkeit den banalen fetischhaften Gebrauchs- und Verbrauchsmechanismus ihrer Existenz.

Kat.: Gal. M. Fels, Paris 1966, 1968 u. 1972; MAM 1971; Duisburg 1974.

Klauke, Jürgen,
* 1943 Kliding (bei Cochem)
Deutscher Künstler, studierte an der Hochschule für Kunst und Design in Köln. 1970 begann er mit der Notierung von Situationen und Dingen in seiner Umgebung mit Hilfe von Zeichnung und Fotografie (ab 1972 ◇ Transformer-Themen). Er entwickelte eine ◇ Performance-Form von manieristischer, ritualer Theatralik, wobei die einzelnen Inszenierungen von banalen Alltagssituationen ausgehen und sich in die Darstellung symbolischer und ritualer Bewertungen hineinsteigern.

Schriften/Werkpubl.: Ich & Ich, Köln 1972; Fag-Hag. Tageszeichnungen 1974, Köln 1976 (= Kunststoff Extra. 4); So stell ich mir die Liebe vor, Köln 1977 (= Kunststoff 6).
Kat.: Rhein. Lm., Bonn 1972. – d 6/I u. II.

Klein, Yves,
* 1928 Nizza, † 1962 Paris
Französischer Künstler, Gründungsmitglied des ◇ Nouveau Réalisme (1960). In seiner künstlerischen Arbeit ging es Kl. weniger um die

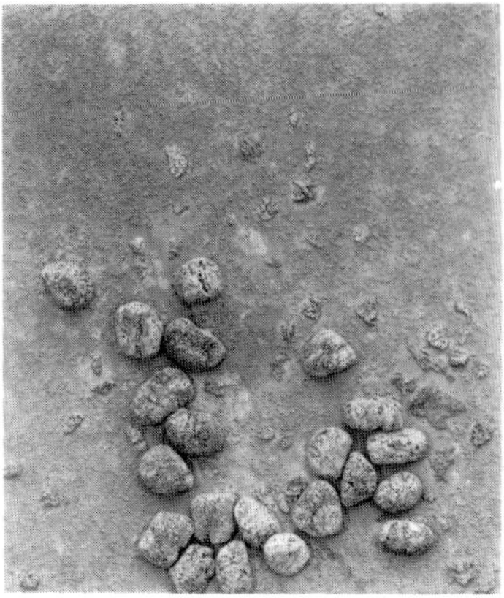

Yves Klein. Blaues Schwammrelief: RE 19. 1958. Preßspanplatte, Schwämme, Pigment, Kunstharz. 250 x 165 cm. ML

Schaffung von Objekten (»Meine Bilder sind die Asche meiner Kunst«, 1958), als um eine allgemeine Sensibilisierung, Entgrenzung und Befreiung. Ab 1947 beschäftigte er sich mit der Idee des Monochromen (auch in musikalischer Hinsicht: die aus einem Ton bestehende, 40minütige *Symphonie monotone*, verschiedene Fassungen 1947–61) und schuf ab 1949 monochrome Bilder in verschiedenen Farben, u. a. in Rot, Gold und – nachdem er 1956 die spezielle Farbmischung seines IKB (International Klein Blue), ein leuchtendes, tiefes Ultramarin, entwickelt hatte – vor allem in Blau als Inkarnation des Kosmischen, Grenzenlosen und Universalen. Um die verschiedensten Bereiche mit dieser Sensibilität zu durchtränken, wurden auch Gegenstände blau eingefärbt, z. B. die vollplastischen Körperabgüsse seiner Freunde → Arman, Pascal und → Raysse (1962), 1957 entstanden die ersten Schwammreliefs als Entwürfe für die Ausgestaltung des Foyers im Gelsenkirchener Stadttheater (1958/59). Kl. experimentierte mit Materialien und Techniken aller Art (z. B. mit den Elementen Feuer, Wasser und Luft, ab 1958), präsentierte ›leere Räume‹ (erstmals als *Le Vide*, Gal. I. Clert, Paris 1958) und schuf *Anthropometrien* (z. B. Abdrücke blau eingefärbter Frauenkörper auf Leinwänden, ab 1958), *Cosmogonien* (Bilder mit Spuren von Regen, Wind, Pflanzenabdrükken u. ä., ab 1960), Feuerbilder (ab 1961), planetarische Reliefs (ab 1961) und sogenannte ›Sensibilisierte Zonen‹. 1960 erschien als einmalige Aktion im Rahmen des Pariser Festival d'Art d'Avant-Garde die Zeitschrift ›Dimanche‹ (mit dem berühmten Foto des ›fliegenden‹ Y. Kl.). Kl., der sich sein Leben lang auch mit Judo beschäftigte (»Judo ist eine Kunst. Es ist eine persönliche und universelle Kunst, denn es ist Kunst im Kampf, so wie das Leben selbst«, 1953), war wie → Manzoni wegen der Fülle und Komplexität seiner Ideen von weitreichendem Einfluß auf die weitere Kunstentwicklung.

Schriften/Werkpubl.: Y., Peintures, mit Vorw. v. Cl. Pascal, F. Fr. de Sarabia, Madrid 1954; Les fondements du Judo, Paris 1954; Le dépassement de la problématique de l'art, La Louvière 1959; Dimanche. Le journal d'un seul jour, Paris, 27. November 1960.

Monogr.: P. Wember, Y. Kl., Köln 1969 (= Monogr. zur zeitgenössischen Kunst; mit Œuvrekat. v. G. Fiedler), ²1972 (ohne d. Œuvrekat.); G. Martano, Y. Kl., Il mistero ostentato, Turin 1970 (= Nadar. 6); C. Krahmer, Der Fall Y. Kl., Zur Krise d. Kunst, München 1974 (= Serie Piper. 105); P. Restany, Y. Kl. le monochrome, Paris 1974; Y. Kl./W. Ruhnau. Dokumentation d. Zusammenarbeit in d. Jahren 1957–60, hrsg. v. H. Stachelhaus, Recklinghausen 1976.

Kat.: Gal. C. Allendy, Paris 1956; Gal. Apollinaire, Mail. 1957 u. 1961; Gal. Schmela, Dssd. 1957 u. 1964; Gal. One, London 1957; Gal. Rive Droite, Paris 1960; MHL, Krefeld 1961; L. Castelli Gal., NY 1961; Tokio Gal. 1962; Gal. A. Iolas, NY 1962; Gal. Tarica, Paris 1963; Svensk-Franska Konstgal., Stockholm 1963; Gal. Bonnier, Lausanne 1964 u. 1966; SM 1965; Gal. A. Iolas, Paris 1965; MOMU 1966 (u. a. mit Gabo u. Malewitsch); PBA, Brüssel 1966; Jewish Mus., NY 1967; Louisiana Mus., Humlebaek 1968; Inst. f. mod. Kunst, Nürnberg 1968; Gal. Blu, Mail. 1969; Gal. Martano, Turin 1969; CNAC 1969; MAD 1969; Gal. Civica d' Arte Mod., Turin 1970; Kv. Hannover 1971; Kh. Bern 1971; Mus. f. mod. Kunst, Belgrad 1971; Gimpel & Hanover, Zürich 1973; SKslg, Ludwigshafen 1973; Tate 1974; Gal. K. Greve, Köln 1974; NGB u. Neuer Berliner Kv./SKh., Dssd. 1976. – d III/1, d IV/1.

Kline, Franz, * Wilkes-Barre (Pa.), † 1962 New York

Amerikanischer Maler des ◇ Abstrakten Expressionismus, studierte 1931–35 an der Boston University sowie 1937–38 an der Heatherly's Art School in London und ließ sich dann in New York nieder. Vom Kubismus und Expressionismus ausgehend, entwickelte er unter dem Einfluß → De Koonings eine eigenständige Form des ◇ Action Painting mit expressiven, breiten, bal-

Franz Kline. Painting Nr 7. 1952. Öl/Lwd. 146 x 207,6 cm. Guggenheim

kenartigen Pinselstrichen auf großen weißen Gründen, die an ostasiatische Kalligrafie erinnert.

Monogr.: F. Dawson, An Emotional Memoir of Fr. Kl., NY 1967; J. Gordon, Fr. Kl., London u. NY 1969.
Kat.: S. Janis Gal., NY 1960, 1961 u. 1963; Washington Gal. of Mod. Art 1962; SM 1963; Gal. Civica d'Arte Moderna, Turin 1963; Dwan Gal., LA 1963; Gal. La Tartaruga, Rom 1963; PBA, Brüssel 1964; Whitechapel 1964 (Retro.); Mus. d. 20. Jh., Wien 1964; Marlb., NY 1967; Whitney/Dallas MOFA/SF Mus. of Art/MOCA, Chicago 1968/69 (Retro.), – d II/1, d III/1.

Klintberg, Bengt af,
* 1938 Stockholm
Schwedischer ◇ Happening- und ◇ Fluxuskünstler, veranstaltete 1962 als einer der ersten Happenings in Schweden und war 1963 bis 65 an den wichtigen Aktionen in Europa beteiligt.

Schriften/Werkpubl. (u. a.): The Cursive Scandinavian Salve. Events, SEP, NY 1967.

Klüver, Billy
Amerikanischer Forschungsingenieur, der ab 1960 Künstler in der technischen Ausarbeitung ihrer Objekte und Aktionen unterstützte. Nach seiner Beteiligung am Bau der selbstzerstörerischen Maschine *Homage to New York* von → Tinguely entwickelte sich zwischen K. und Künstlern wie → Cage, → Cunningham, → Johns, → Rauschenberg und → Warhol eine enge Kooperation und ein fortlaufender Erfahrungsaustausch, der zur Erweiterung der künstlerischen Materialien durch modernste Technologie führte. Er war u. a. maßgeblich an der Organisation der Ausstellung ›Nine Evenings. Theater and Engineering‹ beteiligt (NY 1966).

Knaupp, Werner, * 1936 Nürnberg
Deutscher Zeichner, studierte 1957 bis 61 an der Akademie in Nürnberg. Angeregt durch Reisen in die Sahara und zu den Lofoten entwikkelte er in Feder- und Kugelschreiberzeichnungen eine spannungsgeladene, kreisende Schraffur, die sich zu magisch-stillen Landschaften verfestigt.

Monogr.: Werkverz. d. Bilder u. Zeichnungen 1965–73, Druckgraphik 1965–73, hrsg. v. B. Knaupp u. H. Defet, Gal. Defet, Nürnberg 1974.
Kat.: d 6/III.

Knížák, Milan,
* 1940 Pilsen (ČSSR)
Tschechischer ◇ Happening- und ◇ Fluxuskünstler, gründete 1964 in Prag die Gruppe AKTUAL.

Kat.: MaO, Dortmund 1968.

Knoebel, W(olf), * 1940 Dessau
Deutscher Künstler, studierte 1964 bis 71 bei → Beuys an der Düsseldorfer Akademie. Bis 1970 stellte er zusammen mit Rainer Giese (* 1942 Neheim-Hüsten), ebenfalls ein Schüler von Beuys, unter dem Namen IMI aus. Kn. beschäftigt sich mit Projektionen (u. a. ein Videotape mit einem während einer Fahrt durch das nächtliche Düsseldorf auf die Häuser projizierten Lichtkreuz, 1971/72) und Serien über Probleme der Malerei, z. B. das Bildformat (u. a. Formationen aus monochromen weißen Bildern mit kaum merklichen Unterschieden in den Proportionen). In neuerer Zeit entstanden gestisch-expressive Zeichnungen.

Kat./Werkpubl.: Projektion 4/1–11, 5/1–11, SM 1972; Kh. Dssd. 1975. – d 5, d 6/II u. III.

Knowles, Alison, * 1933 New York
Amerikanische ◇ Happening- und ◇ Fluxuskünstlerin, studierte 1954 bis 57 am Pratt Institute und 1957 bis 59 bei → Lindner, → Gottlieb und → Albers. 1962 begann sie mit ersten Happening-Aktionen. 1960 heiratete sie → Higgins.

Schriften/Werkpubl.: By A. Kn., SEP, NY 1965.

Koenig, Fritz, * 1924 Würzburg
Deutscher Bildhauer, studierte 1946 bis 52 an der Münchner Akademie. K. begann mit flächigen vereinfachten Tier- und Menschenensembles im Stil der Münchner Schule von Heinrich Kirchner. In den ausgehenden 50er Jahren entwickelte er eine blockhafte abstrahierende Figuration der menschlichen Gestalt, die etwas Säulenhaftes besitzt und die K. selbst als Karyatide typisiert hat.

Kat.: Braunschweig 1965; Nürnberg 1970. – d II/2, d III/1.

Köpcke, Addi (Arthur), * 1928 Hamburg
Deutscher ◇ Happening- u. Fluxuskünstler, betrieb 1958–63 in Kopenhagen eine Avantgarde-Galerie.

Köthe, Fritz, * 1916 Berlin
Deutscher Maler, studierte 1936 bis 38 an der Akademie in Leipzig. 1952–60 war er für Verlage und Werbeagenturen tätig. In seinen plakatartigen Montagebildern (Arrangements aus Körper- und Maschinendetails mit Illustriertenfotos als Ausgangsmaterial) verbindet er Elemente der ◇ Pop Art und des ◇ Hyperrealismus.

Monogr.: H. Ohff, Fr. K., Bln 1976 (mit Œuvrekat.)
Kat.: Neuer Berliner Kv., Bln 1972.

Kohlhöfer, Christof, * 1942 Bad Nauheim
Deutscher Künstler, studierte nach einer Lithographenlehre (1960–62) an der Düsseldorfer Akademie bei → Götz und → Beuys (1965–71). K. arbeitet mit Film (ab 1967), einer Kombination von Text und Fotos, um eine Art von »hyperrealer Realität« herzustellen (ab 1973) sowie mit ◇ Video (ab 1975).

Kat./Werkpubl.: Commedia dell'arte of the Colored Dogs, Oppenheim Studio, Köln 1976. – d 5, d 6/II.

Kolář, Jiří, * 1914 Protivín (ČSSR)
Tschechischer Schriftsteller und Maler, der sich auch in seinen poetischen ◇ neodadaistischen Collagen und Rollagen (Zerschneiden einer oder mehrerer Vorlagen – z. B. Reproduktionen bekannter Kunstwerke oder Reklame – in gleich breite Streifen und erneutes Zusammensetzen nach bestimmten Systemen, seit 1954) als Dichter versteht und in seinen collagierten Bildgeschichten aus Buchstabenkombinationen

Jiří Kolář. Albers 1961. Schreibmaschine/Papier

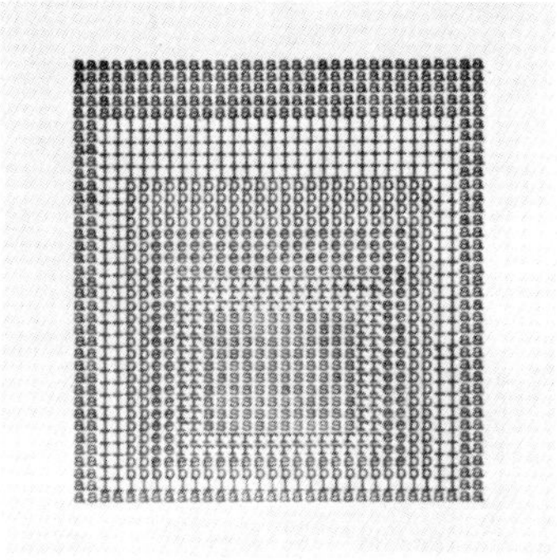

und Zeitschriftenillustrationen an die Bildpoesie von Schwitters anschließt.

Schriften: Das sprechende Bild. Poème – Collagen – Poème. Ffm. 1971 (= Bibl. Suhrkamp. 288).
Monogr.: M. Lamač u. D. Mahlow, J. K., Köln 1968; M. Lamač, J. K., Prag 1970 (= Ed Situace. 3).
Kat.: Gal. Gravura, Lissabon 1964; SGal. Louny, 1964; Die kleine Gal., Wien 1965; La Carabaga Club d'Arte, Genua 1965; La Gal. Riquelme, Paris 1966; Gal. Thelen, Essen 1966; Gal. h, Hannover 1966; Klub d. Freunde bildender Kunst, Usti nad Orlici, 1967; Gal. Seyfried u. Alte Gal. Neuhaus, München 1967; Gal. Václav Špála, Prag 1968; Inst. f. mod. Kunst, Nürnberg 1968/69; Kestner/Overbeck-Ges., Lübeck/Ulmer Mus. / Kv. München 1969; Willard Gal., NY 1969/70; Gal. U. Wendtorf u. Fr. Swetec, Dssd. 1970 u. 1976; Gal. Schwarz, Mail. 1972; Guggenheim 1975; MHL, Krefeld 1973. – d IV/1, d 6/III.

Kooning → **De Kooning,** Willem

Kosice, Gyula, * 1924 Kósice
Argentinischer Bildhauer ungarischer Abstammung, kam 1928 nach Argentinien. Unter dem Einfluß der ◇ Bauhaus-Ideen entwickelte er hydraulisch bewegte ◇ kinetische Skulpturen mit Wasserspielen und Lichteffekten. In den 60er Jahren übertrug er dieses Konzept auf architektonische Anlagen (Projekt hydraulischer Häuser mit durchsichtigen Wänden, zwischen denen Wasser hindurchfließt).

Schriften: Arte lumino-cinético, Buenos Aires 1968.
Monogr.: G. Habasque, K., Paris 1965, engl. NY 1967.
Kat.: Gal. D. René, Paris 1960; Centro de Artes visuales del Inst. Torcuato di Tella, Buenos Aires 1968. – d IV/2.

Kosugi, Takehisa, * 1930 Tokio
Japanischer ◇ Happening- und ◇ Fluxuskünstler, studierte u. a. Musikwissenschaft und war 1961 Mitbegründer der Gruppe Ongaku, die als erste in Japan musikalische Happening-Aktionen veranstaltete. Er beteiligte sich auch an Aufführungen von → Cage, David Tudor und Merce → Cunningham.

Kosuth, Joseph, * 1945 Toledo (O.)
Amerikanischer Künstler, studierte 1955–62 an der Toledo Museum School of Design, 1963/64 am Cleveland Art Institute und 1965 bis 1967 an der School of Visual Arts in New York, an der er seit 1968 selbst lehrt. 1971 begann er mit anthropologischen und philosophischen Studien an der New School for Social Research. K. ist neben → Art & Language und → Burgin der Hauptvertreter der analytischen Richtung der ◇ Konzeptuellen Kunst, deren Entwicklung sich deutlich in seinen Arbeiten spiegelt: Von tautologischen Arbeiten *(Four Square Glass Leaning,* 1965), Objekt-Definitionen (*One and Three Chairs,* 1965) und der daraus sich entwickelnden Präsentation von Definitionen aus Wörterbüchern (ab 1966, 1. ›Investigation‹, Oberbegriff für eine Reihe ›Proposition‹

Joseph Kosuth. One and Three Chairs. 1965

genannter Einzelarbeiten) zu immer komplexeren Beziehungssystemen, die vor allem die ›Wertlosigkeit‹ der einzelnen Arbeit, die Auffassung von Kunst als einem fortwährenden Prozeß und die Bedeutung des Kunstkontextes – des Systems von Kunst und Kunstvermittlung – akzentuieren (2.–10. Investigation, bis 1975), eine Entwicklung, die theoretisch u. a. in seinem Grundsatzartikel *Art after Philosophy* (1969) abgehandelt wird. Aufgrund ihrer verwandten Anschauungen wurde er 1969 American Editor von *Art-Language*, gründete aber 1975 mit anderen amerikanischen Art & Language-Mitgliedern eine eigene Zeitschrift, *The Fox* (bisher 3 H., 1975–76).

Kat./Werkpubl.: M. Diacono, J. K. (documenti), GAP Studio di arte cont., Rom 1969; Function. Funzione. Funcion. Fonction. Funktion, hrsg. v. G. Celant u. P. Pero, Sperone ed., Editarte, Turin 1970; Centro de Arte y Comunicación, Buenos Aires 1971; The Sixth Investigation (Art as Idea as Idea). Proposition 11, hrsg. v. J. Glusberg, ebd. 1971; Gal. P. Maenz, Brüssel 1973; Km. Luzern / Kh. Tübingen / Westf. Kv., Münster / Kunstraum München / CNAC 1973/74 (Retro.); MAM, A. R. C. 2; Kh. Bremen 1976; Van Abbe 1978/79. – d 5 (mit Art & Language), d 6/II.

Kounellis, Jannis,
* 1936 Piräus (Athen)

Italienischer Künstler griechischer Abstammung, übersiedelte 1956 nach Italien und lebt seit 1960 in Rom. Nach Schrift- und Buchstabenbildern (1958/59) wandte er sich zunehmend der Inszenierung poetisch-existentieller Situationen zu. Dabei bezieht er ungewöhnliche Materialkontraste ebenso ein wie überraschende Verfremdungseffekte (ein lebendiger Papagei in einem

Jannis Kounellis. Ohne Titel, 1974. Gal. L'Attico, Rom

Bildrahmen, 1967; Pferde in einer Galerie, 1969) und Zitate geschichtlich-kultureller Konventionen (Arbeiten mit der Gestalt Apollons, ab 1968). Durch die Gegenüberstellung von Natur- und Kultursymbolen gelangt er zu archetypisch anmutenden ästhetischen Aussagen, die sich einer eindeutigen begrifflichen Erfassung entziehen.

Kat.: Qui Arte Cont., Rom 1968 (mit Fabro u. Paolini); Gal. Art in Progress, Dssd. 1976; Boymans 1977; Km. Luzern 1977; SM, Mglb. 1978. – d 5, d 6/III.

Kovachevich, Thomas,
* 1942 Detroit (Mich.)

Amerikanischer Künstler, war auf der 5. Documenta mit Arbeiten in der Abteilung der ◇ Individuellen Mythologien vertreten.

Kat.: d 5.

Kovács, Attila, * 1938 Budapest
Ungarischer Künstler, studierte 1953–57 an der Ingenieurschule für Bauwesen und 1958–64 an der Hochschule für angewandte Künste in Budapest. 1964 übersiedelte er in die Bundesrepublik und studierte 1965–69 an der Stuttgarter Akademie. Seit 1965 experimentiert er mit visuellen Strukturen (Abhängigkeit eines Erscheinungsbildes von einem Bezugssystem und dessen Konstituierung).

Kat.: Kölnischer Kv. / SKslg Ludwigshafen 1973/74; Gal. Teufel, Köln 1975. – d 6/I.

Kowalski, Piotr, * 1927 Lemberg
Polnischer Künstler, studierte 1947 bis 1952 Architektur am Massachusetts Institute of Technology und ging 1953 nach Paris. Schon in den 40er und 50er Jahren integrierte er seine ◇ lichtkinetische Kunst in architektonische Anlagen und experimentierte in seinen Lichtskulpturen mit Kunststoffen und modernen technischen Verarbeitungsverfahren.

Kat.: Maison des Beaux-Arts, Paris 1961; Kh. Bern 1963; Mus. de arte mod., Sao Paulo 1966; Mus. de arte mod., Rio de Janeiro 1966; Gal. Cl. Givaudan, Paris 1967; 34. Biennale, Venedig 1968; MAM, 1969; SM 1970 / Ateneum Taidemus., Helsinki/MOMU 1970/71. – d 5.

Kraemer, Dieter, * 1937 Hamburg
Deutscher Maler, studierte 1957–58 bei → Trökes an der HfbK in Hamburg bzw. bei → Trier an der HfbK in Berlin. Seit den 50er Jahren praktiziert K. eine auf Elemente der ◇ Pop Art, des ◇ Kritischen und sogar des ◇ Sozialistischen Realismus zurückgreifende Malweise. In zyklisch angelegten Serien thematisiert er das Verhältnis des Durchschnittsmenschen zu seiner Umwelt, die sich in einer totalen Alltäglichkeit und sinnentleerten Feierabendlangeweile erschöpft.

Kramer, Harry, * 1925 Lingen (Ems)
Deutscher Bildhauer, ausgebildet als Tänzer und Choreograph, beschäftigte sich ab 1953 mit der Herstellung von kleinen, beweglichen Figürchen aus Draht, Holz u. a. für ein ›mechanisches Theater‹ und wandte sich dann – beeinflußt von → Tinguely – subtilen, spielerischen Drahtkonstruktionen unter Verwendung kleiner elektrischer Motoren, Klingeln u. ä. zu.

Kat.: Gal. Kerchache, 1963; A. Loeb Gal., NY 1965; Gemeentemus. Den Haag 1965/66; Landau Gal., LA 1966; Gal. Handschin, Basel 1967; SKh., Mannheim 1969. – d III/1.

Krasner, Lee (Leonore)
Amerikanische Malerin des ◇ Abstrakten Expressionismus. Sie war verheiratet mit → Pollock.

Kat.: NY 1968 u. 1973.

Kricke, Norbert, * 1922 Düsseldorf
Deutscher Maler, studierte 1946/47 an der HfbK in Berlin. Seine Arbeiten seit 1949 (erste Raumplastiken) bestehen meist aus aneinandergeschweißten, dynamisch in den Raum ausgreifenden Metallstäben (gerade, gebündelt oder verknotet). Kr. gehörte zu den bekanntesten Bildhauern der 50er/60er Jahre und erhielt zahlreiche öffentliche Aufträge (u. a. eine Arbeit für das Portal des Stadttheaters in Münster, 1955/56).

Monogr.: J. A. Thwaites, N. Kr., Stgt 1964 (= Kunst heute. 4), engl. London u. NY 1964, frz. Paris 1964; J. Morschel, N. Kr., Stgt 1977.
Kat.: Gal. Ophir, München 1953; Kv. Rh/

Norbert Kricke. Große Kasseler. 1958/59. Rostfreier Stahl. 308 cm hoch SM, Leverkusen

W, Dssd. 1955; Kv. Freiburg 1957; Kh. Bern 1960 (mit Luginbühl u. Tinguely); MOMA 1961; Gal. Flinker, Paris 1961; MHL, Krefeld 1962; KEO, Hagen 1963; 32. Biennale, Venedig 1964; Lm. Bonn 1969 (Kr. u. seine Schüler); WLM, Duisburg / SKh, Dssd. 1975. – d II/2, d III/1.

Krieg, Dieter, * 1937 Lindau
Deutscher Maler, studierte u.a. 1958 bis 1962 bei → Grieshaber an der Karlsruher Akademie, an der er 1971/72 selbst lehrte. Kr. thematisiert den Illusionscharakter der Wahrnehmung in milchig-diffusen Reproduktionen von Alltagsgegenständen, die er isoliert präsentiert. 1976 veranstaltete er eine Aktion, die aus der Lesung der Namen aller im Thieme-Becker erfaßten Künstler bestand (22 Tage, je 8 Stunden).

Kat.: KMv. Wuppertal 1968 (mit Kriwet, Mavignier, Vostell); Gegenverkehr Aachen 1969; Gal. Lauter, Mannheim 1970; München 1971; Kh. Darmstadt 1972. – d 6/III.

Krims, Les, * 1943 Brooklyn (N.Y.)
Amerikanischer Kunstfotograf, studierte u. a. an der Cooper Union in New York. Er wurde bekannt durch skurrile, surrealistische Fotografien mit anekdotischem Inhalt.

Werkpubl.: The Little People of America, Buffalo 1972; The Deerslayers, ebd.; The Incredible Case of the Stack-O-Wheats Murders, ebd.; Making Chicken Soup, Rochester 1972; Fictcryptokrimsographs, 1975; o. T., Wien 1976.
Kat.: d 6/II.

Kristl, Vlado, * 1923 Zagreb
Jugoslawischer Maler und Filmemacher, studierte Malerei an der Akademie in Zagreb, 1953 trat er mit abstrakten Bildern an die Öffentlichkeit und um 1960 zeigte K. seine ersten zeichentrickartigen Filme, die wie seine Malerei der jugoslawischen Richtung der → Nouvelle Tendance angehörten und eine »Zurückführung komplizierter Farbverhältnisse auf elementare, leicht ablesbare Farb- und Hell-Dunkel-Abfolgen, die oft in reinem Schwarz-Weiß gegeben werden« intendierten. Da K. in Jugoslawien wegen seiner Filme den Vorwurf subversiver Tätigkeit auf sich zog, emigrierte er 1962 in die BRD, wo er sich in der Folgezeit ganz auf seine Filmarbeit konzentrierte.

Kriwet, Ferdinand, * 1942 Düsseldorf
Deutscher ◇ Mixed-Media-Künstler, der mit lettristischen Elementen wie Buchstaben, Worten, Silbenfolgen und Schriftzeichen in verschiedenen Medien (Theaterstücke, transparente Drehscheiben, Hörtexte, Textfilme) experimentiert.

Schriften/Werkpubl.: (alle Köln): Rotor, 1961; Leserattenfaenge, 1965; Stars. Lexikon in 3 Bdn, 1971; Com.mix, 1972.
Kat.: Pianohaus Kohl, Gelsenkirchen 1966; Gal. Niepel, Dssd. 1967; KMv. Wupper-

tal 1968 (mit Krieg, Mavignier u. Vostell); Kölnischer Kv. 1969; Württ. Kv., Stgt 1975. – d 6/I.

Krushenick, Nicholas,
* 1929 New York
Amerikanischer Maler und Grafiker, studierte u. a. 1948–50 an der Art Students' League und 1950/51 bei → Hofmann in New York. Charakteristisch für ihn sind ornamentale Arbeiten mit stark leuchtenden Farben im Sinne des ◇ Hard edge und der ◇ Op Art.

Kat.: Gal. I. Sonnabend, Paris 1967; Walker, Minneapolis 1968; Jaffe-Friede Gal., Hopkins Center, Dartmouth College, Hanover (N. H.) 1969/70; Gal. Beyeler, Basel 1971; Kestner 1972 (als Buch St. Gallen / Genf 1973). – d IV/1 u. 2.

Kubota, Shigeko, * 1937 Niigata
Japanische Künstlerin, studierte u.a. an der Universität Tokio, der New York University und der New School for Social Research in New York. Nach ◇ Happening-Aktionen in den 60er Jahren (*Vagina Painting*, Fluxus Festival, Cinematheque, NY 1965) trat sie in den 70er Jahren mit ◇ Video-Arbeiten hervor (u. a. Paraphrasen über Stücke von Duchamp).

Kat.: d 6/II.

Kudo, Tetsumi, * 1935 Osaka
Japanischer ◇ Happening- und Objektkünstler, studierte an der Akademie in Tokio und ging 1962 nach Paris. Beeinflußt vom ◇ Nouveau Réalisme schuf er brutal-aggressive Assemblagen mit sadomasochistischen Sexualanspielungen.

Kat.: Gal. M. Fels, Paris 1967 u. 1970; Gal. Mickery, Loenersloot 1968; SKh., Dssd. 1970.

Küchenmeister, Rainer,
* 1926 Ahlen
Deutscher Maler, studierte an der Meisterschule für das deutsche Handwerk in Bielefeld und an der Hochschule für angewandte Kunst in Berlin-Weißensee. In seiner lyrisch-abstrakten Malerei setzt er monolithisch körperhafte Formen vor monochrom erdfarbene Hintergründe.

Kat.: Gal. Stangl, München 1963; Ulmer Mus. 1966; 9. Biennale, Sao Paulo 1967; Gal. Defet, Nürnberg 1967; München 1973. – d III/1.

Kuehn, Gary,
* 1939 Plainfield (N.J.)
Amerikanischer Künstler, studierte u. a. an der Rutgers University in New Brunswick (N.J.). Er wurde bekannt mit Arbeiten im Sinne der ◇Materialkunst (Fiberglas, Schaumgummi, Verschnüren mit Kabeln usw.).

Kat.: Milwaukee Art Center 1968; Neue Gal., Aachen 1971. – d 6/III.

Kuwayama, Tadaaki,
* 1932 Nagoya
Japanischer Maler, bekannt für (oft mehrteilige) Bilder im Sinne der ◇ Farbfeldmalerei mit für ihn charakteristischen metallisch-opalisierenden Farben.

Laderman, Gabriel,
* 1929 Brooklyn (N.Y.)
Amerikanischer Maler, der bei → Reinhardt, → Rothko und → De Kooning studierte. Seine realistische Malweise setzt stillebenhaft arrangierte Gegenstände in einen stilisierenden Hell-Dunkel-Kontrast, der den dargestellten Dingen die klassische Statuarik der ◇ Pittura Metafisica verleiht.

Laing, Gerald,
* 1936 Newcastle-upon-Tyne
Englischer Künstler, studierte 1960–64 an der St. Martin's School of Art in London und ging 1964 nach New York. Nach Bildern im Stil der ◇ Pop Art wandte er sich der Bildhauerei zu und war mit Skulpturen bei der Ausstellung ›Primary Structures‹ vertreten (Jewish Mus., NY 1966).

Lakner, Laszlo,
* 1936 Budapest
Ungarischer Künstler, studierte 1954–60 an der Budapester Akademie. Seine Auseinandersetzung mit dem geschriebenen und gedruckten Wort führte u. a. zu Verschnürungen eigener Manuskriptbände (1970–74) und zu Bildern mit vergrößerten Schriftzügen, wobei er die meist kulturhistorisch interessanten Dokumente (Briefe, Dokumente von Künstlern usw.) beim Malprozeß manipulativ verändert, um den Aneignungsprozeß des Zitats zu problematisieren.

Kat.: Neue Gal., Aachen 1974; Neuer Berliner Kv., Bln 1976; Kv. Kassel 1976. – d 6/I u. III.

Lamelas, David,
* 1944 Buenos Aires
Argentinischer Künstler, lebt in London. Seine Foto- und Filmarbeiten werden dem Umkreis der ◇ Konzeptuellen Kunst zugeordnet.

Kat.: d 5.

Landi, Eduardo → **Gruppo N**

Landry, Richard
* 1938 Cecilia (Louisiana)
Amerikanischer Musiker und Künstler, ging nach einem Musikstudium an der University of Southwestern Louisiana 1968 nach New York, wo er Mitglied des Ensembles von Phil Glass wurde. Gleichzeitig begann er mit eigenen Musik-◇ Performances sowie mit Film- und ◇ Videoarbeiten.

Kat.: d 6/II.

Landsman, Stanley, * 1930
Amerikanischer ◇ Lichtkinetiker, der 1968 durch sein Environment *Walk-in Infinity Chamber* bekannt wurde (für die Ausstellung ›Magic Theatre‹ in der Nelson Gallery, Kansas City): ein Raum, dessen Spiegelwände mit 6000 Miniaturlichtern bestückt waren und in dessen Innerem sich ein zweiter durchsichtiger Raum aus Spiegelglas befand, den das Publikum betrat. Durch die Spiegelglaswände sahen die Betrachter die Lichter unzählige Male reflektiert, wodurch der Eindruck einer vibrierenden Lichtfläche entstand.

Lang, Nikolaus,
* 1941 Oberammergau
Deutscher Künstler, studierte 1960–66 an der Münchner Akademie. Neben Aktionen wie *Short Walk* im Wimbledon Common, London (1970, 100 Teilnehmer, darunter → Hamilton und → Hockney) begann er 1969 mit Arbeiten, die ihn zu einem der bekanntesten Vertreter der ◇ Spurensicherung machten: Sammelkästen mit Fundstücken aus dem Bayrischen Wald, England, Japan usw., am bekanntesten und umfangreichsten *Für die Geschwister Götte* (1973/74). Ein weiterer großer Komplex – 1976/77 in der Toskana und den ligurischen Alpen

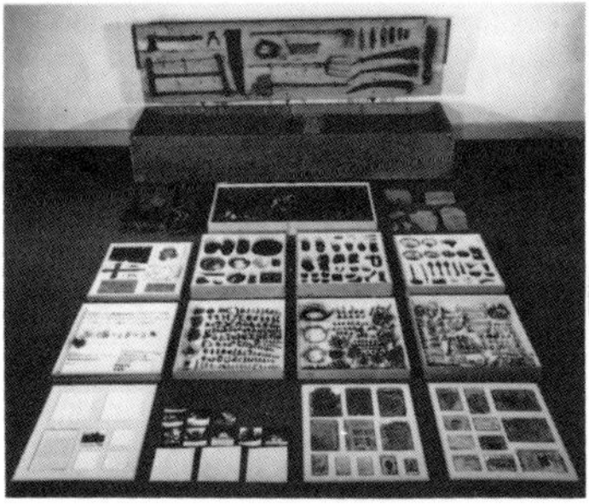

Nikolaus Lang. Kiste für die Geschwister Götte. 1973/74

entstanden – befaßt sich mit den handwerklichen Voraussetzungen bzw. Elementarformen von Kunst (Malerei und Skulptur): der Herstellung von Farben (2 abgenommene Erdflächen und 320 Erdproben) und Steinwerkzeugen bzw. Pausen von Felsbildern aus der Bronzezeit und Graffitis aus Bauernhäusern.

Kat.: SGal. im Lenbachhaus, München 1973; Neue Gal., Aachen 1974; Kestner/Württ. Kv., Stgt 1975; Westf. Kv., Münster 1978. – d 6/I.

Lanskoy, André * 1902 Moskau
Französischer Maler russischer Herkunft, übersiedelte 1921 nach Paris, wo er an der Académie de la Grande Chaumière studierte. 1939 ging er zu einer abstrakten Malweise über. Seine zur Ecole de Paris zählenden Bilder zeichnen sich durch eine intensive Farbigkeit aus.

Monogr. J. Grenier, A. L., Paris 1960.
Kat.: Pal. Galliéra, Paris 1966. – d II/1, d III/1.

Lanyon, Peter,
* 1918 St. Ives, † 1964
Englischer Maler, studierte an der Euston Road Art School und ab 1939 in St. Ives bei Nicholson und Gabo, deren Einfluß ihn nach einer Frühphase lyrischer, traditionsgebundener Landschaftsmalerei zur Abstraktion, zeitweise sogar zum ◇ Konstruktivismus führte. Nach 1945 näherte er sich einem → De Kooning verwandten ◇ Abstrakten Expressionismus.

Monogr.: A. Causey, P. L., Henley-on-Thames 1971 (mit Œuvrekat. 1945–64).
Kat.: Gimpel Fils, London 1962; Gimpel & Hanover, Zürich 1964. – d II/1.

Lardera, Berto, * 1911 La Spezia
Italienischer Bildhauer, Autodidakt, übersiedelte 1947 nach Paris. In seinem plastischen Werk gehört er zur Ecole de Paris. Seine Metallskulpturen zeigen eine Mischung zwischen konstruktivistischer Strenge und dramatisch-mythischer Ausdruckskraft, die sich in den Titeln wie *Antike Gottheit* oder *Heroischer Rhythmus* widerspiegelt.

Monogr.: M. Seuphor, B. L., Neuchâtel 1960.
Kat.: MHL, Krefeld 1956; Kh. Mannheim 1960; Gal. suvremene umjetnosti, Zagreb 1962; Kv. Hannover 1971; Gal. Kriwin, Brüssel 1976. – d II/2, d III/1.

Lassaw, Ibrahim,
* 1913 Alexandria
Amerikanischer Künstler, als Sohn europäischer Eltern in Ägypten geboren, kam 1921 in die USA. Als einer der ersten amerikanischen Bildhauer begann er um 1931 mit abstrakten Skulpturen, meist durch Schweißen zusammengefügte dünne Metallstäbe. In den 60er Jahren entstanden großformatige Arbeiten aus Metallplatten.

Monogr.: E. C. Goossen u. a., Three American Sculptors. Ferber, Hare, L., NY 1959.

Kat.: Duke Univ., Durham (N.C.) 1963; G. Kasle Gal., Detroit 1968; Heckscher Mus., Huntington (N.Y.) 1973 (Retro.). – d II/2.

Latham, John, * 1921 Rhodesien
Englischer Künstler, studierte 1946–50 am College of Art in Chelsea. Bekannt wurde er mit seinen Events (einer bereits 1954 von ihm entwickelten Form des ◇ Happenings), Arbeiten mit Büchern (Anbrennen, Zusammenkleben usw.) und Bildern, die auf seiner spezifischen Zeittheorie beruhen (ab 1969, u. a. *One Second Drawings*).

Kat.: Lisson Gal., London 1970; SKh., Dssd. 1975; Tate 1976. – d 6/III.

Lattanzi, Luciano, * 1925 Carrara
Italienischer Maler, studierte zunächst Philosophie und begann seine künstlerische Tätigkeit erst 1956. 1957 veröffentlichte er das *Manifest der semantischen Malerei,* in dem er die Elemente seines ornamental-zeichenhaften Stils wie Kreis, Welle, Zickzack und Kreuz kanonhaft darlegte.

Kat.: Ffm. 1961; Gal. Sydow, Ffm. 1964.

Lausen, Jens, * 1937 Hamburg
Deutscher Maler, der in den 60er Jahren eine phantastische Emblematik mit geometrischer Stilisierung entwickelte, die idealisierende Visionen einer von Technik bestimmten Naturlandschaft entwirft. In der Koloristik sind die Bilder L.s stark von der ◇ Pop Art beeinflußt.

Monogr.: Signale, Stationen, Landschaften im Raum. Druckgrafikverz. 1969–72, Dssd. 1972 (Œuvrekat.).
Kat.: Gal. Brusberg, Hannover 1967; Marlb., London 1969.

Lebel, Jean-Jacques, * 1936 Paris
Französischer Künstler, Kunstkritiker und Ausstellungsorganisator, studierte in Florenz und veranstaltete ab 1959 Ausstellungen (u. a. mit A. Schwarz die Internationale Surrealistenausstellung in Mailand 1959) und ◇ Happening-Aktionen sowie 1965–67 die ›Festivals de la libre expression‹ in Paris. Seine eigenen künstlerischen Arbeiten bestehen aus Bild-Collagen im Stil des ◇ Nouveau Réalisme. Ab 1968 verlagerte sich sein Interesse auf gesellschaftspolitische Themen.

Schriften: Le Happening, Paris 1966; Entretiens avec le Living Theatre, Paris 1969.
Kat.: Gal. Schwarz., Mail. 1961.

Lebensztejn, Jan,
* 1930 Brześč (Brest-Litowsk)
Polnischer Maler, studierte 1948–54 an der Akademie in Warschau und übersiedelte 1959 nach Paris. In seiner expressiv-gestischen Malerei tauchen als Sujet immer wieder gespenstische Mischwesen aus Mensch und Tier auf.

Monogr.: A. Wojciechowski, J. L., Warschau 1959.
Kat.: MAM 1961; Gal. Chalette, NY 1962; Gal. La Cloche, Paris 1964; Mus. Grimaldi, Antibes 1964; PBA, Brüssel 1964; Gal. Gmurzynska, Köln 1964 u. 1965; Gal. Il Fauno, Turin 1968. – d II/1.

Leblanc, Walter, * 1932 Antwerpen
Belgischer ◇ Lichtkinetiker, studierte an der Akademie in Antwerpen und war 1958 Mitbegründer der Hessenhuis-Künstlergruppe, die eine monochrome Malerei vertrat. Aus dieser Phase entwickelten sich seine lichtvibrierenden Reliefs (*Torsions,* ab 1959; *Twisting Strings*), die ihn der internationalen Gruppe → Nouvelle Tendance zuordnen.

Kat.: Gal. Le Zodiaque, Genf 1963; 35. Biennale, Venedig 1970.

Le Brocquy, Louis, * 1916 Dublin
Irischer Maler. Nach figurativen Bildern und einer von Picasso beeinflußten kubistischen Figurenmalerei gelangte er in den 50er Jahren zu einem Malstil, dessen Gegenüberstellung von lavierten Farbflächen zu isolierten Figuren → Bacon verwandt ist.

Kat.: Gal. Lienhard, Zürich 1961; Gimpel Fils Gal., London 1961, 1966 u. 1971; Municipal Gal. of Mod. Art, Dublin 1966 (Retro.).

Le Gac, Jean,
* 1936 Tamaris (Gard)
Französischer Künstler, nach einer Ausbildung als Kunsterzieher seit 1958 im Schuldienst tätig. Mit seinen Dokumentationen von Reisen, Aktionen usw. mit Hilfe von Fotos, Postkarten und Texten – zusammengefaßt als *Les Cahiers* (1968–71) – entstanden die ersten Arbeiten, die ihn zu einem der bekanntesten Vertreter der ◇ Spurensicherung machten. Sein Interesse verlagert sich in späteren Arbeiten auf das Problem von Realität und Fiktion, das er ironisiert (Fotos von einer Weltreise, an ›exotischen‹ Plätzen in Paris aufgenommen, 1974) oder dessen übliches Verhältnis er umkehrt, indem er sich der Fiktion beugt: Er vermischt seine Biografie mit der fiktiven eines Florent Max (1972), stellt Szenen aus einem Abenteuerroman nach (1973) oder nimmt die landläufige Trivialvorstellung von der Figur des Künstlers – heute sein zentrales Thema – als einem etwas sonderbaren Wesen vor einer Staffelei wörtlich (*Der Maler*, 1976).

Jean Le Gac. Aus ›Der Maler‹. 1973

Monogr.: J. Le G. / Fl. Max, hrsg. v. J.-M. Poinsot, Paris 1972.
Kat.: Km. Luzern 1972 (mit Ben, Boltanski u. Fernie); Imitation of J. Le Gac, MOMA, Oxford 1973; Der Maler, Kv. Hbg/SGal. im Lenbachhaus, München/Neue Gal., Aachen 1977. – d 5, d 6/II.

Lehmden, Anton,
* 1929 Neutra (ČSSR)
Österreichischer Maler tschechischer Herkunft, studierte an der Wiener Akademie bei Gütersloh. Seine zur → Wiener Schule gerechnete ◇ phantastisch-realistische Malweise ist in altmeisterlicher Technik ausgeführt, die auf Bruegel, Altdorfer und den Malern der Donauschule basiert.

Monogr.: A. Schmeller, A. L., Weltlandschaften, Salzburg 1968; A. Koschatzky, A. L., Die Graphik, ebd. 1970 (mit Œuvrekat. d. Druckgrafik 1949–70 v. S. Stock).
Kat.: Gal. Würthle, Wien 1958.

Leissler, Arnold,
* 1939 Hannover
Deutscher Maler, studierte 1958–60 an der Werkkunstschule in Hannover und 1962–65 an der Akademie in Nürnberg. In seinen Bildern der 60er Jahre verbindet L. eine abstrahierende Geometrisierung organischer und tektonischer Formen

mit einer altmeisterlich anmutenden Maltechnik.

Kat.: Gal. Brusberg, Hannover 1964.

Le Moal, Jean,
* 1909 Authon-du-Perche (Eure-et-Loire)
Französischer Maler der Ecole de Paris, studierte 1926–29 an der Ecole des Beaux-Arts in Lyon und 1934–38 an der Académie Ranson in Paris bei → Bissière. Mit → Bazaine, → Lapicque, → Manessier und → Singier gehörte er um 1941 zur Gruppe ›Jeunes peintres de la tradition française‹. Die nach seiner Hinwendung zur Abstraktion (1942) entstandenen Bilder zeichnen sich durch rhythmisch organisierte Farbstrukturen aus.

Monogr.: C. Bourniquel, Trois peintres: Le M., Manessier, Singier, Paris 1946.
Kat.: Overbeck-Ges., Lübeck 1961; Gal. Appel & Fertsch, Ffm. 1967. – d II/1.

Lenk, Kaspar-Thomas, * 1933 Berlin
Deutscher Plastiker, der die Stuttgarter Kunstakademie besuchte. Seine *Schichtungen* (ab 1964) sind aus vorfabrizierten, farbig-geometrischen Holz- oder Metallplatten konstruiert, die er in ◇ serieller Ordnung zusammenfügt.

Kaspar-Thomas Lenk. Schichtung 10. 1964/65. Holzspanplatten bemalt. 150 x 150 cm

Schriften: Texte zur Kunst u. zur eigenen Arbeit, Stgt 1978.
Monogr.: D. Honisch, Th. L., Niederteufen 1975 u. Stgt 1976 (= Kunst heute. 24).
Kat.: Gal. Müller, Stgt 1962 u. 1965; Fischbach Gal., NY 1967; Gal. del Naviglio, Mail. 1967 (mit Pfahler); Westf. Kv., Münster 1968 (mit Quinte); Hess. Lm., Darmstadt 1968 (mit Pfahler); Gal. Ziegler, Zürich 1969; 35. Biennale, Venedig 1970; Gal. St. Johann, Saarbrücken 1971; Mus. Folkwang, Essen 1973; Kölnischer Kv./Staatsgal. Stgt 1976/77. – d IV/1.

Le Parc, Julio, * 1928 Mendoza
Argentinischer ◇ kinetischer Künstler, besuchte die Kunstschule in Buenos Aires und ging 1958 nach Paris, wo er bei → Vasarely arbeitete. 1960 gehörte er zu den Mitbegründern der → Groupe de Recherche d'Art Visuel. Sein Werk zielt auf Veränderung des Körperbewußtseins und des Gleichgewichts durch eine Verzerrung der visuellen Information. Zu diesem Zweck ver-

Julio Le Parc. Continuel-mobile. 1964. Aluminium. 150 cm hoch

wendet er Licht, spiegelnde Oberflächen, Zerrspiegel, Linsen und gemustertes Glas, um mit den Reflexen der glänzenden Flächen dynamische Effekte zu erzielen. Um den Betrachter zu aktiver Mitarbeit anzuregen, benutzt er Elemente zum Manipulieren in seinen mobilen Objekten, die beliebig bewegt werden können.

Schriften: A propos de: Art spectacle, Paris 1962.

Kat.: Paris 1959; Gal. D. René, Paris 1966 u. 1971; 33. Biennale, Venedig 1966; (Op) Art Gal., Eßlingen 1966; MOMU 1969; Gal. De Foscherari, Bologna 1969; Ulm 1970; Paris 1970; SKh., Dssd. 1972 (Retro.). – d III/1, d IV/2.

Leslie, Alfred,
* 1927 New York

Amerikanischer Maler, begann nach dem Studium 1956/57 an der New York University mit Bildern im Stil → De Koonings und ging später zu einer posenhaften, staffageartigen Figuration über, die in einer Art ironischem Klassizismus die Tradition der Landschafts- und Porträtmalerei in Frage stellt.

Kat.: Kh. Bern 1962 (mit Johns, Rauschenberg u. Stankiewicz). – d 5.

Le Va, Barry,
* 1941 Long Beach (Calif.)

Amerikanischer Künstler, studierte 1964–67 am Otis Art Institute in Los Angeles. 1967 entstanden die ersten Arbeiten im Sinne der ◇ Material- und ◇ Prozeßkunst (z. B. Verstreuen von Material im Raum). Spätere Arbeiten, die ebenfalls wie willkürlich erscheinen (z. B. im Raum verteilte kleine Holzklötzchen) sind nach Plan strukturiert und genau auf den jeweiligen Raum bezogen, was in dazugehörigen Zeichnungen erläutert wird.

Kat.: The Cont. Arts Center, Cincinnati 1975 (mit Bochner, Rockburne u. Tuttle). – d 5, d 6/III.

LeWitt, Sol,
* 1928 Hartford (Conn.)

Amerikanischer Künstler, bedeutender Vertreter der ◇ Minimal Art, studierte 1945–49 an der Syracuse University und ließ sich 1953 in New York nieder, wo er seitdem an verschiedenen Kunstschulen lehrte. 1962 entstanden erste Skulpturen mit geometrischen Formen, 1965 die ersten modularen Arbeiten (gitter- und käfigähnliche Gebilde, offene und geschlossene Kuben aus weißgrau lackiertem Stahl). 1968 setzte eine neue große Phase mit Zeichnungen, vor allem in Form von Wandzeichnungen, ein. Allen Arbeiten gemeinsam ist das systematische Durchspielen verschiedener Variationsmöglichkeiten (in sich geschlossene Systeme ohne Aussagekraft über etwas anderes als über sich selbst; auch zahlreiche Publikationen dieser Art) und damit die Zerstörung des Außergewöhnlichen, ›Ikonenhaften‹ der einzelnen Arbeit durch die Fülle der gleichartigen. Durch diese Abkehr vom Individuellen und die Tendenz zu Nüchternheit, Objektivität und Logik wurde er – wie auch durch seine theoretischen Äußerungen (*Paragraphs* bzw. *Sentences on Conceptual Art,* 1967 bzw. 1969) – zu einem wichtigen Anreger der ◇ Konzeptuellen Kunst. Ähnlichkeiten bestehen z. B. auch in Zeichnungen, deren endgültige Gestalt ›offen‹ d. h. nur durch Anweisungen fixiert

Sol LeWitt. Ohne Titel. 1966. Bemaltes Holz. 365,7 x 365,7 x 63,3 cm. Ehemals Dwan Gal., NY

ist und daher von Ausführung zu Ausführung bzw. von Wand zu Wand verschieden ausfällt.

Monogr.: SM 1974/75 (Verz. d. Druckgrafik u. Bücher); Graphik 1970–75, Kh. Basel u. Verlag Kornfeld u. Cie., Bern o. J. (1976; Œuvrekat. d. Druckgrafik u. Bücher).

Kat./Werkpubl.: Serial Project No. 1, NY 1966 (= Aspen Magazine, Section 17, No. 5–6); Set II, 1–24, Ace Gal., LA 1968; 49 Three-Part Variations Using Three Different Kinds of Cubes, 1967–68, Gal. Br. Bischofberger, Zürich 1969; Four Basic Kinds of Straight Lines . . . and Their Combinations, Studio International, London 1969; Four Basic Colours . . . and Their Combinations, Lisson Publ., London 1971; Arcs . . . Circles & Grids and all Their Combinations, Kh. Bern u. P. Bianchini 1972; Cercles & Lignes/Circles and Lines, Gal. Y. Lambert, Paris 1973; Seventeen Squares of Eight Feet with Sixteen Lines and One Arc, Portland Center f. the Visual Arts 1973 (ital. Ausg. Università di Bari u. Gal. Toselli, Mail. 1974); Arcs with Straight Lines, Not-Straight & Broken Lines, Cusack Gal., Houston 1973; The Location of Eight Points, M. Protetch Gal., Washington (D.C.) 1974; Squares with Sides and Corners Torn Off, MTL, Brüssel o. J.; La posizione di tre figure geometriche / The Location of Three Geometric Figures, Gal. Sperone, Turin 1974; Incomplete Open Cubes, J. Weber Gal., NY 1974; O.T., Sperone/Fischer, o. O. (Turin/Dssd.) 1974; The Location of Lines, Lisson Publ., London 1974; Arcs and Lines (All Combinations of Arcs from Four Corners . . .), Ed. des Massons, Lausanne 1974; Color Grids, MTL, Brüssel 1975; Lines & Color (Straight, Not-Straight and Broken Lines . . .), A. Verna/M. Bonomo/R. Preisig, o. O. (Zürich/Bari/Basel) 1975; Grids Using All Combinations of Straight, Not-Straight and Broken Lines, POUR, Brüssel 1975; Red, Blue and Yellow Lines . . ., Israel Mus., Jerusalem 1975; The Location of Straight, Not-Straight & Broken Lines and All Their Combinations, J. Weber Gal., NY 1976; Stone Walls, Oakland, Crown Point Press 1975; Geometric Figures within Geometric Figures, Department of Fine Arts of the Univ. of Colorado at Boulder, 1976; Modular Drawings, A. v. Fürstenberg, Genf 1976; Wall Drawings in Australia, J. Kaldor, Sydney 1977; Brick Wall, Tanglewood Press, NY 1977; Photogrids, P. David Press, NY 1977; Color Grids, Multiples, NY 1977; Five Cubes/Twenty Five Squares, Gal. M. Bonomo, Bari 1977. – Bulletins v. Art & Project, Amsterdam: Lines and Combinations of Lines (Nr 18, 1969), Ten Thousand Lines u. Six Thousand Two Hundred and Fifty-Five Lines (Nr 32, 1971); Folded Bulletin (Nr 43, 1971), Lines & Lines, Arcs & Arcs & Lines & Arcs (Nr 60, 1972), Vier muurtekeningen/Quatre dessins muraux (mit MTL), Incomplete Open Cubes (Nr 88).

Kat.: MHL, Krefeld 1969; Gemeentemus., Den Haag 1970; Pasadena Art Mus. 1970/

71; NSCAD, Halifax 1972; Gal. M. Bonomo, Bari 1973; J. Weber Gal., NY 1974 u. 1976; Wadsworth 1975 (= Matrix. 3 u. 6); Kölnischer Kv. 1976; MOMA 1978 (Retro.).– d IV/1, d 5, d 6/III.

Liberman, Alexander, * 1912 Kiew
Amerikanischer Künstler russischer Herkunft, der sich bereits in den 50er Jahren einer Malerei im Sinne des ◇ Hard edge zuwandte. Er trat auch als Bildhauer hervor.

Kat.: London 1964.

Lichtenstein, Roy,
* 1923 New York
Amerikanischer Künstler, studierte 1939 an der Art Student's League sowie 1940–43 und 1946–49 an der Ohio State University in Columbus, an der er 1949–51 selbst lehrte. 1957–60 war er Dozent an der State University of New York in Oswego und 1960–63 am Douglas College der Rutgers University in New York. Nach Bildern, die sich an den Malern des Wilden Westens

Roy Lichtenstein. Drowning Girl. 1963. Öl, Magna/Lwd. 172,7 x 172,7 cm. Slg Mr und Mrs C. B. Wright, Seattle

(Remington) orientieren (ab 1951) bzw. am ◇ Abstrakten Expressionismus (ab 1957), wandte er sich 1960/61 Bildthemen zu, die er den populären Massenmedien (Reklame, Trickfilm, Zeitungsillustrationen und vor allem Comic Strips) entnahm und die er in Comic Strip-Manier wiedergab, wobei er die Vorlagen mit Hilfe eines Projektors vergrößerte und die Rasterpunkte mit einer Schablone ausfüllte. So wie er hier das Banale monumentalisierte, banalisierte er auch das Monumentale in Adaptionen bekannter Kunstwerke (Monet, Picasso, Mondrian) oder in seinen Bildern mit antiken Ruinen (1964/65). In den gleichzeitigen Landschaftsbildern und -collagen, experimentiert er erstmals mit verschiedenen Materialien (Plastik, Email), was sich in seinen Skulpturen fortsetzt (Mädchenköpfe aus Steingut, *Modern Sculptures* aus Messing, Glas, Marmor u. ä.). In seinen Bildern schließt sich eine Serie mit *Brush Strokes* an (überdimensional vergrößerte Pinselstriche, ab 1965/66), deren gestische Dramatik zu den *Explosions* führt, die wortwörtlich die Form sprengen. Weitere Stadien seiner Entwicklung – neben einer 1966 einsetzenden Beschäftigung mit dem Art Déco, dessen Kunstgewerbe er als einer der ersten sammelte und mit dessen Formensprache er sich in Bildern und Skulpturen auseinandersetzt (*Modern Paintings* bzw. *Sculptures*) – sind gemalte Bildrückseiten, Spiegel (*Mirrors,* ab 1971) und Stilleben. Seit 1976 Übertragung der Cartoons auf symbolhafte Objektskulpturen. L. gehört mit → Oldenburg und → Warhol zu den bedeutendsten Vertretern der amerikanischen ◇ Pop Art.

Monogr.: Drawings and Prints. 1961–69, hrsg. v. D. Waldmann, NY 1970 (Œuvrekat.); dies., R. L., Mail. 1971 (engl.), mit dt. Textbeilage Tübingen 1971; J. Coplans, R. L., NY 1972 u. London 1973. – L., hrsg. v. A. Boatto u. G. Falzoni, Rom 1966 (= Fantazaria I, Nr 2, L.-Sonderheft).
Kat.: Gal. I. Sonnabend, Paris 1963 u. 1965; Gal. Il Punto, Turin 1964; 33. Biennale, Venedig 1966 (mit Frankenthaler, Kelly u. Olitski); Pasadena Art Mus./Walker, Minneapolis 1967; SM 1967; Cont. Arts Center, Cincinnati 1967; Tate 1968, dt. 1969; Kh. Bern 1968; Kestner 1968; Guggenheim/W. Rockhill Nelson Gal. of Art, Kansas City/MOCA, Chicago/Seattle Art Mus./Columbus Gal. of Fine Arts 1969/70; J. Berggruen Gal., SF 1971; Gal. Beyeler, Basel 1973; CNAC 1975; NGB 1975; Neue Gal., Aachen 1975; Mannheimer Kv. 1977. – d IV/1 u. 2, d 6/I u. III.

Lijn, Liliane, * 1939 New York
Amerikanische Künstlerin, die in London tätig ist. Ihre ◇ kinetischen Objekte benutzen das Naturelement Wasser als Bewegungsquelle, um kosmische Energien bewußt zu machen.

Kat.: Hanover Gal., London 1970.

Lindner, Richard, * 1901 Hamburg † 1978 New York
Amerikanischer Maler deutscher Herkunft, studierte an den Kunstgewerbeschulen in Nürnberg (1922–24) bzw. München (1924–25) sowie an der Münchner Akademie (1925–27). 1931 emigrierte er nach Paris und 1941 nach New York (1948 naturalisiert), wo er bis 1952 als Illustrator für verschiedene Zeitschriften tätig war (Vogue, Harper's Bazaar u. a.). Ab 1950 wandte er sich wieder intensiv der Malerei

Richard Lindner. Disneyland. 1965. Öl/Lwd. 203 x 127 cm. ML

zu. In seiner der ◇ Pop Art nahen Bildthematik konzentriert er sich auf idolhafte, maschinenartige Figuren der Großstadtwelt, die er in lasziv-aggressiven Haltungen und grellbunter, von der Werbung beeinflußter Farbigkeit darstellt.

Monogr.: S. Tillim, R. L., London 1961; D. Ashton, R. L., NY 1969, dt. NY/Bln 1974; R.-G. Dienst, R. L., Stgt. 1969 (= Kunst heute. 13) u. NY 1969; H. Kramer, R. L., Bln 1975.
Kat.: Gal. Cl. Bernard, Paris 1965; Gal. Il fante di Spade, Rom/Gal. Galatea, Turin 1965; SM, Leverkusen/Kestner/Staatl. Kh., Baden-Baden/HaW, Bln/Univ. of Calif., Berkeley 1968/69; Walker, Minneapolis 1969; Sp. A. Samuels Gal., NY 1971; MuNAM/Boymans/SKh., Dssd./Khs Zürich 1973/74 (Retro.). – d IV/1, d 6/III.

Lippold, Richard,
* 1915 Milwaukee (Wisc.)
Amerikanischer Bildhauer, Autodi-

dakt, studierte 1933–37 an der Universität sowie der School of Art des AIC in Chicago und arbeitete als Designer. 1942 schuf L., angeregt durch seine berufliche Tätigkeit als Formgestalter, seine erste abstrakte Drahtplastik, in der er bereits die Grundprinzipien seines plastischen Werks – symmetrische ◇ konstruktivistische Präzision und transparente Dreidimensionalität – festlegte. Er erhielt zahlreiche Aufträge für öffentliche Gebäude (u. a. Metropolitan 1956; A. Fisher Hall, Lincoln Center, NY 1962).

Lipton, Seymour, * 1903 New York
Amerikanischer Bildhauer, wandte sich nach dem Studium der Zahnmedizin 1927 als Autodidakt der Bildhauerei zu. 1940–58 lehrte er an der New School for Social Research. Bis 1945 entstanden vorwiegend figurativ-expressive Holzplastiken, die nach dem Krieg mit der Verwendung von Eisenblech zunehmend abstrakter wurden. Um 1950 fand L. zu seinem charakteristischen Stil eines abstrakten Symbolismus, dessen rhythmische, von scharfkantigen Volumen geprägte Formen Assoziationen an die Pflanzen- und Tierwelt wachrufen.

Monogr.: A. Elsen, S. L., NY 1970.
Kat.: Marlb., NY 1965 u. 1971; Milwaukee Art Center u. Univ. of Wisconsin 1969. – d II/2.

Lodenkämper, Karolus,
* 1943 Walsrode
Deutscher Maler, studierte an der Düsseldorfer Akademie. Seine fotografisch-realistische Malweise, die mit Schablonen und Spritzpistole arbeitet, verfremdet die fotografischen Vorlagen zu glamourhaft-künstlichen Modellposen.

Lohse, Richard Paul,
* 1902 Zürich
Schweizer Maler und Grafiker, studierte 1918–22 an der Kunstgewerbeschule in Zürich. Mit → Bill gehört er zu den bedeutendsten Vertretern der ◇ Konkreten Kunst. Seit 1942 befaßt er sich in seinen Bildern mit der Horizontal-Vertikal-Gliederung von Farbfeldern in modularer und serieller Anordnung.

Monogr. Fs. zum 60. Geburtstag, hrsg. v. H. Neuburg u. A. Lohse, Teufen 1962; E. Gomringer, R. P. L., Intuition u. Systematik in d. Malerei, Starnberg 1971; ders. u. a., R. P. L., Modulare u. serielle Ordnungen, Köln 1973.
Kat.: Kv. Ulm 1960; SM 1961; Khs Zürich 1962; 8. Biennale, Sao Paulo 1965; Centro de Artes Visuales del Inst. Torcuato di Tella, Buenos Aires/Mus. de Arte Mod., Rio de Janeiro 1966; Gal. R. Ziegler, Zürich 1967 u. 1969; Gal. D. René, Paris 1967; Gal. Il Fiore, Florenz 1970; Kh. Bern/Kv. München/Kv. Hannover /MOMU/Van Abbe/Gemeentemus., Den Haag 1970/71; Gal. La Polena, Ge-

Richard Paul Lohse. 16 progressive asymmetrische Farbgruppen innerhalb eines symmetrischen Systems. 1956–62–6. 96 x 96 cm. Im Besitz des Künstlers

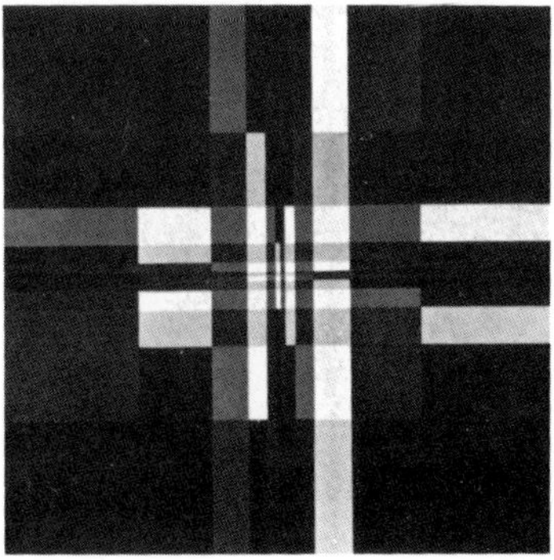

nua 1971; Gal. Peccolo, Livorno 1971; 36. Biennale, Venedig 1972; Km. Dssd. 1975; Bottrop 1976. – d IV/1.

Long, Richard, * 1945 Bristol
Englischer Künstler, wichtiger Vertreter der ◇ Land Art, studierte 1966–68 an der St. Martin's School of Art in London. In seinem Schaffen lassen sich zwei verschiedene Typen von Arbeiten unterscheiden: Wanderungen in der freien Natur, deren spezifischer Charakter – z. B. Wanderungen in gerader Linie (*Walking a Straight Line for 10 Miles*, 1968), im Kreis, im Quadrat, gleiche Strecken in verschiedener Zeit – mit Hilfe von Diagrammen, Fotografien u. ä. dokumentiert wird, sowie Skulpturen, die durch Eingriffe in die Natur (*A Line Made by Walking*, 1967) oder aus ›natürlichem‹ Material in der Natur oder in Innenräumen gestaltet werden: Tannennadelkreuze, Lehmpfade (VI. Guggenheim International, NY 1971), Linien, Kreise, Labyrinthe und Spiralen aus Holz oder Steinen (d 5; 37. Biennale, Venedig 1976).

Richard Long. Steinkreis. 1972. Installation d 5

Kat./Werkpubl.: MHL, Krefeld 1969; Dartmoor January 10 1969. Seven Views of a Sculpture Made f. M. and M. Visser of Bergeyk, Holland, Fernsehgalerie Schum, o. O. u. J. (1969); SM, Mglb. 1970; Two Shepdogs . . ., Lisson Publ., London 1971; From Along a Riverbank, Art & Project, Amsterdam 1971; South America 1972, K. Fischer, Dssd. o. J.; John Barley Corn, SM 1973/74; Scottish NG of Mod. Art, Edinburgh 1974; 37. Biennale, Venedig 1976; A Hundred Stones. One Mile Between First and Last. Cornwall, England 1977, Kh. Bern 1977; The North Woods, Whitechapel 1977; ICA, LA 1977 (mit Asher u. Askevold). – d 5.

López, Francisco, * 1932 Madrid
Spanischer Bildhauer und Zeichner, studierte ab 1951 Bildhauerei an der Escuela de Artes y Oficios in Madrid, an der er heute selbst lehrt, und 1960–64 an der Academia de Bellas Artes de Espagna in Rom. L. wurde bekannt mit Skulpturen und Bleistiftzeichnungen (eindringliche Porträts, menschenleere Interieurs, Plätze in statuarisch-magischer Stille), die dem sogenannten ◇ Spanischen Realismus zugehören. Er ist verheiratet mit Isabel → Quintanilla.

Kat.: d 6/III.

López-García, Antonio,
* 1936 Tomelloso (Ciudad Real)
Spanischer Künstler, studierte 1950–55 an der Escuela de Bellas Artes de San Fernando in Madrid, an der er 1964–69 selbst lehrte. Wie die übrigen sogenannten ◇ Spanischen Realisten bevorzugt er Bleistiftzeichnungen. L.-G. ist verheiratet mit Maria → Moreno.

Kat.: d 6/III.

Lo Savio, Francesco,
* 1935 Rom, † 1963 Marseille
Italienischer Künstler, studierte bis

1955 an der Accademia di Belle Arti und ab 1956 Architektur in Rom. Ab 1959 setzte er sich in sogenannten ›Filter‹-Collagen sowie monochromen schwarzen Leinwandbildern und in den Raum hineinragenden Metallblechen mit Raum-Licht-Problemen auseinander. Endstufe der Entwicklung waren die *Articolazione totale*, in denen schwarze Metallbleche in quadratische Betonkästen gespannt sind.

Schriften: Spazio-luce, Rom 1962.
Monogr.: G. Celant (Hrsg.), Fr. Lo S., Turin 1975 (= Einaudi letteratura. 41).
Kat.: Gal. Selecta, Rom 1960; SM, Leverkusen 1961 (mit Reinhardt u. Verheyen); Gal. La Salita, Rom 1969; 36. Biennale, Venedig 1972; Gal. D. René H. Mayer, Dssd. 1974.

Loth, Wilhelm, * 1920 Darmstadt
Deutscher Bildhauer, seit 1958 Leiter einer Bildhauerklasse an der Karlsruher Akademie (1960 Professor). 1938 wurde er von Käthe Kollwitz zur Thematik des weiblichen Körpers in seinen frühen Bronzeplastiken angeregt. Nach 1960 wurde seine Gestaltungsform abstrakter und führte zu reliefhaften Torsi.

Monogr.: H.-J. Imiela, Bildhauerzeichnungen 1947–72, Darmstadt 1973; ders., 100 Blatt Druckgraphik 1948–73, ebd. 1974; J. A. Schmoll gen. Eisenwerth, W. L., Bildwerke in Metall 1947–72, ebd. 1976 (Œuvrekat.); H. Keller, Handzeichnungen, Bln 1977.
Kat.: Gal. d'Arte Totti, Mail. 1955; Neue Darmstädter Sezession 1961; SKgal., Bochum 1962; Gal. Springer, Bln 1962; SKh., Mannheim 1962; Württ. Kv., Stgt 1962/63; KMv. Wuppertal 1963; Gal. Gunar, Dssd. 1963; Ulmer Mus., 1964; Kölnischer Kv. 1965; Gal. W. Grosshennig, Dssd. 1965; Gal. Springer, Bln 1966; SGal., Ravensburg 1966 (mit Antes); Kv. Braunschweig 1966; Ed. Cl. Givaudan, Genf 1966; Badischer Kv., Karlsruhe 1968; Recklinghausen 1970; Darmstadt 1971; Hagen 1975; Mannheim 1976; SM, Leverkusen 1976. – d III/1.

Louis, Morris (Morris Louis Bernstein),
* 1912 Baltimore, † 1962 Washington (D.C.)
Amerikanischer Maler, einer der Hauptvertreter der ◇ Post-Painterly Abstraction und der ◇ Farbfeldmalerei. L. studierte am Maryland Institute of Fine and Applied Art in Baltimore (1929–33) und arbeitete in den 30er Jahren für WPA. Von kubistischen Abstraktionen ausgehend, kam L. über eine von → Pollock und Helen → Frankenthaler beeinflußte ◇ abstrakt-expressionistische Farbtechnik zu einer Malerei, deren Thema einzig die Farbe an sich ist. Ähnlich wie → Noland, mit dem er ab 1952 befreundet war, malte er leuchtende Farbstreifen in ungleichen Abständen auf große ungerahmte Leinwände oder ließ sie an den Rändern der ungrundierten Leinwand in ›Farbschleiern‹ herabrinnen.

Monogr.: M. Fried, M. L., NY 1969 u. 1971.
Kat.: Workshop Art Center Gal., Washington 1953; M. Jackson Gal., NY 1957; French and Company, NY 1959; Guggen-

Morris Louis. K S I. 1959. Acryl/Lwd. 264 x 438 cm. Mus. Folkwang, Essen

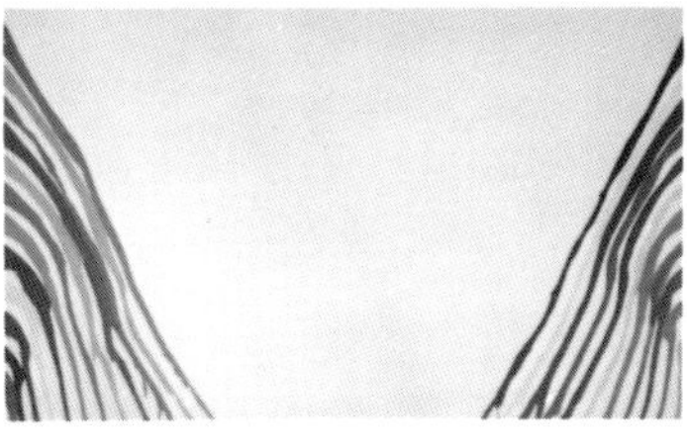

heim 1963; Kasmin Gal., London 1963; N. McKenzie Art Gal., Regina 1963 (mit Noland u. Olitski); A. Emmerich Gal., NY 1964, 1969 u. 1970; SM 1965; Whitechapel 1965; Staatl. Kh., Baden-Baden 1965; Seattle Art Mus. 1967; LA County Mus. of Art 1967; MOFA, Boston 1967; Santa Barbara Mus. of Art 1971; SKh., Dssd./Mus. d. 20. Jh., Wien/Louisiana Mus., Humlebaek/PBA, Brüssel/Hayward Gal., London 1974. – d III/1, d IV/1.

Lucassen, Reinier,
* 1939 Amsterdam

Niederländischer Künstler, begann mit abstrakten Arbeiten, wandte sich aber ab Mitte der 60er Jahre einer gegenständlichen Malerei zu, die kunstgeschichtliche und Trivialbereiche verarbeitet. 1967 gründete er mit → Dibbets und van → Elk in Amsterdam das ›International Institute for Reeducation of Artists‹.

Monogr.: R. Jooris u. H. Sizoo, R. L., Gent 1969.
Kat.: Gal. Espace, Amsterdam 1969.

Lucebert (van Swaanswijk),
* 1924 Amsterdam

Niederländischer Dichter, Zeichner und Maler, studierte an der Kunstgewerbeschule in Amsterdam. Als Dichter war L. in den 50er Jahren die herausragende Persönlichkeit der experimentellen Dichtergruppe ›Fünf Tiger‹, als Maler vertrat er neben → Appel am reinsten den Grundgedanken der → Cobra-Grupe. In seinen malerischen Werken durchdringen sich kindlich-legendäre Märchenassoziationen mit einer phantomhaften, aus tragischer Bedrängnis und Schuldempfindung aufsteigenden Phantastik.

Schriften: Gedichte u. Zeichnungen, hrsg. v. L. Kunz, Hbg 1962.
Kat.: SM/SM, Schiedam 1959; Gal. Der Spiegel, Köln 1960 (= Geh durch d. Spiegel. 21); Marlb., London 1963; SKgal., Bochum 1963; Baden-Baden 1964; SM 1969; Gal. L'Approdo, Turin 1971. – d II/3, d III/1 u. 2.

Lueg, Konrad (eigentlich Konrad Fischer), * 1939 Düsseldorf

Deutscher Künstler und Galerist, der zusammen mit Gerhard → Richter 1963 in Düsseldorf eine Aktion unter dem Namen ›Demonstration für den ◇ kapitalistischen Realismus‹ veranstaltete, eine Bezeichnung, die als Typisierung später auch auf bestimmte Arbeiten von → Brehmer, → Hödicke, → Polke und → Vostell übertragen wurde. L. setzte sich in seinen Arbeiten mit dem trivialen deutschen Konsumalltag auseinander. Ende 1969 gründete er in Düsseldorf eine Avantgarde-Galerie.

Lüpertz, Markus,
* 1941 Liberec (Böhmen)

Deutscher Maler, studierte 1956–61 an der Werkkunstschule in Krefeld und an der Düsseldorfer Akademie. 1963 übersiedelte er nach Berlin, wo er seine ›dithyrambische Malerei‹ entwickelte: Bilder in einem expressiven, figurativen Stil, deren Inhalte seit Anfang der 70er Jahre in ihren stillebenhaften Arrangements von Gegenständen (z. B. Militärmütze, Stahlhelm, Palette, Schneckenhaus, Mantel) zahlreiche emblematische, kunsthistorische, kulturgeschichtliche und politische Bezüge aufweisen.

Kat./Werkpubl.: Gal. Grossgörschen 35, Bln 1964 u. 1966; Westwall, Hake Verlag, Köln 1969; Staatl. Kh., Baden-Baden 1973; 9 & 9. Gedichte u. Zeichnungen, Verlag Danckert/Hallwachs, Bln 1975; Gal. Neuendorf, Hbg 1975; Gal. R. Zwirner, Köln 1976; Hamburger Kh. 1977. – d 6/I u. III.

Markus Lüpertz. Tod und Maler dithyrambisch III. 1973. Leimfarbe/Lwd. 213 x 190 cm

Urs Lüthi. Just another Story about Leaving. 1974

Lüthi, Urs, * 1947 Luzern
Schweizer Künstler, in dessen Arbeiten sich die ◇ Transformer-Problematik in besonders komplexer Form artikuliert. Phänomene wie Einsamkeit und Alter (*Just another Story about Leaving*, 1974), die Bezüge vom Ich zur Umwelt und vor allem die Mehrdeutigkeit im eigenen Wesen (z. B. in bezug auf die Polarität männlich – weiblich) werden thematisiert und mit teilweise erstaunlicher Schonungslosigkeit und krassem Realismus behandelt. L. bevorzugt als Medium vor allem lebensgroße, auf Leinwand aufgezogene Fotos in zusammenhängender Abfolge (*The Numbergirl*, 1973).

Kat./Werkpubl.: Separatdruck seines Teils aus d. Transformer-Kat., Km. Luzern 1974; Tell Me, Who Stole Your Smile, Gal. Stähli, Zürich 1974; Just another Story about Leaving, Gal. Stadler, Paris 1974; The Desert is across the Street (mit E. Kilga u. D. Weiss), Ed. De Appel, Amsterdam / Gal. Stähli, Zürich 1975; Kh. Basel 1976; The Personal Dissolves so Easily in the Typical, Innsbruck 1977; Mus. Folkwang, Essen 1978. – d 6/II.

Luginbühl, Bernhard, * 1929 Bern
Schweizer Bildhauer, studierte 1945–48 an der Kunstgewerbeschule in Bern. Nach figurativen Holz- und Steinskulpturen (ab 1947) entstanden 1949 die ersten Eisenplastiken, denen er sich ab 1953 ausschließlich widmet. L. kombiniert in seinen meist großformatigen Arbeiten industriell gefertigte Einzelelemente zu Figurationen mit humorvoll-ironischem Sinnzusammenhang. Er schuf außerdem eine Reihe von Zeichnungen und Kupferstichen.

Monogr.: L., Der Eisenplastiker, Bern 1967 (mit Fotos v. L. Bezzola).
Kat.: Kh. Basel 1960 (mit d'Altri); Kh. Bern 1960 (mit Kricke u. Tinguely); Gal. R. Ziegler, Zürich 1961, 1964 u. 1967; Borgenicht Gal., NY 1963; Kröller-Müller/Van Abbe/Km. Luzern 1967 (mit Tinguely);

Bernhard Luginbühl. Großer Bulldogg. 1964. Eisen. 76 cm hoch. Im Besitz des Künstlers

Domgal., Köln 1967; Km. Basel 1968 (mit Müller u. Tinguely); Badischer Kv., Karlsruhe 1969; Cabinet des estampes, Genf/Kv. d. Stadt Solothurn/Km. Basel 1971 (mit Œuvrekat. d. Druckgrafik 1945–70); Mus. Jenisch, Vevey 1971 (mit Giacometti, Kemeny u. Müller); Khs. Zürich/NGB 1972; Ulmer Mus./ S. Henie-N.Onstad Foundations, Høvikodden/Km. Bern/Louisiana Mus., Humlebæk 1974 (Œuvrekat. d. Druckgrafik, hrsg. v. R. Zeigler u. B.L.); Kestner 1975. – d III/1, d 6/III.

Lukin, Sven, * 1934 Riga
Amerikanischer Maler, der als einer der ersten 1960 damit begann, die Bildebene in Form von ◇ Shaped Canvases zu erweitern.

Luther, Adolf,
* 1912 Krefeld(-Uerdingen)
Deutscher Maler und ◇ Objektkünstler, widmete sich nach einem Jurastudium ab 1942 der Malerei. Nach frühen monochromen Bildern mit pastos aufgetragener Farbe wandte er sich 1958 einer Erforschung des Lichtes in seinen energetisch-optischen Eigenschaften zu. Er wurde bekannt mit Arbeiten aus seriell angeordneten optischen Linsen, Gläsern und Spiegeln, die durch Lichtbrechung und Spiegelungseffekte eine Art von Immaterialität erzeugen. 1967 entstand ein Raum mit focussierendem Licht in Rauch, seit 1970 arbeitet er auch mit Laserstrahlen.

Monogr.: D. Honisch, A. L., Recklinghausen 1978.

Kat.: Drian Gal., London 1960; Gal. Ferrari, Verona 1964; Gal. Loehr, Ffm. 1968; SM, Leverkusen 1969; Gegenverkehr, Aachen 1970; Mus. Folkwang, Essen/PBA, Brüssel/Kh. Basel/Westf. Kv., Münster/ Hamburger Kh. 1971–73; Dssd. 1974; Junior Gal., Hannover 1977; Westf. Kv., Münster 1978.

Adolf Luther. Focussierender Raum. 1968. Hohlspiegel u. Lichtprojektoren

Lye, Len,
* 1901 Christchurch (Neuseeland)
Neuseeländischer Künstler, studierte am Wellington Technical College

und am Canterbury College of Fine Arts in Christchurch. In den 20er und 30er Jahren gehörte er zu den Pionieren des experimentellen Films, indem er cartoonartige Zeichnungen direkt in den Zelluloidstreifen eingravierte. 1946 übersiedelte er nach New York, wo er seine Filmarbeit fortsetzte und 1959 die ersten, von ihm ›Tangible Motion Sculptures‹ genannten ◇ kinetischen Objekte schuf: vibrierende, elastische Stahlstäbe, die ein im Sockel der Plastik montierter Motor in programmierte Schwingbewegungen versetzt. Später veränderte L. das Steuerungssystem seiner Skulpturen in der Weise, daß der Betrachter das Bewegungsprogramm nach eigenen Wünschen beeinflussen kann.

Kat.: Howard Wise Gal., NY 1965; Albright-Knox 1965.

McCall, Anthony, * 1946 London
Englischer Künstler, studierte 1964–68 Design am Ravensbourne College of Art and Design. 1972 begann er mit ◇ Performances und Experimentalfilmen, in denen er Film selbst als projiziertes Licht thematisiert und nicht wie üblich als Medium zur Übermittlung anderer Inhalte benutzt: z. B. *Line, Describing a Cone* (1973), bei dem sich im Laufe der halbstündigen Vorführzeit aus einem dünnen Lichtstrahl ein Lichtkreis entwikkelt. Die Betrachtungsmöglichkeiten sind offen (z. B. in den Projektor, auf die Projektionswand oder Umhergehen im Raum), es entsteht – wie auch in anderen Arbeiten deutlich – ein Environment aus Licht.

Kat.: d 6/II.

McCracken, John,
* 1934 Berkeley (Calif.)
Amerikanischer Künstler, studierte am California College of Arts and Crafts in Oakland. Er wurde bekannt mit Skulpturen, die der ◇ Minimal Art nahestehen, z. B. in hellen Farben lackierte, schmale, hohe Fiberglasplanken.

Kat.: Gal. I. Sonnabend, Paris 1969; Art Gal. of Ontario, Toronto 1969.

Maciunas, George, * 1931 Kaunas (Litauen) † 1978 New York
Amerikanischer ◇ Happening- und ◇ Fluxuskünstler litauischer Abstammung, studierte 1949–52 Kunst und Architektur an der Cooper Union School of Art, 1952–54 Architektur und Musikwissenschaft am Carnegie Institute of Technology in Pittsburgh und 1955–60 am Institute of Fine Arts in New York, wo er sich mit europäischer und sibirischer Kunst der Völkerwanderungszeit beschäftigte. M. trat als Künstler und vor allem als bedeutender Organisator der Fluxusszene hervor (1961 erste Veranstaltungen u. a. von → Cage, → De Maria, → Higgins, Yoko → Ono und La M. → Young in seiner AG Gallery), auf ihn gehen maßgeblich die ersten Festivals 1962/63 in Europa zurück (Wiesbaden, Kopenhagen, Paris, Düsseldorf, Amsterdam, Den Haag, Nizza).

Mack, Heinz, * 1931 Lollar (Hessen)
Deutscher Künstler, ◇ Lichtkinetiker, studierte 1950–53 an der Düs-

Heinz Mack. Fünf Flügel eines Engels. 1965. Aluminium auf Holz unter Plexiglas. 200 x 103 cm. ML

seldorfer Akademie, machte 1956 sein Staatsexamen an der Universität Köln und war bis 1964 als Kunsterzieher tätig. 1949 entstanden die ersten Bilder, ab 1956 monochrome schwarze oder weiße *Dynamische Strukturen*. In der Absicht »Gegenstände zu machen, deren Erscheinungsweise immateriell ist«, schuf er dann Strukturreliefs (*Lichtflügel*, *Lichtfächer* aus Aluminium, ab 1968), Kuben und zum Teil durch elektrische Motoren bewegte Skulpturen wie Stelen (ab 1959) und Rotoren (Aluminiumfolie kombiniert mit zwei hintereinander montierten, sich drehenden Wellglasscheiben, ab 1959), deren ästhetische Wirkung auf der Brechung und Reflexion von Licht beruht. International bekannt wurde M. vor allem durch seine architektonischen Lichtanlagen an Großbauten und durch Environments wie sein *Sahara-Projekt* (ein künstlicher Lichtgarten in der Wüste auf 11 m hohen Stelen; geplant 1958, realisiert 1968), sein Lichtraum auf der Documenta 3 (als ›Hommage‹ für den nicht eingeladenen Fontana) oder seine *Wasserwolke* für die Olympischen Spiele in München (1972). Zusammen mit → Piene gab er drei Publikationen unter dem Titel ›Zero‹ heraus (1958–61) und bildete mit ihm und → Uecker (ab 1961) die Gruppe → Zero.

Schriften/Werkpubl.: Mackazin. Die Jahre 1957–67, Dssd. 1967; Daß Silber meine Farbe ist. Gedichte u. Originalgraphik, Duisburg 1972; Imaginationen 1953–73, Bln 1974; Zeichnungen, mit Einf. v. Fr. B. Heckmanns, Köln 1974.
Monogr.: H. M., Mail. 1968; M. Staber, H.M., Köln 1968; H.M. u. D. Mahlow, Kunst in d. Wüste, Starnberg 1969; K. Thomas, H.M., Recklinghausen 1976.
Kat.: MHL, Krefeld 1963 (mit Piene u. Uecker); Gal. Cadario, Mail. 1963; Gal. La Polena, Genua 1964; Gal. Il Bilico, Rom 1964 (mit Piene); Gal. L'Elefante, Mestre 1965 (mit Vigo); McRoberts & Tunnard Gal., London 1964 (mit Piene u. Uecker); Kestner 1965 (mit dens.); SKslg, Bonn 1966 (mit dens.); H. Wise Gal., NY 1966; Gal. D. René, Paris 1967; Gal. dell'Ariete, Mail. 1968; Gal. Handschin, Basel 1968; Gal. Heseler, München 1968; Künstlerhaus Halfmannshof, Gelsenkirchen 1968 (mit Rickey); Gal. U. Lichter, Ffm. 1969; 35. Biennale, Venedig 1970 (mit Lenk, Pfahler u. Uecker); Mus. Folkwang, Essen 1971; Kv. Mannheim 1971; Akad. d.

Künste, Bln/SKh., Dssd. 1972 (Retro.); Gal. D. René H. Mayer, Dssd. 1975; Oldenburger Kv. 1976; Westdeutsche Landesbank, Münster 1977; SM, Mglb. 1978; Amstutz Fine Art, Zürich 1978. – d III/1, d 6/III.

McLean, Richard,
* 1934 Hoquiam (Wash.)
Amerikanischer Maler des ◇ Hyperrealismus, studierte 1955–58 am California College of Arts and Crafts und 1960–62 am Mills College in Oakland, seit 1963 lehrt er am San Francisco State College. In seinen Bildern bevorzugt er Jokkeys, Pferde und ländliche Rennplatzszenen als Sujets, die mit der Farbpalette einer überbelichteten Kodakfotografie gemalt sind.

Kat.: d 5.

MacLow, Jackson, * 1922 Chicago
Der ◇ Happening- und ◇ Fluxusszene nahestehender amerikanischer Schriftsteller, studierte Musik sowie 1939–43 Philosophie und Literaturwissenschaft an der University of Chicago. Ähnlich wie manche Stücke von → Cage beruhen seine Arbeiten oft auf Zufallselementen, strukturiert durch das chinesische ›Buch der Wandlungen‹ *I Ging.* Er schrieb u. a. *5 Biblical Poems* (1954), das Theaterstück *The Marrying Maiden* (1958, aufgeführt vom Living Theatre mit Musik von Cage, NY 1960), *Stanzas for Iris Lezak* (1960) und *The Twin Plays* (1966). Mit La M. → Young gab er *An Anthology of Chance Operations ...* heraus (NY 1963, [2]1970).

Schriften: The Twin Plays, SEP, NY 1966 (= A Great Bear Pamphlet); The Light Poems, Black Sparrow Press, SF 1970; Stanzas f. Iris Lezak, SEP, NY 1972.

Maether, Christiane,
* 1941 Berlin
Deutsche Künstlerin, studierte 1961–67 an der HfbK in Berlin. Sie trat vor allem mit sensiblen Zeichnungen unscheinbarer Gegenstände des alltäglichen Lebens hervor.

Kat.: Gal. Br. Heberle, Ffm. 1973; Staatl. Kh., Baden-Baden 1975.

Mahn, Inge,
* 1943 Teschen (Oberschlesien)
Deutsche Künstlerin, studierte ab 1964 an der Düsseldorfer Akademie, u. a. bei → Beuys (1967–71). Bekannt wurde sie mit Objekten oder environmentartigen Anlagen aus Gips (*Schulklasse,* 1971; *Strandkorb mit Sandburg,* 1975).

Kat.: vdH, Wuppertal 1976. – d 5.

Malina, Frank J.,
* 1912 Brenham (Tex.)
Amerikanischer Künstler und Wissenschaftler, leitete als Ingenieur und Luftfahrtexperte in den 40er Jahren die naturwissenschaftliche Abteilung der UNESCO in Paris. 1953 wandte er sich künstlerischen Arbeiten zu. Im Bereich der ◇ Lichtkinetik wurde er mit der Erfindung des ›Lumidyne-Systems‹ 1954/55 wegweisend für die Entwicklung elektrodynamischer Lichtkonstruktionen.

Schriften: Some Reflections on Science and Art, London 1968; Kinetic Art. Theory and Practice, NY 1974 (Hrsg.).
Kat.: Mail. 1961.

Mallary, Robert,
* 1917 Toledo (O.)
Kanadischer, in New York lebender Bildhauer, vertrat in den frühen 60er Jahren eine neosurreali-

stische Objektkunst, deren Werke magische Materialfetische darstellten. Ab 1968 wandte er sich der Kybernetik zu, mit deren Hilfe er ein Konzept der Computerskulptur entwickelte.

Manders, Jos, * 1932 Eindhoven
Niederländischer Künstler, wandte sich Mitte der 60er Jahre Arbeiten aus tiefgezogener Plastik zu, die meist aus zwei symmetrisch zueinander geordneten Teilen bestehen.

Kat.: Gegenverkehr, Aachen 1970; Van Abbe 1970. – d IV/1.

Manessier, Alfred,
* 1911 St Ouen (Somme)
Französischer Maler, ging 1929 nach Paris und studierte Architektur an der Ecole des Beaux-Arts. 1929 befreundete er sich mit → Le Moal, 1935 mit → Bissière. M. gehört zu den bedeutendsten Vertretern einer hermetischen, symbolhaften Abstraktion innerhalb der ◇ Ecole de Paris. Seine Bilder mit ihren warm leuchtenden Farbflächen und dem reliefhaft vergitterten Zeichenwerk sind zumeist von religiöser Thematik. Er schuf auch zahlreiche Glasfenster und Tapisserien für Kirchen.

Monogr.: J. Cayrol, M., Paris 1955; J.P. Hodin, A.M., Neuchâtel 1972, engl. Bath 1972.

Kat.: PBA, Brüssel 1955; Gal. de France, Paris 1959 u. 1970; Kestner/Khs Zürich/ Dienst voor schone kunsten, Den Haag/ Mus. Folkwang, Essen 1958/59; Kh. Bremen, 1970; Paris 1974. – d II/1 u. 3, d III/2.

Alfred Manessier. Auf der Wiese. 1954. Öl/Lwd. 114,3 x 162,2 cm. Slg Ph. Dotremont, Brüssel

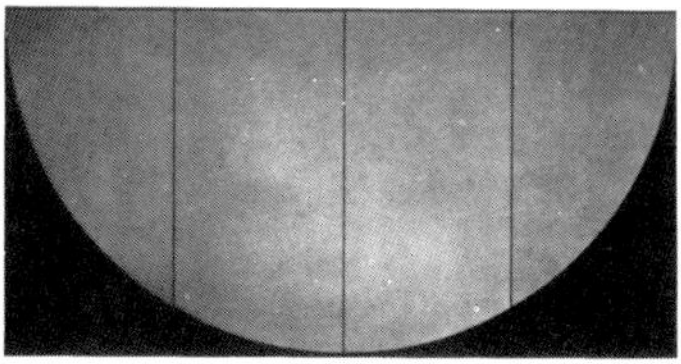

Robert Mangold. Braunes Halbkreisfeld. 1967. Öl/Holz. 4 Teile, insgesamt 183 x 386 cm. Slg O. u. I. Dobermann, Altenberge

Mangold, Robert,
* 1937 North Tonawanda (N.Y.)
Amerikanischer Maler, studierte 1956–59 am Cleveland Institute of Art in Ohio und 1960–62 an der Yale University Graduate Art School; seit 1963 lehrt er an der School of Visual Arts und am Hunter College in New York. Typisch für sein Schaffen sind ein- oder mehrteilige Arbeiten mit Unregelmäßigkeiten in der Form oder im Sujet (geometrische Formen wie Linien oder Kreise).

Kat.: Gal. Müller, Stgt 1968; Guggenheim 1971; MHL, Krefeld 1977. – d 5, d 6/III.

Manzoni, Piero,
* 1933 Soncino, † 1963 Mailand
Italienischer Künstler, einer der wichtigsten europäischen Künstler Ende der 50er/Anfang der 60er Jahre neben → Klein. Im Gegen-

Piero Manzoni. Sockel für die Welt. Hommage à Galileo (Magischer Sockel Nr 3). 1961. Park von Herning

satz zu dessen Streben nach dem Unendlichen, Kosmischen versuchte M. mit seinen *Achromes* (ab 1957, mit Kaolin geschlemmte Leinwände oder weißes Material wie Watte, Baumwolle, Filz oder Glaswolle, ab 1959 auch farblose, rohe, mit horizontalen und vertikalen Linien benähte Leinwände) »Flächen der Freiheit« zu schaffen, Bilder ohne Zeichenhaftigkeit, Illusion und Symbolwert, frei von allen Implikationen der Farbe und der Form. Die weiße (farblose) Oberfläche sollte nichts weiter sein als eine weiße (farblose) Oberfläche. Die gleiche lapidare Qualität findet sich in seinen *Linien* auf Papierrollen (die längste – auf einer Zeitungspapierrolle – 7200 m, 1960; ferner eine *Unendliche Linie*, 1960), seinen *Alphabeten* (1958), *Landkarten* (1958) und letztlich auch in den Produkten seines Körpers, in denen die Realität des Seins in der Kunst mit der Realität der eigenen Existenz zusammenfällt (*Künstleratem*, 1959; *Künstlerscheiße*, 1961; *Künstlerblut*). Diese Verbindung von Kunst und Individuum konnte auch auf das Publikum übertragen werden, z. B. dadurch, daß es von M. mit einem Daumenabdruck signierte Eier in Art einer Kommunion verzehrte (1960), durch *Magische Sockel*, die alles zu einem Kunstwerk erklärten, so lange es sich darauf befand (1961, der größte ein – umgedrehter – *Sockel für die Welt*) oder dadurch, daß M. Personen ›signierte‹ und damit zu ›lebenden Kunstwerken‹ erklärte (1961).

Monogr.: V. Agnetti, Fr. Angeli u. a., Mail. 1967; ders., Gli Achromes di P. M., Mail. 1970 (= Ricerca cont., 1); G. Celant, P. M., Sonnabend Press, o. O. (NY/Paris) 1972 (= Sonnartbooks); ders., P. M., Genua 1973 (= Flying Artbooks); ders., P. M., Cat. generale, Mail. 1975 (Œuvrekat.).

Kat.: Gal. Bergamo, Bergamo 1958 (mit Baj u. Fontana); Gal. Appia antica, Rom 1959 (mit Bonalumi u. Castellani); Gal. Azimut, Mail. 1959; Gal. Delta, Rotterdam 1962; Gal. Schwarz, Mail. 1964; Gal. M. E. Thelen, Essen 1967; Gal. Regis, Finale Ligure 1967; Gal. Notizie, Turin 1968 (mit Burri, Fontana u. Klein); Gal. del Leone, Venedig 1968; Gal. M. Fels, Paris 1969; Van Abbe 1969; SM., Mglb. 1969/70; Kv. Hannover 1970; SM 1970; Gal. Blu, Mail 1970; Studio C, Brescia 1970; Gal. Nazionale d'Arte Mod., Rom 1971 (Retro); Mus. di Crema 1971; Gal. Civica d'Arte Mod., Ferrara 1971; Km. Basel 1973; SGal. im Lenbachhaus, München/Kh. Tübingen 1973/74; Royal College of Art, London 1973; Tate 1974; Studio Brescia 1974. – d IV/1, d 6/III.

Marden, Brice,
* 1938 Bronxville (N. Y.)
Amerikanischer Maler, studierte 1957–61 an der Boston University School und 1961–63 an der Yale

Brice Marden. Range. 1970 Öl, Wachs/Lwd. Triptychon, 155 x 267 cm

University School in New Haven. 1966 war er Assistent von → Rauschenberg, 1969–74 lehrte er an der School of Visual Arts in New York. Als Weiterentwicklung der ◇ Farbfeldmalerei arbeitet er mit monochromen, durch Beimischung von Grau getrübten Farbflächen – meist zwei oder drei zu einer Arbeit zusammengesetzt –, deren durch Verwendung von Wachs erzielte stumpfe Oberflächen er selbst wie folgt charakterisiert: »Sie reflektieren kein Licht, sehen aber aus, als ob sie Licht absorbierten und es gleichzeitig abgäben.«

Kat./Werkpubl.: Suicide Notes, hrsg. v. P. Brandini, Lausanne 1974; Guggenheim 1975. – d 5, d 6/III.

Mari, Enzo, * 1932 Novara
Italienischer Künstler und bedeutender Designer (u. a. für Danese), studierte 1950–55 an der Mailänder Accademia Brera und war 1960 Mitbegründer von → Nouvelle Tendance. Seine ◇ kinetischen Objekte, die er durch ihre besondere Farbgestaltung und taktile Reizfähigkeit als Anregung für eine stärkere Sensibilisierung der Sinnestätigkeiten versteht, sind so konstruiert, daß sie eine industrielle Herstellung ermöglichen.

Schriften: Funzione della ricerca estetica, Mail. 1970.
Kat.: Gal. Milano, Mail. 1972. – d IV/2.

Mariani, Carlo Maria, * 1931 Rom
Italienischer Maler, wandte sich nach abstrakten, reliefartigen Wandobjekten Mitte der 60er Jahre einer figurativen Malerei zu, die er bis zu einer ◇ hyperrealistischen Form steigerte. In die anfangs sozialkritisch geprägten Themen mischten sich zunehmend kunstgeschichtliche Bildzitate, woraus sich ab 1974 eine fiktive historische Themenwelt entwickelte, die stilistisch wie inhaltlich vor allem auf malerische Ideale des Klassizismus eingeht (*Selbstporträt von Angelica Kauffmann*, 1976). M.s in perfekter altmeisterlicher Manier gemalte Bilder sind ein extremes Beispiel für die Ende der 60er Jahre in Italien aufkommende Auseinandersetzung mit der

Carlo Maria Mariani. Selbstporträt von Angelica Kauffmann. 1976. Öl/Lwd. 76 x 59 cm

(eigenen) Kunstgeschichte, einer neuen Form von ›Kunst über Kunst‹.

Kat.: Cannaviello Studio d'Arte, Rom 1975; Affinità elettive, Gal. Sperone, Rom 1977 (= Bulzoni Cat. d'Arte. 2)

Marisol (Marisol Escobar),
* 1930 Paris
Amerikanische Bildhauerin venezolanischer Herkunft, studierte in Paris an der Ecole des Beaux-Arts und der Académie Julian sowie an der Schule von → Hofmann und der Art Students' League in New York, wo sie sich 1950 niederließ. Ihre zur ◇ Pop Art zählenden Figuren (meist Gruppen, ab 1960), die sich aus Holz, realen Objekten, Fotografie und Zeichnung zusammensetzen, stellen eine ironisch-witzige Kritik an der amerikanischen Gesellschaft dar.

Kat.: Boymans 1968. – d IV/1.

Martin, Agnes,
* 1912 Maklin (Saskatschewan)
Amerikanische Malerin kanadischer Abstammung, kam 1932 in die USA (1940 naturalisiert) und studierte u. a. an der Columbia University in New York. Nach verschiedenen Reisen ließ sie sich 1957 in New York nieder, wo bis 1967 ihre Hauptwerke entstanden. 1967 wandte sie sich von der Kunst ab und ging nach Cuba (New Mexiko). Nach abstrakt-surrealistischen Anfängen wandte sie sich Mitte der 50er Jahre geometrischen Formen zu und reduzierte deren ◇ serielle Anordnung schließlich bis zu einem Raster aus horizontalen und vertikalen Linien (ab 1960). Ihre Bilder sind äußerst sensibel und gleichzeitig von kraftvoller, intensiver Spannung und waren in ihrer Einfachheit wichtige Vorläufer für die ◇ Minimal Art. Nach einer Schaffenspause entstand als erste neue Arbeit das Portfolio *On a Clear Day* (30 Siebdrucke, ein Kompendium ihres bisherigen Schaffens).

Agnes Martin. Ohne Titel. Beilage zur Einladung für die Ausstellung in der R. Elkon Gal., NY 1966

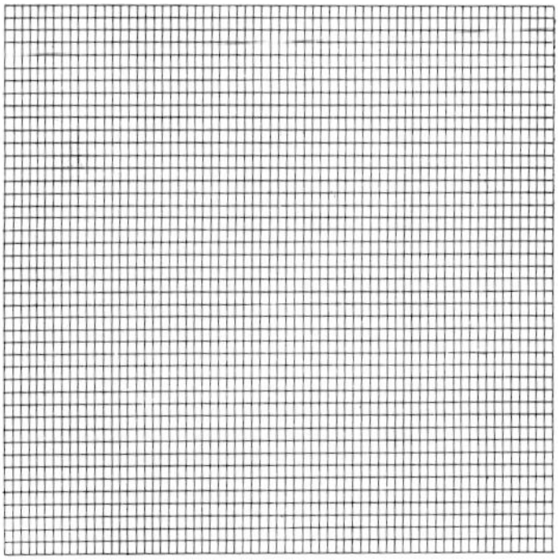

Monogr.: Fr. Kolbert, A.M., Diss. Yale Univ., New Haven (Conn.) 1970.
Kat.: ICA, Univ. of Pennsylvania, Philadelphia 1973; Kunstraum München/Kh. Tübingen/KWM, Krefeld 1973/74. – d 5, d 6/III.

Martin, Etienne → **Etienne-Martin**

Martin, Kenneth,
* 1905 Sheffield
Englischer Maler und Bildhauer, studierte bis 1929 an der Sheffield School of Art und bis 1932 am Royal College of Art in London. Seine ersten abstrakten Bilder (1946–1949) verraten bereits dasselbe konstruktive Interesse wie seine ab 1951 entstandenen, an → Pevsner geschulten mobilen Drahtplastiken und Metallkonstruktionen, die mehr auf mathematischer Logik als auf freier

Imagination beruhen. Seit Mitte der 60er Jahre arbeitet er auch mit ◇ lichtkinetischen Environments. Er war ab 1930 mit Mary → Martin verheiratet.

Kat.: Waddington Gal., London 1970; ACGB 1970 (mit Mary M.); Tate 1975. – d IV/1, d 6/III.

Martin, Mary,
* 1907 Folkestone (Kent) † 1971
Englische Malerin und Bildhauerin, studierte an der Goldsmith's School of Art in London und malte anfänglich Stilleben und Landschaften, bevor 1950 ihre ersten abstrakten Bilder entstanden. Vo da an beschäftigte sie sich ausschließlich mit räumlichen Konstruktionen (in erster Linie Reliefs mit seriell angeordneten elementaren geometrischen Formen). Sie war ab 1930 mit Kenneth → Martin verheiratet.

Kat.: ACGB 1970 (mit Kenneth M.).

Mason, John,
* 1927 Madrid (Nebr.)
Amerikanischer Bildhauer, studierte 1949–52 am Otis Art Institute in Los Angeles. M., der fast ausschließin Ton arbeitet, begann im Stil des ◇ Abstrakten Expressionismus; er wurde bekannt mit Wandreliefs (ab 1957) sowie mit totemähnlichen und – ab Mitte der 60er Jahre – geometrischen Formen.

Kat.: LA County Mus. of Art 1966; Pasadena Art Mus. 1974.

Massironi, Manfredo,
* 1937 Padua
Italienischer Künstler, studierte Architektur in Venedig und war 1959 Mitbegründer der → Gruppo N. Seine ◇ kinetischen Arbeiten befassen sich mit psychologischen Wahrnehmungsbedingungen.

Mastroianni, Umberto,
* 1910 Fontana Liri
Italienischer Bildhauer, studierte in Rom und ließ sich 1926 in Turin nieder. Unter dem Einfluß des Futuristen Boccioni entwickelte M. eine kraftvoll-dynamische, oft bis ins Aggressive übersteigerte ◇ abstrakte plastische Form, die stilbildend auf die italienische Bildhauerei direkt nach dem 2. Weltkrieg wirkte.

Monogr.: G. C. Argan, U. M., Venedig 1958; N. Ponente, M., Rom 1963.
Kat.: d II/2.

Mathieu, Georges,
* 1921 Boulogne-sur-Mer
Französischer Maler, einer der Begründer und Hauptvertreter des ◇ Tachismus, begann nach anfänglichem Jura- und Philosophiestudium 1942 zu malen und entwickelte einen sehr persönlichen Stil non-figurativer, ›psychisch improvisierender‹ Malerei, der entscheidende Impulse von → Wols und der fernöstlichen Kalligrafie zu einem eleganten, schwungvollen, technisch raffinierten ◇ Action Painting verarbeitet. Weithin bekannt wurde er durch öffentliche Demonstrationen seiner spon-

Georges Mathieu. Ohne Titel. 1952. Öl/Lwd. 200 x 299,7 cm. Guggenheim

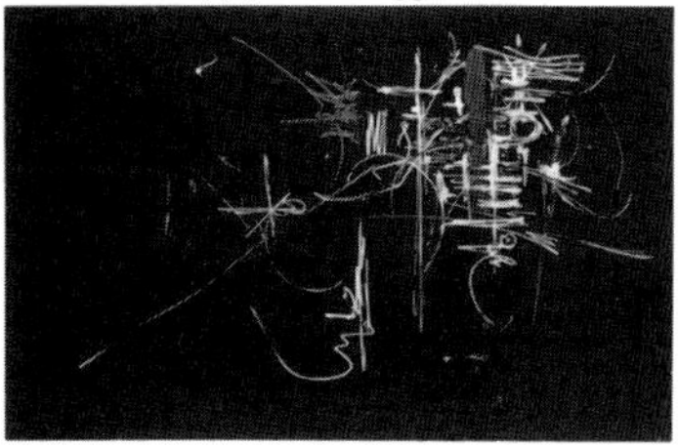

tanen Malweise, bei der er u. a. die Farbe direkt aus der Tube auf die Leinwand drückte. 1954 wandte er sich großen Bildformaten, 1962 auch monumentalen Skulpturen zu. Er war auch als Theoretiker des Tachismus von Bedeutung und organisierte 1948–51 Gruppenausstellungen, mit denen er als einer der ersten in Europa auf die Bedeutung der amerikanischen Nachkriegsmalerei hinwies.

Schriften (alle Paris): Analogie de la non-figuration, 1949; De l'abstrait au possible. Jalons pour une exégèse de l'art occidental, 1959; Au-delà du Tachisme, 1963; Le privilège d'être, 1967; De la révolte à la renaissance, 1972 (= Idées. 279; Texte 1947–71).
Monogr.: Fr. Mathey, G.M., Paris 1969; J. Charpentier, G.M., Paris 1965.
Kat.: Studio Facchetti, Paris 1952; Gal. M. Evrard, Lille 1953; Kootz Gal., NY 1955 u. 1957; ICA, London 1956; Kölnischer Kv./Kh. Basel/Krefeld/Mus. Neuchâtel/Mus. de l'Athénée, Genf 1959 (Retro.); Gal. Notizie, Turin 1960; New London Gal., London 1960; Mus. Ateneo, Madrid 1960; Présidence, Beiruth 1961; Gal. del Naviglio, Mail. 1961; Neue Gal. im Künstlerhaus, München 1962; MAM 1963; Gal. del Milione, Mail. 1965; Gimpel & Hanover, Zürich 1965 u. 1968; MuNAM 1967; Kölnischer Kv. 1967; Gal. Veranneman, Brüssel 1971; Gal. Stadler, Paris 1971 (mit Saura u. Tàpies). – d II/1.

Matschinsky-Denninghoff → **Meier-Denninghoff,** Brigitte

Mattheuer, Wolfgang,
* 1927 Reichenbach (Vogtland)
Deutscher Maler und Grafiker, studierte nach einer Lehre 1941–44 als Lithograf 1947–51 an der Leipziger Hochschule für Grafik und Buchkunst, an der er seit 1957 selbst lehrt. M. ist einer der bekanntesten Vertreter eines ◇ kritischen Realismus in der DDR. Er verbindet

Wolfgang Mattheuer. Leipzig. 1971. Öl/Lwd. 118 x 96 cm

Elemente der Neuen Sachlichkeit, des Expressionismus und des ◇ Magischen Realismus zu einem eigenwilligen Stil (besonders in den Holzschnitten) mit surrealistischen Anklängen. Die Bildsujets entspringen in ihrer Thematik einer subjektiven, kritischen Reflexion über die Situation des Menschen in der sozialistischen Gesellschaft und malen zugleich Wunschbilder einer utopischen Perspektive, in der sich ein humaner Sozialismus Menschlichkeit und Natürlichkeit für den Einzelnen und für alle erobert.

Monogr.: L. Lang, W.M., Bln 1976.
Kat.: Kv. Hbg 1978; Leipzig 1978. – d 6/I.

Mavignier, Almir da Silva,
* 1925 Rio de Janeiro
Brasilianischer Maler, übersiedelte 1951 nach Europa und studierte 1953–58 bei → Bill an der Hochschule für Gestaltung in Ulm. Seit 1965 lehrt er als Professor an der

HfbK in Hamburg. Aus Einflüssen von → Albers, Bill und den Theorien Benses entwickelte er eine Form ◇ konkreter Malerei mit dreidimensionalen, direkt aus der Tube auf die Leinwand gedrückten Punkten, so daß sich – ähnlich wie bei → Castellani oder → Uecker – Licht- und Schattenstrukturen ergeben.

Kat.: Gal. Der Spiegel, Köln 1966 (= Geh durch d. Spiegel. 45); KMv. Wuppertal 1968 (mit Krieg, Kriwet und Vostell); Kestner 1968; Dssd. 1973. – d III/1, d IV/2.

McCall, McCracken, McLean → M[a]c Call, M[a]cCracken, M[a]cLean

Meadows, Bernard,
* 1915 Norwish
Englischer Bildhauer der ersten Nachkriegsgeneration, der an der Norwish School of Art sowie am Royal College of Art in London studierte und anschließend (1936–39) Assistent von Henry Moore war. Thematisch beschränkt sich das Werk M.s auf vogel- und insektenhafte Tierskulpturen, die durch spitzwinklige, bizarre Formen eine dynamisch belebte und vielgliedrige Oberfläche erhalten.

Kat.: d II/2.

Meckseper, Friedrich,
* 1936 Bremen
Deutscher Maler und Grafiker des ◇ Phantastischen Realismus, studierte nach einer Mechanikerlehre 1955–57 an der Stuttgarter Akademie und 1957–59 an der HfbK in Berlin; 1961 übersiedelte er nach Worpswede. In seinen Arbeiten (vor allem Grafiken) bevorzugt er altertümliche technische Geräte und

Friedrich Meckseper. Montgolfier. 1963. Farbradierung. 40 x 50 cm

Konstruktionen, eine liebenswürdig versponnene Welt, die er mit Akkuratesse schildert.

Monogr.: Werkverz. d. Radierungen 1956 bis 1969, hrsg. v. R. Schmücking, Braunschweig 1969; Gravures originales en noir et en couleurs 1956–73, hrsg. v. A. Kohler, Genf 1973; dass. 1956–75, Genf 1975; W. Stubbe, Fr. M., München 1978 (mit Werkverz. d. Gemälde).
Kat.: KEO, Hagen 1968; Gal. Niepel, Dssd. 1968; Kestner 1969; Hbg 1970; Graphik-Salon Söhn, Dssd. 1972; Kv. Rh/W, Dssd. 1972 (mit Œuvrekat. d. Gemälde 1958–72); Kh. Bremen 1976.

Medalla, David,
* 1942 Manila (Philippinen)
Englischer ◇ Kinetiker, der nach anthropologischen Studien bei primitiven Volksstämmen auf den Philippinen 1960 nach England übersiedelte. Im gleichen Jahr entstand sein erstes organisches ◇ Environment mit lebenden Tieren, das den Zuschauer aktiv am künstlerischen Prozeß beteiligte. 1964–66 war er Herausgeber der Zeitschrift ›Signals‹, 1973 gründete er das ›Museum of Participation Art‹ in London und schuf zahlreiche kinetische Environments, z. T. in Zusammenarbeit mit → Dugger.

Kat.: d 5.

Megert, Christian, * 1936 Bern
Schweizer Maler und Plastiker, studierte u. a. 1952–56 an der Kunstgewerbeschule in Bern. Nach Arbeiten mit Papier und monochromen Materialstrukturen wandte er sich 1959 ◇ kinetischen Spiegelobjekten zu, die durch verschieden winklige Anordnung ein vielschichtiges Lichtbrechungssystem erzeugen.

Schriften: Texte v. u. über M. 1960–65, o.O.u.J. (mit Winkler u. Simmat). Kat.: (Op) Art Gal., Eßlingen 1967. – d IV/1.

Mehring, Howard,
* 1931 Washington
Amerikanischer Maler des ◇ Hard edge, dessen großflächige Bilder in leuchtenden Acrylfarben und ausgewogenen Formen eine neutrale glatte Oberflächenstruktur zeigen.

Meier-Denninghoff, Brigitte,
* 1923 Berlin
Deutsche Bildhauerin, die 1943–46

Brigitte Meier-Denninghoff. 65/I. 1965. Messing. 70 x 53 x 46 cm. Mus. Folkwang, Essen

an den Akademien in Berlin und München studierte. 1947 schloß sie sich der Münchner Gruppe → Zen an, 1948 wurde sie Assistentin von Henry Moore und arbeitete im Jahr danach bei Pevsner; seit 1960 lebt sie in Paris. Unter dem Einfluß Pevsners entwickelte M.-D. um die Mitte der 50er Jahre eine räumlich-konstruktive Plastik aus Metallröhren, die zu geraden oder gewellten blanken Flächen zusammengeschweißt sind. Seit 1969 arbeitet sie ausschließlich zusammen mit Martin Matschinsky unter dem Namen Matschinsky-Denninghoff (1. Ausstellung NGB 1970).

Kat.: Gal. Stangl, München 1958; Kestner 1966; HaW, Bln 1966; Gal. Großhennig, Dssd. 1966; Kölnischer Kv. 1967 (mit Cimiotti). – NGB 1970; Kölnischer Kv. 1971 – d II/2, d III/1.

Meistermann, Georg,
* 1911 Solingen
Deutscher Maler und Glasfensterentwerfer, 1932/33 Schüler von Mataré an der Düsseldorfer Akademie. 1955 wurde er Professor an der

Georg Meistermann. Gipfelkreuz. 1952. Öl/Lwd., 95,3 x 95,3 cm. Mus. Folkwang, Essen

Düsseldorfer, 1960 an der Karlsruher Akademie. Vom Spätkubismus ausgehend, entwickelte M. eine hermetische Zeichensprache mit teils geometrischen, teils biomorphen Formen und kam später zu einer meditativen Malerei im Sinne → Rothkos. Bedeutendes leistete er auch in seinen Wandmalereien für Kirchen und als Glasmaler (Glasfenster für den WDR, Köln, 1952).

Monogr.: C. Linfert, G.M., Recklinghausen 1958 (= Monogr. zur rhein.-westf. Kunst d. Gegenwart. 6).
Kat.: Kunstakad. Dssd. 1956; Gal. Springer, Bln 1958; KMv. Wuppertal 1959; Khs Lempertz u. Kölnischer Kv. 1961; Rhein. Lm., Bonn 1971; Gal. Hennemann, Bonn 1976. – d II/1 u. 3.

Merz, Mario, * 1925 Mailand
Italienischer Künstler, ursprünglich Maler, wandte sich aber Mitte der 60er Jahre der Arbeit mit Material wie Erde, Glas und Neon zu und wurde damit zu einem Hauptvertreter der italienischen ◇ Arte povera. Sein Interesse an Gegensätzen (wie z. B. zwischen natürlichem und künstlichem Material) verlagerte sich zunehmend auf eine symbolische Ebene: das Aufdecken ›natürlicher‹ Gesetzmäßigkeiten und Grundstrukturen (symbolisiert durch die mathematische Wachstumszahlenreihe des Fibonacci) in ›kulturellen‹ Gegebenheiten (einfachen Zeugnissen für Zivilisation wie Schrift, Zahlen, Iglus, Tische) mit dem Ziel, den Betrachter zu einer positiven, humanen Verbindung beider Bereiche in seiner Persönlichkeitsstruktur anzuregen.

Mario Merz. Iglu. 1972. Installation d 5

Kat./Werkpubl.: Gal. Sperone, Turin 1968; Gal. Sonnabend, Paris o.J. (1969); Fibonacci 1202. M.M. 1970, Sperone Ed., Turin 1970; Walker, Minneapolis 1972; Fibonacci 1202. M.M. 1972, Gal. Sperone, Turin 1972; It Is as Possible to Have a Space with Tables f. 88 People . . ., NY 1973; Drehen d. Häuser sich um dich oder drehst du dich um die Häuser?, Bln 1974; Kh. Basel 1975. – d 5.

Meurice, Jean-Michel → **Supports/Surfaces**

Meyer, Jobst, * 1940 Oberhausen
Deutscher Maler, studierte 1960–68 an der Karlsruher Akademie bzw. der HfbK in Berlin. Sein realistischer Malstil verleiht den Dingen eine magische Formalisierung, die sie trotz ihrer figurativen Direktheit der Wirklichkeit enthebt.

Michals, Duane,
* 1932 McKeesport (Penn.)
Amerikanischer Fotograf, studierte an der Universität Denver, begann 1958 auf einer Reise nach Rußland zu fotografieren und lebt seit 1961 als freier Fotograf in New York. Er schuf Porträts zahlreicher Künstler (Duchamp, Magritte 1965, → Rauschenberg 1963, → Warhol 1958 und 1973 eine Sequenz) und ent-

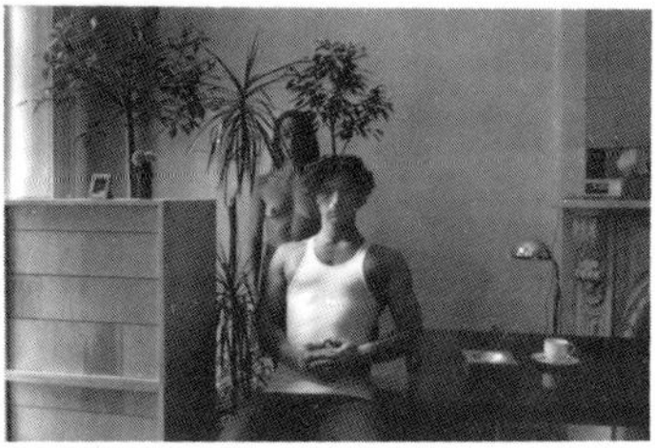

Duane Michals. Aus ›Paradise Regained‹ (Sequence). 1968

wickelte ab 1966 – unzufrieden mit der Aussagekraft des Einzelfotos – eine eigene charakteristische Aussageform, die ›Sequential Story‹ (eine Vorwegnahme der ◇ Narrative Art): im Gegensatz zur früher durchaus gebräuchlichen Einordnung mehrerer Fotografien in einen größeren Zusammenhang keine parallele Reihung, sondern eine zusammenhängende Abfolge in Form einer Geschichte mit meist symbolisch-mystischen Untertönen (M. sieht sich in der Tradition von De Chirico und Magritte). Zu diesen Fotos traten ab 1974 auch Texte. Zu den bekanntesten Folgen gehören *Paradise Regained* (1968) und *Things Are Queer* (1972).

Werkpubl.: Sequences, NY 1969; The Journey of the Spirit after Death, NY 1971; Chance Meeting, Köln 1972; Things Are Queer, Fotogal. Wilde, Köln 1973; Take One and See Mt. Fujiyama and Other Stories, Rochester 1976 (= A Stefan Mihal Book); Real Dreams. Photostories, Danbury 1977.
Monogr.: R.H. Bailey, The Photographic Illusion. D.M., London 1975 (= Masters of Cont. Photography).
Kat.: S. Janis Gal., NY 1976; Wadsworth 1976 (= Matrix. 17). – d 6/II.

Michaux, Henri, * 1899 Namur
Französischer Dichter und Künstler (1955 naturalisiert) belgischer Herkunft, studierte kurze Zeit Medizin, war Matrose (1920) und ließ sich 1924 in Paris nieder, von wo aus er in der Folgezeit zahlreiche Reisen unternahm. 1922 begann er mit literarischen, 1925–27 mit künstlerischen Arbeiten (*Taches* und *Alphabets*). Seine dem ◇ Informel verwandten abstrakten Tuschzeichnungen (ab 1950), vor allem die unter Einfluß von Meskalin entstandenen (ab 1956), sind Äußerungen halluzinatorischer Bewußtseinszustände, die für M. in Worten nicht erfaßt werden konnten. 1967 begann ein neuer Schaffensabschnitt mit der Verwendung von Acrylfarben.

Schriften (Auswahl; meist mit Zeichnungen; o.O. = Paris): Dichtungen. Schriften 1–2, hrsg. v. P. Celan, Ffm. 1966–71. – Apparitions, 1946; Peintures et Dessins, 1946; Ailleurs, 1948; La vie dans les plis, 1948; Mouvements, 1951; Misérable miracle, Monaco 1956; L'infini turbulent, 1957, dt. als: Turbulenz im Unendlichen. Die Wirkungen d. Meskalins, Ffm. 1961 (= Bibl. Suhrkamp. 298); Paix dans les brisements, 1959; Connaissance par les gouffres, 1961; Vents et poussières, 1962; Passages, 1963; Les grandes épreuves de l'esprit, 1966, dt. als: Die großen Zerreißproben. Erfahrungen mit Drogen, Ffm. 1970; Façons d'endormi, façons d'éveillé, 1969, dt. als: Zwischen Tag u. Traum, Ffm. 1971; Emergences – Resurgences, Genf 1972 (= Les sentiers de la création).

Henri Michaux. Ohne Titel. 1960/61. Chinesische Tusche. 75 x 105 cm

Monogr.: A. Jouffroy, H. M., Paris 1961 (= Le mus. de poche); R. Bertelé, H. M., Silkeborg Mus. 1965; K. Leonhard, H. M., Stgt 1967 (= Kunst heute. 9); J. Dupin u. G. Bonnefoi, H. M., Peintures, Paris 1976. Kat.: Gal. D. Cordier, Ffm. 1959; dies., Paris 1959 u. 1962; Gal. Lienhard, Zürich 1959; Silkeborg Mus. 1962; R. Fraser Gal., London 1963; Gal. van de Loo, München 1963 u. 1969; SM/MuNAM 1964/65 (Retro.); Gimpel & Hanover Gal., Zürich 1965; Gal. E. Engelberts, Genf 1966; Gal. R. Zwirner, Köln 1966; Gal. Le Point Cardinal, Paris 1967; vdH, Wuppertal 1969; Gal. Burén, Stockholm 1969; Kestner 1972 (als Buch St. Gallen/Genf 1973); Guggenheim 1978. – d II/1 u. 3, d III/2.

Micus, Eduard, * 1925 Höxter
Deutscher Maler, studierte 1948–52 bei Baumeister an der Stuttgarter Akademie und war zunächst als Typograf tätig. 1962 entstanden die ersten ›Coudragen‹: Bilder aus verschiedenen, bemalten Leinwandflächen, die so zusammengenäht sind, daß sie die Doppelseiten eines Buches widerspiegeln. M. war Mitglied der Gruppe Syn.

Kat.: SKslg, Ludwigshafen 1971; Gal. Munro, Hbg 1977.

Midgette, Willard F., * 1937 Baltimore
Amerikanischer Maler, studierte an der Showhegan School of Painting and Sculpture Malerei und 1954–58 am Harvard College Philosophie. Sein malerisches Konzept ist eine methodische Konstruktion von Trompe l'œil-Effekten, die als totale Täuschung die Grenzlinie zwischen Realität und Illusion ausloten. M.s Bilder sind gemalte Environments, die sich als solche nur durch ständigen Perspektivenwechsel decouvrieren.

Mieczkowski, Edwine → **Anonima-Gruppe**

Mields, Rune, * 1935 Münster
Deutsche Künstlerin, Autodidaktin. Nach sogenannten ›Röhrenbildern‹, mit denen sie erstmals bekannt wurde, gelangte sie 1972 über deren Abstraktion (Kreise an Tangenten) zu Arbeiten mit mathematischen Systemen, deren Abläufe sie in meist vielteiligen, großformatigen Bildfolgen visualisiert. Seit Mitte der 70er Jahre beschäftigt sie sich vor allem mit außereuropäischen Zahlensystemen und deren grafischer Notation, die sie ebenfalls zur Strukturierung ihrer Arbeiten benutzt.

Kat.: Westf. Kv., Münster 1971; Kh. Kiel 1977. – d 6/1.

Miki, Tomio, * 1937 Tokio
Japanischer Maler und Plastiker, der sich nach seinem Studium in Tokio der ◇ neodadaistischen Bewegung Japans anschloß. Nach frühen abstrakten Bildern entstanden Schrottobjekte aus Autoteilen, denen sehr bald die bekannten Ohr-Plastiken folgten. Diese oft überdimensional großen Organ-Objekte aus Aluminium oder gegossenem Plexiglas symbolisieren in ihrer Isolierung das Fehlen von Kommunikationsmöglichkeiten in der modernen Konsumgesellschaft.

Mikl, Josef, * 1929 Wien
Österreichischer Maler, studierte 1948–56 an der Wiener Akademie. Seine ◇ abstrakt-expressionistische Malerei wurde durch die großen ◇ tachistischen Vorbilder der Ecole de Paris geprägt und äußerte sich in den frühen 60er Jahren in einer monumental-wuchtigen Pinselführung.

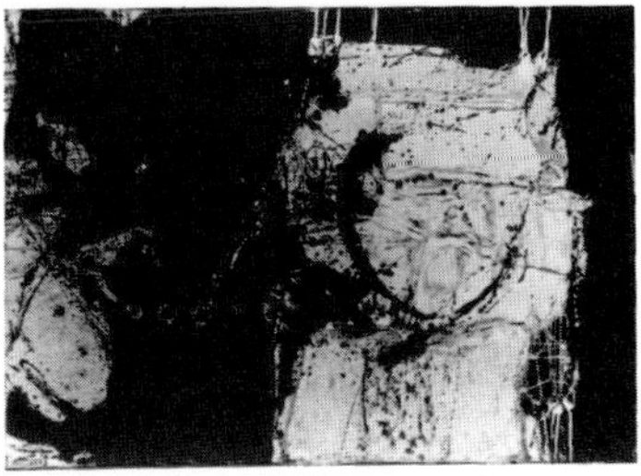

Manolo Millarès. Bild 34. 1957. Jute. 100 x 100 cm. Gemeentemus., Den Haag

Kat.: Köln 1963 (= Geh durch d. Spiegel. 33); Mus. d. 20. Jh., Wien 1964; Akad. d. bildenden Künste, Wien 1973. – d III/1, d 6/III.

Millarès, Manolo,
* 1926 Las Palmas (Gran Canaria)
Spanischer Maler, Promotor der modernen Kunst in Spanien. Unter dem Einfluß des Surrealismus begann er seine *Pictografías Canarias* (1952), Seine → Tàpies nahestehenden Bilder aus grober Sackleinwand, die straff zusammengezogen, aufgeschlitzt oder in Klumpen zusammengerafft und mit roter, weißer oder schwarzer Farbe besprüht ist, lösen sowohl landschaftliche Assoziationen aus als auch Gedanken an Blut, Schmerz und Gewalt.
Kat.: Gal. Cordier, Ffm. 1960; Gal. Odyssea, Rom 1963; Ateneo, Madrid 1963; Gal. J. Mordó, Madrid 1973.

Miralda, Antoni, * 1942 Barcelona
In Paris und New York lebender ◇ Aktionskünstler spanischer Herkunft, erhielt 1958–62 eine Ausbildung als Textilingenieur in Barcelona, übersiedelte 1962 nach Paris und widmete sich dann der Fotografie, Frottagen und Zeichnungen. Ab 1969 entwickelte er eine ritualhafte, festliche Aktionsform (*Celebrations* und *Ceremonials*), deren Thematik oft auf antike Mythen anspielt (*Fest für Leda*, d 6). Die Zuschauer werden bei diesen Festveranstaltungen zum phantasie- und emotionsvollen mitschöpferischen Tun aufgefordert. Wichtig ist für M. dabei das Erfahrungsmoment des Kollektiven, des gemeinsamen Erlebens einer nicht alltäglichen Situation, wie sie rituellen Zeremonien eigen ist.
Kat.: d 6/I.

Mirko (Mirko Basaldella),
* 1910 Udine
Italienischer Bildhauer, Bruder des Malers → Afro, studierte an der Mailänder Accademia Brera und lernte 1937 während eines Paris-Aufenthaltes die großen internationalen Strömungen kennen. Nach gegenständlich-idealisierenden Anfängen fand M. ab 1940 unter dem Einfluß des Kubismus und der Kunst der Primitiven zu einer expressiven Abstraktion, die der italienischen Bildhauerei in der ersten Phase nach dem 2. Weltkrieg neue Impulse verlieh.
Monogr.: La scultura, hrsg. v. E. Crispolti, Bologna 1975.
Kat.: d II/2.

Monkiewitsch, Lienhard von,
* 1941 Steterburg
Deutscher Maler, studierte an der HfbK in Braunschweig. Er wurde bekannt mit gemalten Bodensegmenten und Fußbodenleisten, die eine illusionistische Vervollständigung der leeren Räume durch den Betrachter evozieren.

Monory, Jacques, * 1934 Paris
Französischer Maler des ◇ Hyperrealismus, der die Wirklichkeit als Illusion in erstarrten, filmartigen Bildsequenzen festhält, die in einem monochromen Blauton gemalt sind. Als Bildvorlagen benutzt M. plakative Ausschnitte buntfarbiger Magazine, denen er durch seinen spezifischen Malstil einen halluzinatorischen Charakter verleiht.

Kat.: MAM/PBA, Brüssel 1971; Neue Gal., Aachen 1972; Ed. Gal. Laplace 3, Paris 1972; SM 1972; CNAC 1974.

Moorman, Charlotte,
* Little Rock (Arkansas)
Amerikanische Cellistin, bekannt als Interpretin zahlreicher Stücke von Avantgardemusikern und -künstlern (u. a. → Cage, → Beuys, Yoko → Ono und → Stockhausen). Sie arbeitet vor allem mit → Paik zusammen, der für sie u. a. eine *Cello Sonata for Adults Only* (1965), *Variations on a Theme by Saint-Saens* (1965) und die busenfreie *Opera Sextronique* (1967) schrieb sowie den *TV-Bra* (1969) und das *TV-Cello* (1971) entwarf. 1963 gründete sie das New York Annual Festival der Avantgarde.

Morales, Carmengloria,
* 1942 Santiago de Chile
Chilenische Malerin, übersiedelte 1960 nach Rom. Im Sinne der ◇ Analytischen Malerei setzt sie sich in ihren Arbeiten mit Problemen der Malerei auseinander (verschiedene Malmittel, unterschiedlicher Malgestus). Typisch für sie sind Diptychen, bei denen ein Teil aus der rohen, unbearbeiteten Leinwand besteht.

Kat.: d 6/I.

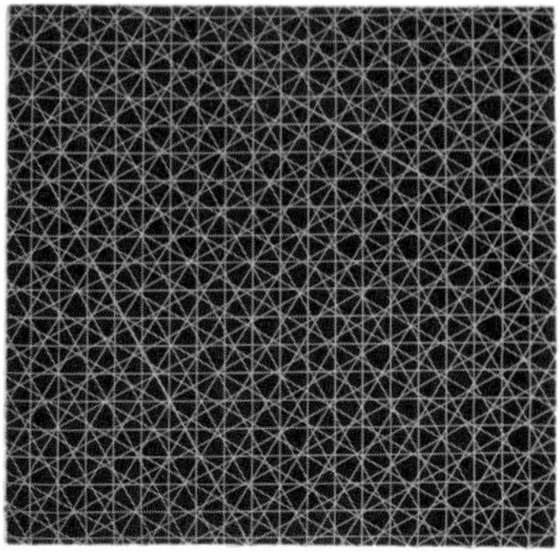

François Morellet. Grillage, grandes carées, 3 trames., 0°–30°–60°. 1970. Holz, verzinkter Draht. 100 x 100 cm. Privat-Slg, Dssd.

Morellet, François, * 1926 Cholet
Französischer Maler und Plastiker, Mitglied der → Groupe de Recherche d'Art Visuel, wandte sich nach einer Periode figurativer und freier geometrischer Malerei (1946–51) systematischen und aleatorischen Musterungen (1952–55), Übereinanderschichtungen von gemalten oder Metallrastern (1956–60) und der systematischen Verteilung von Formen oder Farben zu (ab 1961). Daraus entstanden ◇ kinetische Reliefs mit beweglichen Rasterelementen sowie Projektionen und ◇ Environments mit programmiertem Licht.

Kat.: Paris 1958; Gal. Der Spiegel, Köln 1966 (= Geh durch d. Spiegel. 48); Gal. D. René, Paris 1967; Van Abbe/CNAC/Kv. Hbg/SM, Leverkusen/Kh. Basel/PBA, Brüssel 1971/72; NGB 1976; Kh. Kiel/Westf. Kv., Münster 1977; Staatl. Kh., Baden-Baden 1977. – d III/1, d IV/2, d 6/III.

Moreno, Maria, * 1933 Madrid
Spanische Künstlerin, studierte 1954–59 an der Escuela de Bellas Artes

de San Fernando in Madrid. M. M. gehört zu den sogenannten ◇ Spanischen Realisten. Die Sujets ihrer Bleistiftzeichnungen sind meist Landschaften, Interieurs und Gärten. Sie ist verheiratet mit → López-García.

Kat.: d 6/III.

Morley, Malcolm, * 1931 London
Englischer Maler, studierte 1952–53 an der Camberwell School of Arts and Crafts und 1954–56 am Royal College of Art in London. 1967–69 lehrte er an der School of Visual Arts in New York, seit 1972 wirkt er an der Stony Brook University in Long Island. In seiner ◇ hyperrealistischen Malerei überträgt er seine Fotovorlagen nach einer Methode planmäßiger Aufrasterung in quadratische Rasterelemente auf riesige Leinwände. Bedeutsam ist für ihn nicht nur die Motivik der Fotovorlagen (Ansichtskarten, Reiseprospekte u. ä., neuerdings auch Spielzeugmodelle von Schiffen, Flugzeugen usw.), sondern vor allem auch die illusionistische Farbigkeit der Foto-Optik.

Kat.: d 5, d 6/I u. III.

Malcolm Morley. Pferderennbahn. 1970. Acryl/Lwd. 175 x 220 cm. SL

Robert Morris. Ohne Titel. 1967/68. Filz. 457 x 182,8 x 2,5 cm. Detroit Inst. of Art

Morris, Robert,
* 1931 Kansas City (Mo.)
Amerikanischer Bildhauer, studierte u. a. 1948–50 am Kansas City Art Institute, 1951 an der California School of Fine Arts und 1952–54 am Reed College in Portland (Oreg.). M. ist einer der vielseitigsten und wandelbarsten Künstler seiner Generation, der in seinem Schaffen die verschiedensten künstlerischen Strömungen verarbeitet: Nach Experimenten mit Bildern und theaterähnlichen Formen (1955–59) entstanden Anfang der 60er Jahre Duchamp und → Johns verwandte Arbeiten (*I-Box*, 1962; *Litanies*, 1963, der er notariell jede ästhetische Qualität absprechen ließ, MOMA), und ab 1964 erste ◇ Minimal-Skulpturen (aus Holz, Sperrholz, Stahl, Aluminium oder Drahtgittern), deren oft variable Anordnung sein Interesse an Beziehungen zwischen Form-

teilen erkennen lassen. Das führte 1967/68 zu ›offeneren‹ Arbeiten im Sinn der von ihm in einer Reihe wichtiger Texte so genannten ◇ Anti-Form (Filz, 1967/68, und anderes Material). In jüngerer Zeit entstanden Stücke über Wahrnehmung sowie großangelegte Außenskulpturen, die sich an archaischen Kunstformen orientieren (z. B. die an Stonehenge erinnernde Anlage für die d 6).

Monogr.: W. Kambartel, R. M., Felt Piece, Stgt 1971.
Kat.: Gal. I. Sonnabend, Paris 1968; Van Abbe 1968; Corcoran Gal. of Art, Washington/Detroit Inst. of Arts 1969/70; Whitney 1970 (hrsg. v. M. Tucker, als Buch NY u. London 1970); Tate 1971; Louisiana Mus., Humlebaek 1977. – d IV/1, d 6/I–III.

Mortensen, Richard,
* 1910 Kopenhagen
Dänischer Maler, studierte an der Kopenhagener Akademie, an der er seit 1966 selbst als Professor wirkt. Nach einer Begegnung mit Kandinsky 1932 entstanden 1933 seine ersten abstrakten Bilder. In den 40er Jahren war M. zunächst von Dalis und Tanguys Surrealismuskonzeption beeinflußt, wandte sich dann aber wieder einer ◇ abstrakten geometrischen Malerei zu, die die Linie betonte und eine spannungsreiche Koloristik aufwies. In den 50er Jahren fand M. den Weg zu einer freien Phantastik mit grafischer Spontaneität im Sinne der Konzeption der → Cobra-Gruppe.

Monogr.: E. Johansson, R. M., Kopenhagen 1962 (engl.).
Kat.: Stockholm 1956 (mit Baertling u. Jacobsen); Gal. D. René, Paris 1956, 1961 u. 1962; Kh. Kiel 1971 (Retro.). – d II/1 u. 3, d III/1.

Robert Motherwell. Elegy to the Spanish Republic XXXIV. 1953/54. 203,2 x 254 cm. Albright-Knox

Motherwell, Robert,
* 1915 Aberdeen (Wash.)
Amerikanischer Maler und Kunstschriftsteller, studierte am Otis Art Institute, der California School of Fine Arts und verschiedenen anderen Universitäten Philosophie, Kunstgeschichte und Archäologie. Angeregt von Matta und dessen ◇ Automatismus sowie den in New York im Exil lebenden europäischen Surrealisten, wandte er sich 1940 der Malerei zu. 1944–51 gab M. die in den USA sehr einflußreiche kunsttheoretische Reihe ›Documents of Modern Art‹ heraus, 1948 gründete er zusammen mit → Baziotes, → Newman und → Rothko die Kunstschule ›Subjects of the Artists‹, die zu einem Treffpunkt der Avantgarde wurde. M.s expressive, mit großzügigem Pinselstrich gemalte ◇ Action Painting zählt zu den bedeutendsten Leistungen des ◇ Abstrakten Expressionismus.

Monogr.: H. H. Arnason, R. M., NY 1971.
Kat.: Art of this Century, NY 1944; Kootz Gal., NY 1947, 1949 u. 1952; Bennington College 1959 (Retro.); Gal. Berggruen, Paris 1961; S. Janis Gal., NY 1962; Pasadena Art Mus. 1962; Smith College

Mus. of Art, Northampton (Mass.) 1963; Phillips Gal., Washington (D.C.) 1965; MOMA 1965 u. 1967/68 (Wanderausst. f. Südamerika); SM 1966; Mus. Folkwang, Essen 1966; Gal. Civica d'Arte Mod., Turin 1966; Marlb., NY 1969; Metropolitan 1969/70 (mit Johns, Frankenthaler u. Newman); Gal. im Erker, St. Gallen 1971; Freiburg 1971; MOFA, Houston/Cleveland Mus. of Art/Wadsworth/MOFA, Boston 1972/73; Art Mus., Princeton Univ. 1973; Mus. de Arte Mod., Mexico City 1975; SKh., Dssd./Kulturhuset, Stockholm/Mus. d. 20. Jh., Wien 1976/77; MAM/Royal Scottish Academy, Edinburgh 1977; Royal Acad., London 1978. – d II/1, d III/1.

Movimento Nucleare

1951 in Mailand gegründete Künstlergruppe, der → Baj, → Dangelo und → Colombo angehörten. Das verbindende Ziel war die Ablehnung der ◇ Geometrischen Abstraktion zugunsten einer ◇ informellen Malerei, in der sich die Energie als Zeichen der Atomwelt verbildlichen sollte. Die Gruppe löste sich 1961 wieder auf.

Monogr.: Tr. Sauvage, Art nucléaire 1951 bis 61, Paris 1962, ital. Mail. 1962 (Gal. Schwarz).

Movimento Spaziale → Spazialismo

Muehl, Otto, * 1925 Wien

Österreichischer Vertreter des ◇ Wiener Aktionismus. Seine erotischen ◇ Happenings der 60er Jahre verfolgten die Absicht, in orgiastischen Ritualen die konventionellen Frustrationen durch sexuelle Tabus und religiöse Zwänge zu durchbrechen. Mitte der 70er Jahre gab er die Kunst auf und gründete die AAO (Aktions-Analytische Organisation) zur Bildung von Kommunen für alternative, freiere Lebensformen.

Werkpubl.: Mama u. Papa. Materialaktionen 1963–69, Ffm. 1969; O Tannebaum. Dokumentation über O. M.s Materialaktion in d. Staatl. HfbK Braunschweig u. deren Folgen, Braunschweig 1970; Zock. Aspekte einer Totalrevolution, München 1971; Weg aus dem Sumpf, Nürnberg 1977.

Müller, Hans Walter, * 1935 Worms

Deutscher Architekt und Künstler, studierte in Darmstadt Architektur und Städtebau. In den 60er Jahren entwickelte er eine ◇ lichtkinetische environmentale Architektur mit Hilfe elektronischer Lichtprogramme. 1964 entstanden aufblasbare Zeltanlagen mit Lichtprojektionen für Wanderausstellungen und Theaterbauten, 1975 konstruierte M. das erste Tragluft-Einfamilienhaus.

Müller, Robert, * 1920 Zürich

Schweizer Bildhauer, erhielt seine ersten Anregungen von Germaine → Richier, die während des 2. Weltkrieges in Zürich lebte. Nach ersten Experimenten mit figürlichen Skulpturen aus Eisen wandte sich M. in den ausgehenden 50er Jahren einer Assemblageplastik aus Schrotteisen zu, die Parallelen zum ◇ Nouveau Réalisme aufweist. M.s Œuvre besitzt in seiner ironischen Inhaltlichkeit und bizarren Formsymbolik eine starke poetische Aussagekraft, die oft etwas Legendenhaftes impliziert.

Monogr.: P. Descargues, R. M., Brüssel 1971 u. 1975 (mit Œuvrekat.).
Kat.: Gal. de France, Paris 1960; SM 1964; Kh. Bern 1965; Dssd. 1965; Wien 1965; Km. Basel 1968 (mit Luginbühl u. Tinguely); Kh. Basel 1971. – d II/2.

Munari, Bruno, * 1907 Mailand

Italienischer Designer und ◇ Kinetiker, der schon in den 30er Jahren kinetische Drahtobjekte (›Macchine inutili‹) baute, die bereits durch einen Lufthauch in Bewegung versetzt werden. In den 50er Jahren unternahm er Projektions- und Lichtzerlegungsexperimente mit polarisiertem Licht und entwarf dafür in den 60er Jahren nach mathematischen Prinzipien geordnete Programme.

Schriften/Werkpubl.: Arte come mestiere, Laterza 1966; Discovery of the Circle, NY 1965; Discovery of the Square, ebd.; Codice ovvio, hrsg. v. P. Fossati, Turin 1971 (= Einaudi letteratura. 21); Design e comunicazione visiva. Contributo a una metodologia didattica, Bari 1972; Artista e designer, Bari 1973. – d IV/2.

Munsky, Maina-Miriam,
* 1943 Wolfenbüttel

Deutsche Malerin, studierte an der HfbK in Braunschweig bzw. Berlin und 1964–67 an der Accademia di Belle Arti in Florenz. Ihre emotionslos gemalten Sujets aus dem Kreißsaal sind in einer übersteigerten klinisch sterilen fotografischen Präzision gemalt, die in magische Starre umschlägt und dadurch zum kritischen Emanzipationsappell wird. Traditionen der Neuen Sachlichkeit verbinden sich hier mit Stilelementen des ◇ kritischen, ◇ fotografischen und ◇ magischen Realismus. Sie ist verheiratet mit Peter → Sorge.

Kat.: Gal. Poll, Bln 1971.

Nagel, Hans,
* 1926 Frankfurt a. M.

Deutscher Bildhauer, Autodidakt, seit 1958 Dozent an der Werkkunstschule in Mannheim. N. vertrat in den 60er Jahren eine auf Präsentation und Materialschönheit abzielende abstrakte Plastik aus vorfabrizierten, genormten Rohrbogen und Rohrstücken, deren formale Ästhetik durch farbige Übermalung in der Spannung zwischen Dynamik und Statik noch gesteigert wird.

Kat.: SKh., Mannheim 1965; SKslg, Ludwigshafen/Inst. f. mod. Kunst, Nürnberg 1971/72.

Nagel, Peter, * 1941 Kiel

Deutscher Maler, studierte 1960–65 an der Hamburger HfbK und war 1962 Mitbegründer der Gruppe → Zebra. In Ablehnung der ◇ informellen Malerei wandte er sich schon in den frühen 60er Jahren einem manieriert-figurativen, distanziert kühlen Realismus zu, der sich in seiner Typisierungstendenz von Gegenständen als Synthese aus Natur- und Kunstformen darstellt. (Abb. bei → Zebra)

Monogr.: Verz. d. Druckgrafik 1965–71, hrsg. v. J. Kruse, Dssd. 1971 (Œuvrekat.); Werkverz. 1965–72, Gal. H. Hoeppner, Hbg 1973.
Kat.: Gal. Defet, Nürnberg 1970; München 1971.

Nauman, Bruce,
* 1941 Fort Wayne (Ind.)

Amerikanischer Künstler, studierte 1960–64 Mathematik und Kunst an der University of Wisconsin. Seine Arbeiten umfassen ein breites Spektrum und die verschiedensten Medien (u. a. auch Film, Fotografie und ◇ Video), es lassen sich aber – abgesehen von frühen Arbeiten im Sinne der ◇ Materialkunst – zwei größere Bereiche unterscheiden: Arbeiten mit deutlichen Bezügen zu seinem Körper (in Form von Maß-

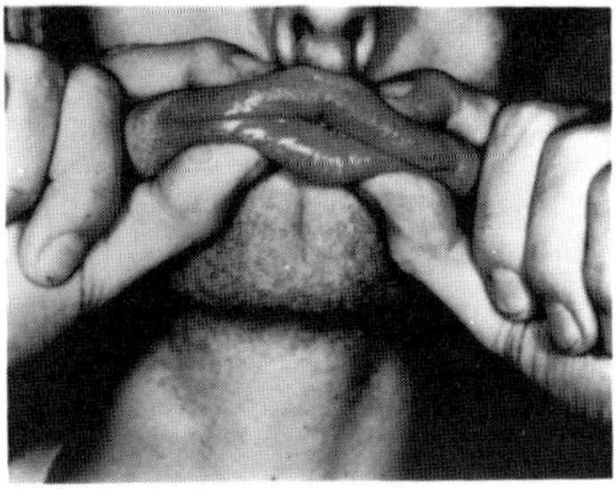

Bruce Nauman. Study for Holograms. 1970. Siebdruck. 66 x 66 cm (Ausschnitt)

systemen oder Aktionen, mit denen er zu einem Vorläufer der ◇ Body Art wurde) und Arbeiten, die sich überwiegend mit sinnlicher Wahrnehmung und deren Verfremdung und Irritation mit Hilfe spezieller Räume oder Korridore beschäftigen (*Wall Sound Piece*, 1970; *Green Light Corridor*, 1970). Der verschlüsselte, komplexe Charakter seiner Arbeiten (symptomatisch ist z. B. der Titel eines Neon-Stücks von 1967: *The True Artist Helps the World by Revealing Mystic Truths*) verrät – u. a. auch durch die Neigung zu Wortspielen (*Raw/War*, 1970) und wörtlichen Bezügen (*From Hand to Mouth*, 1967) – deutlich den Einfluß Duchamps.

Werkpubl.: Pictures of Sculptures in a Room, 1965/66; Clear Sky, 1967/68; Burning Small Fires, 1968; L.A.Air, 1970 (aus ›Artists and Photographs‹).
Kat.: L. Castelli Gal., NY 1968; LA County Mus. of Art/Whitney/Kh. Bern/SKh., Dssd./Van Abbe/Pal. Reale, Mail./Cont. Arts Mus., Houston/ SF Mus. of Art 1972–74. – d IV/1, d 5, d 6/II u. III.

Nay, Ernst Wilhelm,
* 1902 Berlin † 1968 Köln
Deutscher Maler, war 1925–28 Schüler von Hofer an der Berliner Akademie. 1937 wurde er als entarteter Künstler mit Ausstellungsverbot belegt. 1937/38 hielt er sich als Gast von Edvard Munch auf den Lofoten auf und malte eine Reihe von expressiven, formal stark vereinfachten Lofotenlandschaften. Seine anfänglich figurative, sowohl beim deutschen Expressionismus (Kirchner, Nolde) wie auch bei der Raumordnung des Kubismus (Gris) ansetzende Malerei entwickelte sich nach dem Kriege immer mehr zu einer reinen flächigen Abstraktion, in der die Bildfläche einzig aus der Farbe rhythmisch gestaltet wurde. N. gilt mit seiner musikalisch-kontrapunktischen, flächig betonten Abstraktion, die der Farbe als gestaltende Kraft wesentliche Entfaltungsmöglichkeit gibt, als Vermittler zwischen den großen Abstrakten der Vorkriegszeit (Kandinsky, Klee) und der jungen Nachkriegsgeneration in Deutschland.

Ernst Wilhelm Nay. Mit blauer Dominante. 1951. Öl/Lwd. 75 x 75 cm. Niedersächsische Landesgal., Hannover

Schriften: Vom Gestaltwert d. Farbe. Fläche, Zahl u. Rhythmus, München 1955. Monogr.: Aquarelle, mit Einf. v. Fr. Usinger, München 1956 (= Piper-Bücherei. 90); W. Haftmann, E. W. Nay, Köln 1960; Fr. Usinger, E. W. Nay, Recklinghausen 1961 (= Monogr. zur rhein.-westf. Kunst d. Gegenwart. 21); M. Imdahl, Akkord in Blau u. Rot, Stgt 1962; J. Cassou, N., Aquarelle, Köln 1969; Die Druckgraphik 1923–68, hrsg. v. K. H. Gabler u. C. B. Heise, Stgt 1975.
Kat.: Gal. Rosen, Bln 1946; Gal. Franz, Bln 1947 u. 1948; Kestner 1950 (Retro.); Kv. Freiburg 1953; Kestner/Kv. Hbg 1955 (Retro.); Gal. Les Contemporains, Brüssel 1958; Kv. Rh/W, Dssd. 1959; Kh. Basel/ Marlb., London 1960 (Retro.); Frankfurter Kunstkabinett 1960; Gal. Der Spiegel, Köln 1961 (= Geh durch d. Spiegel. 28) u. 1966 (= ebd., 46); Mus. Folkwang, Essen 1962; Gal. G. Franke, München 1962 u. 1968; Kv. Hbg/Frankfurter Kv./Badischer Kv., Karlsruhe/Westf. Kv., Münster 1964; H. Halvorsens Kunsthandel, Oslo 1965; Gal. W. Ketterer, München 1965; Württ. Kv., Stgt/Akad. d. Künste, Bln/ SKh., Mannheim/Mus. d. 20. Jh., Wien 1966/67; Gal. im Erker, St. Gallen 1967; M. Knoedler & Co., NY 1968; WRM/ NGB/Städel/Kv. Hbg 1969/70; SKslg, Bonn 1970; Kölnischer Kv. 1972/73; WRM, Köln 1975; Jahrhunderthalle, Hoechst 1976; Pfalzgal., Kaiserslautern 1977. – d II/1 u. 3, d III/1 u. 2.

Nele, Eva Renée, * 1932 Berlin
Deutsche Bildhauerin, studierte in London an der Central School of Arts and Crafts und anschließend bei → Uhlmann an der Berliner Akademie. Zusammen mit → Fischer vertrat die ehemalige Goldschmiedin in ihren Eisen- und Bronzegußplastiken einen neuen Expressionismus, der sich durch einen vitalen Struktur- und Phantasiereichtum auszeichnet. Idyllische, groteske, grausige und komische Formen verbinden sich zu einer vielschichtigen Interpretation der Lebenswirklichkeit in den 50er Jahren.
Kat.: d II/3, d III/1.

Nesbitt, Lowell B., * 1933 Baltimore (Md.)
Amerikanischer Maler, studierte 1950–55 an der Tyler School of Art in Philadelphia und 1955/56 am Royal College of Art in London. Seine ◇ hyperrealistischen Bilder erzeugen die ironische Brechung einer naturalistischen Wirklichkeitsimitation durch künstliche Lichteffekte im Stil der Werbefotografie. Bekannt sind vor allem seine leeren, fast mystisch wirkenden Interieurs amerikanischer Landhäuser.
Kat.: Gimpel & Hanover Gal., Zürich 1972.

Nestler, Wolfgang, * 1943 Gershausen
Deutscher Künstler, studierte 1967–73 bei → Heerich an der Düsseldorfer Akademie. Charakteristisch für seine Skulpturen ist ihre Veränderbarkeit, indem sich bewegliche Teile mit einfachen Handgriffen zu neuen Konstellationen variieren lassen. In die ästhetische Funktion ist die Manipulation durch den ›Benutzer‹ – innerhalb der vom Künstler vorgegebenen Möglichkeiten – mit eingeschlossen.
Kat.: Graz 1972; Frankfurter Kv. 1978 (mit Graubner); Neue Gal., Aachen 1978. – d 6/I.

Neuenhausen, Siegfried, * 1931 Dormagen
Deutscher Maler, Grafiker und Bildhauer, der an der Düsseldorfer Kunstakademie studierte. Seine Bilder und Figurenenvironments praktizieren einen ◇ kritischen Realismus, der sich in seinen erzieherischen Ambitionen gegen ◇ Pop Art und Fotorealismus wendet, obwohl sich N. durchaus der plakativen Pop-Farbgebung oder der präzisen

Zeichnung des ◇ Magischen Realismus bedient. N. klagt in aggressiv-ironischer Figuration die politische Lüge, die Verdummunng des Bürgers und vor allem die faschistoiden Macht- und Gewaltpraktiken unserer Zeit an, die sich hinter wohlgefälligem Spießbürgertum verbergen. Wichtiger aber ist N. die gesellschaftspolitische Anklage, die Entlarvung faschistoider Macht und Gewalt.

Kat.: Neue Gal., Aachen 1971; Rhein Lm., Bonn 1974.

Nevelson, Louise, * 1900 Kiew
Amerikanische Bildhauerin russischer Herkunft, die 1905 nach Amerika kam. Sie studierte 1929–30 an der Art Students' League und 1931–32 bei → Hofmann in München. Ihre frühen Terrakotta- und Holzskulpturen spiegeln Einflüsse von Boccioni, Brancusi und der präkolumbianischen Kunst. Ende der 50er Jahre trat sie mit einfarbig (weiß, schwarz oder gold) gestrichenen wandartigen Holzkonstruktionen aus einzelnen Kisten hervor, in die alle möglichen gewöhnlichen Holzteile, Stuhlbeine, Reste eines Treppengeländers oder einer Konsole usw. wie kostbare Reliquien eingestellt sind und die eine seltsam magische, totemistische Wirkung erzeugen.

Louise Nevelson. Königliche Gezeiten IV (Ausschnitt). 1960. Holz. 335,3 x 426,7 cm. ML

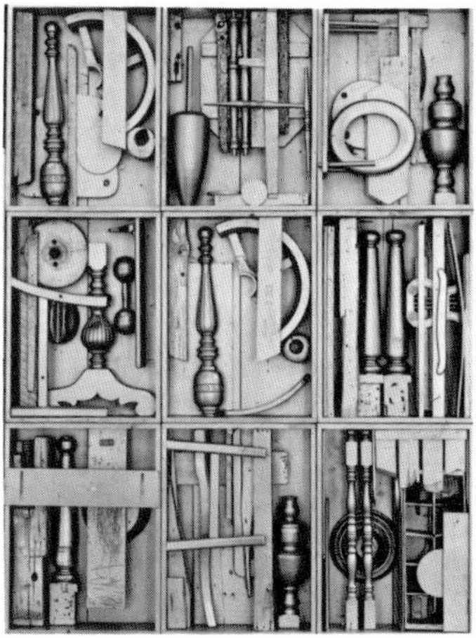

Monogr.: G. Celant, L. N., München 1973; G. Baro, The Prints, NY 1974 (Œuvrekat. d. Druckgrafik u. Multiples 1953–74); A. B. Glimscher, L. N., NY u. London 1972.

Kat.: Staatl. Kh., Baden-Baden 1961; Hanover Gal., London 1963; Gimpel & Hanover, Zürich 1964; Kh. Bern 1964; Gal. Galatea, Turin 1964; Whitney 1967; Gal. D. Gervis, Paris 1967; Gal. Civica d'Arte Mod., Turin/Kröller-Müller, 1969; Gal. J. Bucher, Paris 1969; Pace Gal., NY 1969; MOFA, Houston 1969/70; MOMU/Walker, Minneapolis/PBA, Brüssel/CNAC/NGB 1973/74; Gal. d'Arte Spagnoli, Florenz 1975. – d III/1, d IV/1 u. 2.

Newman, Barnett,
* 1905 New York, † 1970 ebd.
Amerikanischer Maler, studierte an der Art Students' League, dem College of the City of New York und der Cornell University. 1948 gründete er mit → Baziotes, → Motherwell und → Rothko eine Kunstschule. N.s Stil entwickelte sich vom Surrealismus zur reinen Abstraktion. Seine großformatigen bis riesigen Leinwände (*Vir heroicus sublimis*, 1950), in vibrierende, parallel zu den Seiten laufende Farbbänder gegliedert, waren von großem Einfluß auf die Entwicklung der ◇ Farbfeld- und der ◇ Hard edge-Malerei. Wie er in seinen Bildern das Format durchbrechen wollte, so

Barnett Newman. Vir heroicus sublimis. Öl/Lwd. 242 x 541 cm. Slg Mr u. Mrs B. Heller, NY

galt dies in seinen Skulpturen (*Broken Obelisk*, 1967, Houston) für den Horizont.

Monogr.: Th. B. Hess, B. N., NY 1969 u. erw. 1971; M. Imdahl, Who's Afraid of Red, Yellow and Blue, Stgt 1971; H. Rosenberg, B. N., ›Broken Obelisk‹ and Other Sculptures, Washington 1972.
Kat.: Bennington College 1968 (Retro.); French & Company, NY 1959; 8. Biennale, Sao Paulo 1965; Guggenheim 1966; NY 1968; Metropolitan 1969/70 (mit Johns, Frankenthaler u. Motherwell); MOMA/Tate/SM 1972. – d II/1, d IV/1 u. 2.

Nierhoff, Ansgar, * 1941 Meschede
Deutscher Bildhauer, studierte 1964–68 an der Düsseldorfer Kunstakademie. Seine frühen Arbeiten von 1968 waren Verfremdungen von Gegenständen durch ihre Übertragung in Metall, zugleich standen sie unter dem Einfluß der ◇ Pop Art. Danach folgten ›Käfige‹ mit Netzüberspannung und seit 1973 Deformationen, wobei logische Konstruktion und emotionale Zerstörungsgeste aufeinanderstoßen.

Kat.: Neue Gal., Aachen 1970; Kh. Köln 1972; WLM, Duisburg 1975. – d 6/I.

Nitsch, Hermann, * 1938 Wien
Österreichischer Aktionskünstler, Vertreter des ◇ Wiener Aktionismus, der durch seine happeninghaften Ritualspiele des ›Orgien-Mysterien-Theaters‹ in den 60er Jahren bekannt wurde. Mit dieser Bezeichnung sucht N. die direkte Assoziation seiner kultisch-erotischen ›Abreaktionsspiele‹ an religiöse

Hermann Nitsch. Abreaktionsspiel. Aktionsraum 1, München, 28. Februar 1970

Handlungen, wobei gerade das Moment einer orgiastischen Enthemmung der Akteure eine Antithese zu den christlich-asketischen Ritualhandlungen darstellt. In wilden Opferaktionen soll etwa durch Tierschlachtung auf die gesteuerten Brutalitäten der bürgerlichen Ordnung verwiesen werden, wobei der Schock der direkt erlebten Grausamkeit als auslösendes Stimulans des intendierten Bewußtwerdungsvorgangs dienen soll.

Kat./Werkpubl.: Gal. Junge Generation, Wien 1964; Orgien-Mysterien-Theater, Darmstadt 1969; Action 48 – Paris 1975, Paris 1975; Das Orgien-Mysterien-Theater II. Theoretische Schriften. Partiturentwurf d. 6-Tage-Spieles, München 1976; Innsbruck 1976. – d 5.

Nöfer, Werner, * 1937 Essen
Deutscher Maler, studierte ab 1956 an der Folkwangschule Essen und ab 1960 an der HfbK in Hamburg. In den 60er Jahren entwickelte N. eine starkfarbige, schablonenhafte Figuration, in der in einer Art gemalter Montage Landschaftsfragmente mit Figuren und Flugobjekten zusammengebracht werden und durch eine optisch symmetrische Anordnung eine scheinbare Objektivierung im bildnerischen Zitat erfahren. N. arbeitet auf einer Grenzlinie zwischen Abstraktion und ◇ Pop-Emblematik.

Monogr.: R. Jüdes, R.-G. Dienst u. a., W. N., Dssd. 1970 (mit Œuvrekat. d. Serigrafien).
Kat.: Gal. Kammer, Hbg 1978.

Noguchi, Isamu, * 1904 Los Angeles
Amerikanischer Bildhauer japanischer Abstammung. N. verbrachte seine Jugend in Japan (1906–17), lernte 1922 bei Borglum und 1927/

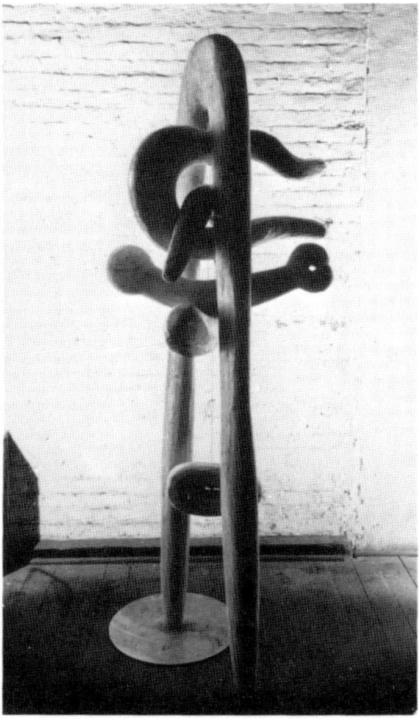

Isamu Noguchi. Cronos. 1949

28 bei Brancusi in Paris; 1930/31 und 1952 besuchte er den Orient. In seinem Werk verbindet N. asiatische Einflüsse mit Anregungen, die ihm durch Brancusi, den ◇ Konstruktivismus und ◇ Surrealismus vermittelt wurden, und gelangt zu eleganten Abstraktionen, die eine tiefe Achtung vor dem Material und der Reinheit der Form sowie ein enges Verhältnis zur Natur verraten (z. B. sein ›Steingarten‹ für den Hof des UNESCO-Gebäudes in Paris, 1958).

Monogr.: Shizo Takiguchi, S. Hasegawa. I. N., Tokio 1953; I. N., A Sculptor's World, mit Einl. v. R. Buckminster Fuller, London 1967 u. NY 1968.
Kat.: Gal. Cl. Bernard, Paris 1964; Whitney 1968; Gimpel & Hanover, Zürich 1968; Gimpel Fils, London 1972. – d II/2, d III/1.

Kenneth Noland. Schattenlinie. 1967. Acryl/Lwd. 217,5 x 610 cm

Noland, Kenneth,
* 1924 Asheville (N.C.)
Amerikanischer Vertreter der ◇ Farbfeld- und der ◇ Hard edge-Malerei. N. studierte 1946–48 am Black Mountain College u. a. bei → Albers und 1948/49 bei Zadkine in Paris. Beeinflußt von Helen → Frankenthaler entwickelte N. ab 1954 mit seinem Freund → Louis eine Art ›Färbetechnik‹, bei der die dünnflüssige transparente Acrylfarbe die ungrundierte Leinwand durchtränkt, so daß das Gewebe durchscheint. Die Leinwand ist also nicht mehr nur Grund, sondern wird zum integralen Bestandteil der Farbe selber. N.s erstes ›Bildmotiv‹ Ende der 50er Jahre waren Zielscheiben (konzentrische Ringe aus satt leuchtenden, vibrierenden Farben), die Anfang der 60er Jahre vom V-Motiv und später von horizontalen Streifen abgelöst wurden. Wie → Stella experimentierte auch N. mit ungewöhnlichen Bildformaten: z. B. Rhomben oder langgestreckte schmale Rechtecke bis zu 10 m Länge.

Monogr.: K. Moffett, K. N., NY 1977.
Kat.: French and Company, NY 1959; Gal. dell'Ariete, Mail. 1960; New Gal., Bennington College 1961; Gal. Ch. Lienhard, Zürich 1962; Kasmin Ltd., London 1963; N. Mackenzie Art Gal., Regina 1963 (mit Louis u. Olitski); Jewish Mus., NY 1965; Fogg Art Mus., Harvard Univ., Cambridge (Mass.) 1965 (mit Olitski u. Stella); A. Emmerich Gal., NY 1967; Rutland Gal., London 1974; School of Visual Arts, NY 1975; Gal. Morone 6, Mail. 1976; Gal. Wentzel, Hbg 1976; Guggenheim 1977 (Retro.). – d IV/1.

Nordman, Maria,
* 1943 Görlitz (Schlesien)
Amerikanische Künstlerin deutscher Herkunft, kam 1953 in die USA und studierte bis 1967 an der University of Los Angeles. Nach Filmenvironments und Laserprojekten (1967–69) widmet sie sich seit 1970 der Gestaltung von Räumen (ähnlich wie → Asher, → Turrell und Wheeler), deren starke ästhetische Wirkung auf dem bewußten Einsatz sparsamer Mittel beruht. So schuf sie für die Biennale in Venedig 1976 einen halbdunklen Lichtraum. Dessen stark mystisch-kultische Bezüge wurden noch dadurch gesteigert, daß der Betrachter ganz auf sich verwiesen war, weil jeweils nur ein Besucher Zutritt hatte.

Kat.: d 6/I.

Nouveau Réalisme
Künstlergruppe, die 1960 von dem französischen Kritiker Pierre Restany zusammen mit → Arman, → Dufrêne, → Hains, → Klein, → Raysse, → Spoerri und →Tinguely gegründet wurde. Später schlossen sich u. a. → César, →Christo, → Rotella und Niki de → St.-Phalle an. Nach Aussage von Restany »registriert der N. R. die soziologische Realität ohne jede polemische Absicht«. In vieler Hinsicht ist er eine Parallelerscheinung zur englischen und amerikanischen ◇ Pop Art.

Monogr./Kat.: vgl. ◇ Neuer Realismus.

Nouvelle Tendance
Internationale Vereinigung von Künstlern der ◇ monochromen Malerei, der ◇ Op Art, der ◇Kinetik und ◇ Lichtkinetik, die sich – von Frankreich mit der → Groupe de Recherche d'Art Visuel ausgehend – in verschiedenen europäischen Ländern sowie in Japan in Gestalt zahlreicher Gruppenvereinigungen ausbildete: in Italien → Gruppo N und → Gruppo T, in Spanien → Equipo 57, in Deutschland → Zero, in den Niederlanden → Nul, in Japan → Gutai. Auf der Zagreber Ausstellung ›Nove tendencije I.‹ 1961 konstituierte sich das gemeinsame Programm der N. T. als Gegenbewegung zu den individualistischen Gestaltungsprinzipien des ◇ Abstrakten Expressionismus. Man griff in den eigenen Zielsetzungen auf die ◇ konstruktivistische Tradition zurück und erprobte Licht und Farbe in kontrollierbaren, d. h. objektivierbaren Darstellungsformen. Die einzelnen nationalen Gruppen lösten sich zwischen 1964 und 1968 allmählich auf, nachdem zahlreiche Ausstellungen z. B. in Paris, Zagreb und Amsterdam die gemeinsame Programmatik von N. T. dokumentiert hatten.

Kat.: Gal. suvremene umjetnosti, Zagreb 1961, 1963 u. 1965; SM, Leverkusen 1963; MAD 1964.

Nul
Niederländische Künstlergruppe, die 1961 aus der ›Nederlandse informele groep‹ (gegründet 1958) hervorging. Mitglieder waren Armando, → Peeters und → Schoonhoven. Die Gruppe verfolgte ähnliche puristische Ziele in der Malerei wie in Deutschland die Gruppe → Zero, mit der sie in engem Kontakt stand, und beteiligte sich an Ausstellungen der → Nouvelle Tendance.

Nusberg, Lew,
* 1937 Taschkent
Russischer ◇ Lichtkinetiker, Begründer der Moskauer Gruppe → Dwisdschene, die die Traditionen der konstruktivistischen Lichtkinetik von Pevsner und Gabo in mixedmedialen Environments fortsetzte. 1966 entstand das kinetische Objekt *Kosmos,* das N. als eine kosmologische Synthese von Musik, Mathematik, naturwissenschaftlicher Strukturkenntnis und malerischer Architektur definierte. N. lebt seit 1975 in Westeuropa.

Schriften/Werkpubl.: I.B.K.S. (Artificial Bio-Kinetic Environment), Moskau 1969.
Kat.: d IV/1, d 6/III.

Oberhuber, Oswald, * 1931 Meran Österreichischer Maler, Plastiker und Aktionskünstler, studierte 1945–49 an der Gewerbeschule in Innsbruck sowie an der Wiener Akademie bei → Wotruba und in Stuttgart bei Willi Baumeister. Nach ◇ informellen Anfängen in Malerei und Plastik folgten in den frühen 50er Jahren gegenständliche Reaktionen auf diese Richtung. In den 60er und 70er Jahren erprobte O. verschiedene Ausdrucksmittel wie Environments, Assemblagen, Collagen, Aktionen, Happenings, Schrift- und Multimediaexperimente, Konzepte. Alle diese Realisationen versteht O. als Ausdrucksmuster, die sein Lebens- und Arbeitsprozeß bewußt erprobt und in ihrer historischen Dimension hinterfragt. Seit 1973 ist er Leiter der Galerie nächst St. Stephan in Wien.

Schriften: Beispiele, Österreichische Kunst von heute, Wien u. München 1971.

Kat.: Kh. Basel 1973; Gal. nächst St. Stephan, Wien 1975. – d 6/III.

Oldenburg, Claes, * 1929 Stockholm Amerikanischer Künstler schwedischer Abstammung, einer der Hauptvertreter der amerikanischen ◇ Pop Art. O. kam 1937 nach Chicago. Er studierte 1946–50 an der Yale-University und 1953/54 am Art Institute of Chicago. 1956 ließ er sich in New York nieder, wo er sich dem ◇ Abstrakten Expressionismus anschloß. Um 1959 gab er die Malerei auf, veranstaltete mit → Kaprow und → Dine ◇ Happenings (1960–65) und begann mit der Herstellung seiner bekannten Nachbildungen eßbarer Dinge wie ›Hamburgers‹, Eis- oder Tortenstücke, von denen er dann zu den ›Soft Objects‹ überging, ›weichen‹ Modellen von Waschbecken, Telefonapparaten, Staubsaugern usw., meist aus Vinyl oder Leinwand mit Kapok gefüllt. Projekte für überdimensional vergrößerte Gegenstände (Wäscheklammern, Doppelstecker, Hydranten) wurden bisher erst in kleinerem Maßstab verwirklicht (*Riesen-Lippenstift*, 1969, Yale University; *Maurerkelle*, 1973, Kröller-Müller) und existieren meist nur in Form von Zeichnungen.

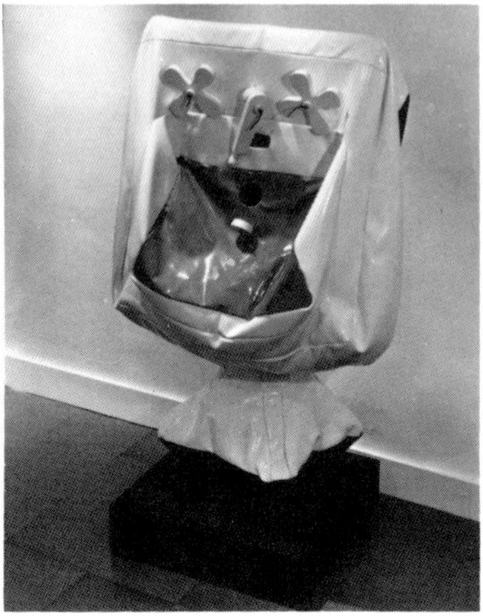

Claes Oldenburg. Weiches Waschbecken (Vinylversion). 1965. Vinyl, Plexiglas, Kapok. 139,7 x 91,4 x 71,1 cm. R. Fraser Gal., London

Schriften/Werkpubl.: Injun and other Histories (1960), SEP, NY 1966 (= A Great Bear Pamphlet. 4); Store Days. Documents from the Store (1961) and Ray Gun Theater (1962), ausgewählt von Cl. O. u. E. Williams, SEP, NY 1967; Proposals f. Monuments and Buildings 1965–69, Chicago 1969; Notes in Hand. The Artist's Version of His Sketchbook, London u. NY 1971; Raw Notes. Documents and Scripts of the Performances: Stars. Moveyhouse. Massage. The Typewriter,

NSCAD, Halifax 1973; Photo Log u. Press Log (May 1974 – August 1976), 2 Bde, Stgt 1976.
Monogr.: Drawings and Prints, hrsg. v. G. Baro u. Cl. O., NY 1969 (Œuvrekat. 1958–67); B. Rose, Cl. O., NY 1970 (MOMA), dt. Stgt 1976; E. H. Johnson, Cl. O., Harmondsworth 1971 (= Penguin New Art. 4); B. Kerber, Cl. O., Schreibmaschine, Stgt 1976 (= Werkmonogr. zur bildenden Kunst. 148). – Works in Edition, LA/SF 1971/72 (Verz. 1960–71).
Kat.: Gal. I. Sonnabend, Paris 1964; S. Janis Gal., NY 1964, 1966 u. 1967; Bianchini Gal., NY 1965 (mit Lichtenstein u. Warhol); MOMU 1966; Art Gal. of Ontario, Toronto 1967 (mit Dine u. Segal); R. Feigen Gal., Chicago 1969; MOMA/SM/SKh., Dssd./Tate 1969/70; Pasadena Art Mus./Nelson Atkins Mus., Kansas City/Fort Worth Art Center Mus./Des Moines Art Center/Philadelphia Mus. of Art/AIC 1971–73; M. Knoedler Gal., NY 1973; Walker, Minneapolis 1975; Kh. Tübingen/Km. Basel/SGal. im Lenbachhaus, München/NGB/KWM, Krefeld/Mus. d. 20. Jh., Wien/Kv. Hbg/SGal., Ffm./Kestner/Louisiana Mus., Humlebaek 1975–77. – d IV/1 u. 2, d 5, d 6/III.

Olitski, Jules, * 1922 Gomel

Amerikanischer Maler russischer Herkunft, kam 1922 in die USA und studierte 1952–55 an der New York University. O. ist ein bedeutender Vertreter der ◇ Farbfeldmalerei, der in seinen Bildern mit minimalen tonalen Farbkontrasten die Lichtwertigkeit der chromatischen Farbe darstellt.

Kat.: N. Mackenzie Art Gal., Regina 1963 (mit Louis u. Noland); Fogg Art Mus., Cambridge (Mass.) 1965 (mit Noland u. Stella); 33. Biennale, Venedig 1966 (mit Frankenthaler, Kelly u. Lichtenstein); New Brunswick Mus. 1966 (mit Frankenthaler u. Noland); Corcoran Gal. of Art, Washington 1967; ICA, Univ. of Pennsylvania, Philadelphia 1968; Waddington Gal., London 1975. – d IV/1.

Ono, Yoko, * 1933 Tokio

Japanische ◇ Happening- und ◇ Fluxuskünstlerin lebt in New York.

Werkpubl.: Grapefruit, Tokio 1964, NY u. London 1970, dt. Ffm. 1970.
Kat.: Lisson Gal., London 1967; Everson Mus. of Art, Syracuse (N.Y.) 1971. – d 5.

Opalka, Roman, * 1931 Abbéville

Polnischer Maler, studierte 1950–56 an der Warschauer Akademie. Seit 1965 verfolgt er in seinen Arbeiten ein konsequent durchgehaltenes Prinzip: die ›Beschreibung‹ der eigenen Existenz in Form kontinuierlich fortlaufender Zahlen (von 1 bis ∞). Seine Bilder (und Zeichnungen) sind mit netzartig wirkenden, horizontalen Zahlenreihen bedeckt, wobei ein Bild (bzw. eine Zeichnung) da anknüpft, wo das andere aufhört. Während die Zeichnungen (in schwarzer Tusche) lediglich den Schreibduktus der Hand spiegeln, entsteht bei den Bildern (weiße Farbe auf grauem Grund) durch die Arbeit mit dem Pinsel ein stetig an- und abschwellender Rhythmus und durch die sukzessive, einprozentige Aufhellung der Grauskala des Malgrundes bei jedem neuen Bild eine kaum wahrnehmbare Transformation und ein zeitliches Fortschreiten der Arbeit – unabhängig von den Zahlen.

Kat./Werkpubl.: Travel Sheets, Gal. LP 220, Turin 1972; KWM, Krefeld 1977. – d 6/I u. III.

Oppenheim, Dennis,
* 1938 Mason City (Wash.)

Amerikanischer Künstler, studierte am California College of Arts and Crafts und an der Stanford University. Er wurde bekannt mit Arbeiten im Sinne der ◇ Land Art – und zwar mit Strukturierungen der Erdoberfläche (*Annual Rings*, 1969),

Dennis Oppenheim. Reading Position for Second Degree Burn. Stage I and II. 1970

auch unter Einbeziehung natürlicher Phänomene wie Wachstum (*Directed Seeding Wheat,* 1969) oder Zeit (*Timetrack,* 1969) – und später im Sinne der ◇ Body Art, auch da unter Einbeziehung der Natur, z. B. von Sonneneinstrahlung (*Reading Position for Second Degree Burn,* 1970). Seine Aktionen sind normalerweise in Form von Fotografien, Film und ◇ Video dokumentiert.

Monogr.: Fr. Pluchart u. J.-M. Poinsot, O., Paris 1972.
Kat.: Centro de Arte y Comunicación, Buenos Aires 1971; SM 1974; Boymans 1976; Mus. d'Art Cont., Montreal/Art Gal. of Ontario, Toronto 1978. – d 5, d 6/II.

Oppermann, Anna, * 1940 Eutin
Deutsche Malerin, studierte an der HfbK in Hamburg. Nach Stilleben-Bildern arbeitet sie seit 1968 an umfangreichen, ◇ environmentartigen ›Ensembles‹ mit Gegenständen, Fotos und Zeichnungen, die beim Betrachter Assoziationsfelder auslösen sollen.

Kat.: Neue Gal., Aachen 1976. – d 6/I.

Otero, Alejandro,
* 1921 El Manteco
Venezolanischer Maler, studierte 1939–43 an der Akademie in Caracas, an der er später selbst lehrte. Zusammen mit → Cruz-Diez und → Soto widmete er sich dort bereits in den 50er Jahren Studien zur farbdynamischen Malerei. Ab 1960 hielt sich O. in Frankreich auf, wo er als Vertreter der ◇ Op Art zur Kerngruppe der → Nouvelle Tendance gehörte. Seine Bilder sind aus parallel geordneten, vertikalen Farbzonen aufgebaut, die die Netzhaut des Auges zu leuchtintensiven, dynamischen Farbflächen synthetisiert.

Kat.: Signals, London 1966 (= Signals. II, 11).

Page, Robin, * 1932 London
Englischer Künstler in der Tradition Dadas. P. spielt in seinen ironisch-witzigen Bildern und Objekten mit dem Nonsens gebräuchlicher Wortkombinationen, indem er sie im Bild wörtlich nimmt. Daraus resultiert eine subtile humorvolle Widersprüchlichkeit, die das Repertoire der Ironie zwischen Groteske und geistreichem Witz umspannt.

Kat.: Dssd. 1974. – d 5.

Pagès, Bernard → **Supports/Surfaces**

Nam June Paik. Charlotte Moorman mit Paiks ›TV-Bra‹ (1969). Ausstellung ›Happening & Fluxus‹, Kölnischer Kv. 1970

Paik, Nam June,
* 1932 Seoul (Korea)
Koreanischer Komponist und Künstler, studierte u. a. bei → Cage, der ihn stark beeinflußte. P. gilt als ein Hauptvertreter der ◇ Fluxusbewegung. In zahlreichen Aktionen führte er die bei Cage erstmals angesprochene Tendenz zur Übernahme gestischer Momente in Musik fort (*Hommage à John Cage* für Tonband und Klavier, 1959, die erste Aktionsmusik in Deutschland; *One for Violin Solo*, bei dem eine Violine zerschlagen wird, 1962), vor allem auch in Zusammenarbeit mit der Cellistin Charlotte → Moorman, für die er zahlreiche Werke schrieb, u. a. eine busenfreie *Opera Sextronique* (nach deren Aufführung in New York 1967 beide wegen ›indecent exposure‹ verhaftet wurden). Sein Interesse an technischen Medien, z. B. dem Fernsehen (erste Arbeit 1963 in Wuppertal), setzte sich bis heute in Arbeiten mit ◇ Video fort (*Waiting for Commercial; Video-Buddha*, 1974).

Kat.: Gal. Bonino, NY 1965, 1968 u. 1971; Everson Mus. of Art, Syracuse (N.Y.) 1974; Kölnischer Kv. 1976. – d 6/I u. II.

Palermo,
* 1943 Leipzig, † 1977
Deutscher Maler, der 1962–67 an der Düsseldorfer Kunstakademie bei → Beuys und → Goller studierte. Mit sparsamsten malerischen Mitteln (einfarbiges Bemalen von Wandflächen oder Nachziehen vorhandener Strukturen, technisch im Sinne der ◇ Farbfeldmalerei und

Palermo. Wandmalerei an zwei gegenüberliegenden Wänden. 1971. Gal. H. Friedrich, München

des ◇ Hard edge) veränderte er die visuelle Erfahrbarkeit von Räumen (*Wandmalerei an zwei gegenüberliegenden Flächen*, München 1971).

Monogr.: Druckgraphik 1970–74, SM, Leverkusen 1975.
Kat.: PBA, Brüssel 1970 (mit Richter u. Uecker); SM, Mglb. 1973; Hamburger Kh. 1973; Kunstraum München 1974; 13. Biennale, Sao Paulo 1975; MHL, Krefeld 1977. – d 5, d 6/I u. III.

Pan, Marta, * 1923 Budapest
Französische Bildhauerin ungarischer Abstammung, die in Budapest Malerei und Bildhauerei studierte, bevor sie 1947 nach Paris übersiedelte. In ihren Skulpturen sucht sie nach plastischen Ausdrucksmöglichkeiten für organische Formen und naturgegebene Phänomene. Den Tierskulpturen der 50er Jahre folgten in den 60er Jahren schwimmende Plastiken – z. T. aus Plexiglas –, die das Gleichgewichtsprinzip visualisieren.

Monogr.: A. M. Hammacher, Gal. Arnaud, Paris 1961.

Panamarenko, * 1940 Antwerpen
Belgischer Maler und Objektkünstler, der an der Antwerpener Akademie studierte. In Zeichnungen und realen Objektkonstruktionen entwirft P. phantastische Flugmaschinen und Luftschiffe, die sich als spielerische Präzisionsapparate ohne Zweck erweisen. P.s ◇ individuelle Mythologie zeigt sich daher als eine Wiedererweckung uralter Ikarusträume, die sich moderner Technik im freien Assoziationsspiel bedienen.

Kat.: SM, Mglb. 1969; Van Abbe 1970 (mit Boezem); Onnasch Gal., Köln 1972; Km. Luzern/SKh., Dssd./Württ. Kv., Stgt 1972/73; MAM 1973; Van Abbe 1974; Kölnischer Kv. 1974; Bielefeld 1975; Mus. van Hedendaagse Kunst, Gent 1976; Kh. Basel 1977; NGB/Kröller-Müller/PBA, Brüssel 1978. – d 5, d 6/III.

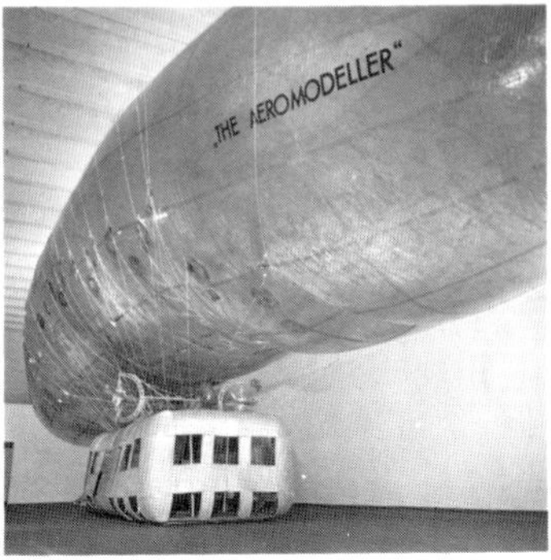

Panamarenko. The Aeromodeller. Installation d 5

Pane, Gina, * 1939 Biarritz
Italienische Künstlerin, lebt seit 1960 in Paris. Die meist als fotografische Dokumentation existierenden Beispiele ihrer Aktionen und ◇ Performances (ab 1968) zeigen sensible, doch intensive Eingriffe im Sinne der ◇ Body Art, die sowohl Schmerz (durch Verletzung) als auch eine existentielle Form von Poesie suggerieren.

Kat.: d 6/I.

Paolini, Giulio, * 1940 Genua
Italienischer Künstler, dessen Werk ab 1960 eine Vielzahl von erst Jahre später international behandelten Kunstproblemen antizipierte. Die »denk-, nicht gestaltformale Natur seiner Arbeit« (Cladders) konzentriert sich vor allem auf das Phänomen des ›Sehens‹. Dabei berührt er die unterschiedlichsten Themen wie z. B. Raum und Zeit, Perspektive oder die kulturelle Konditionierung von

Giulio Paolini. Mimesi. 1976. 2 Gipsabgüsse (nach d. Venus d. Medici). Je 213 (inkl. Sockel) x 50 x 44 cm. Slg P. Maenz, Köln

Autor und Betrachter. Grundsatz seines Denkens ist, daß Kunst keine Aussagen über nichtkünstlerische Bereiche machen und im Grunde nur mit sich selbst konfrontiert werden kann (*Mimesi*, 1975/76). Mit seinen Arbeiten, die das optische und geistige Erbe abendländischer Kunst als frei verfügbaren Fundus benutzen, war er von großem Einfluß auf die junge italienische Kunst der 70er Jahre, die sich intensiv mit der Reflexion über kunsthistorische Topoi beschäftigt.

Werkpubl.: Ciò che non ha limiti . . ., Turin 1968; Ennesima, Gal. Y. Lambert, Paris 1975.
Monogr.: G. Celant, G. P., Sonnabend Press, o.O. (NY/Paris) 1972 (= Sonnartbooks); G. P., Idem, Turin 1975 (= Einaudi letteratura. 39).
Kat.: Gal. Notizie, Rom 1964, 1968 u. 1970; Gal. dell'Ariete, Mail. 1966 u. 1971; Gal. del Leone, Venedig 1967; Qui arte cont., Rom 1968 (mit Fabro u. Kounellis); Gal. Bonomo, Bari 1972; Gal. L'Attico, Rom 1973; Studio Marconi, Mail. 1973; Galleriaforma, Rom 1974; Univ. di Parma 1976 (= Quaderni. 30; Retro.); SM, Mglb. 1977; Mannheimer Kv. 1977. – d 5, d 6/II u. III.

Paolozzi, Eduardo,
* 1924 Edinburgh

Schottischer Bildhauer italienischer Abstammung, der in Edinburgh und London studierte. 1952/53 gehörte P. mit → Hamilton in London zur → Independent Group, aus der sich die englische ◇ Pop Art entwickelte. Seine frühen Plastiken der ausgehenden 50er Jahre waren in Gestalt plumper Roboter totemhafte Archetypen des technischen Zeitalters. 1961 erfuhr das skulpturale Werk P.s eine radikale Wandlung durch die Benutzung vorgefertigter, glatter Gußformen aus Aluminium und Messing, in de-

Eduardo Paolozzi. Poem for the Trio MRT. 1964. Aluminium geschweißt. 215,9 x 218,4 x 111,7 cm. R. Fraser Gal., London

nen das Moment des Dämonischen einer Huldigung an die maschinenhafte Technik der Moderne weicht.

Schriften: Abba-Zaba, Watford School of Art, London 1970.
Monogr.: D. Kirkpatrick, E. P., London 1970; U. M. Schneede, P., Stgt 1970 (= Kunst heute. 16). – Complete Graphics, Gal. Mikro, Bln 1969.
Kat.: Hanover Gal., London 1958, 1967 u. 1968; SKGal., Bochum 1961; Kelpra Studio, London 1962; R. Fraser Gal., London 1964 u. 1966; Newcastle 1965; Ed. Alecto, London 1965; Kröller-Müller 1967 (mit Caro); SM 1968; Worth Ryder Art Gal., Berkeley 1968; SKh., Dssd. 1968/69; Göteborgs Konstmus. 1969; London 1971; Kestner 1974 NGB 1975; Marlb., London 1976; Kv. Kassel 1978. – d II/2, d III/1, d IV/1 u. 2, d 6/III.

Parrish, David,
* 1939 Birmingham (Ala.)
Amerikanischer Maler, der an der University of Alabama studierte. Seine ◇ hyperrealistischen Bilder von Motorrädern spielen mit der illusionistischen Hochpolitur der Werbeindustrie, die das technische Vehikel zum erotischen Attribut stilisiert.

Kat.: Gal. A. F. Petit, Paris 1973.

Pascali, Pino,
* 1935 Bari, † 1968 Rom
Italienischer Maler und Plastiker, der sich nach einer Phase ◇ informeller Malerei environmentalen Raumgestaltungen zuwandte. In den frühen 60er Jahren schuf P. abstrakte Tier- und Landschaftsambiente, die in ihrer rudimentären Gestalt an Urformen verlorener Paradiese erinnern. Nach 1965 nahm P. verstärkt ◇ neodadaistische Elemente in seine Arbeit auf, und es entstanden neben aggressiv-kritischen Environments im Stil von → Kienholz die sogenannten ›fingierten Skulpturen‹ wie *Il mare* (1967), in denen P. die Illusion des Meeres durch gefärbtes Wasser und stilisierte Plastiken von Fischleibern und Wolkenbänken erzeugte.

Kat.: Gal. A. Iolas, Paris 1967; Gal. Nazionale d'Arte Mod., Rom 1969.

Pasmore, Victor, * 1908 Chelsam
Englischer Maler, der zunächst nur als Freizeitmaler tätig war und sich in Abendkursen an der Londoner Central School ausbildete. Anfänglich malte P. stimmungsvolle Landschaftsbilder unter dem Einfluß des Impressionismus. Erst um 1947 wandte er sich in Gemälden und Reliefs aus Holz und Kunststoff der Abstraktion zu. Dabei gelangen neben geometrischen Formelementen organische Formen zur Darstellung, die jedoch nie eine deutbare Symbolik besitzen, sondern den Kontrast oder das Gleichgewicht zwischen fließenden Prozessen und statuarischen Raumgrenzen artikulieren.

Monogr.: Cl. F. Bell, V. P., London 1944; J. Reichardt, V. P., London 1962 (= Art in Progress).
Kat.: Arts Council Gal., Cambridge 1955; 30. Biennale, Venedig/MAD/SM/SKgal., Bochum/PBA, Brüssel/Kunstnernes Hus, Oslo/Umetnicki Paviljon, Belgrad/Louisiana Konstgal., Kopenhagen 1960–62 (Retro.); Kestner 1962 (Retro.); Kh. Bern 1963 (mit W. Scott); Gal. Ch. Lienhard, Zürich 1963; Marlb., London 1964, 1966, 1969 u. 1972; Marlb., NY 1967; Gal. Lorenzelli, Bergamo 1970; Marlb., Zürich 1973. – d II/1, d III/1.

El Paso
Spanische Künstlergruppe, die sich 1957 in Madrid bildete und zu deren Mitgliedern u. a. → Canogar, → Feito, → Millares und → Saura zählten. Die einen ◇ informellen

Stil vertretende Gruppe wirkte in Spanien während der 50er Jahre bahnbrechend für die Entwicklung einer modernen Kunst.

Pavlos, * 1930 Filatra
In Paris lebender griechischer Künstler, studierte 1949–53 an der Akademie in Athen. In den 60er Jahren wurde er bekannt mit Collagen und Reliefbildern, die eine Verbindung malerischer und plastischer Ausdrucksformen anstreben.
Kat.: Kv. Hannover 1972.

Pearlstein, Philip,
* 1924 Pittsburgh
Amerikanischer Maler, studierte bis 1949 am Carnegie Institute of Technology in Pittsburgh und bis 1955 Kunstgeschichte an der New York University. Er war als Designer tätig und lehrte 1959–63 am Pratt Institute, 1963–68 am Brooklyn College in New York. Bekannt wurde er mit Aktbildern, auf denen teilnahmslose Paare auf Teppichen, Sofas und Stühlen posieren. Der Einfluß der Fotografie auf seinen ◇ Hyperrealismus zeigt sich in den schnappschußartig zufällig wirkenden artifiziellen Bildausschnitten.
Kat.: Georgia Mus. of Art, Athens 1970 (Retro.); Gal. Thelen, Köln 1971; Kupferstichkabinett, Bln 1972.

Philip Pearlstein. Two Female Models with Cast Iron Bench and Indian Rug. 1971. Öl/Lwd. 182,8 x 152,4 cm. Privat-Slg. Oakbrock (Ill.)

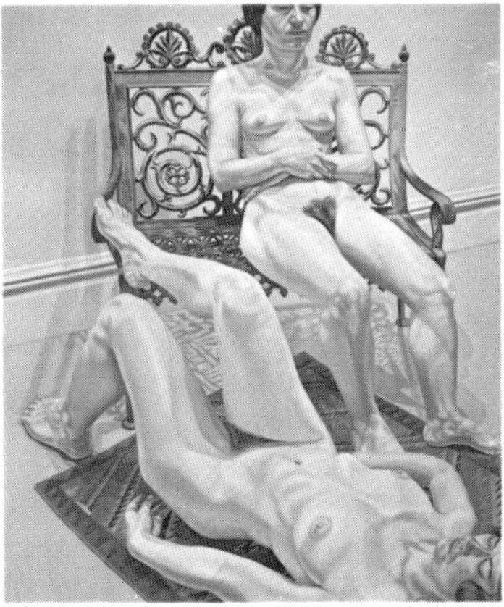

Pedersen, Carl-Henning,
* 1913 Kopenhagen
Dänischer Maler, als Künstler Autodidakt. In seiner abstrakt symbolhaften Zeichensprache, die in Anlehnung an nordische Mythologien eine phantastisch-dämonische Geisterwelt beschwört, gehört P. der Gruppe → Cobra an.
Schriften: Universum fabularum, Kopenhagen 1957.
Kat.: Gal. de France, Paris 1963.

Peeters, Henk, * 1925 Den Haag
Niederländischer Maler und Plastiker. Im Sinne der Gruppe → Nul beschäftigt er sich mit einfachen Materialien, deren haptische und optische Effekte – wie Lichtbrechung – ihn besonders interessieren (z. B. Arbeiten mit Watte bzw. Wasser in Plastikfolie).

Peintner, Max, * 1937 Hall (Tirol)
Österreichischer Architekt, der in Zeichnungen utopische Entwürfe zur Verbesserung der Umwelt und zur Verhinderung von Naturzerstörung mit Hilfe modernster Technologie darlegt. P.s Konzepte relativieren sich jedoch selbst in ihrem Anspruch auf Endgültigkeit, indem sie sich als Provisorien charakteri-

sieren, die ebenfalls eine Manipulation der Natur durch künstliche Eingriffe nicht verhindern können.

Kat.: Gal. Bloch, Innsbruck 1977. – d 6/III.

Penalba, Alicia Pérez,
* 1918 Buenos Aires

Argentinische Bildhauerin, studierte an der Akademie der Schönen Künste in Buenos Aires und ließ sich danach in Paris bei Zadkine ausbilden. 1951 entstanden die ersten, für ihren Stil typischen Säulenplastiken, die wie Verschmelzungen architektonischer und vegetabiler Formelemente wirken und stets eine tonig rauhe Materialoberfläche besitzen. Ihre Arbeiten haben zumeist eine höhlenartige Innenöffnung, durch die das Licht eindringt und der Form eine innere Dynamik verleiht.

Monogr.: P. Waldberg, P., Paris 1957; M. Seuphor, A. P., Amriswil 1960 (= Künstler unserer Zeit. 8).

Kat.: Gal. du Dragon, Paris 1957; Gal. Lienhard, Zürich 1961; Kröller-Müller, 1964; Gal. Bonino, NY 1966; Gal. Pauli, Lausanne 1967; Basel 1971. – d II/2, d III/1.

Penck, A. R. (eigentl. Ralf Winkler),
* 1939 Dresden

Deutscher Maler, lebt und arbeitet in Dresden. Seine an infantile Strichzeichnungen wie an prähistorische zeichenhafte Beschwörungen erinnernde Malweise schildert in extrem reduzierter Darstellung existentielle Daseinsformeln. Mit groben, frei aufgetragenen Pinselstrichen beschreibt er spurenhaft die Anwesenheit des Menschen innerhalb einer kosmisch ausgelegten (Bild-)Welt, die er mit zeichenhaften Kürzeln und archetypisch anmutenden Symbolen fixiert.

Penck. Der Übergang. 1963. Öl/Lwd. 94 x 120 cm. SL

Werkpubl.: Standart Making, München 1970; Was ist Standart, Köln/NY 1970; ICH. Standart Literatur, Ed. Agentzia, Paris 1971; Europäische Sonette, Wide White Space, Antwerpen 1973; Ich bin ein Buch kaufe mich jetzt, Oberhausen 1976.

Kat.: MHL, Krefeld 1971; Gal. Neuendorf, Hbg 1975; Kh. Bern/Van Abbe 1975. – d 5, d 6/I u. III.

Penone, Giuseppe,
* 1947 Garessio

Italienischer Künstler. Zentrales Thema seiner Arbeiten sind Kontakt, Berührung und die dabei entstehenden Spuren auf Oberflächen. Beispiele sind Farbdia-Projektionen von Körperteilen auf weiße Gipsabgüsse derselben Körperpartie, verspiegelte Kontaktlinsen, die den Künstler ›blind‹ machen, während der Betrachter sich und seine Umwelt in ihnen erkennt (*Rovesciare gli propri occhi,* 1970), und Übertragungen von Finger- und Hautabdrücken in starker Vergrößerung auf die Wände von Räumen.

Werkpubl.: Svolgere la propria pelle, Sperone Ed., Turin 1971.

Monogr.: Rovesciare gli occhi, Turin 1977 (= Einaudi letteratura. 52).

Kat.: Km. Luzern 1977; Staatl. Kh., Baden-Baden 1978; Mus. Folkwang, Essen 1978. – d 5.

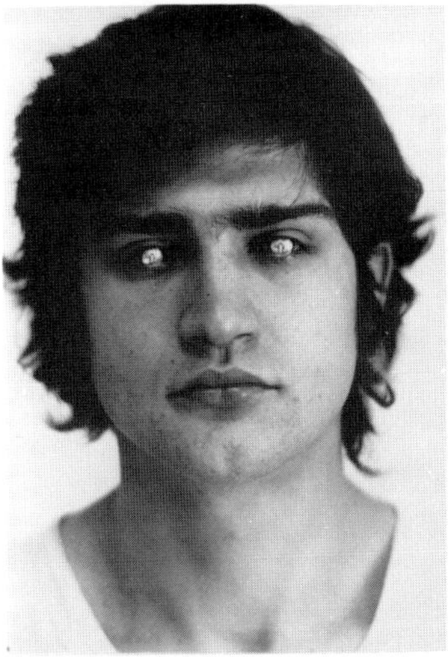

Giuseppe Penone. Die eigenen Augen umdrehen. 1970. Farbfoto

Perilli, Achille, * 1927 Rom
Italienischer Maler, der aus einer abstrakt-gestualen Malweise in den frühen 60er Jahren Comic-strip-artige Bildgeschichten entwickelte, die zu geometrischen Farbformen kontrastieren. In der 2. Hälfte der 60er Jahre widmete sich P. verstärkt ◇ kinetischen Projektionen und mobilen Plastiken für Theaterveranstaltungen.

Monogr.: Le incisioni, Rom 1969 (mit Œuvrekat. d. Radierungen 1961–69).
Kat.: Marlb., Rom 1967; Zürich 1973; Rom 1975. – d II/3.

Petrick, Wolfgang, * 1939 Berlin
Deutscher Maler, der 1958–65 neben einem Biologiestudium an der Freien Universität die HfbK in Berlin besuchte, an der er seit 1975 selbst als Professor lehrt. Seine ◇ kritisch-realistische Bildwelt ist von fratzenhaften Gestalten bestimmt, die ihren Aggressionen in hektischer Triebhaftigkeit auf Fußballplätzen, im häuslichen Milieu und in Feriendomizilen gleichsam wie auf Schlachtfeldern freien Lauf lassen.

Monogr.: Handzeichnungen. Werkverz. 1962–74, hrsg. v. W. Nitzsche u. E. Poll, Bln 1974.
Kat.: Dssd. 1971 (mit Diehl); KEO, Hagen 1974 (mit dems.). – d 6/III.

Pettet, William, * 1942 Los Angeles
Amerikanischer Vertreter der ◇ Post-Painterly Abstraction, der seine Bilder durch das Übereinanderschichten vieler Acrylfarbflächen realisiert. Dadurch entsteht eine lyrisch-wolkige Farbkomplexität, die ohne dieses spezielle technische Verfahren der Spritzmalerei nicht erzielt werden könnte.

Pezold, Friederike, * 1943 Wien
Österreichische Künstlerin, die an der Kunstakademie sowie Psychologie am Max-Planck-Institut in München studierte. Seit 1970 beschäftigt sie sich mit Fotoserien, Zeichnungen und Rollbildern, die die geschlechtliche Rollenfunktion der Frau thematisieren. P. behandelt in ihren Arbeiten die Medien ◇ Video und Foto sehr zeichnerisch-grafisch, wodurch ihre Aussagen eine gezielte Pointenhaftigkeit erhalten, die sich besonders in *Der Tempel der schwarz-weißen Göttin* (1977), einer »Synthese aus westlichem und östlichem, von Abstraktion und Realismus« äußert.

Kat.: SGal. im Lenbachhaus, München/Poolerie, Graz/Gal. nächst St. Stephan, Wien/Kölnischer Kv./Neuer Berliner Kv. 1975/76 (= Pfirsich 15, Graz 1975/76); Staatl. Kh., Baden-Baden 1977. – d 6/II.

Pezzo, Lucio del → **Del Pezzo,** Lucio

Pfahler, Karl Georg, * 1926 Emetzheim
Deutscher Maler, studierte 1950–54 an der Stuttgarter Akademie. In seiner signalhaften Malerei aus breitflächigen Farbbahnen verbindet sich die plakative Farbgebung der ◇ Pop Art mit der Raumillusion der ◇ Op Art und mit einer großflächigen geometrischen Formgebung, die den Gesamteindruck einer poetischen Harmonie erzeugt.

Monogr.: K. Leonhard u. H. Spielmann, Pf., Stgt 1963; Skizzen, Zeichnungen, Präkonzeptionen 1959–71, Nierswalde 1972; Werkverz. d. Druckgraphik 1960–75, Ed. Rottloff, Karlsruhe 1975 (Œuvrekat.).
Kat.: Gal. Müller, Stgt 1960; Gal. Springer, Bln 1962; Westf. Kv., Münster 1965 (mit Geiger u. Uhlmann); Hess. Lm., Darmstadt 1968 (mit Lenk); Kestner/Overbeck-Ges., Lübeck/Mannheimer Kv. 1969 (mit Girke u. Fruhtrunk); Gal. St. Johann, Saarbrücken 1970; 35. Biennale, Venedig 1970; Mus. Folkwang, Essen 1971; Gegenverkehr, Aachen 1971; Gal. Defet, Nürnberg 1971; Kh. Mannheim 1974; Stgt 1975; Westf. Kv., Münster/Kh. Tübingen/Kölnischer Kv. 1976.

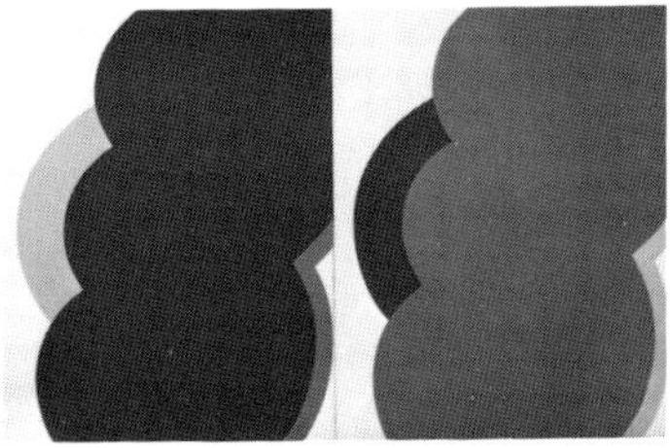

Karl Georg Pfahler. Zwei Tex. 1963/65. Acryl/Lwd. 180 x 320 cm. Gal. Müller, Stgt

Philips, Peter, * 1939 Birmingham
Englischer Maler, Vertreter der englischen ◇ Pop Art, studierte 1955–59 am Birmingham College of Art und 1959–62 am Royal College of Art in London, u. a. mit → Kitaj und → Hockney. Ph.' Bildsprache orientiert sich an der modernen, von der Technik und den Massenmedien beherrschten Großstadtkultur. Für seine Arbeiten ist eine Trennung in verschiedene, klar voneinander abgesetzte Bildbereiche typisch. Mitte der 60er Jahre entstanden der ◇ Minimal Art verwandte Skulpturen aus Kunststoff, Holz und Plexiglas. Zusammen mit → Laing entwarf er einen Fragebogen für ein ideales Kunstwerk, das sie – nach Auswertung der Antworten verschiedenster Leute mit Hilfe eines Computers – auch herstellten (*Hybrid Project*, 1966).

Kat.: Gal. Bischofberger, Zürich 1967; Münster 1972.

Phillips, Tom, * 1937 London
Englischer Maler. Wesentlich für Ph.' Konzeption ist ihr indexhaft-beschreibender Charakter. In seinen behutsam sukzessiv aufgebauten Bildern verfolgt er oft fremde künstlerische Vorlagen (z. B. aus Malerei, Dichtung oder Musik), die er in die Sprache seiner Bilder überträgt und frei umformuliert. Auf diese Weise umschließt das Spektrum seiner malerischen Auseinandersetzung eine Vielzahl poetischer Assoziationen, teils unter direkter Einbeziehung von Wortfragmenten (Übermalung von Buchseiten unter Aussparung einzelner Wörter in dem Zyklus *A Humument*).

Werkpubl.: Trailer, Dssd. 1971.
Monogr.: Works/Texts to 1974, Stgt 1975.
Kat.: A. Flowers Gal., London 1971; Marlb., London 1973; Gemeentemus., Den Haag 1975; Kh. Basel 1975; MAM 1975; Mannheimer Kv. 1977.

Picelj, Ivan,
* 1924 Okučani
Jugoslawischer Maler, studierte 1943–46 an der Kunstakademie in Zagreb. In den 50er Jahren wandte er sich der reinen Abstraktion zu, für die er die erste jugoslawische Künstlergemeinschaft ›Grat 51‹ gründete. In seinen Bildern verbindet sich eine verhaltene Farbgebung mit architektonisch-technischen Formelementen, die sich an das Kompositionsrepertoire des Bauhauses und der ◇ Abstraction-Création anlehnen und nach rhythmischer Harmonie streben. 1961 war er Mitbegründer der internationalen Gruppe → Nouvelle Tendance.

Pichler, Walter,
* 1936 Deutschenhofen
Österreichischer Architekt und Zeichner, studierte 1951–55 an der Kunstgewerbeschule in Innsbruck und 1955–59 an der Akademie für angewandte Kunst in Wien. Ab 1960 arbeitete er als Designer und Plastiker in Wien. In seinen Zeichnungen und Environments verknüpft P. Nonsensideen und utopische Gesellschaftsentwürfe. Die Arbeiten der letzten Jahre sind stark von mystischen Vorstellungen geprägt und denen des ◇ Wiener Aktionismus und → Rainers geistesverwandt.

Monogr.: W. P., Zeichnungen, Salzburg 1973.
Kat.: Gal. nächst St. Stephan, Wien 1963 (mit Hollein) u. 1967; Mus. d. 20. Jh., Wien/Hamburger Kh./Salzburg 1971; Gal. Buchholz, München 1973; Dssd. 1975; Gal. Schapira & Beck, Wien 1976; Kestner 1977. – d IV/1.

Walter Pichler. Monument für Günter Brus. 1969. Messingguß verchromt. Gummimatte. 400 x 124 cm. SL

Piene, Otto,
* 1928 Laasphe
Deutscher Maler, Plastiker und ◇ Lichtkinetiker, der in München, Düsseldorf und Köln studierte. P.s Beschäftigung mit dem Licht als künstlerischem Medium begann 1955 mit Licht- und Buchstabenrastern, denen Licht-Folien-Montagen, Rauchbilder und erste Lichtballettveranstaltungen folgten. 1960 war P. Gründungsmitglied der → Zero-

Otto Piene. Lichtmodell (Lichtschein durch hintereinander aufgestellte Rastersiebe, Vorläufer des Lichtballetts). 1958

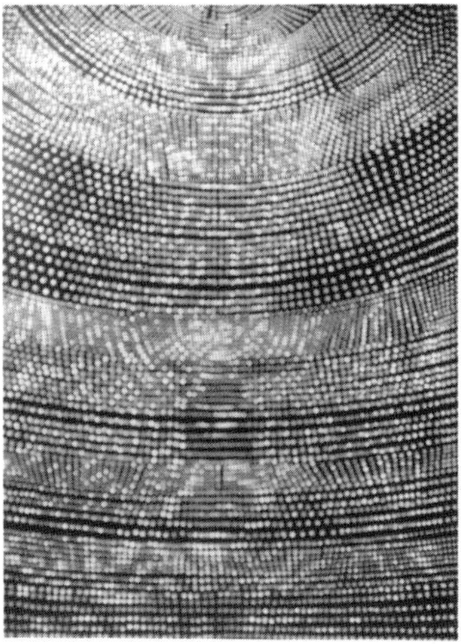

Gruppe in Düsseldorf. In den 60er Jahren verstärkte P. seine Arbeit an kinetischen Lichtplastiken in Gestalt von Lichtkugeln.

Schriften: 10 Texte, Gal. Nota, München/Gal. dato, Ffm. 1961; More Sky, Cambridge 1973.
Kat.: Gal. Diogenes, Bln 1960; McRoberts & Tunnard Gal., London 1962 u. 1964 (mit Mack u. Uecker); SM, Leverkusen 1962; Gal. Müller, Stgt 1963/64; Gal. Schmela, Dssd. 1963; MHL, Krefeld 1963 (mit Mack u. Uecker); Gal. Il Bilico, Rom 1964 (mit Mack); H. Wise Gal., NY 1964, 1965 u. 1969; Kestner 1965 (mit Mack u. Uecker); MaO, Dortmund 1967; Gal. Heseler, München 1971 u. 1972; Dortmund 1972; Sl. O'Sickey Gal., Cleveland 1972; Kölnischer Kv. 1973. – d III/1.

Pincemin, Jean-Pierre → **Supports/Surfaces**

Pistoletto, Michelangelo, * 1933 Biella

Italienischer Maler, der seit 1962 eine Kombinationstechnik aus Fotografie und Malerei entwickelte. Sein Stil vertritt eine Mischung von Neorealismus und ◇ Pop Art. In seinen Spiegelbildern aus blankpoliertem Stahl und Fotocollagen integriert er das Spiegelbild des Betrachters mit in das Bildgefüge,

Schriften: Le ultime parole famose, Turin 1967; L'uomo nero, il lato insopportabile, Salerno 1975.
Monogr.: A. Boatto, P., dentro/fuori lo specchio, Rom 1970.
Kat.: Gal. Galatea, Turin 1960 u. 1963; Gal. I. Sonnabend, Paris 1964; Walker, Minneapolis 1966; Gal. La Bertesca, Genua 1966; PBA, Brüssel 1967; Gal. L'Attico, Rom 1968; Boymans 1969; Albright-Knox 1969 (mit Ceroli); Badischer Kv., Karlsruhe 1969; Gal. dell'Ariete, Mail. 1970 u. 1973; Marlb., Rom 1973 (mit Pisani); Gal. Sperone, Turin 1973; Kestner 1973/74; Mathildenhöhe, Darmstadt 1974 (= Meister d. ital. Mod., 14); S. Janis Gal., NY 1974; Pal. Grassi, Venedig 1976. – d IV/1.

Michelangelo Pistoletto. Zwei Personen. 1963. Collage/polierter Stahl. 200 x 120 cm. Gal. I. Sonnabend, Paris

Platschek, Hans, * 1923 Berlin

Deutscher Maler, lebte 1939–53 in Südamerika. Seine Malerei der 50er Jahre war dem ◇ Tachismus verbunden, den er jedoch in den 60er Jahren zugunsten eines ◇ kinetisch-realistischen Stils aufgab. Seine Bilder schildern karikaturhaft die typischen Lebenssituationen des angepaßten Durchschnittsbürgers von der Schreibtischpose bis zur spießigen Familienfeier. In der Thematik und der statuarischen Figuration erinnern P.s Bilder an die Neue Sachlichkeit eines Otto Dix. 1959–62 war er Herausgeber der Zeitschrift ‚blätter + bilder' (mit H. Bienek).

Kat.: Gal, van de Loo, München 1957, 1963 u. 1965; Kv. Freiburg 1961; Montevideo 1965. – d II/1.

Poirier, Anne und Patrick,
* 1942 Marseille bzw. Nantes
Französische Künstler, deren Arbeiten für die ◇ Individuellen Mythologien und die ◇ Spurensicherung besonders charakteristisch sind. Orientiert an archäologisch freigelegten Spuren versunkener Kulturen kreieren sie poetisch-imaginäre Konstruktionen, indem sie ganze Komplexe menschlich-zivilisatorischer Geschichte (z. B. die frei interpretierte Ruinenlandschaft von Ostia Antica, die von Herodot erwähnte Stadt der Auseer oder Neros Domus aurea modellhaft neu entwerfen und eine Symbiose individueller Projektion und kollektiver Erinnerung herstellen.

Anne und Patrick Poirier. Ohne Titel. 1971. Collage

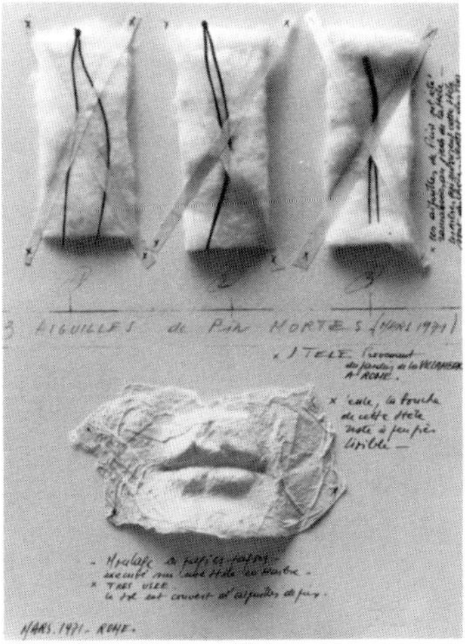

Kat./Werkpubl.: Neue Gal., Aachen 1973; A la mémoire de Romulus, Gal. Yellow Now, Lüttich 1974; Traditions et légendes, ebd. 1974; Les paysages révolus, Gal. I. Sonnabend, Paris 1975; Les réalités incompatibles, Bergs Forlag, Kopenhagen 1975; Domus aurea. Fascination des ruines, CAPC Bordeaux/Maison de la Culture, Rennes/Centre Pompidou, Paris 1977/78 (3 Kataloge); Domus aurea, Les Presses de la Connaissance, Paris 1977; Bonner Kv. 1978; PBA, Brüssel 1978. – d 6/I.

Poliakoff, Serge,
* 1906 Moskau, † 1969 Paris
Russischer Maler (ab 1962 französische Staatsbürgerschaft), emigrierte 1918 aus Rußland und ließ sich 1923 in Paris nieder. Er arbeitete als Gitarrist (bis 1952), begann aber gleichzeitig, sich ernsthaft mit Malerei zu beschäftigen und studierte an den Akademien Frochot und de la Grande Chaumière sowie 1935–37 in London an der Slade School of Art. Nach seiner Rückkehr nach Paris befreundete er sich mit Kandinsky, den Delaunays und Otto Freundlich und entwickelte – von ihnen ermutigt – eine sehr persönliche Form abstrakter Malerei mit ineinander verzahnten, flächigen Farbformen und – nach einer Periode grau-brauner Bilder in den 40er Jahren – intensiver, glühender Farbigkeit, die an russische Ikonen erinnert.

Schriften: Enluminures, St. Gallen 1972 (Schriften u. Gouachen in Faksimile); Cahier, ebd. 1973.
Monogr.: M. Ragon, P., Paris 1956 (= Le mus. de poche); D. Vallier, S. P., Paris 1959; J. Cassou, S. P., Amriswil 1963 (= Künstler unserer Zeit); S. Marchiori, S. P., Genf 1977. – Les estampes, Paris 1974 (Œuvrekat. d. Grafik).
Kat.: Gal. D. Vierny, Paris 1951; Knoedler Gal., NY 1955; Gal. del Naviglio, Mail. 1957, 1966 u. 1969; Gal. O. Stangl, München 1957 u. 1962; Gal. Creuzevault, Paris 1957; Gal. Berggruen, Paris 1957;

Serge Poliakoff. Orange und Mauve. 1950. 88,5 x 116 cm. Hamburger Kh.

Kh. Basel/Kh. Bremen/Kh. Hbg/Kv. Rh/W, Dssd. 1958; Hanover Gal., London 1958; Gal. d'Arte Selecta, Rom 1958; Gal. Knoedler u. Gal. Berggruen, Paris 1959; Kh. Bern 1960; Gal. im Erker, St. Gallen 1962 u. 1965; Whitechapel/Kestner/Kh. Bremen/MaO, Dortmund/SKslg, Bonn/Overbeck-Ges., Lübeck/Württ. Kv., Stgt/HaW, Bln/ SMus, Trier 1963/64; Lefebre Gal., NY 1964 u. 1968; Gal. de France, Paris 1964/65; Gal. Räber, Wien 1965; Gal. d'Art Mod., Basel 1966; Km. St. Gallen 1966; Mus. Déspiau-Wlérick, Mont-de-Marsan 1969; MuNAM 1970; Paris 1970 u. 1977. – d II/1 u. 3, d III/1.

Polke, Sigmar,
* 1942 Oels (Niederschlesien)
Deutscher Maler, studierte 1961–67 an der Düsseldorfer Akademie bei → Götz und → Hoehme. Nach frühen Arbeiten in der Art des ◇ Kapitalistischen Realismus entwikkelte er frei von jeder Gruppenzugehörigkeit eine ironische Bildsprache, die im Spiel mit Widersprüchen und Klischeevorstellungen fast zur Karikatur oder zum humorvollen Bilderrätsel führt.

Kat.: Gal. h, Hannover 1966 (mit Richter); Westf. Kv., Münster 1973; SKm, Bonn 1974; Kh. Kiel 1975 (mit Œuvrekat. d. Druckgrafik 1966–74); 13. Biennale, Sao Paulo 1975; Kh. Tübingen/Van Abbe/SKh., Dssd. 1976. – d 5.

Sigmar Polke. Landschaft. 1966. Kunstharz/Lwd. 100 x 90 cm. Gal. M. Werner, Köln

Pollock, Jackson,
* 1912 Cody (Wyo.),
† 1956 East Hampton (N.Y.)
Amerikanischer Maler, der 1925–29 in Los Angeles und 1929–31 bei Thomas Benton an der Art Students' League in New York studierte und 1938–42 für WPA arbeitete. Unter dem Einfluß der mexikanischen Wandmalerei von Orozco und Siqueiros entwickelte P. einen stark expressiven Stil, den er zunehmend als emotionale Aktion intensivierte (mythologische und totemistische Bilder, 1942–46). Indem er den ◇ Automatismus bis zum Extremsten steigerte, fand P. ab 1947 zum ◇ Action Painting: er breitete riesige Leinwände auf dem Boden aus, um die herum oder auf denen er sich in einer Art Trance- oder Rauschzustand bewegte und auf die er in spontaner Gestik dünnflüssige Farbe heruntertropfen ließ (daher die Bezeich-

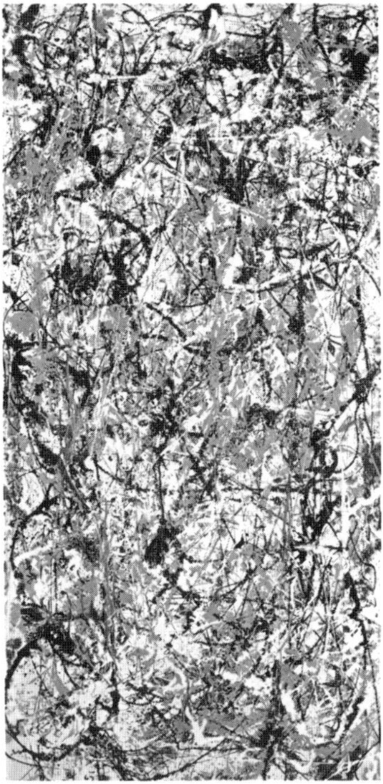

Jackson Pollock. Kathedrale. 1947. Duco, Aluminiumfarbe/Lwd. 180,3 x 89 cm. MOFA, Dallas (Mr u. Mrs B. J. Reis Fund)

nung ›Drip Painting‹), verspritzte, schleuderte oder verschmierte, wobei er statt Pinsel Holzstücke, Messer, Maurerkellen oder durchlöcherte Eimer verwendete und die Farbe manchmal mit Sand, Glasstücken oder anderen Zusätzen verdickte. So entstanden rhythmische, labyrinthisch verschlungene Farbgespinste, Spuren einer ›psychischen Improvisation‹. Weil diese Bilder ohne eigentlichen Mittelpunkt sind und eine gleichmäßig strukturierte Fläche besitzen, spricht man auch von ›All Over Painting‹. Die Betonung des Gestischen in seiner Arbeit führte auch unmittelbar zur Entwicklung des ◇ Happening.

Monogr.: E. Crispolti, P., Mail. 1958; Fr. O'Hara, J. P., NY 1959 (= The Great American Artist Series); Br. Robertson, J. P., London u. NY 1960 u. 1968, dt. Köln 1961; A. Busignani, P., London 1970 (= 20th Century Masters); W. Rubin, J. P. and the Mod. Tradition, NY 1967; C. L. Wysuph, J. P., Psychoanalytic Drawings, NY 1970; O. Bätschmann, J. P., Luzern 1971 (= Gestalter unserer Zeit); B. H. Friedman, J. P., Energy Made Visible, London 1972; E. Putz, J. P., Theorie u. Bild, Hildesheim 1975; J. P. at Work, Paris 1977.
Kat.: Art of this Century Gal., NY 1943 u. 1947; Arts Club of Chicago 1945; Gal. P. Facchetti, Paris 1948 u. 1952; P. Guggenheim, Venedig 1950; B. Parsons Gal., NY 1951; Bennington College 1952; S. Janis Gal., NY 1955; MOMA 1956/57 (Retro.); 4. Biennale, Sao Paulo 1957; Gal. Nazionale d'Arte Mod., Rom/SM/Kv. Hbg/HfbK, Bln 1958; Kh. Basel 1958; Dssd. 1961 (Retro.); MuNAM 1959; Marlb., London 1961; Marlb., Rom 1962; MOMU 1963; MOMA 1967 u. 1969; Walker, Minneapolis/Art Gal., Univ. of Maryland, College Park/MOCA, Chicago/Seattle Art Mus./Baltimore Mus. of Art/ Montreal MOFA/Portland Art Mus./Rose Art Mus., Brandeis Univ., Waltham (Mass.) 1968/69 (als Buch: B. Rose, Works on Paper, Greenwich/Conn. 1969). – d II/1, d III/1 u. 2.

Pomodoro, Arnaldo,
* 1926 Morciano di Romagna
Italienischer Bildhauer, Bruder von Gio → Pomodoro, wandte sich nach dem Studium der Architektur und Bühnenausstattung und nach einer Goldschmiedelehre der Bildhauerei zu. Seine großformatigen, bemalten Metallplastiken übertrugen in den 50er Jahren das Prinzip ◇ informeller Gestaltung auf den Bereich der Skulptur. In den 60er Jahren

Arnaldo Pomodoro. Sphere I. 1963. Bronze. Ø 113,6 cm. MOMA (Mrs S. Guggenheim Fund)

verwandelte sich sein gestalterisches Prinzip durch feste strukturierte Normen, die in Form von Säulen, Kugeln und Kuben die Elemente des von der Technik geprägten Alltags versinnbildlichen.

Monogr.: G. Ballo, From the Poetics of the Signs to Continuous Presence. A. u. G. P., Mail. 1962.
Kat.: Kölnischer Kv. 1961 (mit Capogrossi, Moreni u. G. Pomodoro); PBA, Brüssel 1963 (mit Giò P.); La Chaux-de-Fonds 1965; Marlb., Rom 1965; London 1968; Boymans/Kölnischer Kv. 1969. – d II/2.

Pomodoro, Giò,
* 1930 Orciano di Pesaro
Italienischer Bildhauer, Bruder von Arnaldo → Pomodoro, studierte Architektur, Malerei und Bildhauerei. In den frühen 50er Jahren stand er stark unter dem Einfluß seines Bruders, entwickelte aber um 1956 einen sehr persönlichen, abstrakten Stil, der sich durch eine weich fließende Oberflächengestaltung auszeichnet. Die Verwendung stark polierter Metalle gibt dem Licht reiche Entfaltungsmöglichkeiten auf den flachreliefartigen Skulpturen.

Monogr.: vgl. Arnaldo P.
Kat.: Kölnischer Kv. 1961 (mit Capogrossi, Moreni u. A. Pomodoro); PBA, Brüssel 1963 (mit Arnaldo P.); Rom 1964; Marlb., NY 1967; F. Landau Gal., Los Angeles 1969. – d II/2, d III/1.

Poons, Larry, * 1937 Tokio
Amerikanischer Maler, kam 1938 in die USA und studierte 1955–57 in Boston am New English Conservatory of Music und 1958 an der Museum School of Fine Arts. P. entwickelte eine Form der ◇ Farbfeldmalerei, bei der sich ein tonal angehauchter Bildgrund zu unbegrenzten Tiefen ausdehnt. Auf dem Farbgrund schweben pastose Farbbalken und Farbtupfen, die wie entmaterialisierte reine Farbenergien wirken.

Kat.: d IV/1.

Larry Poons. The Enforcer. 1963. Liquitex, Farbspray. 203,2 x 203,2 cm. Slg Mr u. Mrs R. C. Scull, NY

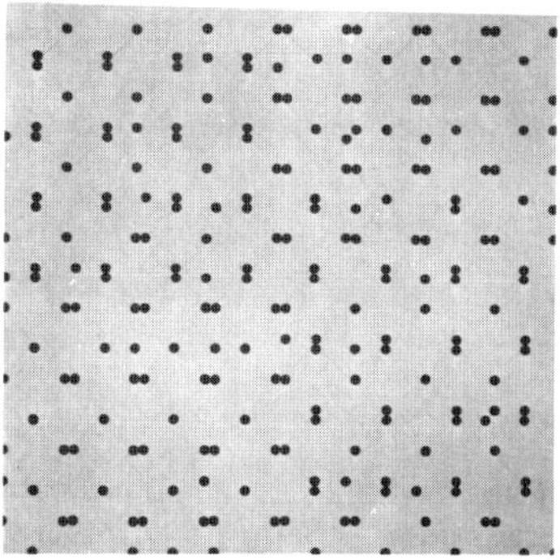

Posen, Stephen,
* 1939 St. Louis (Mo.)
Amerikanischer Maler, studierte 1958–62 an der Washington University in St. Louis und 1962–64 an der Yale University in New Haven. In seinen ◇ hyperrealistischen Bildern stellt er mit Vorliebe verpackte Materialien dar.

Kat.: d 5.

Potts, Don, * 1936 San Francisco
Amerikanischer Plastiker und Designer, erlernte während einer Werbetätigkeit für eine Raketenmontagefabrik das Knowhow für seine feinmechanisch perfekten, aerodynamischen Phantasieautos.

Kat.: My First Car, Newport Harbor Mus., Newport Beach 1972; DAAD Bln 1978. – d 6/III.

Prachensky, Markus,
* 1923 Innsbruck
Österreichischer Maler, ging 1952 nach Wien, wo er an der Akademie Malerei und 1952–56 Architektur studierte. In den 60er Jahren vertrat er ein kraftvoll monumentales, zeichenhaftes ◇ Action Painting, dessen Farbskala zumeist auf Rottöne reduziert ist.

Kat.: Wiener Secession, Wien 1957; Gal. nächst St. Stephan, Wien 1958; Gal. 59, Aschaffenburg 1960; Gal. Schüler, Bln 1965; Kv. Hannover 1970; Ulm 1972.

Prager, Heinz-Günther,
* 1944 Herne
Deutscher Plastiker, studierte 1964–68 an der Werkkunstschule in Münster. Ab 1971 entwickelte P. aus rechteckigen und runden Eisenplatten ein plastisches Konzept, das jenes zwischen den Eisenkörpern liegende räumliche Volumen zu wahrnehmbaren Formen organisiert.

Kat.: Essen 1975; Köln 1976; SGal. im Lenbachhaus, München 1977. – d 6/I.

Prantl, Karl, * 1923 Pöttsching
Österreichischer Bildhauer, der nach einem Malerstudium bei Gütersloh an der Wiener Akademie als Autodidakt zur Bildhauerei fand. Seine ◇ abstrakten Plastiken aus schweren Granitblöcken, die mit Einkerbungen strukturiert sind, wirken wie kulthafte Meditationsmonolithe.

Monogr.: K. Pr., Innsbruck 1973 (mit Œuvrekat. 1950–72).

Quadriga
1952 in Frankfurt a. M. gegründete Gruppe, die der ◇ Nouvelle Tendance nahestand. Mitglieder waren → Götz, Otto Greis, Heinz Kreutz und → Schultze.

Kat.: Tachismus in Frankfurt. Qu. 52, Ffm. 1952; Historisches Mus., Ffm. 1959.

Isabel Quintanilla. Glas II. 1970. Bleistift. 34 x 25 cm. Slg FER

Quintanilla, Isabel, * 1938 Madrid
Spanische Künstlerin, studierte 1954–59 an der Escuela de Bellas Artes de San Fernando in Madrid. Ihr ◇ magischer Realismus ist von einer effektvollen Beleuchtungstechnik geprägt, die das gemalte Sujet – zumeist stillebenhafte Interieurs, Blumen, Wassergläser – in eine seltsame Mischatmosphäre aus Idylle und kalter Leere taucht. Wie alle ◇ Spanischen Realisten bevorzugt sie Bleistiftzeichnungen. I. Qu. ist verheiratet mit Francisco → Lopez (Abb. s. S. 273).

Kat.: d 6/III.

Quinte, Lothar, * 1923 Neiße
Deutscher Maler, studierte 1946–50 an der Kunstschule in Bernstein. In den 60er Jahren entwickelte er eine Malerei mit leuchtenden Farbstreifen auf dunklem monochromem Hintergrund.

Kat.: Westf. Kv., Münster 1968; Gal. Apfelbaum, Karlsruhe 1970.

Raetz, Markus, * 1941 Bern
Schweizer Maler und ◇ Objektkünstler, als solcher Autodidakt, der in Amsterdam lebt. Seine Bilder und Objekte sind Reflexionsprodukte eines ständigen relativierenden Konfrontationsprozesses mit der Wirklichkeit und ihren Erscheinungen.

Kat./Werkpubl.: Basel 1967; A-4-Zeichnungen, Luzern 1970; Notizbüchlein 27. 8. bis 17. 9. 71, Bern 1971; Kh. Bern 1977. – d IV/1, d 5.

Rainer, Arnulf, * 1929 Baden
Österreichischer Maler, studierte 1947–49 an der Staatsgewerbeschule in Villach. Nach anfänglichen ◇ phantastisch-realistischen Arbeiten wandte er sich expressiv-gestischen Formen zu: *Übermalungen* (ab 1952), *Blindmalereien* (ab 1953) und *Selbstbemalungen* (ab 1958), in denen er eine Form der Selbstdarstellung entwickelte, die im exhibitionistischen Vorgang der Ich-Verwandlung Kommunikationsprozesse mit dem eigenen Körper monologartig zur Anschauung bringt.

Arnulf Rainer. Kreuzübermalung. 1956/57. 99 x 130 cm

Monogr./Werkpubl.: Schwarze Architektur, hrsg. v. St. Wewerka, Bln 1967; Zeichnungen 1947–51, hrsg. v. O. Breicha, Gal. Ariadne, Wien 1969 (mit Œuvrekat.); Facefarces, Gal. Ariadne, Wien o.J. (1971); Vermächtnis über meinen Nachlaß, Köln 1972; Überdeckungen, hrsg. v. O. Breicha, Wien 1972 (= Österr. Graphiker d. Gegenwart. 7; mit Œuvrekat. d. Grafik); Blindzeichnungen 1951–73, Köln 1973; P. Kubelka filmt A. R., Bln 1973 (= Die Schastrommel. 11); Gestische Handmalereien, München 1974; Kleinzeug, Stgt 1976. Kat.: Gal. Rotloff, Karlsruhe 1962; Minami Gal., Tokio 1962; Gal. Springer, Bln 1964; Gal. Peithner-Lichtenfels, Wien 1966; Mus. d. 20. Jh., Wien 1968; Gal. im Taxispalais, Innsbruck 1969; Kv. Hbg 1971 (Retro.); 11. Biennale, Sao Paulo 1971; Kunstraum München 1974; Hess. Lm.,

Darmstadt 1975; Gal. Schöttle, München 1975; Ffm. 1975; Paris/Basel 1976; Wien 1976; Neue Gal., Linz 1976; Kh. Bern/SGal, im Lenbachhaus, München 1977; Kestner 1977. – d 5, d 6/III.

Ramos, Mel,
* 1935 Sacramento (Calif.)
Amerikanischer Maler der ◇ Pop Art, dessen Bilder die drapierte Pin-up-Pose der Werbung parodieren. R. benutzt die triviale Glamourgestik einer Werbemasche, die für jedes Produkt mit sexuellen Reizen die Kauflust schürt.
Kat.: Gegenverkehr, Aachen 1969.

Ramsden, Mel → **Art & Language**

Rancillac, Bernard, * 1931 Paris
Französischer Maler des ◇ Neuen Realismus, der nach anfänglicher trickfilmartiger Cartoon-Malerei in den 50er Jahren eine Synthese von Science Fiction und Comic-Figuration entwickelte, die Motive der ◇ Pop Art in surrealistischer Überpointierung verarbeitet und den Starkult der Massengesellschaft ironisiert. In den 60er Jahren machte R. auch Entwürfe für Bühnendekors und gestaltete Environments.
Kat.: Paris 1965.

Rauschenberg, Robert,
* 1925 Port Arthur (Tex.)
Amerikanischer Maler und Objektkünstler, Wegbereiter der ◇ Pop Art in Amerika. R. studierte 1946/47 am Kansas City Art Institute, 1947 an der Académie Julian in Paris, 1948/49 bei → Albers am Black Mountain College und an der Art Students' League so bei → Motherwell, → Tworkov und → Kline. Beeinflußt durch den Dadaismus

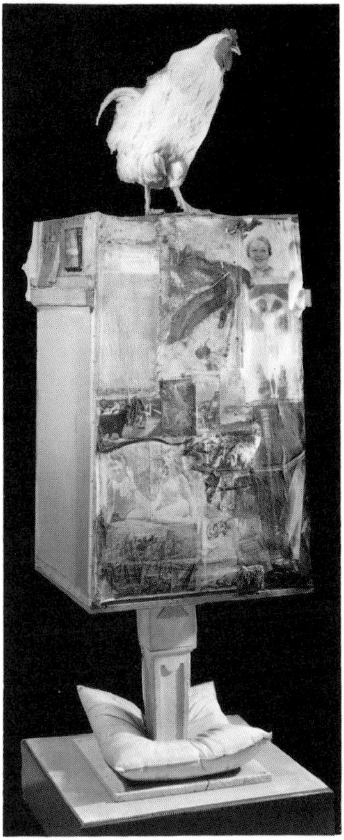

Robert Rauschenberg. Odalisque. 1955/58. Combine Painting (Holz, Stoff, Draht, Gras, Papier, Fotos, Metall, ausgestopfter Hahn, 4 Glühbirnen). 205 x 44 x 44 cm. ML

von Schwitters, durch die Ready mades von Duchamp und die Ideen von → Cage, entwickelte R. – nach ›weißen‹ und ›schwarzen‹ Bildern Anfang der 50er Jahre – seine Collagen, Assemblagen und Combine Paintings, eine Verbindung von Malerei im Stil des ◇ Abstrakten Expressionismus mit realen Gegenständen aller Art (elektrische Klingeln, Radioapparate, Steckdosen, Uhren, Vögel) und durch Siebdruck übertragene Fotografien, die manchmal auch den Charakter des Bildes verloren und zu dreidimensionalen freistehenden Objekten wurden, wie in seiner berühmten ausgestopften Ziege mit dem Autoreifen. In diesen Assemblagen, deren Räumlichkeit sich vom Illusionismus immer mehr zur Realität bewegte, versuchte R., die Kluft zwischen Leben und Kunst aufzuheben. R. trug dazu bei, den vorherrschenden Einfluß des Abstrakten Expressionismus in Amerika zu brechen und einem neuen Realismus in Gestalt der ◇ Pop Art den Weg zu bereiten. Um 1970 fand R. in Form von Kartonwandobjekten zu einer abstrakteren Formgestaltung mit Hilfe des Gegenstandes Packkarton zurück.

Monogr.: A. Forge, R. R., NY 1969 u. 1974. – Graphic Art, ICA, Univ. of Penn., Philadelphia 1970 (Œuvrekat. 1948–70).
Kat.: NY 1963 (Retro.); Gal. I. Sonnabend, Paris 1963; MHL, Krefeld 1964; Minneapolis 1965; SM 1965; PBA, Brüssel 1965; Amerikahaus, Bln 1965; SM/Kölnischer Kv./MAM 1968; Minneapolis 1970; Kv. Hannover 1970; Gemini Ltd., LA 1971; Jerusalem 1975; Ferrara 1976; Washington 1976; MOMA 1977. – d II/1, d III/1, d IV/ 1 u. 2, d 6/III.

Raynaud, Jean Pierre,
* 1939 Colombes
Französischer Maler und Plastiker, der neben seiner Lehre an der Gartenbauschule von Versailles Malkurse in Paris besuchte. Nach malerischen Anfängen im Stil der Ecole de Paris gelangte R. in den 60er Jahren unter dem Einfluß → Tinguelys zu einer ◇ neodadaistischen Objektkunst, die banale Gegenstände durch ihre Kombination zu psychischen Symbolträgern macht.

Kat.: SM 1968; Württ. Kv., Stgt 1968.

Raysse, Martial,
* 1936 Golfe Juan (bei Nizza)
Französischer Maler und Objektkünstler, der zu den Gründungsmitgliedern des ◇ Nouveau Réalisme gehörte. 1960 begann R. eine Ausweitung seiner Malerei zur Assemblage durch die Einbeziehung von realen Gegenständen aus der Konsum- und Reklamewelt. Später benutzte R. mit Vorliebe auf Leinwand projizierte Fotos von Glamourgirls und Mannequins sowie

Martial Raysse. Ciné. 1964. Assemblage, Neon. 200 x 130 x 20 cm. Gal. R. Zwirner, Köln

Schablonen und Leuchtfarben, deren Wirkungen er manchmal durch Neonröhren noch verstärkte. R.s elegante Welt des Films, der Reklame und Mode steht mit ihrer mechanischen Perfektion in enger thematischer Nähe zur angloamerikanischen ◇ Pop Art.

Kat.: SM 1965; Gal. A. Iolas, Paris 1965; PBA, Brüssel 1967; Dwan Gal., LA 1967; Gal. K. Flinker, Paris 1976. – d IV/1 u. 2, d 6/III.

Reichert, Josua, * 1937 Stuttgart
Deutscher Grafiker, der nach einer Buchdruckerlehre an der Karlsruher Akademie bei → Grieshaber studierte. Angeregt durch seinen Lehrer, entwickelte R. eine Bildtextsynthese aus zeichenhaften Typogrammen, die aus riesigen Holzlettern zusammengestellt sind.

Kat.: SKgal., Bochum 1962; 9. Biennale, Sao Paulo 1967; Neue Gal. am Lm. Joanneum, Graz 1971. – d IV/2.

Reinhardt, Ad (Adolf J.),
* 1913 Buffalo (N.Y.),
† 1967 New York
Amerikanischer Maler, studierte u. a. 1931–35 am Columbia College, war für WPA tätig, bereiste 1958 Asien und lehrte 1947–67 am Brooklyn College. Beeinflußt von Mondrian und Rothko reduzierte R. Farbe und Form immer stärker bis hin zu seinen geometrisch abstrakten ›Black Paintings‹ (schwarz wirkende Bilder, deren einzelne, schwarze Rechteckformen erst bei längerem Hinsehen wahrgenommen werden). Mit seinen zahlreichen Statements und Texten – die die Ideen des ›L'art pour l'art‹ neu formulierten – wurde er zu einem wichtigen Anreger der theoretischen

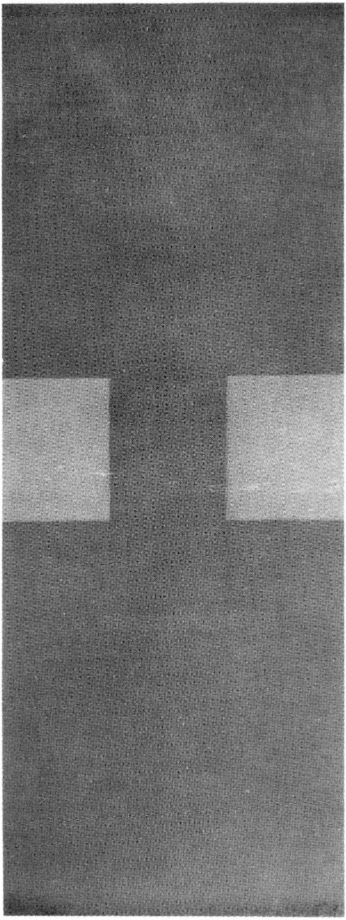

Ad Reinhardt. Number 10. 1959. 274 x 102 cm. Betty Parsons Gal., NY

Neubestimmung von Kunst nach 1965.

Schriften: Art-as-Art. The Selected Writings of A. R., hrsg. v. B. Rose, NY 1975 (= The Documents of 20th-Century Art); Art Comics and Satires, NY 1976.

Kat.: B. Parsons Gal., NY 1960; SM, Leverkusen 1961 (mit Lo Savio u. Verheyen); Jewish Mus., NY 1966/67; NY 1967; Marlb., NY 1970 u. 1974; SKh., Dssd./Khs Zürich 1972/73. – d IV/1 u. 2.

Renouf, Edda, * 1943 Mexico City
Amerikanische Malerin aus dem Umkreis der ◇ Analytischen Malerei, lebt seit 1971 in Rom. Anknüpfend an die Tradition einer sich kontemplativ mit den stofflich-poetischen malerischen Mitteln auseinandersetzenden Malerei (Agnes → Martin), schafft sie sensible Bildobjekte, deren Oberflächen vor allem durch hohlsaumartige Eingriffe in die Webstruktur der Leinwand gekennzeichnet sind.

Réquichot, Bernard,
* 1929 St. Gilles, † 1961
Französischer Maler, der an der Pariser Akademie studierte und seine Malerei mit kubistischen Arbeiten begann. 1956 entwickelte R. ein Collageverfahren aus bunten Illustriertenfotos, die in ein abstraktes Gemälde integriert werden. Mit dieser Hinwendung zum Gegenständlichen noch während der Blütezeit ◇ informeller Kunst wurde R. ähnlich wie Yves → Klein und → Arman zum Initiator der Bewegung ◇ Nouveau Réalisme.

Monogr.: A. Pacquement, B. R., Brüssel 1973.
Kat.: Gal. D. Cordier, Paris 1964; Gal. Krugier, Genf 1970. – d III/2.

Resnick, Milton, * 1917 Rußland
Russisch-amerikanischer Maler, kam 1922 nach New York, studierte am Pratt Institute (1934–35), an der American Artist's School (1935–37) und bei → Hofmann (1948). Er arbeitete für WPA und hielt sich um 1947 in Paris auf. Anfänglich von → De Kooning beeinflußt, gelangte R. von einem ungestümen ◇ Abstrakten Expressionismus zu einer intimeren Malweise mit leichten Pinselstrichen und duftigen Farben.

Reusch, Erich, * 1925 Wittenberg
Deutscher Architekt und Plastiker, studierte 1947–53 u. a. bei → Uhlmann an der HfbK in Berlin. Ab 1953 wirkte er als Architekt in Düsseldorf, ab 1964 als freier Künstler; 1975 wurde er Professor an der Düsseldorfer Akademie. In seinen Arbeiten visualisiert er die Einwirkungen der Luft auf die Malerei. In seinen Staubkästen zeigt R. das Kohäsionsprinzip und in ◇ kinetischen und Windplastiken die energetische Leistungskraft der Windstärke.

Kat.: Gegenverkehr, Aachen 1970; MaO, Dortmund 1972; SKh., Dssd. 1976; KEO, Hagen 1978. – d 6/I.

Reuter, Hans Peter,
* 1942 Schwenningen
Deutscher Maler, der in Karlsruhe und München studierte. Seine Malerei ist in ihrer realistischen Figuration zugleich ◇ magisch und ◇ kritisch. R. bevorzugt in seinen Bildern total gekachelte Interieurs, die sich in die Bildmitte zu einer fast endlosen Tiefe staffeln und – fensterlos und ohne Türen – wie surrealistische Psychofolterkammern erscheinen, Symbole moderner menschlicher Verfassung unter den Zwängen der Konsumgesellschaft. Für die Documenta 6 schuf R. einen teils real geplätteten, teils illusionistisch gemalten fensterlosen Kachelraum.

Kat.: Staatl. Kh., Baden-Baden 1977 (›9 Bewerber . . .‹). – d 6/I.

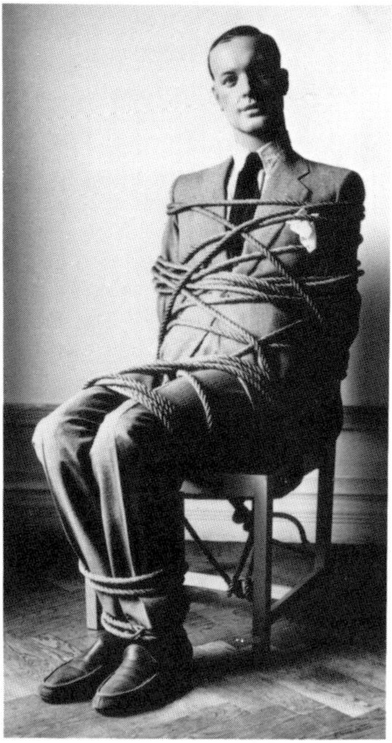

Carl Frederik Reuterswärd. Mascotte pour mouvement dans l'art. 1960

Reuterswärd, Carl Frederik,
* 1934 Stockholm
Schwedischer Maler, Filmkünstler, Schriftsteller und ◇ Objektkünstler, der in Paris bei Léger studierte. Seine Malereien der 50er Jahre sind in einem spontanen kalligrafischen Stil ausgeführt. Zur Objektkunst fand R. 1965 durch seine Tätigkeit als Designer für Theaterdekorationen. Seine effektvollen Objekte – zumeist Puppen aus dem Schaufenster oder dem Wachsfigurenkabinett – stehen in der Tradition der dadaistischen und surrealistischen Dingmontage. In den ausgehenden 60er Jahren beschäftigte sich R. mit den ◇ kinetischen Formationen bewegter Laserstrahlen in dunklen Räumen.

Schriften: Andouille, Mail. 1964; Laser, Stockholm 1969.
Kat.: Gal. L. Durand u. Gal. La Roue, Paris 1961; Gal. Schwarz, Mail. 1966; CNAC 1972.

Richier, Germaine,
* 1904 Grans (bei Arles),
† 1959 Montpellier
Französische Bildhauerin, die an der Ecole des Beaux-Arts in Montpellier studierte und 1925–29 in Paris Schülerin von Bourdelle war. Ihre frühen Arbeiten – Büsten und Torsi – zeigen den Einfluß Rodins sowie der neoklassizistischen Figurenbehandlung ihres Lehrers Bourdelle. Um 1940 verdrängt die Begegnung mit den Bildwerken Giacomettis die klassisch-organische Formstruktur, und die Skulpturen,

Germaine Richier. The Devil with Claws. 1952. Bronze. 87,6 cm hoch. MOMA

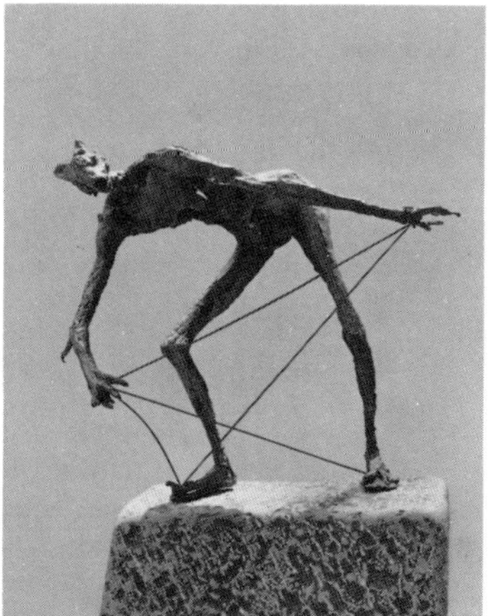

deren Gliedmaßen oft durch Drähte verspannt sind, werden zu dämonischen Mischwesen aus Tier- und Menschenformen. Ihre insektenhaft-bizarre Phantastik besitzt eine fatalistisch-apokalyptisch anmutende Symbolik.

Monogr.: J. Cassou, G. R., London 1961, dt. Köln 1961; ders., P. de Mandiargues u. a., G. R., sculpteur 1904–59, Paris 1966; E. Crispolti, G. R., Mail. 1968.
Kat.: Kh. Basel 1954 (mit Bissière, Schiess, Vieira da Silva u. Ubac); MuNAM 1956 (Retro.); – d II/3, d III/1.

Richter, Gerhard, * 1932 Dresden
Deutscher Maler, studierte 1952–57 an der Hochschule in Dresden und – nach seiner Übersiedlung in die Bundesrepublik – 1961–63 an der Akademie in Düsseldorf, an der er seit 1971 selbst als Professor wirkt. Sein Werk ist gekennzeichnet durch das Prinzip der ständigen Veränderung und des Bruchs (»Ich habe kein Programm, keinen Stil, kein Anliegen«), durch in Sujet und Malweise gegensätzliche, teils auch nebeneinanderherlaufende Werkgruppen, die ein Sich-Festigen verhindern sollen: Bilder nach Fotografien (im Stil des ◇ Kapitalistischen Realismus, ab 1962; umfangreichste Arbeit ist *48 Porträts*, 1971–72, nach Lexikonfotos, SL), Farbtafeln (ab 1966), Städte- und Gebirgsbilder (1968); ›abstrakte‹ Bilder mit grauen oder farbigen Schlieren (fotografische Vergrößerungen von Malstrukturen, ab 1968), Landschaften (1969), Wolken (1970) sowie ab 1973 ein neuer Komplex mit monochromen grauen Bildern (Grau als Summe aller Farben und als Entsprechung zu Unbestimmtheit, Neutralität, Gestaltlosigkeit). Die

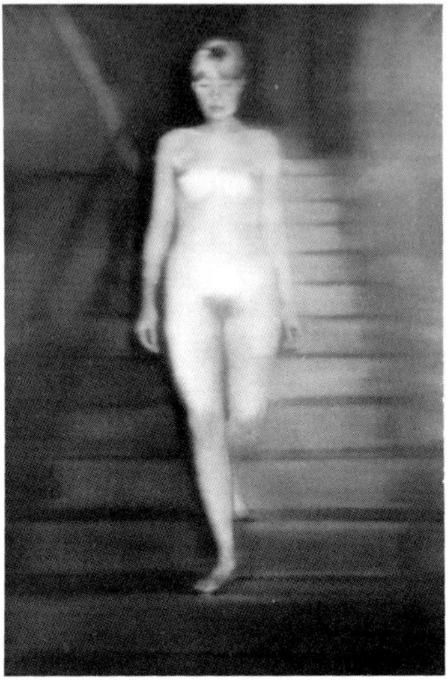

Gerhard Richter. Emma – Akt auf einer Treppe. 1966. Öl/Lwd. 200 x 130 cm. ML

ab 1964 systematisch gesammelten Fotografien (ab 1968 auch eigene) als Vorlagen zu seinen Bildern wurden von ihm unter dem Titel *Atlas* zusammengefaßt und (erstmals 1972) ausgestellt.

Monogr.: Kl. Honnef, G. R., Recklinghausen 1976; G. R., Ed. Masnata-Spagnoli, Florenz 1976.
Kat.: Gegenverkehr, Aachen 1969; Mus. Folkwang, Essen 1970 (mit Œuvrekat. d. Grafik 1965–70); Kv. Rh/W, Dssd. 1971 (Retro.); 36. Biennale Venedig 1972 (mit Œuvrekat. d. Bilder 1962–72); Hedendaagse Kunst, Utrecht 1972; Km. Luzern/SGal. im Lenbachhaus, München 1972/73; Gal. La Bertesca, Mail. 1973; SM, Mglb. 1974/75; Kv. Braunschweig 1975; Kh. Bremen 1975/76; MHL, Krefeld 1976; Centre Pompidou, Paris 1977; Van Abbe 1978. – d 5, d 6/I u. III.

Richter, Vjenceslav, * 1917 Zagreb
Jugoslawischer Architekt, Designer und Plastiker, der an der Techni-

schen Hochschule in Zagreb studierte. In den 50er Jahren war er Mitglied der Gruppe ›Exal 51‹, die als erste Künstlervereinigung in Jugoslawien die reine Abstraktion vertrat. In den 60er Jahren gehörte er den ›Neuen Tendenzen‹ an, die ein Parallelprogramm zur → Nouvelle Tendance erstellten. In architektonischen Anlagen sowie in Plastiken und Reliefs praktizierte R. einen auf Raumharmonie ausgerichteten Konstruktivismus in Anlehnung an das Bauhaus und die ◇ Abstraction-Création.

Rickey, George,
* 1907 South Bend (Ind.)
Amerikanischer Plastiker und Theoretiker der ◇ Kinetik, studierte

George Rickey. Vier Quadrate und ein Quadrat. 1969. Edelstahl. 580 cm hoch. NGB

1926–29 in Oxford und 1929/30 an der Akademie Lhote in Paris. 1945 konstruierte R. sein erstes Mobile, dem ab 1949 kinetische Glasskulpturen folgten. Später bevorzugte R. rostfreie Stahlelemente für seine hängenden und stehenden Mobiles, die auf Universalscharnieren pendeln und das Prinzip ihrer Bewegung in den Umraum übertragen. In den Titeln der Mobiles, wie *Zwei Linien hinauf, Zwei Linien hinein, Zwei Linien außen, Seches horizontale Linien,* dokumentiert sich ihre monumentale Einfachheit, Resultat einer fast wissenschaftlichen Konstruktion.

Schriften: Constructivism. Origins and Evolution, NY u. London 1968, 2 1969.
Monogr.: P. A. Riedl, G. R., Kinetische Objekte, Stgt 1970; M. Rosenthal, G. R., NY 1977.
Kat.: J. Herron Art Mus., Indianapolis 1953; Gal. Springer, Bln 1962; Kv. Rh/W, Dssd./Kv. Hbg 1962; ICA, Boston 1964; Staempfli Gal., NY 1964; The Corcoran Gal. of Art, Washington 1966; Walker, Minneapolis 1967; HaW, Bln/Kh. Nürnberg/Kv. München/Boymans 1969; Palm Springs Desert Mus./Dallas MOFA/Wichita Art Mus./Sheldon Memorial Art Gal./Univ. of Nebraska, Lincoln/The Arts Club of Chicago/Denver Art Mus./ SF Mus. of Art/Middlebury College 1971; Kestner 1973 (als Buch St. Gallen/Genf 1976); Kh. Bielefeld 1976. – d III/1, d IV/1, d 6/III.

Riley, Bridget,
* 1931 London
Englische Malerin, bedeutende Vertreterin der ◇ Op Art, studierte u. a. am Royal College of Art in London. Sie wurde von → Vasarely beeinflußt, beschäftigt sich aber im Gegensatz zu ihm ausschließlich mit rein optischen, das Auge des Betrachters verwirrenden, meist gleichmäßigen Flächenmustern (z. B. schwarze Wellenlinien auf wei-

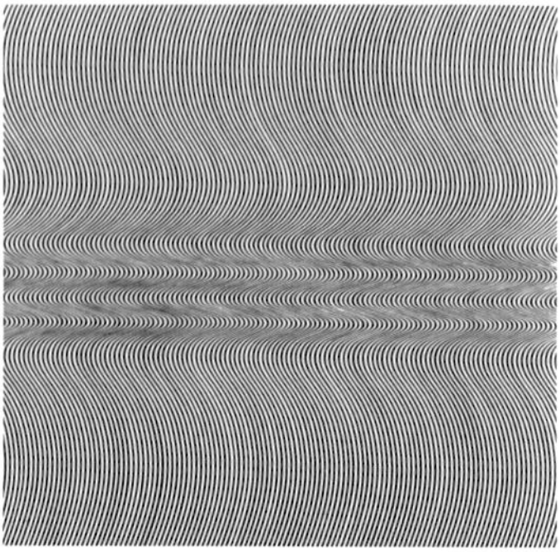

Bridget Riley. Strömung. 1964. 148 x 147 cm. MOMA

ßem Grund), die den Eindruck von flimmernder Bewegung erzeugen.

Monogr.: M. de Sausmarez, Br. R., London 1970 u. 1971.
Kat.: Gal. One, London 1962 u. 1963; SKgal., Bochum 1968 (mit King u. Philip); Bear Lane Gal., Oxford 1969; Kv. Hannover 1970 (Retro.); SKh., Dssd. 1971; Staempfli Gal., NY 1971 u. 1975; Göttingen 1972; Kestner/NGB 1973 (als Buch St. Gallen/Genf 1976); Gal. Beyeler, Basel 1975. – d IV/1 u. 2, d 6/III.

Rink, Arno, * 1940 Schlotheim
Deutscher Maler, studierte an der Hochschule für Grafik und Buchkunst in Leipzig. In seiner Malerei und Grafik, die sich thematisch intensiv mit Spanien und seiner Geschichte befaßt, praktiziert R. einen vom Surrealismus beeinflußten ◇ magisch-phantastischen Realismus dem zugleich eine eindringliche politische oder soziologische Aussagekraft eigen ist. Lebt in Leipzig.

Rinke, Klaus,
* 1939 Wattenscheid (Ruhr)
Deutscher Künstler, studierte 1957–60 an der Folkwangschule Essen. Bekannt wurde er ab 1968 durch zahlreiche Arbeiten mit Wasser, das ihm als Mittel zur Definition von Zeit (fließendes Wasser – fließende Zeit) und Schwerkraft (Wasserfläche als absolute Waagerechte gegen Senklot als absolute Senkrechte) dient. Seit 1969 veranstaltet R. auch Aktionen mit seinem Körper als Demonstrationen von Relationen zwischen Körper, Raum und Zeit, die er ›Primärdemonstrationen‹ nennt. Die prozeßhaften Demonstrationen werden z. T. in ◇ Videoarbeiten (ab 1970/71) oder auch in exakt intervallisch gegliederten Fotosequenzen fixiert (oft zusammen mit Monika → Baumgartl).

Monogr.: Kl. R., hrsg. v. G. Adriani, Köln 1972 (= DuMont Kunst = Praxis, = DuMont-international; auch als Kat. Kh. Tübingen 1972).
Kat.: SM Leverkusen, 1970; Gegenverkehr, Aachen 1971/72; 12. Biennale, Sao Paulo 1973; Dssd. 1975; MOMA, Oxford 1976; MAM, Paris 1976. – d 5, d 6/I–III.

Klaus Rinke. Ohne Titel. 1972

Riopelle, Jean-Paul,
* 1923 Montreal
Kanadischer Maler, Schüler von Borduas. 1947 übersiedelte er nach Paris, wo er mit den Malern des ◇ Tachismus und ◇ Informel (u. a. → Wols) in Kontakt stand und zu einem der wenigen international bekannten Maler Kanadas wurde. Sein ◇ Action Painting zeichnet sich durch reiche Chromatik und gespachtelte Farbflecken aus, die die gesamte Bildfläche rhythmisch im Sinne des All Over Painting von → Pollock bedecken.

Monogr.: P. Schneider, J.-P. R., Paris 1972. – Derrière le miroir Nr 171, Paris 1968.
Kat.: Kölnischer Kv. 1958; Kestner 1958; Gal. Ä. Abels, Köln 1959; A. Tooth, London 1959; Gal. Notizie, Turin 1960; J. Dubourg, Paris 1960; Toronto Art Gal. 1963; NY 1963, 1965 u. 1969. – d II/1, d III/1.

Rivers, Larry,
* 1923 Bronx (N. Y.)

Larry Rivers. Dutch Masters President Relief. 1964. Öl, Collage/Lwd (in Holzbox). 249 x 176,5 x 30,5 cm. Marlb., NY

Amerikanischer Maler und Plastiker, der 1947/48 bei → Hofmann studierte. Von einem rein ◇ abstrakt-expressionistischen Malstil ausgehend, entwickelte R. in den 60er Jahren eine Assemblageform, die triviale Objekte und vulgäre Figurationen im Stil der ◇ Pop Art mit malerischen Elementen der abstrakt-expressiven Technik → De Koonings verbindet.

Schriften: L. R.' Book, NY 1970.
Monogr.: L. R., NY 1969 u. 1974.
Kat.: London 1962; Gimpel Fils Gal., London 1964; NY 1970; Marlb., Zürich 1977. – d III/1, d IV/2, d 6/III.

Roehr, Peter,
* 1944 Lauenburg (Pommern),
† 1968 Frankfurt
Deutscher Künstler, zählt mit seinem 1962–67 entstandenen Werk zu den strengsten Vertretern der ◇ seriellen Kunst. Ästhetisch von ◇ Nouveau Réalisme und → Zero ausgehend, entwickelte er eine stringente Bildanordnung der »präzisen, unvariierten, lückenlosen Reihung«, die jede Art von individueller Einflußnahme in Form von Gestik, zufälligen Affekten oder ›Komposition‹ soweit wie möglich vermied: Arbeiten mit Rechen- und Schreibmaschinen (Additionsstreifen, 1962; Typo- und Text-Montagen, 1963–66), mit vorgefundenen, meist industriell geformten Gegenständen oder Fotos (Objekt- und Foto-Montagen, 1962–67) sowie mit Werbesprüchen und Filmsequenzen (Ton- und Film-Montagen, 1965). Zu Lebzeiten kaum von Einfluß (außer auf einige Freunde, wie z. B. → Dibbets), fand R. nach seinem Tod zunehmende Beachtung, da seine Arbeitsmethode als Vorweg-

Peter Roehr. Ohne Titel (OB – 134). 1966. Pappe/Pappe. 48 x 45 cm. Slg P. Maenz, Köln

nahme zentraler Anliegen der neuen, nicht mehr am Einzelwerk und subjektiver Äußerung, sondern an einer Grundkonzeption interessierten Kunstauffassung empfunden wurde.

Werkpubl.: Montagen, P. Maenz, Ffm. 1965; Ziffern, G. de Vries, Köln 1970; Sämtliche Textmontagen, ebd., 1972.
Monogr.: P. R., Köln 1976 (auch als Kat. Kh. Tübingen/Van Abbe/Frankfurter Kv. 1976/77).
Kat.: Gal. A. Seide, Ffm. 1967; SM, Leverkusen 1971; Km. Luzern 1978; MOMA, Oxford 1978. – d 5, d 6/II u. III.

Ulrike Rosenbach. Glauben Sie nicht, daß ich eine Amazone bin. 1975. Video-Live-Aktion, Gal. Krinzinger, Innsbruck

Rosenbach, Ulrike,
* 1943 Salzdetfurth
Deutsche Aktions- und ◇ Video-Künstlerin, die an der Düsseldorfer Kunstakademie bei → Beuys studierte. Seit 1970 praktiziert sie eine von den Emanzipationsproblemen der Frau getragene engagierte Konzeption in ihren Video-Installationen und Video-◇Performances. Auf der Documenta 6 zeigte sie eine Kombination von Video und Foto, die das heutige psychische Bild der Frau behandelt und in einem riesigen Herkules-Tableau das historische Rollenklischee des Mannes vorstellt, um auf diese Weise eine kritische Interpretation des Verhältnisses zwischen Mann und Frau zu leisten.

Kat.: Neue Gal., Aachen 1976. – d 6/II.

James Rosenquist. F-111. 1965. Öl/Lwd, Aluminium. 275 x 2600 cm. Slg R. C. Scull, NY

Rosenquist, James,
* 1933 Grand Forks (N. Dak.)
Amerikanischer Maler, studierte an der University of Minnesota (1952–54) und an der Art Students' League (1955–58) und war gleichzeitig als Plakatmaler und Designer tätig. In seinen ◇ Pop Art-Bildern bemalt R. Transparentfilme mit den neongrellen Leuchtfarben und mit den Emblemen der Werbeindustrie. Dabei entsteht ein perspektivisch gestaffeltes, optisch durchkonstruiertes Raumgemälde, zu dem sich mehrere Folien mit verschiedenen Flächenmaßen und Raumordnungen arrangieren.

Monogr.: M. Tucker, J. R., NY 1972 (mit Œuvrekat. d. Grafik v. E. M. Solomon). Kat.: Gal. I. Sonnabend, Paris 1964 u. 1968; MOMU 1965; Kh. Bern 1966; NGC 1968; Kh. Köln 1972 (Retro.); SM 1973. – d IV/1 u. 2, d 6/III.

Rotella, Mimmo,
* 1918 Catanzaro (Kalabrien)
Italienischer Vertreter des ◇ Nouveau Réalisme, der an der Kunstakademie in Neapel und als Stipendiat an der Universität von Kansas City (USA) studierte. Als Mitglied der Nouveaux Réalistes war er neben → Villéglé, → Hains und → Dufrêne einer der bekanntesten Affichisten. In seinen zerfetzten Plakaten ironisiert R. im Sinne einer provokativen Antikunst den Verbrauchermechanismus moderner Medien.

Mimmo Rotella. Avviso. 1960. Collage

Monogr.: P. Restany, Dal décollage alla nuova immagine, Mail. 1963 (= I quaderni del Nouveau Réalisme. 1); T. Trini, Mail. 1974.

Rot(h), Diter, * 1930 Hannover
Deutscher Maler, Grafiker, Typograf, Dichter und Aktionist. In einer Schwitters verwandten ◇ neodadaistischen Verbindung von visuellen und verbalen Elementen entstand ein umfangreiches Buch-Werk mit eigenwilliger Wortschreibung, Syntax, Typografie und grafischer Gestaltung. Neben der Beteiligung an Aktionen im Rahmen der ◇ Happening- und ◇ Fluxus-Szene wurde R. durch seine Ob-

Diter Rot(h). Herd. 1969. Kochherd, Schokolade. 72 x 105 x 95 cm. Gal. M. Werner, Köln

jektkunst mit organischem Material bekannt: u. a. Gewürzbilder, Schokolade- und Schimmelobjekte (unter Glas, Plexiglas oder Kunststoffolie eingeschlossene, mit Schimmelpilzbakterien infizierte organische Substanzen wie z. B. Wurst oder Käse, deren Verwesungsprozeß sich solange fortsetzt – in sich ständig verändernder Gestalt – wie Nährmasse vorhanden ist).

Schriften: Gesammelte Werke, ca. 20 Bde, Ffm. 1969 ff. – Frühe Schriften u. typische Scheiße, ausgew. u. mit einem Haufen Teilverdautes v. O. Wiener, Neuwied 1973 (= Slg Luchterhand. 125).
Kat.: Kh. Bern 1969 (mit Gerstner, Spoerri u. Thomkins); MHL, Krefeld 1971/72; Kh. Basel 1972; Braunschweig 1973; Kv. Hbg 1974; Kestner 1974; SM 1975; Junior Gal., Dssd. 1977 (mit Hamilton). – d IV/2, d 6/III.

Rothko, Mark,
* 1903 Dvinsk (Rußland),
† 1970 New York

Amerikanischer Maler russischer Abstammung, kam 1913 nach Amerika, studierte an der Yale University (1921–23) und an der Art Students' League und war 1936/37 für WPA tätig. 1948 gründete er mit → Baziotes, → Motherwell und → Newman eine Malschule. R.s Malerei entwickelte sich von einem figurativen, expressionistischen Stil über eine surrealistische Phase mit biomorphen Kompositionen zum ◇ Abstrakten Expressionismus. Seine charakteristischen großformatigen Leinwände, mit wenigen großen, diffus verschwimmenden Farbrechtecken, erzielen ihre suggestive Wirkung durch den magischen, meditativen Klang der Farbe und waren von großem Einfluß auf die Entwicklung der ◇ Farbfeldmalerei.

Kat.: Art of this Century, NY 1945; MOCA, Houston 1957/58; 29. Biennale, Venedig 1958 (mit Lipton, Smith u. To-

Mark Rothko. Rot, Wein und Braun. 1957. Öl/Lwd. 252,5 x 207,5 cm. Öffentliche Kslg, Basel

bey); MOMA 1961; Whitechapel 1961; SM 1961; PBA, Brüssel 1962; Kh. Basel 1962; MAM 1963/64; Marlb., London 1964; Marlb., NY 1970; SKh., Dssd. 1971; Gal. Martano, Turin 1971; Marlb., Rom 1971; Zürich 1971 (Retro.); Guggenheim 1978/79 (Retro.). – d II/1.

Rückriem, Ulrich,
* 1938 Düsseldorf
Deutscher Bildhauer, arbeitete nach einer Steinmetzlehre ab 1959 an der Kölner Dombauhütte. 1962 wandte er sich der freien Bildhauerei zu und entwickelte ab 1968 seine einfachen, knappen Arbeiten, die das Material – seine Form, seine Eigenschaften und seine Ausmaße – und den daran ausgeführten Arbeitsprozeß thematisieren, der im Sinne der ◇ Prozeßkunst eindeutig ablesbar bleiben soll: Teilung bzw. Verdoppelung der Volumen (Stein), Veränderung der Volumen (Stahl), Ergänzung

Ulrich Rückriem. Ohne Titel. 1968. Dolomitstein, gespalten. 95 x 42 x 42 cm. KWM, Krefeld

(Holz). Seit 1975 ist R. Professor an der HfbK in Hamburg.

Monogr.: Skulpturen 1968–73, Köln 1973 (=DuMont Kunst=Praxis, =DuMont-international; auch als Kat. SM, Mglb. 1973). – Sämtliche Auflagenobjekte u. Druckgrafiken, Gal. Klein, Bonn o.J. (1976 ff.).
Kat.: MHL, Krefeld 1970; Kunstraum München 1974; MOMA, Oxford 1976; SM, Mglb. 1976; Gal. Klein, Bonn 1976; Van Abbe 1977; Mus. Folkwang, Essen/Städt. Km., Bonn 1978. – d 5.

Ruscha, Ed, * 1937 Omaha (Nebr.)
Amerikanischer Maler der ◇ Pop Art, der in seinen nach fotografischen Vorlagen gemalten Bildern den Perfektionskult der Technik und den totalen Kommerz der Werbe-Emblematik ironisiert, indem er die kalte Raffinesse der Reklame plakativ übersteigert. Bekannt wurde er auch durch zahlreiche Publikationen mit Fotografien (z. B. *26 Gasoline Stations*, 1962; *The Sunset Strip*, 1966).

Kat.: Wadsworth 1976 (= Matrix. 16); SM 1976; Albright-Knox 1976. – d 5, d 6/III.

Rutault, Claude,
* 1941 Les trois Moûtiers
Französischer Maler. In seinem Bemühen um eine nicht-relationale, nicht-repräsentative Malerei gelangt er ab 1974 zu Bildern, die sich selbst ›bedeuten‹, d. h. die Analyse der physischen Wirklichkeit von Bildern führt zu einer einfachen, grundsätzlichen Darlegung der malerischen Bedingungen. Die einzelnen Arbeiten demonstrieren jeweils verschiedene, gemäldespezifische Grundeigenschaften oder -situationen: Bildformat, Bildform, Art oder Ort der Hängung usw.,

wobei die Farbe monochrom und identisch mit der Wand ist, auf der das Bild hängt.

Kat.: d 6/I.

Ruthenbeck, Reiner, * 1937 Velbert
Deutscher Bildhauer, ursprünglich Fotograf, wurde aber 1962 Schüler von → Beuys an der Düsseldorfer Akademie und wandte sich ab 1968 der freien Bildhauerei zu. Seine im Sinne der ◇ Materialkunst einfachen Arbeiten (stumpfe, trockene Materialien – z. B. verschiedene *Aschehaufen*, 1968 – und eine ebensolche rotbraune oder schwarze Farbigkeit) beziehen sich meist auf Probleme von Spannung (*Aufhängungen*, ab 1968; *Kinetisches Objekt Nr 2*, 1973) und auf Raumbezüge (*Verspannungen*, ab 1968; *Doorways*, Biennale Venedig, 1976).

Kat.: Gegenverkehr, Aachen 1970; Westf. Kv., Münster 1971; SM, Mglb. 1972; SKh., Dssd. 1974. – d 5, d 6/I u. II.

Reiner Ruthenbeck. Aschehaufen III. 1968. Asche, Eisenstäbe, Draht. Ø 150 cm

Ryman, Robert,
* 1930 Nashville (Tenn.)
Amerikanischer Maler, studierte 1948–49 am Tennessee Polytechnic Institute, 1949–50 am George Peabody College for Teachers in Nashville und ließ sich 1954 in New York nieder. Seine monochromen, weißen Bilder – anti-illusionistisch und ohne ›Komposition‹ – reduzieren Malerei auf ihre Grundstrukturen und arbeiten mit Veränderungen ihrer einfachsten Elemente: Bildträger (Leinwand, Pappe, Kunststoff, Kupfer usw.), Farbe (Öl, Emaillack, Kunststoffarben usw.) und verschiedene Möglichkeiten des Farbauftrags. R. war mit seinen Arbeiten von großem Einfluß auf die Entwicklung der ◇ Analytischen Malerei.

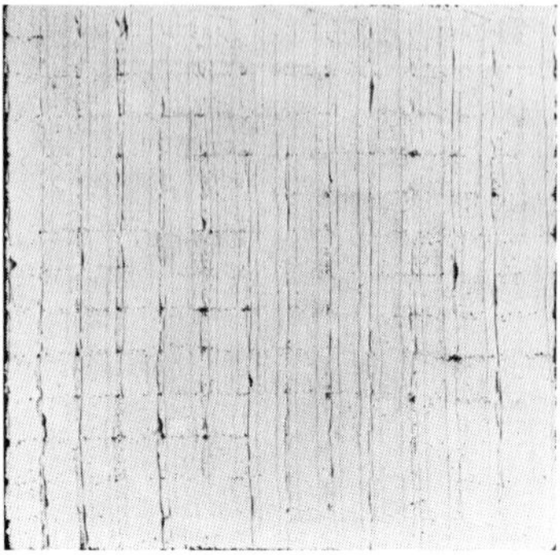

Robert Ryman. Ohne Titel. 1965. Öl/Lwd. 25,5 x 25,5 cm

Monogr.: A Selection of Paintings and Drawings 1955–65, Mail. 1975.

Kat.: SM 1974 (Retro.); Gal. A. Verna, Zürich 1977; – Whitechapel 1977. – d 5, d 6/III.

St. Ives, Malerkreis von
Kreis von Malern, der sich nach 1946 in St. Ives formierte (u. a. → Heron, → Lanyon, → Pasmore und → Scott) und dieses Fischerdorf in

Cornwall zu einem wichtigen Kunstzentrum neben London machte. Der zentrale Einfluß ging von den dort seit langem ansässigen Künstlern Barbara Hepworth und Nicholson aus.

Saint-Phalle, Niki de, * 1930 Neuilly-sur-Seine
Französische Malerin und Plastikerin, Mitglied des ◇ Nouveau Réalisme. Bekannt wurde sie vor allem durch ihre burlesken, unförmigen Riesenweiber aus bemaltem Polyester, die sogenannten *Nanas*, sowie durch eine gigantische liegende Frauenfigur, deren Inneres begehbar ist (Moderna Museet, Stockholm) und die in Zusammenarbeit mit → Tinguely entstand.

Schriften/Werkpubl.: Hon. En (katedral) historia. N. de St.-Ph., J. Tinguely, P.O. Iltvedt, hrsg. v. B. Sylvan, K.G.P. Hultén u. a., Stockholm 1967 (über d. Konstruktion d. ›Sie‹-Skulptur im MOMU); A Love Story, Stockholm 1971.
Kat.: Gal. Rive Droite, Paris 1962; Gal. A. Iolas, NY 1965 u. 1966; SM 1967; Hanover Gal., London 1968; Dssd. 1968 u. 1969; Gal. Iolas, Mail. 1970.

Niki de Saint-Phalle. Tanzende Nana. 1968

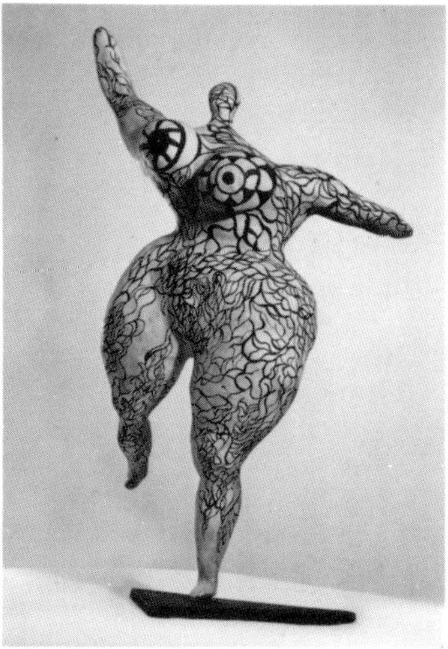

Salentin, Hans, * 1925 Düren
Deutscher Plastiker, studierte an der Düsseldorfer Kunstakademie. In den ausgehenden 50er Jahren stand er der Gruppe → Zero nahe, entwickelte dann aber in den 60er Jahren eine ◇ neodadaistische Plastik aus Objet-trouvé-Materialien, die er in industriell vorgefertigten Produkten findet und zu neuen Objektkombinationen mit breiten Assoziationsfeldern zusammenfügt.

Werkpubl.: 55 Zeichnungen, Köln 1977. – Skulpturen, gezeichnet v. A. Höckelmann, Köln 1974.
Kat.: Nürnberg 1972; Kh. Köln 1975. – d 6/III.

Salt, John, * 1937 Birmingham
Englischer Maler, der an der Londoner Slade School of Fine Arts studierte. In seinen ◇ hyperrealistischen Bildern wählt S. als Thema vorwiegend verschrottete Autokarosserien und betont dabei vor allem den Gegensatz glatter und zerbeulter Lackflächen sowie die Verkantungen und Schichtungen des Metalls.

Kat.: d 5.

Salvo
(eigentlich Salvatore Mangione), * 1947 Leonforte (b. Enna, Sizilien)
Italienischer Künstler, der in seinen Arbeiten ab 1969 in extremer Überspitzung aber gleichzeitig in sehr durchdachter und umfassender Weise künstlerisch-menschliche egozentrische Tendenzen formuliert,

Salvo. Selbstbildnis (als Raffael). 1970. Fotografie/Aluminium. 64,5 x 49 cm. Slg P. Maenz, Köln

wobei er an tradierte Topoi und Erscheinungsformen – vor allem der Kunstgeschichte – anknüpft: handschriftliches Umschreiben von Büchern bzw. Nachmalen von Bildern, dabei wird sein Name bzw. sein Porträt mit dem der Hauptperson ausgetauscht (*Salvo im Wunderland*, 1971). Salvo – als Kunstfigur – ist Mittelpunkt oder End- und Höhepunkt (*Die drei Reiche*, 1970–72), gleichzeitig sieht er sich aber auch in einem Kontinuum des Lebens und der Entwicklung (*Den Vater einatmen*, 1972).

Kat./Werkpubl.: J. Weber Gal., NY 1973; Mus. Folkwang, Essen/Mannheimer Kv. 1977. – d 5.

Samaras, Lucas, * 1936 Kastoria
Griechischer Plastiker, der 1948 in die USA übersiedelte und dort an der Rutger's University sowie an der Columbia Graduate School of Art History studierte. In den frühen 60er Jahren schuf S. ◇ neodadaistische fetischhafte Objekte, zum Teil möbelartige Gebilde, die mit einer Vielzahl von Nadeln bedeckt sind und die Assoziation der Bedrängung, des Stechens hervorrufen. Später gelangt er zu einer environmentalen ◇ Lichtkunst, die mit Hilfe von Spiegelkonstruktionen unbegrenzte räumliche Illusionen provoziert.

Monogr.: L. Alloway, L.S., Selected Works 1960–66, Pace Gal., NY 1966; K. Levin, L.S., NY 1975.
Kat./Werkpubl.: Chair Transformation, NY 1970; Photo-Transformations, Long Beach 1975; Pace Gal., NY 1976/77. – d IV/2, d 5, d 6/II u. III.

Sandback, Fred(erick Lane),
* 1943 Bronxville (N.Y.)
Amerikanischer Plastiker und Zeichner, der an der Willistone Academy Easthampton und an der Yale University studierte. Seit 1966 entwickelt er in Zeichnungen und Skulpturen aus Fäden, festen Stahldrähten oder elastischen, straff gespannten Schnüren der ◇ Minimal Art verwandte räumliche Situationen, die sich durch eine subtile Perspektivik auszeichnen.

Kat./Werkpubl.: 16 Variationen v. 2 diagonalen Linien, München 1972; 16 Variationen v. 2 horizontalen Linien, ebd. 1973; 64 dreiteilige Zeichnungen, ebd. 1975; Kunstraum München 1975. – d 6/III.

Santomaso, Giuseppe,
* 1907 Venedig
Italienischer Maler, studierte an der Akademie in Venedig und gehörte 1947 zu den Mitbegründern der → Fronte Nuovo delle Arti. Nach einer frühen Phase abstrakter Malerei unter dem Einfluß des Spätkubismus gelangte S. ab 1953 durch

→ Hartung zu einer lyrisch-hermetischen Abstraktion, die in der Umwandlung von Naturerlebnissen an → Afro erinnert.

Werkpubl.: Zikaden u. Kathedralen, Amriswil 1962.
Monogr.: G. Marchiori, S., Venedig 1954; U. Apollonio, G.S., Amriswil 1959 (= Künstler unserer Zeit. 6); W. Haftmann, S. in Puglia, Bari 1964; Cat. raisonné 1931 bis 1974, hrsg. v. N. Ponente, W. Haftmann u. a., Mail. 1975; Opera grafica 1938–75, hrsg. v. Fr. Calderoni, Rom 1975.
Kat.: SM 1960; Gal. im Erker, St. Gallen 1964; Kv. Hbg 1965. – d II/1, d III/1.

Sarkisian, Paul, * 1928 Chicago
Amerikanischer Maler des ◇ Hyperrealismus, der am Art Institute of Chicago und am Otis Art Institute Los Angeles studierte. In seinen riesigen, nach vielen Fotovorlagen gemalten Leinwandbildern hält S. eine fast surreal anmutende, funktionslose Gegenständlichkeit fest, die seinen Stil in die Nähe des ◇ Magischen Realismus rückt.

Kat.: d 5.

Sartorius, Malte,
* Waldlinden 1933
Deutscher Maler, der an der Stuttgarter Kunstakademie studierte. Nach einer Phase surreal-phantastischer Malerei in den 60er Jahren wandte sich S. 1970 einer reportagehaften Realistik zu, die die Tagesaktualität von Fotos durch den Filter einer netzhaften Rasterung mit subtiler Farbgebung verfremdet.

Saura, Antonio, * 1930 Huesca
Spanischer Maler, mit → Tàpies Begründer der Gruppe El → Paso. Seine Bilder sind in der spontanen, grafischen Malweise des ◇ Abstrakten Expressionismus gemalt. Im malerischen Prozeß lösen sich bei S. die Erlebnisbilder in farbige Linienimpulse auf, die dann auf der Leinwand eine ◇ informelhafte Zeichensprache der von Zwängen befreiten Phantasie erstellen.

Antonio Saura. Marta. 1958. 162 x 130,5 cm

Monogr.: J. Ayllon, A.S., Barcelona 1969; E. Crispolti, S., Rom 1962.
Kat.: Gal. van de Loo, München 1961; P. Matisse Gal., NY 1961 u. 1964; München 1962; Gal. Stadler, Paris 1963 u. 1974; Van Abbe 1963; SM 1964; Paris 1969; Gal. J. Mordó, Madrid 1972. – d II/1, d III/1, d 6/III.

Savio, Francesco lo →
Lo Savio, Francesco

Saytour, Patrick →
Supports/Surfaces

Schlotter, Eberhard,
* 1921 Hildesheim
Deutscher Maler und Grafiker, studierte 1939–41 an der Akademie in München. In seiner von raffinierter Zeichentechnik geprägten Malweise

verbindet sich eine phantastische Fabulierkunst mit einer satirischen Realistik, die sich oft der Groteske oder dem Manierismus nähert.

Monogr.: Werkverz. d. Radierungen 1936 bis 1938. Darmstadt 1969; Fs. zum 50. Geburtstag, hrsg. v. R. Becks, ebd. 1971; M.P. Maass, E. Schl., ebd. 1971.
Kat.: Kh. Darmstadt 1972.

Schmit, Tomas,
* 1943 Wipperfürth
Deutscher ◇ Fluxus-Vertreter, als Künstler Autodidakt, der seit 1962 Aktionen, Konzepte, Sprachdinge, Texte, Zeichnungen und Editionen schuf. In der 2. Hälfte der 60er Jahre war er an den großen Fluxus-Aktionen beteiligt, zuletzt am ›Festum fluxorum‹ in Berlin 1970/71.

Werkpubl.: Das uch der b, Gal. Werner, Köln 1973.
Kat.: Gal. Werner, Köln 1977; Kölnischer Kv. 1978. – d 6/III.

Schneemann, Carolee,
* 1939 Penna
Amerikanische Künstlerin, trat ab 1956 mit Environments, ◇ Performances, Filmen sowie ◇ Happening- und Fluxusaktionen hervor.

Schöffer, Nicolas,
* 1912 Kalocsa (Ungarn)
Ungarisch-französischer Plastiker, Vertreter der ◇ kinetischen Kunst. S. studierte in Budapest und ließ sich 1937 in Paris nieder. Ausgehend vom ◇ Konstruktivismus Gabos und Moholy-Nagys entwickelte er ab 1948 seine ›spatio-dynamischen Konstruktionen‹, eine reine Lichtarchitektur. In seinen ›lumino-dynamischen‹ Schauspielen in Paris und New York (1957) sowie in seinem in Lüttich errichteten *Kybernetischen Turm* (1961) verband S. Plastik, Lichtprojektionen und Film miteinander, wobei rhythmische Töne das Spiel des Lichts begleiten.

Nicolas Schöffer. Chronos 8. 1967. Stahl, verchromt, poliert. 308 x 125 x 130 cm

Schriften: Le spatiodynamisme, Boulogne 1955; La ville cybernétique, Paris 1969, dt. München 1970; Le nouvel esprit artistique, Paris 1970 (= Médiations. 72); La Tour – Lumière Cybernétique, Paris 1973; La nouvelle charte de la ville, Paris 1974.
Monogr.: G. Habasque u. J. Cassou, N. Sch., Neuchâtel 1963; Ph. Sers, Entretiens avec N. Sch., Paris 1971.
Kat.: Gal. D. René, Paris 1958, 1966 u. 1970; PBA, Brüssel 1961; SKh., Dssd. 1968; (Op) Art Gal., Esslingen 1968; Gal. D. René, NY 1972; MAM 1974. – d II/2, d III/1.

Schonzeit, Ben,
* 1942 Brooklyn (N.Y.)
Amerikanischer Maler des ◇ Hyperrealismus, der an der Cooper Union, New York, studierte. S. spielt in seinen farblich subtil gemalten Bildern mit wechselnden Brennweiten

Ben Schonzeit. Strawberries and Watercolors. 1970. Acryl/Lwd. 152,5 x 213 cm. Slg J. J. Boissier, Gilly (Schweiz)

einer Kameraeinstellung, wodurch eine künstliche, montagehafte Schichtung verschiedener Bildebenen entsteht. Gewohnte perspektivische Verhältnisse werden verkehrt, so daß fast surreale Verwischungseffekte und Unschärfen auftreten.

Kat.: Neue Gal., Aachen 1972; Gal. de Gestlo, Hbg 1976. – d 5, d 6/III.

Schoofs, Rudolf,
* 1932 Goch

Deutscher Zeichner und Grafiker, der in den 60er Jahren vor allem durch seine Illustrationen zu Dichtungen von Ingeborg Bachmann, Karl Krolow und Günter Eich bekannt wurde. Seine gravurhaften, ◇ informellen Zeichnungen wirken wie morphologische Spuren, die sich manchmal zu Bildern verdichten.

Kat.: Gal. Brusberg, Hannover 1960; Dortmund 1962; Gal. am Bismarckplatz, Krefeld 1963; Ulm 1966; MaO, Dortmund 1966; Göttingen 1967; Bochum 1968; Frankfurter Kunstkabinett 1968; Wuppertal 1969; NGB 1970; SM, Leverkusen 1976. – d 6/III.

Schoonhoven, Jan J., * 1914 Delft
Niederländischer Maler und Plastiker, studierte 1930–34 an der Akademie in Den Haag. In den frühen 50er Jahren stand S. in seinem malerischen Stil der Gruppe → Cobra nahe. 1957 schuf er die ersten organischen Reliefs aus Papiermaché, ein Werkstoff, der für seine Arbeit typisch wurde. 1960 war S. mit → Armando und Henk → Peeters Gründer der Gruppe → Nul. In den 60er Jahren entwickelte S. eine gefühlsfreie, objektivierbare serielle Reliefform aus weißen geometrischen Papiermachéelementen, die ähnliche Intentionen verfolgt wie → Zero.

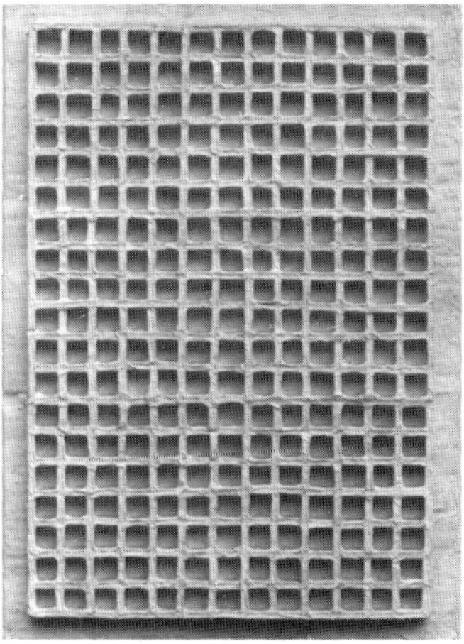

Jan J. Schoonhoven. Quadratrelief. 1960. Wellpappe, Papier, Latexfarbe. 62,5 x 45 cm. Privatslg, Krefeld

Kat.: Gemeentemus., Den Haag 1967; Van Abbe 1968; SM 1971 u. 1973; SM, Mglb./Westf. Kv., Münster/Mus. van Bommel – van Dam, Venlo 1972; Karlsruhe 1972; SKh., Dssd./Boymans/Ulmer Mus. 1975/76. – d IV/1, d 6/III.

Schreib, Werner,
* 1925 Berlin, † 1969 Berlin
Deutscher Maler und Grafiker, der nach einem Ingenieurstudium die Werkkunstschulen in Kiel und Wiesbaden sowie das ›Atelier 17‹ von → Hayter in Paris besuchte. In seinen Bildern aus farbiger Kunstharzpaste entwickelte S. ein eigenwilliges Siegeldruckverfahren, das er mit Hilfe von Objets trouvés wie Flaschenverschlüssen, Münzen usw. zu einer semantischen Bilderschrift komponierte.

Schriften: Über d. semantische Bild (mit Lattanzi), Ffm. 1961.
Kat.: Das druckgraphische Werk, hrsg. v. K. Kampf u. B. Semmler, Offenbach 1974 (Œuvrekat. 1957–70).

Schröder-Sonnenstern, Friedrich,
* 1892 Tilsit
Litauischer Maler, lebt in Berlin. Nach einer wechselvollen Tätigkeit als Gärtner, Wanderprediger, Astrologe und Heilmagnetopath begann S. erst 1949 zu malen. Sein naiver Stil zeigt Merkmale des Surrealismus und der halluzinativen Schizophrenie, wobei die Figurationen seiner dämonisch-erotischen Zaubergestalten der Bildwelt Victor Brauners nahestehen.

Friedrich Schröder-Sonnenstern. Der Friedenshabicht führt den Friedensengel zum Elysium. 1960. Buntstift auf Karton. 71 x 102 cm. Privat-Slg

Schriften: Die Pferdearschbetrachtung d. Fr. Schr.-S., hrsg. v. J. Petersen, München 1972 (Autobiogr.); Mondgeistfahrt, München 1974.
Monogr.: G. Gorsen, Fr. Schr.-S., Interpretation, Gal. Sydow, Ffm. 1962; Fr. Schr.-S., mit Einl. v. C. Laszlo, Ed. Menz, Basel 1962; Fr. Schr.-S., hrsg. v. dems., ebd. 1962 (= Panderma. 5); A. Bader, Geisteskranker oder Künstler? Der Fall Fr. Schr.-S., Bern 1972.
Kat.: SKh., Dssd. 1968; München 1972; Kestner 1973.

Schult, HA, * 1939 Parchim
Deutscher Aktionskünstler, der an der Düsseldorfer Akademie bei K. O. → Götz studierte und danach einige Zeit in der Werbeindustrie beschäftigt war. In seinen ◇ happeningartigen Aktionen, Plakaten und Objekten provoziert und schockiert S., der sich selbst als ›Macher‹ bezeichnet, sein Publikum durch clownesk inszenierte Situationen, die den Steuerungsmechanismus des Konsumlebens bewußt machen sollen.

Kat./Werkpubl.: SM, Leverkusen 1969; HA Sch., Aktion 20.000 km. Die Sch.-Frage, Köln 1971. Kiel 1974; SGal. im Lenbachhaus, München 1975; MaO, Dortmund 1978. – d 5, d 6/I.

Schultze, Bernard,
* 1919 Schneidemühl
Deutscher Maler und Objektkünstler, Vertreter des ◇ Informel in Deutschland, studierte 1934–39 an den Akademien in Berlin und Düsseldorf. Ab 1956 entwickelte S. durch plastische Einklebungen und Collagen von Fotofetzen in seine informelle Malerei eine zunächst reliefplastische, dann ab 1961 sich figural-skulptural ausweitende Gestaltungsform (›Migof‹), die wie

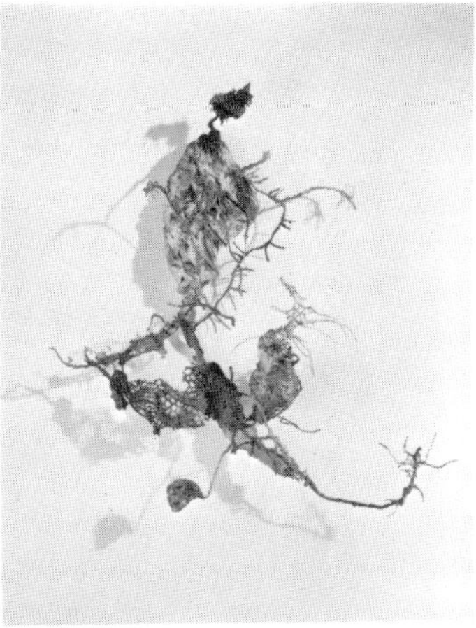

Bernard Schultze. Fühler-Migof. 1963. Farbrelief. 85 x 50 cm. Gal. L'Attico, Rom

eine surreale Strukturierung chaotisch-animalischer, krebsartiger Wucherungen erscheint.

Schriften/Werkpubl.: Die zerschlagenen Schalen eines Gespräches mit sich selbst. Lyrische Texte, Wiesbaden 1966; Migof-Reden. Texte u. Zeichnungen, Eremiten-Presse, Stierstadt 1971; Sperriger Zaun aus Zeit. Migof-Reden u. Offset-Lithographien, Düsseldorf 1976.

Monogr.: W. Grohmann, Die raumplastischen Malereien B. Sch.s, Brüssel o. J. (1961).

Kat.: SKm., Duisburg 1958 (mit Götz u. Hoehme); Staatl. Kh., Baden-Baden 1961 u. 1974; Wuppertal 1962; MBA, La Chaux-de-Fonds 1962; Gal. L'Attico, Rom 1964; NY 1965; Kestner 1966; SM, Leverkusen 1966; Studio B, Bamberg 1966; Gal. Senior, Rom 1966; Kölnischer Kv. 1968; Darmstadt 1968; Gal. Handschin, Basel 1969; Bochum 1970; Köln 1973; Staatl. Kh., Baden-Baden 1974 / Hannover 1975; Gal. Der Spiegel, Köln 1976. – d II/1 u. 3, d III/1 u. 2, d 6/III.

Schumacher, Emil, * 1912 Hagen

Deutscher Maler, studierte 1932–35 an der Kunstgewerbeschule in Dortmund. S. gehört zu den bekanntesten Vertretern der ◇ informellen Malerei in Deutschland. Seine Malweise, die er in den 50er Jahren anfänglich unter dem Einfluß von → Wols entwickelte, ist von einer dunklen braun-schwarzen, pastosen Farbgebung und einer graffitihaften Zeichensprache geprägt, die den Bildern den Ausdruckscharakter alten rissigen Mauerwerks verleiht.

Monogr.: E. Sylvanus, E. Sch., Recklinghausen 1959 (= Monogr. zur rhein.-westf. Kunst d. Gegenwart. 13).

Kat.: Duisburg 1956; Gal. del Milione, Mail. 1957 (mit Geiger u. Thieler); Kestner 1962; Westf. Kv., Münster 1962; München 1962; 7. Biennale, Sao Paulo 1963; Bln 1966; Gal. Ariel, Paris 1967; Lefebre Gal., NY 1968; Nürnberg 1968; Dssd. 1971/72 (Retro.); Linz 1976; Köln 1976; Gal. van de Loo, München 1977; Kv., Braunschweig 1978 (Retro.). – d II/1 u. 3, d III/1, d 6/III.

Emil Schumacher. Wagadu. 1958. Öl/Lwd. 80 x 60 cm. Slg E. Seel, Bln

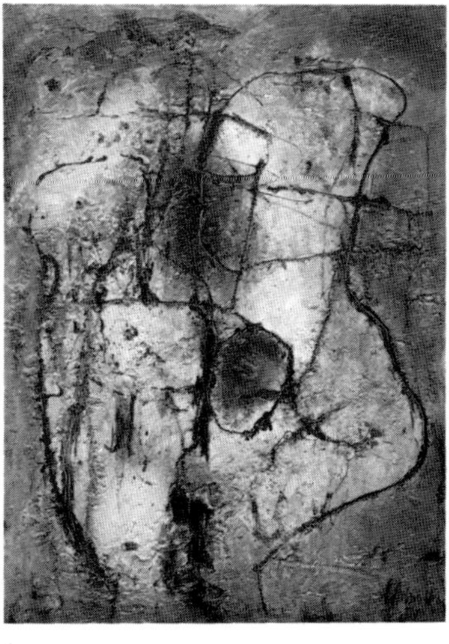

Schwarz, Reiner,
* 1940 Hirschberg
Deutscher Maler und Grafiker des ◇ Phantastischen Realismus, der zur Schülergruppe um Mac → Zimmermann gehörte. Mit zeichnerischer Brillanz vollzieht S. in seinen Bildern wie in einem anatomischen Seziervorgang die Freilegung des menschlichen Sisyphos-Daseins zwischen körperlichem Verfall und geistigem Selbstverwirklichungsstreben, das sich am Ende als sinnentleerte Arabeske entlarvt.

Monogr.: H. Dieckmann u. a., R. Schw., Düsseldorf 1971.
Kat.: Gal. Lüpke, Ffm. 1966 (mit Collien, Lincke u. Wölbing).

Schwarzkogler, Rudolf,
* 1940 Wien, † 1969 ebd.
Österreichischer Vertreter des ◇Wiener Aktionismus, der das Publikum durch Verletzungs-Selbstverstümmelungsaktionen provozierte. Seine Aktionen sollten durch ihren Antiästhetizismus die Zerstörungsmechanismen der Gesellschaft sowie die Tabuisierung des Körpers bewußt machen. 1969 vollzog S. mit seinem Selbstmord die totale Konsequenz seiner Aktionen.

Schriften/Werkpubl.: Fotodokumentation u. Zeichnungen, Innsbruck 1975; Notizbuch Nr 5, ebd. 1976. – d 5.

Rudolf Schwarzkogler. Körperaktion

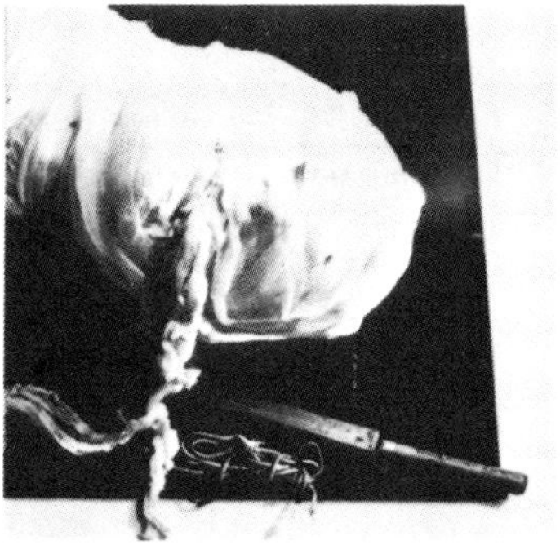

Schwegler, Fritz, * 1935 Breech
Deutscher Zeichner und Aktionskünstler, der durch seine ›Effeschiaden‹-Gesänge und -Zeichnungen bekannt wurde. Die Effeschiaden, die er in Form von comicartigen Bildfolgen fixiert, mit Texten versieht und dann von Flötenspiel begleitet singt, sind eine Mischung aus Bardengesang und Moritaten, die das »Banale und das Heilige« sagbar machen. S. lehrt als Professor an der Düsseldorfer Akademie.

Kat./Werkpubl.: Stücke zum Glücke, Köln 1973; Effeschiaden. 1. u. 10. Zehnerschaft, Dssd. 1973 (= Media News. 4); Kh. Tübingen, 1973; Neue Gal., Aachen 1974; ›Der ganze Winter ist übertrieben‹, Köln 1979. – d 5.

Scott, William,
* 1913 Greenock (Schottland)
Englischer Maler, studierte 1928 bis 31 in Belfast und 1931–35 an den Royal Academy Schools. In seiner Malerei verwandelt er das gegenständliche Motiv – weibliche Akte, vor allem aber Stilleben – in flächig vereinfachte Gestaltformen, die er in einem ruhigen, ausgewogenen ornamentalen Rhythmus auf der Bildebene ausbreitet. Ende der 50er Jahre wandte er sich der abstrakten Malerei zu.

Monogr.: R. Alley, W. Sc., London 1963; Paintings, hrsg. v. A. Bowness, London 1964.
Kat.: Gal. Blu, Mail. 1959; Gal. Lienhard, Zürich 1959; Khs. Zürich 1959 (mit Armitage u. Hayter); Kestner 1960/61; Hanover Gal., London 1961–63 u. 1965; Gimpel & Hanover, Zürich 1966; London 1972. – d II/1, d III/1.

Seawright, James,
* 1932 (Mississippi)
Amerikanischer Vertreter einer elektronisch gesteuerten ◇ lichtkinetischen Plastik. S. beschäftigte sich nach einer Ausbildung als technischer Offizier der US-Marine auf Anregung des Komponisten Milton Babbitt mit elektronischer Musik und studierte an der New Yorker Art Students' League Bildhauerei. Seit 1963 experimentierte er mit elektronischen Skulpturen, wobei er wie → Kepes systematisch mit neuesten Materialien und technologischen Prozessen operierte. Die elektronische Plastik S.s weitete sich in den ausgehenden 60er und in den 70er Jahren immer mehr zu einer environmentalen Lichtkinetik aus, die ein komplexes Koppelungssystem von Steuerungs- und Reaktionsmechanismen umfaßt und dadurch eine ständige Modifikation des Programms durch das Publikum ermöglicht.

Sedgley, Peter, * 1930 New York
Amerikanischer Bildhauer, der unter dem Einfluß von Bildern Bridget → Rileys zur ◇ Op Art kam. Durch Manipulation von Farbe und Linie im Rahmen von Rechtecken und konzentrischen Kreisen erzeugt S. suggestive optische Wirkungen.

Segal, George, * 1924 New York
Amerikanischer Bildhauer, studierte in New York und an der Rutgers University. Unter dem Einfluß des ◇ Neuen Realismus gab er seine figurative Malerei auf, veranstaltete mit → Kaprow ◇ Happenings und wandte sich der environmentalen Plastik zu. Seine weißen Gipsabgüsse von Menschen oder Gegenständen, die er meist in ein reales Ambiente wie Tisch und Stuhl, Türrahmen, Coca-Cola-Automat, Waschbecken usw. hineinstellt (zum ersten Mal in dem Selbstporträt *Mann an einem Tisch,* 1961) verkörpern in ihrer Stummheit eine desperate Isolierung und Anonymität.

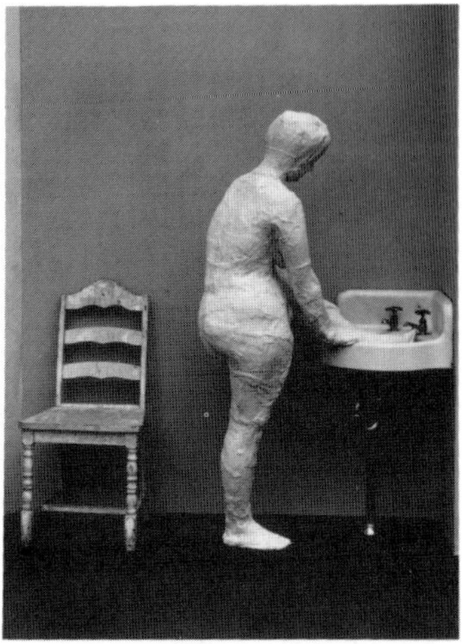

George Segal. Frau, ihre Füße in einem Waschbecken waschend. 1964/65. Gips, Waschbecken, Stuhl. 152 cm hoch. ML

Monogr.: M. Calvesi, S. e Oldenburg, Mail. 1966; G. Kreytenberg, G.S., Ruth in Her Kitchen, Stgt 1970; W.C.Seitz, G.S., NY 1972, dt. Niederteufen 1972 (= Kunst heute. 20); J. van der Marck, G.S., NY 1975.
Kat.: Gal. I. Sonnabend, Paris 1963; S. Janis Gal., NY 1965; Art Gal. of Ontario, Toronto/Albright-Knox 1967 (mit Dine u. Oldenburg); MOCA, Chicago 1968; Zürich 1971; Onnasch-Gal., Köln 1971; SM, Leverkusen 1972. – d IV/1, d 6/III.

Seitz, Gustav, * 1906 Mannheim
Deutscher Bildhauer, der in Karlsruhe und Berlin studierte. Sein

Frühwerk – hauptsächlich Bronzeakte aus der Zeit vor dem 2. Weltkrieg – ist dem Einfluß Maillols verpflichtet. Nach 1945 dominiert die idealisierende Realistik einer gewissen bäuerlichen Figürlichkeit in den Frauenakten.

Monogr.: Entstehung einer Plastik, Dt. Akad. d. Künste, Bln 1951; Eine Granitplastik entsteht, Bln 1954; Skulpturen u. Zeichnungen, Dresden 1956; H. Th. Flemming, Der Bildhauer G. Seitz, Ffm. 1963; Bildhauerzeichnungen, hrsg. v. G. Busch, Ffm. 1970.
Kat.: 34. Biennale, Venedig 1968 (mit Oelze u. Janssen). – d II/2, d III/1.

Self, Colin, * 1941 Norwich
Englischer Plastiker und Zeichner der ◇ Pop Art, der an der Londoner Slade School studierte.

Sempere, Eusebio, * 1923 Onil
Spanischer Maler und Plastiker, der an der Escuela de Bellas Artes in Valencia studierte. 1948 übersiedelte S. nach Paris und trat in Kontakt zu Arp, → Vasarely, → Soto und → Schöffer. Unter dem Einfluß Vasarelys entwickelte S. in den ausgehenden 40er Jahren ein wissenschaftliches Konzept für seine künstlerische Arbeit, das sich zugleich um die Einbeziehung neuer Materialien wie Motoren und elektrisches Licht bemühte. 1955 veröffentlichte S. ein theoretisches Manifest über die Verwendung des Lichtes in der Kunst.

Monogr.: J. Melià, S., Barcelona 1976.
Kat.: Gal. J. Mordó, Madrid 1972.

Serpan, Jaroslaw, * 1922 Prag
Tschechoslowakischer Maler russischer Herkunft, der an der Sorbonne Mathematik und Biologie studierte. In Frankreich beteiligte er sich in den ausgehenden 40er Jahren an der Bewegung des Surrealismus, entwickelte aber dann unter dem Einfluß von Tapié, → Wols und Masson eine ◇ informelle Malweise, die in automatistischer Zeichnung eine kraftfeldähnliche Bildwelt aus der psychischen Improvisation erzeugt.

Monogr.: M. Tapié, S., Turin 1964.
Kat.: Kv. Freiburg 1961; Gal. van de Loo, München 1963; Kölnischer Kv. 1967. – d II/1.

Serra, Richard,
* 1939 San Francisco
Amerikanischer Bildhauer, studierte an der University of California und an der Yale University bei → Albers. Auf einer Studienreise nach Italien (1964) kam er mit der ◇Arte povera in Berührung, was zu Experimenten mit neuem Material und ungewöhnlichen Zusammenstellungen führte (z. B. Gummi und Neon bei *Belts*, 1966/67, Slg Panza di Biumo) und zu Arbeiten im Sinne der ◇ Prozeßkunst (*Casting*, 1969; in die Ecke zwischen Fußboden und Wand geworfenes und dadurch verformtes heißes Blei). Besonders

Richard Serra. Ohne Titel. 1969. Blei. 125 x 140 x 25 cm

wichtig für ihn wurde das Problem der Schwerkraft, das er u. a. in Arbeiten mit gegeneinandergelehnten, in bezug auf Gewicht und Gegengewicht sorgfältig ausbalancierten, schweren Platten behandelt (*One Ton Prop*, 1969). Daneben entstanden auch große Außenstücke mit Umweltbezügen (*Shift*, 1970–72; *Terminal*, 1976/77, d 6).

Kat.: Pasadena Art Mus. 1970; Kh. Tübingen 1978. – d 5, d 6/I–III.

Sieverding, Katharina, * 1944 Prag
Deutsche Künstlerin, studierte u. a. 1967–72 bei → Beuys an der Düsseldorfer Akademie. Ihre hauptsächlich fotografischen Arbeiten, in deren visuellem Mittelpunkt die Künstlerin meist selber steht, spiegeln verschiedene gesellschaftlich-politische Aspekte und befassen sich besonders mit dem Thema maskulin-femininer Rollenverteilung. Damit verbunden dokumentieren umfangreiche Porträtfotoserien verschiedene Untersuchungen über physische Charakteristika, Manipulation durch Makeup, Gestik und damit über die eigene Identität.

Kat.: Mus. Folkwang, Essen 1977; Rhein. Lm., Bonn 1978. – d 5, d 6/II.

Simonds, Charles,
* 1945 New York
Amerikanischer Künstler, studierte 1963–69 an der University of California in Berkeley und an der Rutgers University in New Brunswick. Ab 1970 trat er mit Arbeiten hervor, die der ◇ Spurensicherung zugerechnet werden: Miniaturwohnstätten für ein erdachtes Volk von ›Little People‹ aus kleinen Tonziegeln, Steinchen, Sand u. ä., die er in Hausruinen, Mauervorsprüngen oder – wie in dem Film *Leibesarchitektur* – selbst auf seinem Körper ansiedelt.

Werkpubl.: Three Peoples, Samaned., Genua 1976.
Kat.: Westf. Kv., Münster 1978. – d 6/I.

Singer, Michael,
* 1945 Brooklyn (N.Y.)
Amerikanischer Plastiker, studierte an der Cornell University in Ithaca (N.Y.) und an der Rutgers University in New Brunswick. Nach frühen ◇ Performances um 1969 wandte sich S. 1970 dem Bau ◇ kinetischer Skulpturen zu, die sich zu ◇ Land Art-Konzeptionen ausweiteten und schließlich zu Wasser-Skulpturen führten. Diese Wasserskulpturen haben eine romantisch retrospektive Symbolik, indem sie auf vergangene Entdeckerfreuden in unberührter Natur anspielen.

Kat.: Wadsworth 1976 (= Matrix. 24); M. S. Smith College Mus. of Art. Northampton (Mass.) 1977. – d 6/I.

Sitte, Willi, * 1921 Kratzau
Deutscher Maler und Grafiker, der an der Kunstschule Reichenberg und an der Meisterschule für Malerei in Kronenburg (Eifel) studierte. Sein Italienaufenthalt 1944 als Kriegspartisan förderte sein künstlerisches Bekenntnis zum ◇ Sozialistischen Realismus, führte zugleich aber auch zu einer sinnlich-renaissancehaften Malweise, die sich vor allem in seinen koloristisch temperamentvollen Aktbildern offenbart. Auch in seinen Arbeiter-Bildern und Agitations-Triptychen, die sich thematisch dem Programm des Sozialistischen Realismus unterordnen, zeigt sich eine sehr freie Vermischung ver-

schiedenster Stile, wobei Adaptionen aus dem Spätexpressionismus und der italienischen Renaissance überwiegen.

Monogr.: Gemälde, Zeichnungen. Grafik, Rostock 1971 (mit Œuvrekat.); W. Hütt, W.S., Dresden 1972.
Kat.: Kv. Hbg 1977. – d 6/I.

Smith, David, * 1906 Decatur (Ind.), † 1965 Albany (N. Y.)
Amerikanischer Bildhauer, Sohn eines Ingenieurs, arbeitete als Schweißer und Nieter (um 1926), studierte an der Art Students' League (1927) und bereiste Europa (1935). Unter dem Einfluß der Skulpturen von Picasso und Gonzáles gab S. die Malerei auf und wandte sich um 1933 geschweißten Eisenplastiken zu. Kubismus und Surrealismus hatten ebenfalls Einfluß auf seine abstrakten Konstruktionen. Unter zunehmendem Verzicht auf organische Elemente und Reduzierung der Formen auf einfache geometrische Strukturen und linear betonte Umrisse gelangte S. seit Ende der 50er Jahre zu monumentalen, totemhaften Konstruktionen.

David Smith. Cubi XVIII 2-4-1964. 1964. Edelstahl. 294 cm hoch. Marlb., NY

Monogr.: D. Sm. by D. Sm., Sculpture and Writings, hrsg. v. Cl. Gray, London u. NY 1968; R. E. Kraus, Terminal Ironworks. The Sculpture of D. Sm., NY 1970 u. Cambridge 1971; D. Sm., hrsg. v. G. McCoy, NY 1973 (= Documentary Monogr. in Mod. Art).
Kat.: MOMA 1957; Marlb., NY 1964; Philadelphia 1964; Kröller-Müller 1966; London 1966; Nürnberg 1967; Duisburg 1967; Guggenheim 1969; Staatsgal. Stgt/Bln/Duisburg 1976. – d II/2, d III/1, d IV/1, d 6/III.

Smith, Jack, * 1928 Sheffield
Englischer Maler, studierte in Sheffield, an der St. Martin's School of Art und dem Royal College of Art in London (1944–53). Er malte anfänglich düster-realistische häusliche Szenen im Stil der sogenannten ›Kitchen Sink School‹, wandte sich aber seit 1956 zunehmend der Wiedergabe des Lichtes und seinen Wirkungen auf Formen im Freien und unter Wasser zu.

Smith, Leon Polk, * 1906 Chikasha (Indianer-Res.)
Amerikanischer Künstler, wurde bekannt mit starkfarbigen, flächigen Bildern im Stil der ◇ Hard edge-Malerei.

Kat.: Rose Art Mus., Waltham 1968.

Smith, Richard, * 1931 Letchworth Englischer Maler, studierte u. a. am Royal College of Art und stand anfänglich mit seinen ›Verpackungsbildern‹ der ◇ Pop Art nahe. 1959 bis 61 hielt er sich in Amerika auf. Beeinflußt von → Stella, → Poons und → Morris beabsichtigt seine Malerei die reine Manifestation von Form, Farbe und Raum. Von unregelmäßig geformten Leinwänden kam er ab 1963 in logischer Fortsetzung zu dreidimensionalen, fast skulpturhaften Bildformen, bei denen die bemalte Leinwand über rahmenhafte Konstruktionen gespannt ist.

Kat.: Whitechapel 1966; Jewish Mus., NY 1968; Gal. dell'Ariete, Mail. 1969 u. 1972. – d IV/1.

Smith, Tony,
* 1912 South Orange (N.J.)
Amerikanischer Bildhauer, Maler und Architekt, der 1933–36 an der Art Students' League und 1937–38 am New Bauhaus in Chicago studierte. 1938–39 war er Assistent des Architekten Frank Lloyd Wright

Tony Smith. Cigarette. 1966. Sperrholz. 457,5 x 793 x 549 cm

und betätigte sich dann als Architekt und Maler, wobei er in enger Verbindung zu → Pollock, → Newman, → Rothko und → Still stand. 1960 wandte sich Sm. der Skulptur zu und schuf der ◇ Minimal Art verwandte, auf geometrischen Formen beruhende, meist großformatige Arbeiten.

Monogr.: L. R. Lippard, T. Sm., Stgt 1971 (= Kunst heute. 18).
Kat.: Wadsworth u. ICA, Univ. of Pennsylvania, Philadelphia 1966/67. – d IV/1.

Robert Smithson. The Spiral Jetty, Utah. 1970

Smithson, Robert,
* 1938 Passaic (N.J.),
† 1973 bei Tecovas Lake (Tex.)
Amerikanischer Künstler, studierte 1955–56 an der Art Students' League. Nach Anfängen auf dem Gebiet der Malerei im Stil des ◇ Abstrakten Expressionismus wandte er sich Mitte der 60er Jahre der ◇ Minimal Art zu und schuf auf geometrischen Progressionen beruhende Arbeiten (*Cryosphere*, 1966). Bekannt wurde er aber vor allem ab 1968 mit Arbeiten im Sinne der ◇ Land Art (*Spiral Jetty*, 1970, Großer Salzsee, Utah) (Abb. s. S. 301).

Monogr.: R. Sm., Drawings, NY Cultural Center 1974. – d 5, d 6/III.

Snelson, Kenneth,
* 1927 Pendleton
Amerikanischer Plastiker, dessen raumgreifende ◇ konstruktivistische Arbeiten aus vorgefertigten Stahlröhren und Stahldrahtverspannungen eine funktionale Verbindung von Skulptur und urbaner Architektur anstreben.

Kat.: Kröller-Müller / SKh., Dssd. / Kv. Hannover 1969–71; NGB/WLM, Duisburg 1977. – d 6/III.

Sobrino, Francisco,
* 1932 Guadalajara
Spanischer Plastiker, der an der Schule für angewandte Kunst in Madrid und in Buenos Aires studierte. 1959 übersiedelte S. nach Paris, wo er 1960 zu den Mitbegründern der → Groupe de Recherche d'Art Visuel gehörte. Seine ◇ lichtkinetischen Plastiken aus leicht gefärbten Plexiglasteilen erzeugen wechselnde kinetische Erscheinungsbilder des Lichtes mit Hilfe der Transparenz, der Spiegelung und der Lichtinterferenz. 1967 verwirklichte S. Lichtballettaktionen und Lichtwände.

Kat.: Gal. D. René, Paris 1968. – d III/1.

Sonderborg
(eigentlich Kurt Rudolf Hoffmann),
* 1923 Sonderborg (Alsen, Dänem.)
Deutscher Maler, Mitglied der Gruppe → Zen, studierte 1947–49 an der Landeskunstschule in Hamburg und bildete sich als Grafiker im ›Atelier 17‹ von → Hayter in Paris. Seit Anfang der 50er Jahre entwickelte er unter dem Einfluß von → Bissière, der ostasiatischen Kalligrafie und des französischen ◇ Tachismus (→ Mathieu) ein dynamisches, vorwiegend schwarzweißes ◇ Action Painting, in dessen automatischer Zeichenschrift Bewegung und Rhythmik zum Ausdruck

Sonderborg. Flying Thought. 1958 (12. Febr. 1958, 16.53–23.09). 108 x 70 cm. Slg J. Lefebre

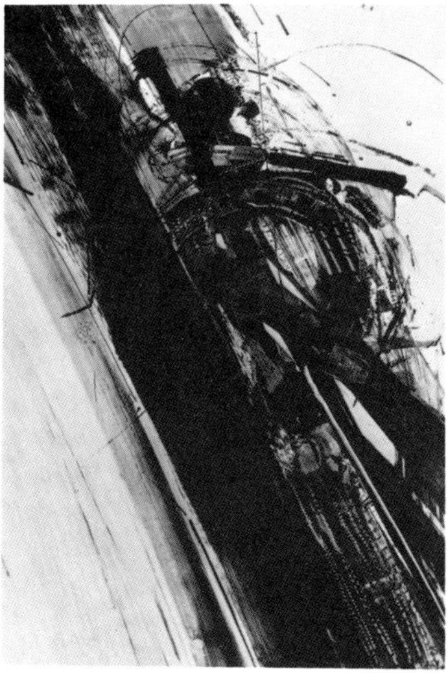

gelangen. Die Titel der Bilder markieren jeweils das Datum und die Uhrzeit ihrer Entstehung.

Monogr.: A. S. Labarthe, S., »Tuer un rat«, Paris 1974.
Kat.: Kestner 1956 (mit Götz); Kölnischer Kv. 1957 (mit dems.) u. 1965; Gal. Flinker, Paris 1960 u. 1962; Kv. Freiburg 1962; Gal. Handschin, Basel 1962; 7. Biennale, Sao Paulo 1963; Gal. Burén, Stockholm 1963 (mit Jenkins); Gimpel & Hanover, Zürich 1965; Lefebre Gal., NY 1965; Van Abbe 1965; Gal. Stangl, München 1966. – d II/1 u. 3, d III/1 u. 2.

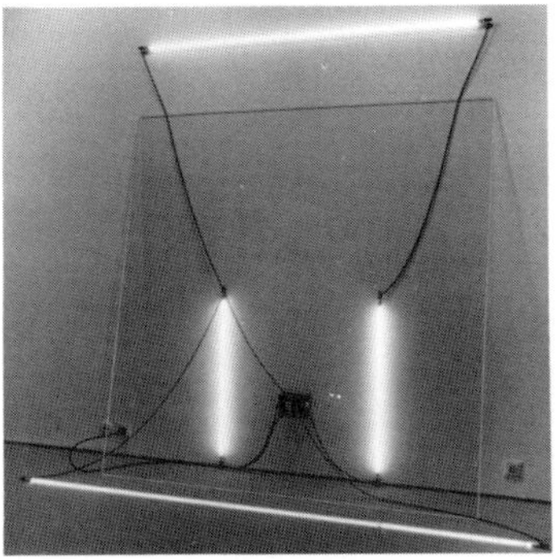

Keith Sonnier. Neon-Glas-Stück. 1969/70. Neon, Glas. 210 x 250 x 60 cm. Privatslg, Köln

Sonnier, Keith,
* 1941 Mamon (La.)
Amerikanischer Künstler, studierte 1959–63 an der University of Southwestern Louisiana und 1964 bis 66 an der Rutgers University. Mitte der 60er Jahre wandte er sich von der Malerei ab und Arbeiten im Sinne der ◇ Materialkunst zu (vor allem Glas-Neon-Stücke). Ab 1970 verstärkte sich sein Interesse an technischen Medien wie Film und ◇ Video (*Negativ Positiv*, 1970).

Monogr.: Object. Situation. Object. K.S. 1969/70, Gal.Ricke, Köln 1972.
Kat.: Van Abbe 1970. – d 5, d 6/II u. III.

Sorge, Peter, * 1937 Berlin
Deutscher Maler und Grafiker, der an der Hochschule für bildende Künste in Berlin studierte. Seine stark grafisch gestalteten Bilder sind gezeichnete Collagen von Illustriertenzitaten, die in ihrem aggressiv übersteigerten Pin-up die Reizüberflutung durch die Medien glossieren. S. gehört zu den bekanntesten Vertretern des ◇ kritischen Realismus in Berlin, der stilistisch Elemente der Neuen Sachlichkeit, der ◇ Pop Art und des ◇ Hyperrealismus verbindet, und dessen Bildthematik sozialkritische Intentionen verfolgt. Er ist verheiratet mit Maina-Miriam → Munsky.

Monogr.: Werkverz. d. Graphik 1963–70, hrsg. v. K. H. Hartmann u. H. Ohff, Bln 1970 (Œuvrekat.).
Kat.: Bln 1969 (mit Diehl u. Petrick).

Soto, Jesús Rafael,
* 1929 Ciudad Bolivar
Venezolanischer Maler und Bildhauer, studierte 1942–47 an der Escuela de Artes Plásticas y Artes Aplicadas in Caracas, 1950 übersiedelte er nach Paris. Beeinflußt

Jesús Rafael Soto. 1 azul, 15 negros. 1963. 104 x 104 cm

vom Konstruktivismus sowie von Mondrian und Calder entwickelte S. in seinen Arbeiten eine Synthese aus ◇ Op Art und ◇ Kinetik. Seine *Vibrationen* bestehen aus einer linear bemalten Holzplatte, vor der Stabeisen-, Draht- und Nylonverspannungen angebracht sind. Die so gestalteten Reliefs erscheinen dem Betrachter aufgrund von optischen Täuschungseffekten wie in kinetischer Schwingung.

Kat.: KWM, Krefeld 1963; Signals, London 1965 (=Signals. I,10); Gal. D. René, Paris 1967 u. 1970; Kh. Bern/Kestner/Kv. Rh/W, Dssd./SM 1968/69; NY 1969; MAM 1969; Mannheimer Kv. 1970; NY 1974 (Retro.). – d III/1.

Soulages, Pierre,
* 1919 Rodez (Aveyron)
Französischer Maler, Autodidakt, kam 1946 nach Paris und war in den 50er Jahren einer der bedeutendsten Vertreter der Ecole de Paris und der ◇ informellen Malerei. Frühe Eindrücke der strengen romanischen Architektur sowie der spätere Einfluß ostasiatischer Kalligrafie bestimmten seine gestischen, dynamischen, doch kompositionell ausgewogenen Bilder mit ihrer schwarzen oder braunen Gitterschrift auf hellen, dünn lavierten, schimmernden Farbgründen.

Monogr.: H. Juin, S., Paris 1958 (= Le mus. de poche); J.J. Sweeney, P.S., Gemälde 1947–72, Stgt 1973; Eaux-fortes et lithographies 1952–73, hrsg. v. P.S., G. Duby u. Ch. Labbaye, Paris 1974 (Œuvrekat.).
Kat.: Gal. Berggruen, Paris 1957; Gal. de France, Paris 1960; Kestner 1960/61; Gemeentemus., Den Haag 1961; Paris 1963; MuNAM 1967; Gimpel & Hanover, Zürich 1967. – d II/1 u. 3, d III/1 u. 2.

Pierre Soulages. Ohne Titel. 1953. Öl/Lwd. 196 x 130 cm. Guggenheim

Spadari, Giangiacomo,
* 1938 Mailand
Italienischer Maler, Vertreter einer kritischen ◇ Politkunst, die mit Fotomontagen und plakativen Maltechniken gesellschaftspolitische Themen der Zeit interpretiert und subtile Erscheinungsformen des Faschismus freilegt.

Monogr./Werkpubl.: The Rose and the Lion. 20 Paintings on the Assassination of Rosa Luxemburg and Leon Trotsky, Mail. 1972.

Spazialismo (Movimento Spaziale)
1947 in Mailand von → Fontana begründete Bewegung, der italienische Maler, Kritiker und Architekten angehörten, und die vor allem von → Crippa und → Dova unterstützt wurde. Zu den künstlerischen Zielen des S. (italienisch: spazio = Raum) gehörten die Einbeziehung des Raumes in das Bild, bzw. die

freie Entfaltung von Farbe und Form im Raum, die Verwendung neuer, der modernen technischen Welt entsprechenden Ausdrucksmittel und die Einbeziehung von Bewegung und Zeit. 1949 veranstaltete die Gruppe eine Ausstellung, die frühe Formen des ◊ Environments enthielt (Gal. del Naviglio, Mail.).

Monogr.: G. Giani, Sp., (Il manifesto tecnico della IX triennale di Milano nel testo originale di L. Fontana), Mail. 1954; ders., Sp.: Origini e sviluppe di una tendenza artistica, Mail. 1956.

Spindel, Ferdinand, * 1913 Essen
Deutscher Künstler, dessen plastische Objekte Mitte der 60er Jahre der Ästhetik → Zeros nahestanden: Formkörper aus weiß gefärbtem Schaumstoff, die zarte Lichtmodulationen hervorriefen. Später verzichtete er auf die weiße Bemalung und beließ das Material in seinem ursprünglichen Zustand, wodurch die sich allmählich zu raumfüllend wuchernden Environments ausweitenden Objekte eine ebenso chemisch-künstliche wie erotisch-haptische Ausstrahlung bekamen.

Kat.: Gal. Heseler, München 1970; Gegenverkehr, Aachen 1971.

Spoerri, Daniel,
* 1930 Galati (Rumänien)
Rumänischer Objektkünstler, der 1942 in die Schweiz übersiedelte. Nach anfänglicher Tätigkeit als Tänzer und Regisseur in Bern und Darmstadt ließ er sich 1959 in Paris nieder und wurde 1960 Mitbegründer des ◊ Nouveau Réalisme. Im gleichen Jahr entstanden seine ersten Fallenbilder, die zufällige Situationen auf Tischflächen aus ih-

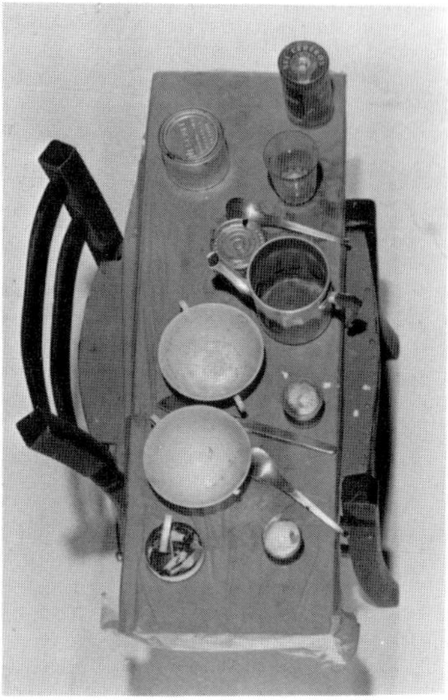

Daniel Spoerri. Kichka's Breakfast. 1960. Verschiedene Materialien. Gal. Schwarz, Mail.

rem natürlichen Kontext lösen und unverändert fixieren. So wird etwa eine Tischplatte mit allen Essensresten und Requisiten nach der Mahlzeit zum ›Fallenbild‹, indem S. die Tischplatte aus der Horizontalen in die Vertikale eines Tafelbildes überführt. 1968 eröffnete S. ein Restaurant in Düsseldorf und gab eine ›Eat-Art‹-Edition heraus, in der sich auf humorvoll-ironische Weise die ◊ neodadaistische Identifikation von Kunst und Leben manifestierte.

Schriften: An anecdoted Topography of Chance, NY 1966, dt. Bln 1969, frz. Paris 1972 (= CNAC Archives. NS 2); 25 Objects de magie à la noix. Zimtzauberkonserven, Gal. Gunar, Dssd. 1968; The Mythological Travels, NY 1970; J'aime les keftédés, Paris 1970; Gastronomisches Tagebuch, Neuwied 1970; Dokumente. Docu-

ments. Documenti zur Krims-Krams Magie, Hbg 1971.
Kat.: Gal. Schwarz, Mail. 1961 u. 1963; City Gal., Zürich 1966; Gegenverkehr, Aachen 1969; Basel 1969; Kh. Bern 1969 (mit Gerstner, Rot u. Thomkins); SM 1971 (2 Bde); Zürich 1972. – d 6/III.

Spur
1957 von den Malern Heimrad Prem (* 1934), Helmut Sturm (* 1932), Hans Peter Zimmer (* 1936) und dem Bildhauer Lothar → Fischer gegründete Gruppe, die in den Jahren 1960/61 eine gleichnamige Zeitschrift herausgab. Während zunächst der Einfluß der → Cobra-Gruppe, vor allem mit Asger → Jorn für die künstlerische Konzeption von S. dominierte, traten in den 60er Jahren starke Elemente der ◇ Art brut und der ◇ Pop Art in den Vordergrund.

Staeck, Klaus, * 1938 Pülsnitz
Deutscher Plakat- und Objektkünstler, der vor seiner künstlerischen Tätigkeit ein Jurastudium absolvierte. S. ist in Deutschland der bekannteste Vertreter einer ◇ Politkunst, die ohne feste Bindung an eine bestimmte ideologische Programmatik provokative Kritik an der politischen Realität mit Hilfe von Plakaten, Postkarten und Schautafeln formuliert. S. greift dabei zurück auf die Fotomontagetechnik, die der Dadaismus sowie die russische Avantgarde mit gleicher Zielsetzung nach dem 1. Weltkrieg entwickelten.

Schriften/Werkpubl.: Pornographie, Ffm. 1971; Die Reichen müssen noch reicher werden. Politische Plakate, hrsg. v. Kl. St. u. Ingeborg Karst, Reinbek bei Hbg 1973; Die Kunst findet nicht im Saale statt. Politische Plakate, hrsg. v. Kl. St. u. D. Adelmann, Reinbek bei Hbg 1977. – d 6/III.

Klaus Staeck. Sozialfall. 1971. Postkarte

Staël, Nicolas de,
* 1914 St. Petersburg
† 1955 Antibes
Französischer Maler russischer Herkunft, studierte 1932–33 an der Akademie in Brüssel und ließ sich nach Reisen durch Europa und Nordafrika 1940 in Paris nieder. S. ging in seinen linearen Abstraktionen (ab 1942) von den geometrischen Konstruktionen des synthetischen Kubismus aus. 1945 entwickelte er einen eigenen, für ihn charakteristischen Stil, der das Bild aus leuchtenden, mit dem Palettenmesser aufgetragenen Farbquadern rhythmisch konstruierte. Dabei erzeugten die horizontale Lagerung der Farbflächen und ihre räumliche Distanzwirkung eine atmosphärische Tiefe, die die Assoziation an (Küsten-)Landschaften erweckte. Seit 1952 wandte sich S., indem er diese

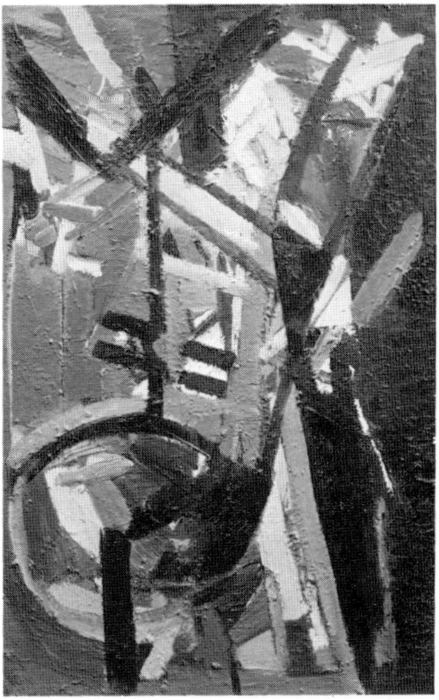

Nicolas de Stael. Komposition. 1947. Tempera. 116 x 73 cm. Slg J. Dubourg, Paris

Assoziation bewußt verstärkte, der Gegenständlichkeit zu und baute aus großen farbigen Flecken Landschaften, Stilleben und Figurenbilder auf.

Monogr.: R. v. Gindertael, N. de St., Paris 1951; D. Cooper, N. de St., London 1961; A. Chastel, N. de St., Paris 1968 (= La Collection panoramique. 9; mit Œuvrekat. 1941–55 v. J. Dubourg u. Fr. de St.).
Kat.: MuNAM 1956 (Retro.); Gal. Bucher, Paris 1958; Mus. Réattu, Arles 1958; Kestner 1959; Turin 1960; Gimpel & Hanover Gal., Zürich 1963; Basel 1964; Boston 1965; Rotterdam 1965 (Retro.); Zürich 1976; Saint-Paul 1972. – d II/1 u. 3, d III/1 u. 2.

Staiger, Paul, * 1941 Portland
Amerikanischer Maler des ◇ Hyperrealismus, der an der University of Chicago und am California College of Art studierte. Seine mit der Spritzpistole nach Dia-Vorlagen gemalten Bilder von Sightseeing-Plätzen des touristischen Konsums und des Showbusiness sind von unterkühlter Distanz und harten Licht-Schatten-Kontrasten geprägt, wodurch der Illusionscharakter der gewählten Sujets hinter einer subtilen Realitätsbrechung deutlich wird.

Kat.: d 5.

Stamos, Theodoros,
* 1922 New York
Amerikanischer Maler griechischer Abstimmung, anfänglich Bildhauer, studierte an der American Artists School in New York und bereiste den Westen Amerikas, Frankreich, Italien, Griechenland und das Rote Meer. Beeinflußt von Dove, vom Surrealismus sowie der orientalischen Kunst und angeregt durch Griechenland, gelangte S. in einer zunehmenden Abstrahierung der organischen Formen zu einer atmosphärischen, kalligrafischen, leuchtend farbigen und kontrollierten Form des ◇ Abstrakten Expressionismus, die an schwermütige Landschaften erinnert.

Monogr.: K. P. Sawyer, St., Paris 1960; R. Pomeroy, Th. St., NY 1972 u. 1974. – d II/1.

Stankiewicz, Richard Peter,
* 1922 Philadelphia
Amerikanischer Bildhauer, der an der Hans Hofmann-Schule (1948 bis 49) und in Paris bei → Léger (1950) und → Zadkine (1950–51) studierte. Er lehrt seit 1967 an der State University of New York. Angeregt durch seine zeitweilige Tätig-

keit als Bordfunker und Mechaniker entwickelte S. in seinen plastischen Arbeiten ein großes Interesse für Maschinenteile. Aus Autowrackteilen, die er auf Schrottplätzen findet, und anderen Metallabfällen montiert S. abstrakte, häufig humorvoll originelle Konstruktionen (*Kabukitänzer*, 1956).

Kat.: Walker, Minneapolis 1964 (mit Indiana).

Stein, Joel, * 1926 Saint-Martin
Französischer Plastiker, der an der Ecole des Beaux-Arts in Paris studierte. In den frühen 60er Jahren gehörte er der → Groupe de Recherche d'Art Visuel an. Seine künstlerische Arbeit begann mit ◇ Op Art-Bildern, die durch Moiréstrukturen Täuschungseffekte der Netzhaut provozieren. Das plastische ◇ lichtkinetische Werk S.s entwickelte sich aus Kaleidoskopen und Plexiglasreliefs und führte zu Experimenten mit den Lichteffekten von Laserstrahlen.

Kat.: d III/.1.

Stella, Frank,
* 1936 Malden (Mass.)
Amerikanischer Maler, studierte an der Princeton University. Anfänglich von → Hofmann beeinflußt, gab er 1958 seinen ◇ Abstrakten Expressionismus auf, um sich der ◇ Farbfeldmalerei zuzuwenden. Von strengen schwarzen oder metallfarbenen Streifen ging S. zu leuchtend farbigen, komplexen geometrischen Formen über, die räumliche Schwingungen erzeugen. In den sogenannten ◇ Shaped Canvases übertrug S. das rhythmische Prinzip seiner Farbformen auch

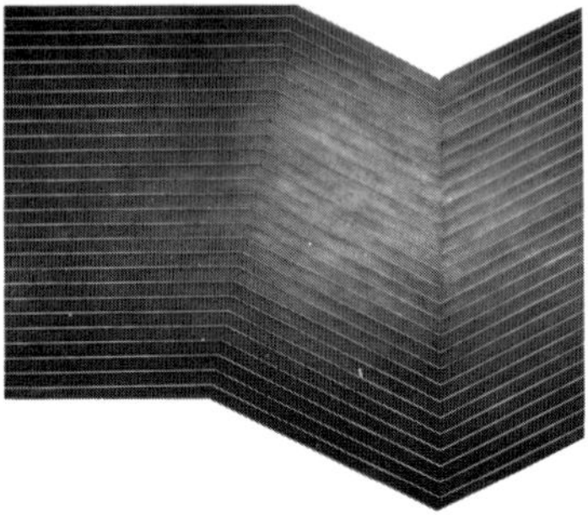

Frank Stella. Abajo (Green). 1964. Metallfarben/Lwd. 229 x 305 cm. L. Castelli Gal., NY

auf die Leinwandformate (ab 1960). Seit 1975 entstehen in den Raum ausufernde, exzentrisch geformte Bildobjekte aus Aluminium.

Monogr.: W. S. Rubin, Fr. St., NY 1970 (MOMA); R. Rosenblum, Fr. St., Harmondsworth 1971 (= Penguin New Art. 1); Br. Richardson u. M. M. Ward, Fr. St., The Black Paintings, Baltimore 1977.
Kat.: Fogg Art Mus., Cambridge (Mass.) 1965 (mit Noland u. Olitski); London 1970; SM 1970; Basel 1976; Kh. Bielefeld/Kh. Tübingen 1976; MOMA, Oxford 1977. – d IV/1 u. 2, d/6/I.

Stenvert, Curt, * 1920 Wien
Österreichischer Maler, Filmemacher und Objektkünstler, der an der Wiener Kunstakademie bei Gütersloh und → Wotruba studierte. In den 50er Jahren wandte sich S. dem Experimental- und Dokumentarfilm zu und wurde erst ab 1962 mit surrealen Objektmontagen aus Trivialgegenständen wieder bildnerisch tätig. Seine Objekte verstehen sich in direkter Nähe zu den malerischen Intentionen der → Wiener Schule als anekdotische Visionen und makabre Symbole der menschlichen Existenz.

Monogr.: Die funktionelle Kunst d. 21. Jh. oder Die Programmierung d. Erkenntnis- u. Erlebnisprozesse, München 1968.
Kat.: Gal. Niepel, Dssd. 1965; Gal. Staffelei, Zürich 1966; SGal., Oberhausen 1971.

Stever, Jorge,
* 1940 Templin (Neubrandenburg)
Deutscher Maler, der sich lange Zeit in Süd- und Mittelamerika, den USA und in London aufhielt und seit 1969 in Köln lebt. In Mexiko arbeitete S. mit Mathias → Goeritz zusammen und wurde durch die Licht-Experimente der → Zero-Gruppe zu einer malerischen Beschäftigung mit den Spiegelungen und Brechungen von Licht angeregt, die er im Gegensatz zu den abstrakten Formen der Zero-Künstler in realistischer Darstellung bewußt macht.
Kat.: d 5.

Stezaker, John, * 1945
Englischer Künstler, der eine Antiposition zu ◇ Minimal- und ◇ Konzeptueller Kunst vertritt. Seine von Philosophie und Logik getragenen Aufsätze befassen sich kritisch mit den → Art & Language-Arbeiten, indem sie deren theoretische Paradoxien aufweisen. Er selbst strebt nach einer theoretischen Kunst, die als Praxis demonstriert, was Kunst sein sollte.
Schriften: Beyond »Art f. Art's Sake«. A propos Mundus, N. Greenwood Publ., London 1973.

Still, Clyfford,
* 1904 Grandin (N.D.)
Amerikanischer Maler, studierte an der Spokane University und lehrte ab 1933 an verschiedenen amerikanischen Colleges. S. ging vom Surrealismus aus und gehörte seit Ende der 40er Jahre zu den Pionieren und Hauptvertretern des ◇ Abstrakten Expressionismus. Charakteristisch für seine riesigen Leinwände ist eine große, fast die gesamte Bildfläche bedeckende monochrome Farbfläche, die an den Rändern von flammenden farbigen Formen umgriffen wird.
Kat.: Buffalo 1959; ICA, Univ. of Pennsylvania, Philadelphia 1963; Albright-Knox/Buffalo Fine Arts Academy 1966; Marlb., NY 1969; SF MOCA 1976. – d II/1.

Clyfford Still. Ohne Titel. 1951. Öl/Lwd. 238,7 x 208,2 cm. MOMA (Bl. Rockefeller Fund)

Stöhrer, Walter, * 1937 Stuttgart
Deutscher Maler, Schüler von → Grieshaber, der in den frühen 60er Jahren durch seine leidenschaftlich erregt wirkende ◇ informelle Malweise bekannt wurde. Trotz der spontanen Pinselführung zeigen sich hinter der scheinbar rein abstrakten Kalligrafie oft figurative Verfestigungen surrealen Ursprungs.

Störtenbecker, Nikolaus,
* 1940 Hamburg
Deutscher Maler, Mitglied der Gruppe → Zebra, der an der Hochschule für bildende Künste in Hamburg studierte. S.s ◇ realistischer Stil ist weniger durch den Montagecharakter der anderen Zebra-Mitglieder gekennzeichnet als durch ein kompositorisches Kalkül, das die scheinbare Idylle seiner Landschaftsbilder durch winzige Störfaktoren irritiert. Das artifizielle Darstellungsprinzip spiegelt in dieser Weise die oft unmerklichen, aber fundamentalen Eingriffe der Technik in den Verlaufsprozeß der Natur.

Kat.: Gessmann-Gal., Neu-Isenburg 1978.

Struycken, Peter, * 1939 Den Haag
Niederländischer Maler des Konstruktivismus, der sich in den 60er Jahren in einer Bilderserie, betitelt *Struktur*, um eine theoretische Fundierung der Beziehungen zwischen Form und Farbe auch unter Einsatz von Computertechnik bemühte.

Sugai, Kumi, * 1919 Kobe
Japanischer Maler, der an der Kunstschule in Osaka studierte und 1952 nach Paris übersiedelte. Seine Malweise ist von der ostasiatischen Formensprache bestimmt, die er durch eine elementarisierende Vereinfachung und eine kontrastreiche, aber harmonische Farbgebung in eine rätselhafte Symbolik überführt.

Kat.: Gal. Creuzevault, Paris 1958; Kestner 1963; Gal. Brechbühl, Grenchen 1964; American Art Gal., Kopenhagen 1965; Lefebre Gal., NY 1967; Gal. Brusberg, Hannover 1967; Gal. Defet, Nürnberg 1972 (mit Akiyama). – d II/1, d III/1.

Supports/Surfaces
Name einer Vereinigung französischer Künstler häufig wechselnder Zahl, die sich explizit mit den Grundlagen der Malerei – nämlich Bildträger (Support) und Bildfläche (Surface) – befassen und sie unter Einbeziehung politischen Gedankenguts (Marxismus, Maoismus) in Einzelmomente zerlegen oder ihr Verhältnis analysieren. An der ersten gemeinsamen Ausstellung 1970 waren beteiligt: Vincent Bioulès (* 1938 Montpellier), Marc Devade (* 1943 Paris), Daniel Dezeuze (* 1942 Alès), Patrick Saytour (* 1935 Nizza), André Valensi (* 1947 Paris) und Claude Viallat (* 1936 Nîmes), an späteren Ausstellungen beteiligten sich u. a. → Cane, Noël Dolla (* 1945 Nizza), Vivien Isnard, Christian Jaccard (* 1939 Fontenay-sous-bois), Jean-Michel Meurice (* 1938 Lille), Bernard Pagès (* 1940) und Jean-Pierre Pincemin (* 1944).

Kat.: Nouvelle peinture en France. Pratiques/Théories, Mus. d'Art et d'Industrie, St Etienne/MAH, Chambéry/Km. Luzern/Neue Gal., Aachen/Bordeaux 1974/75.

Sutherland, Graham,
* 1903 London
Englischer Maler, bedeutendster zeitgenössischer Vertreter einer surrealistischen visionären Malerei in England neben → Bacon. S. wurde auf dem Goldsmith's College of Art zum Grafiker ausgebildet. Seine frühen Grafiken, meist Landschaften und Illustrationen, zeigen bereits einen Hang zum Halluzinativen. Erst Mitte der 30er Jahre wandte sich S. der Malerei zu, die vom Spätstil Picassos und vom Sur-

Graham Sutherland. Thorn Trees. 1946. Öl/Lwd. 126 x 100,5 cm. The British Council

realismus geprägt ist. Die bildnerischen Metaphorik wurde in den Kriegsjahren, die S. als Kriegsmaler erlebte, zunehmend aggressiver, unheimlicher und bedrohlicher und gipfelte in seiner *Kreuzigung* (1946, St. Matthew, Northampton) und der Reihe der *Dornenbilder.* Ab 1949 erfuhren seine Bilder in der Folge der *Standing Forms* eine Hinwendung zur Figur, die sich seit 1954 unter dem Einfluß Bacons weiter verstärkte. S. hat bedeutende Porträts geschaffen, u. a. von *Churchill* (1954).

Monogr.: D. Cooper, The Work of Gr. S., London 1961; A. Révai, S., Christ in Glory in the Tetramorp. The Genesis of the Great Tapestry in Coventry Cathedral, London 1964; L. Carluccio, S., Mail. 1966; Das graphische Werk 1922–69, hrsg. v. F. H. Man, München 1970; Fr. Angeli, Gr. S., NY 1975.

Kat.: MuNAM, Paris 1952; SM/Khs Zürich 1953; C. Valentin Gal., NY 1953; HaW, Bln 1954; Frankfurter Kunstkabinett 1957; Gal. Galatea, Turin 1961 u. 1963; Marlb., London 1962, 1964 (mit Kokoschka u. Moore), 1966–68 u. 1970 (mit Moore u. Picasso); Turin 1965; Kh. Basel/Haus d. Kunst, München/Gemeentemus., Den Haag/HaW, Bln/WRM 1966/67; Gal. Sant'Ambrogio, Mail. 1972; Gal. Il Fauno, Turin 1972; Zürich 1972. – d II/1, d III/1 u. 2.

Suvero, Mark di → **Di Suvero,** Mark

Takis, Vassilakis, * 1925 Athen
Griechischer Bildhauer, Autodidakt, kam 1954 nach Paris und machte dort seine ersten Experimente auf dem Gebiet der ◇ kinetischen Plastik. T.s Konstruktionen beruhen meist auf dem Phänomen des Magnetismus, z. B. hohe, schlanke Stäbe mit kleinen Elektromagneten an ihrer Spitze, die sich wechselseitig anziehen und abstoßen und so eine sensible, vibrierende Bewegung erzeugen (›Signale‹) oder Metallgegenstände (wie Nägel) an Fäden,

Vassilakis Takis. Télé-Peinture Electromagnetique III. 1964. Polystyren, Elektromagnet, Bindfäden, Stahlgegenstände. Gal. A. Iolas, Paris

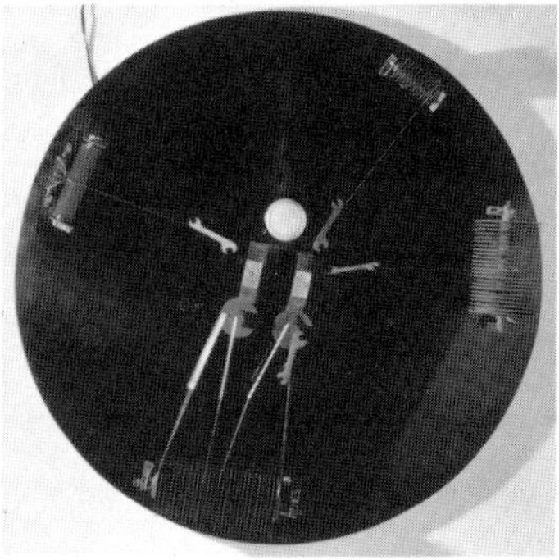

die durch elektromagnetische Kraft gegen die Schwerkraft in der Schwebe gehalten werden oder gegen Drahtseiten schlagen und so Klänge erzeugen.

Schriften: Estafilades, Paris 1961 (Autobiogr.).
Kat.: Gal. Schwarz, Mail. 1962 u. 1968; Gal. A. Iolas, Paris 1964; Indica Gal., London 1966; Gal. Kritzhaar, Amsterdam 1967; Gal. Cl. Givaudan, Genf 1968; Cambridge 1969; H. Wise Gal., NY 1970; SM, Leverkusen 1970; CNAC 1972. – d IV/2, d 6/I.

Tal Coat, Pierre Jacob,
* 1905 Clohars-Carnoët (Finistère)
Französischer Maler, kam 1947 durch Masson mit der chinesischen Landschaftsmalerei in Berührung und malte in den 50er und 60er Jahren abstrahierte lyrische Landschaften, die das Wechselspiel des Lichtes in der Natur widerspiegeln.

Kat.: Gal. Maeght, Paris 1956, Paris 1976. – Derrière le miroir Nr 82/84, 120 u. 153, Paris 1956–65. – d II/1.

Tàpies, Antoni(o),
* 1923 Barcelona
Spanischer Maler, begann nach anfänglichem Jurastudium 1946 autodidaktisch zu malen. Beeinflußt von Klee, → Dubuffet und → Still, schuf er Bilder von strenger, ernster Poesie, die sich durch ihre neuartige Materialbehandlung auszeichnen: Die Bildoberfläche ist zum Teil mit einer mörtelartigen Masse in reliefhafte Schichten unterteilt, die Farbe dick mit dem Spachtel aufgestrichen, wieder abgeschabt – so daß das Gewebe frei liegt – eingeritzt und mit geheimnisvollen Hieroglyphen bekritzelt. Das so entstandene Bild erzeugt die Assoziation alter, geheimnisvoller Mauern.

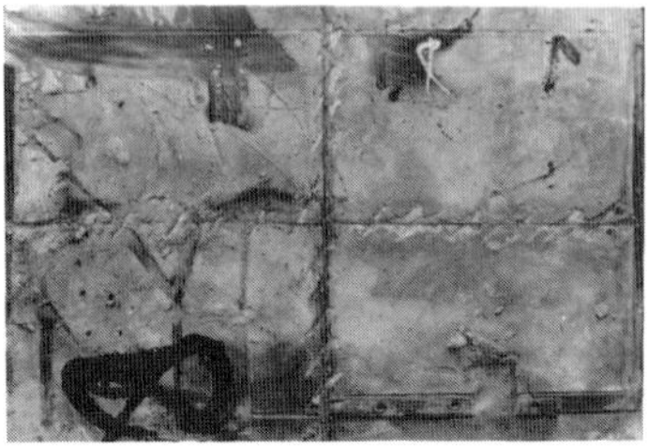

Antonio Tàpies. Graues Relief. 1953. Lwd. 150 x 217 cm. ML

Schriften: Die Praxis d. Kunst. Gesammelte Schriften, St. Gallen 1976.
Monogr.: M. Tapié, A. T., Barcelona 1959; J. E. Cirlot, T., ebd. 1960; Bl. Bonet, A.T., Barcelona 1964; G. Gatt, A. T., Bologna 1967; M. Tapié, A. T., Mail. 1969; Fr. Vicens, A. T. oder Der Nachbildner d. Diademe, Barcelona 1967; A. Gerici, T., Zeuge d. Schweigens, ebd. 1971; V. Linhartová, A. T., Niederteufen 1972 (= Kunst heute. 21), engl. London 1972, frz. Paris 1972 (= L'art de notre temps); W. Schmalenbach, T., Zeichnungen u. Strukturen, Bln 1974; J. Daive, A. T., Paris 1975; P. Gimferrer, A. T. u. d. Geist Kataloniens, Bln 1976; G. Raillard, T., Paris 1976; W. Schmalenbach, A. T., 3 Reden, St. Gallen 1977. – Das gesamte graphische Werk, hrsg. v. D. Jähnig, St. Gallen 1967 (Œuvrekat. 1947–67); dass., Kassel 1969; Das graphische Werk 1947–72, hrsg. v. M. Galfetti, St. Gallen 1974; Objets et grandes formats, hrsg. v. J. Dupin, Paris 1972 (= Œuvrekat. 1970–71). – Cuadernos de arte Nr 156, Madrid 1964; Derrière le miroir Nr 168 u. 175, Paris 1967–68.
Kat.: Guggenheim 1962; Kestner 1962 (Retro.); Gal. Berggruen, Paris 1963; Gal. im Erker, St. Gallen 1963; Gal. van de Loo, München 1965; Gal. Zwirner, Köln 1965; Gal. Stadler, Paris 1966; Hamburger Kh. 1968 (Retro.); Kölnischer Kv. 1968; Wien 1968; Barcelona 1971; Genf/NGB 1973/74 (Retro.); Basel 1975; Staatl. Kh. Baden-Baden 1977/78. – d II/1, d III/1, d IV/1, d 6/III.

Télémaque, Hervé,
* 1937 Port-au-Prince (Haïti)
Französischer Maler, der an der Art Students' League in New York stu-

dierte und seit 1962 in Paris lebt. In einer Synthese aus ◇ Pop Art und ◇ Neuem Realismus schuf T. in den 60er Jahren eine Malweise, die in comic-stripartiger Zitierung und reklamehafter Farbigkeit Dinge des Alltags sowie Teile des menschlichen Körpers gemischt mit geometrischen Mustern darstellt.

Kat.: Gal. M. Fels, Paris 1967 u. 1971; Hanover Gal., London 1964 (mit Geissler). – d III/1, d IV/1.

Thek, Paul, * 1933 New York
Amerikanischer ◇ Objektkünstler, dessen frühe Environments ähnlich wie bei → Kienholz eine suggestive Horrorkunst des Schocks darstellten und mit der satirischen Ironie der ◇ neodadaistischen Anti-Ästhetik die Verlogenheit bürgerlicher Moral attakierten. Die späteren Environments (um 1970) sind im Sinne der ◇ Individuellen Mythologien kultische Räume, die einen mythischen Symbolhorizont aus Themen des Alten Testaments sowie der nordischen Mythologie erstellen und eine geheimnisvolle, ekstatische Dingverzauberung schaffen (*Arche Noah*, 1970).

Kat./Werkpubl.: P. Th. and E. Klein. A Document, Amsterdam 1969; Km. Luzern 1973. – d IV/2, d 5.

Paul Thek. Pyramide. 1971. Verschiedene Materialien. 500 x 1400 x 450 cm. Installation d 5

Thiebaud, Wayne,
* 1920 Mesa (Arizona)
Amerikanischer Maler, der zunächst als Designer in der Werbung tätig war, bevor er am Sacramento State College Malerei studierte. T. vertritt eine übersteigerte, reklameaffirmative ◇ Pop Art mit greller Schattenkonturierung und pastoser Farbigkeit, die die gemalten Gegenstände – vorwiegend Bonbon- und sahnige Konditoreiprodukte – in ihrem Genußreiz bis zur totalen Raumillusion unterstreicht.

Monogr.: Graphics 1946–71, NY 1971 (Œuvrekat.).
Kat.: Gal. Schwarz, Mail. 1963; Pasadena 1968; Phoenix 1976/77. – d 5.

Thieler, Fred, * 1916 Königsberg
Deutscher Maler, der zunächst Medizin studierte, bevor er an der Münchner Akademie und bei → Hayter in Paris studierte. Seine Malweise der 50er und 60er Jahre ist dem ◇ Action Painting und dem ◇ Informel verbunden, das er jedoch in den späten 60er Jahren durch eine Collagetechnik strukturierte.

Kat.: Gal. Stangl, München 1958; Bln 1962; SKslg, Bonn 1968; Gal. Hennemann, Bonn 1976. – d II/1, d III/1.

Thomkins, Andre, * 1930 Luzern
Schweizer Maler und Zeichner, studierte 1947–50 an der Kunstgewerbeschule in Luzern, übersiedelte 1950 nach Paris und 1952 nach

Deutschland (seit 1955 in Essen). Beeinflußt von Dada und Surrealismus entwickelte er eine ironisch-phantastische Bildsprache, die er mit grotesk lautmalerischen Titeln versieht. Bekannt wurde er auch mit einer Vielzahl von geistreich-witzigen Palindromen (vor- und rückwärts lesbare Wortgruppen) wie *Dogma: I am Gog* oder *Strategy: Get Arts.*

Monogr.: Die Druckgrafik u. Monotypisches, Gal. Stähli, Zürich 1977 (Œuvre-kat.).
Kat.: Gal. F. Handschin, Basel 1969; Kh. Bern 1969 (mit Gerstner, Rot u. Spoerri); Km. Basel 1971; Gal. Raeber, Luzern 1971; Gal. D. Leonhart, München 1972; Mus. d. Stadt Solothurn / SM Leverkusen / Kv. Braunschweig 1973; Kestner 1974; Staatl. Kslg, Kassel 1978; Mannheimer Kv. 1978. – d 5, d 6/III.

Tillim, Sidney, * 1925 Brooklyn
Amerikanischer Kunstschriftsteller und Maler, der an der Syracuse University studierte. T. praktiziert in seiner Malerei einen narrativen figurativen ◇ Realismus, der nichts mit dem ◇ Hyperrealismus gemeinsam hat. Der landschaftliche Hintergrund seiner historischen Figurenbilder wird zum anekdotischen Illusionsraum, der ikonenhaft die Interpretation der dargestellten Szenen – meistens aus der amerikanischen Pioniergeschichte – liefert. Dadurch entsteht eine eigentümliche Raumstaffelung, bei der eine in theatralischer Pose erstarrte Szenerie wie ein stehendes Bild vor eine mit perspektivischer Tiefe gemalte Landschaft gestellt erscheint. Das Kompositionsprinzip T.s erinnert in seinem symbolischen Verweischarakter an die Freskenmalereien der Frührenaissance.

Joe Tilson. Schmecken (aus ›Die fünf Sinne‹). 1968/69. Siebdruck in vakuumverformtem Plexiglasbehälter. 147 x 147 x 4 cm. SL

Tilson, Joe, * 1928 London
Englischer Maler, studierte an der St. Martin's School of Art (1949 bis 52) sowie am Royal College of Art (1952–55) und arbeitete in Spanien und Italien. Früh mit der Bildwelt der ◇ Pop Art verbunden, beschäftigte sich T. intensiv mit modernen technischen Materialien sowie mit den trivialen Gegenständen des großstädtischen Lebens, die er schaubildhaft zitiert oder als Plastiken in riesiger Vergrößerung isoliert. Er gehört zu den Pionieren des Multiples in England.

Kat.: Hatton Gal., Durham 1963; Marb., Rom 1967; London 1970; Bln 1970 (mit Winner). – d IV/2.

Tinguely, Jean,
* 1925 Fribourg (Schweiz)
Schweizer ◇ kinetischer Bildhauer, studierte 1941–45 in Basel und ließ sich 1951 in Paris nieder. Er beteiligte sich ab 1960 mit → Rauschenberg und anderen an internationalen Happenings und schloß sich dem ◇ Nouveau Réalisme an. Sein In-

Jean Tinguely. Hommage à New York. 1960. MOMA

teresse an Ton und Bewegung machte sich bereits in seinen ersten Konstruktionen bemerkbar. Bekannt wurde er mit seinen *Méta-Matics*-Phantasiemaschinen mit programmierten Zufallselementen, z. B. Maschinen zur Herstellung von Zeichnungen (1959) oder sich selbst zerstörende Maschinen (ab 1960, u. a. *Hommage à New York).* T.s aus Ready made-Eisenteilen zusammengeschweißte Konstruktionen ironisieren das Maschinenzeitalter. Mit Niki de → St. Phalle konstruierte er eine begehbare, riesige Frauenfigur (MOMU).

Monogr.: E. Michaud, J.T., Chronologie. Expositions. Bibliogr., Paris 1970; S. Tosi, La vittoria di J.T., Mail. 1972; P.G. Hultén, Meta, Bln 1972.

Kat.: Gal. Arnaud, Paris 1954; Gal. Schmela, Dssd. 1959; Kh. Bern 1960 (mit Kricke u. Luginbühl); MHL, Krefeld 1960; Staempfli Gal., NY 1961; Gal. Handschin, Basel 1962; Minami Gal., Tokio 1963; Staatl. Kh., Baden-Baden 1964; Gal. A. Iolas, Paris / MOFA Houston 1964/65; MAD 1965 (mit César u. D'Haese); 8. Biennale, Sao Paulo 1965 (mit Lohse); Jewish Mus., NY/Washington Gal. of Mod. Art/ Walker, Minneapolis/ Carnegie Inst., Pittsburgh/Seattle Art Mus. 1965/66; Gimpel & Hanover, Zürich 1966; Kröller-Müller/Van Abbe/Km. Luzern 1967 (mit Luginbühl); Mail. 1967; Gal. Burén, Stockholm 1967; Kupferstichkabinett, Km. Basel 1968 (mit Luginbühl u. Müller); Gal. Iolas, Mail. 1970; CNAC/Kh. Basel/Kestner/ MOMU/SM 1971–73; Km. Basel 1977; WLM, Duisburg 1978/79. – d III/1, d IV/1, d 6/III.

Tobey, Mark,
* 1890 Centerville (Wis.),
† 1976 Basel

Amerikanischer Maler, bildete sich weitgehend autodidaktisch in Chicago und arbeitete als Reklamezeichner. Er lehrte ab 1935 in Seattle, machte aber ausgedehnte Reisen, vor allem nach Paris, England und in den Fernen Osten, wo er unter dem Eindruck chinesischer Schriftzeichen 1934 in China Kalli-

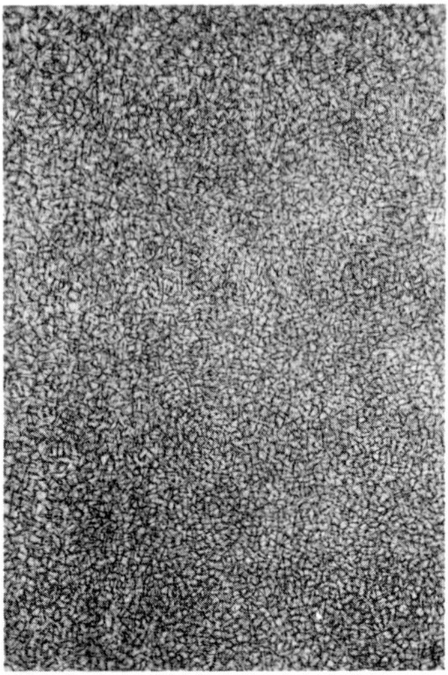

Mark Tobey. Harvest/Ernte. 1958. Tempera/Papier. 91,4 x 61,6 cm. Willard Gal., NY

grafie studierte und sich in einem Zen-Kloster in Japan aufhielt. Unter dem Einfluß der fernöstlichen Kunst entwickelte er seine berühmten ›White Writings‹: eine rhythmische, sensible Linienschrift, mit der er anfänglich noch gegenständliche Assoziationen erzeugte (Stadtlandschaften), die er dann jedoch abstrahierend zum Ausdruck innerer Visionen einsetzte.

Monogr.: C. Roberts, T., Paris 1959; F. Choay, M. T., Paris 1961; W. Schmied, M. T., Stgt 1966 (= Kunst heute. 8). – Das graphische Werk. I: Radierungen u. Serigraphien 1970–75, hrsg. v. H.H. Heidenheim, Dssd. 1975.

Kat.: Gal. Notizie, Turin 1960; Gal. Beyeler, Basel 1961 u. 1966; MOMA 1962; Paris 1961 (Retro.); Kestner 1966; Dssd. 1966; SM 1966; Gal. Pierre, Stockholm 1966; Bern 1966; Dallas 1966; Basel 1970; Gal. dell'Ariete, Mail. 1971; Gal. Il Fauno Turin 1971; Frankfurter Kunstkabinett 1971; Ursus-Presse, Dssd. 1978. – d II/1, d III/1.

Tomasello, Luis R., * 1915 La Plata

Argentinischer Maler, der in Buenos Aires Malerei studierte. 1957 übersiedelte T. nach Paris. Seine ◇ Op Art ist eine reliefplastische Flächengestaltung mit quadratischen und streifigen Farbelementen, die nach bestimmten Konstruktionsschemata aneinandergereiht sind. Dadurch entsteht der Eindruck einer rhythmisch bewegten plastischen Farbfläche.

Kat.: Gal. D. René, Paris 1965/66.

Tomlin, Bradley Walker,
* 1899 Syracuse (N. Y.),
† 1953 New York

Amerikanischer Maler, studierte 1917–21 an der Syracuse University sowie in Paris und lehrte 1932–41 in New York. Seit 1948 gehörte er zum Kreis von → Motherwell, → Pollock und → Gorky. Von einer realistischen, dann dekorativ kubistischen Malerei gelangte T. durch den entscheidenden Einfluß des surrealistischen ◇ Automatismus und → Gottliebs zu einem ◇ abstrakt-expressionistischen ◇ Action-Painting von zarter Farbigkeit und einer rhythmischen, sich verflechtenden kalligrafischen Pinselschrift.

Kat.: Whitney 1957; NY 1975/76 (Retro.). – d II/1.

Toroni, Niele,
* 1937 Locarno-Muralto

Italienischer Künstler, lebt in Paris. Von gleichen Gedanken ausgehend und seine Arbeiten in ein ähnliches System einbindend wie → Buren (und mit dem sowie mit Mosset und Parmentier er auch erstmals unter dem Namen BMPT in Ausstellungen hervortrat), reduzierte er seine

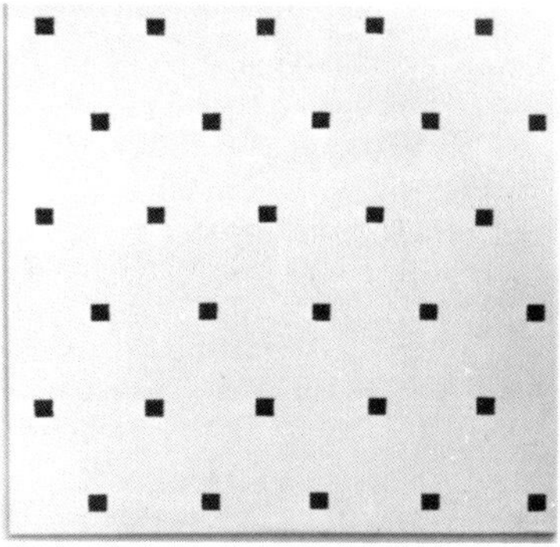

Niele Toroni. Abdrücke eines Pinsels Nr 50 in regelmäßigen Abständen (jeder vom anderen in einer Entfernung von 30 cm)

Malerei auf Abdrücke eines Pinsels Nr 50 in regelmäßigen Abständen (jeder vom anderen in einer Entfernung von 30 cm), wobei Farbe und Malgrund (Leinwand, Papier, Plastik, Wände) variabel sind und sich von Arbeit zu Arbeit verändern können.

Monogr.: R. Denizot, Une empreinte n'est jamais seule, Y. Lambert Ed., o.O. (Paris) 1975; 11 Documents photographiques réunis par N.T., Daled & Gevaert, Brüssel 1975.
Kat.: Van Abbe 1977; Kh. Bern 1978.

Trakas, George, * 1944 Quebec
In New York lebender Plastiker kanadischer Herkunft, der seit 1972 ›Brücken‹ und Achsen durch Landschafts- und Galerieräume zieht. Die Arbeit *Union Pass*, auf der Kasseler Karlsaue zur Documenta 6 1977 installiert, besteht aus einer Stahl- und einer Holzbrücke, die zueinander Gegenachsen bilden. In einem Sprengungsprozeß ist der Treffpunkt beider Brücken gelöst, in der Sprengung verschmelzen die alte Struktur, die der Holzsteg symbolisiert, und die neue Konstruktionsstruktur der Stahlbrücke ineinander.

Kat.: Philadelphia 1977. – d 6/I.

Trier, Hann,
* 1915 Düsseldorf(-Kaiserswerth)
Deutscher Maler und Grafiker, studierte 1934–38 an der Düsseldorfer Akademie. Er war Mitglied der Gruppe → Zen und vertrat in den 50er Jahren in seiner Malerei eine lyrisch gemäßigte Form von ◇ Action Painting, deren lineare Strukturen und netzähnliche Zellen an tänzerische Rhythmen erinnern.

Schriften: Einige Betrachtungen über d. Beziehung zwischen Kunst u. Natur, Dssd. 1965.
Kat.: Kölnischer Kv. 1958; Kestner 1959; Gal. Stangl, München 1961 u. 1964; Kh. Darmstadt 1961; Kv. Hbg 1962; 8. Biennale, Sao Paulo 1965; Kv. Hannover 1968; Bln 1968; Bonn 1972. – d II/1 u. 3, d III/1 u. 2.

Tripp, Jan Peter, * 1945 Oberstdorf
Deutscher Maler, der an der Stuttgarter Akademie sowie bei Rudolf → Hausner in Wien studierte. Nach einer frühen Phase phantastisch-surrealer Malerei unter dem Einfluß Hausners entwickelte T. seit den ausgehenden 60er Jahren einen ◇ magisch-realistischen Stil, der die fotografisch getreue Abbildlichkeit des ◇ Hyperrealismus mit illusionistischen Elementen verbindet und daraus eine Art von Traumfotografie mit verschiedenen Realitätsebenen komponiert. Dabei entsteht eine Art von ›theatralischer‹ Lebensinszenierung durch die Malerei, die die verschiedensten Lebenssituationen zwischen dörflicher Heimatidylle und der Ichentfremdung in einer psychiatrischen Klinik irri-

tierend und erhellend zugleich im Bild synthetisiert und die Klischeevorstellung von Realität im Sinne einer psychologischen Anatomie offenlegt.

Kat.: Gal. Brockstedt, Hbg 1977.

Trökes, Heinz,
* 1913 Duisburg(-Hamborn)
Deutscher Maler, der bei Itten und Muche studierte. Nach 1945 war seine Malweise zunächst vom Surrealismus beeinflußt; die Bekanntschaft mit → Wols brachte dann aber die Wendung zu einer abstrakt hieroglyphenhaften Zeichensprache mit einer transparenten poetischen Farbigkeit, die an Klee erinnert. In den ausgehenden 60er Jahren entwickelte T. unter dem Einfluß der ◇ Pop Art eine ornamental-figurale Bildwelt, die von leuchtenden Farben getragen wird.

Werkpubl.: Singhalesische Miniaturen, Baden-Baden 1959 (= Der silberne Quell. 48); Phantasien. 25 Zeichnungen u. Radierungen, hrsg. v. R. Roeingh, Bln 1961 (= Archivarion-Kunstbibl. II/2); Tage Nacht Buch, hrsg. v. C. Linfert, Gal. Der Spiegel, Köln 1963; Eldorado. Ein Bilderbuch v. Amerika, Köln 1965.
Monogr.: W. Grohmann, H. Tr., Bln 1959.
Kat.: Gal. H. Hermann, Stgt 1948; SKm., Duisburg 1955; HaW, Bln 1956; Gal. Springer, Bln 1958 u. 1960; Hannover 1961; Gal. Der Spiegel, Köln 1962 (=Geh durch d. Spiegel. 31); Stgt 1964; Gal. Stangl, München 1968; München 1970; Gal. H. Hoeppner, Hbg 1971. – d II/1 u. 3, d III/2.

Trova, Ernest,
* 1927 St. Louis (Miss.)
Amerikanischer Bildhauer, der in seinen ›Falling-Man‹-Plastiken ästhetischen Elemente der ◇ Pop Art mit der gesellschaftskritischen Ironie des ◇ Neuen Realismus verbindet. Diese geschlechts- und gesichtslosen Maschinenmenschen zeigen nur ihre reine, blankpolierte und glatte Volumenform und symbolisieren im Sinne der totalen Konsummanipulation den von der Technik entpersonalisierten Menschen.

Monogr.: E. Tr. 1947–72. Artist Slain, hrsg. v. J. R. Schmidt, NY 1973.
Kat.: Hanover Gal., London 1964, 1966 u. 1970; NY 1966; Wanderausst. Missouri 1967; Gal. of the Loretto-Hilton Center 1967; Marlb., London 1970; The Pace Gal., NY 1971. – d IV/1 u. 2.

Tsai, Wen-Ying, * 1928 Amoy
Chinesischer Plastiker, der in Shanghai und an der Universität von Michigan Maschinenbau studierte. In den USA arbeitete er als Konstruktionsingenieur für die Atomforschung und die elektronische Datenverarbeitung. 1963 begann er seine künstlerische Tätigkeit mit vibrierenden ◇ kinetischen Plastiken, denen später kybernetische environmentale Plastiken folgten.

Kat.: Gal. D. René, Paris 1972.

Tucker, William, * 1935 Kairo
Englischer Bildhauer, der an der St. Martin's School of Art bei → Caro und an der Londoner Central School of Arts and Crafts Bildhauerei studierte. Seine abstrakten, farbig bemalten Fiberglasplastiken sind aus industriell hergestellten, sich wiederholenden Bauelementen konstruiert und zeigen deutliche Parallelen zu Philip → King.

Kat.: d IV/1.

Tübke, Werner, * 1929 Schönebeck
Deutscher Maler und Grafiker, studierte 1945–47 an der Meisterschule für deutsches Handwerk in Magdeburg, 1948–50 an der Hochschule für Grafik und Buchkunst in Leip-

Werner Tübke. Selbstbildnis. 1971. Öl/Lwd. 71,5 x 43 cm. Im Besitz des Künstlers

zig und 1950–53 Kunsterziehung und Psychologie an der Universität Greifswald. T. gehört zu den herausragenden Künstlerpersönlichkeiten der DDR und hat sich vor allem durch neue Impulse im Bereich des sozialistisch geprägten Historienbildes mit seinen manieristisch-monumentalen Darstellungen der Pariser Commune, des Spanischen Bürgerkriegs und des deutschen Bauernkriegs profiliert. Seine zyklischen Werke zeigen eine renaissancehafte Geschlossenheit in der Raumauffassung trotz einer ins Visionäre ausgreifenden Figurenfülle. Stilistisch bedient sich T., der von seinen Italienreisen stark beeinflußt wurde, aller Techniken, die ihm die Kunstgeschichte von Bosch und Bruegel bis zum Expressionismus bereitstellt.

Monogr.: G. Meißner, W.T., Lpz. 1974; J. Emmrich. W.T., Schöpfertum u. Erbe, Wien 1976.
Kat.: Gal. Kuehl, Dresden 1968; Gal. del Levante, Mail. 1971; NG, Staatl. Mus. zu Bln (DDR) 1972 (Studioausst.); Gemäldegal. Neue Meister, Dresden/Mus. d. bildenden Künste, Lpz./Neue Berliner Gal. 1976; Gal. Arkade, Bln (DDR) 1977. – d 6/I u. III.

Tumarkin, Ygael, * 1933 Dresden
Israelischer ◇ Objektkünstler, der in Paris studierte. Seit 1960 baut T. expressive Skulpturen aus Schrottstücken, die in dynamischen Gebärden auf menschliche Verhaltensweisen zwischen Krieg und absurder Zerstörung, zwischen Selbstbehauptungswillen und Angst verweisen.

Kat.: Gal. Seide, Hannover 1959.

Turnbull, William, * 1922 Dundee
Englischer Maler und Bildhauer, studierte an der Slade School of Art und gehörte 1960 zu den ◇ Hard edge-Malern, die in der Ausstellung ›Situation‹ in London vertreten waren. Als Bildhauer schuf er zunächst abstrakte, totemhafte, auf Grundformen reduzierte Skulpturen aus Holz und Stein; später folgten abstrakte, in der Form einfache Plastiken aus bemaltem Stahl, die den Skulpturen → Caros nahestehen.

Kat.: Tate 1973. – d IV/1.

Turrell, James Archie,
* 1943 Los Angeles
Amerikanischer Künstler, studierte 1965–67 an der University of California in Irvine. Ähnlich wie → Asher und → Nordman arbeitet er mit Räumen und Licht und ver-

mittelt durch sparsame Eingriffe ein völlig verändertes Raumgefühl.

Kat.: Pasadena Art Mus. 1967; SM 1976.

Tuttle, Richard,
* 1941 Rahway (N.J.)
Amerikanischer Bildhauer, studierte am Trinity College in Hartford und 1963/64 an der Cooper Union in New York. Nach frühen Papierarbeiten und Holzreliefs entstanden 1967 die ersten monochrom eingefärbten vieleckigen – später nur noch achteckigen – Leinentücher, die man beliebig hängen oder legen konnte. Aus ihnen entwickelten sich 1969 die Papierachtecke, die direkt auf die Wand zu kleben sind. Seine Arbeit im Bereich zwischen Malerei und Bildhauerei setzte er ab 1971 mit einer Serie von Stücken aus dünnen, an die Wand genagelten Drähten und den dazugehörigen, schattenartig auf die Wand gezeichneten Bleistiftlinien fort.

Richard Tuttle. Nr 4. Draht

Kat.: Dallas MOFA 1971; Kunstraum München 1973; The Cont. Arts Center, Cincinnati 1975 (mit Bochner, Le Va u. Rockburne); Wadsworth 1975 (= Matrix. 10); NY/LA 1975/76; J. Pretto Gal., NY 1976; Kh. Basel 1977. – d 5, d 6/III.

Twombly, Cy,
* 1928 Lexington (Va.)
Amerikanischer Maler und Zeichner, studierte in Lexington und Boston sowie an der Art Students' League in New York und am Black Mountain College in North Carolina. 1957 ließ er sich in Rom nieder. Ausgehend vom ◇ Abstrakten Expressionismus entwickelte er in seinen Bildern und den oft zu Zyklen zusammengefaßten Zeichnungen eine an Kritzeleien erinnernde, gestische Zeichensprache.

Cy Twombly. Free Wheeler. 1956. Öl, farbige Kreide/Lwd. 173,5 x 190 cm. Slg Ströher

Monogr.: C. Tw., mit Einl. v. E. Villa, Ed. della Tartaruga, Rom 1961; Zeichnungen 1953–73, hrsg. v. H. Bastian, Bln 1973. Kat.: Gal. J, Paris 1961; Gal. del Naviglio, Mail. 1961; Gal. Notizie, Turin 1962 (mit Nevelson), 1963 u. 1967; Gal. Ä. Abels, Köln 1963; Gal. La Tartaruga, Rom 1963; Gal. Benador, Genf 1963; Gal. Handschin, Basel 1964; Gal. Friedrich & Dahlem, München 1964; MHL, Krefeld

1965; PBA, Brüssel 1965; Sm 1966; Milwaukee Art Center 1968; Gal. dell'Ariete, Mail. 1971; Km. Basel 1973; Kh. Bern 1973; SGal. im Lenbachhaus, München 1973; Gal. Art in Progress, München 1975; Gal. K. Greve, Köln 1975; ICA, Univ. of Pennsylvania, Philadelphia/SF Mus. of Art 1975; Kestner 1976. – d 6/III.

Tworkov, Jack,
* 1900 Biala (Polen)
Amerikanischer Maler polnischer Herkunft, kam 1913 in die USA, studierte an der Columbia University (1920–23), der Art Students' League sowie der National Academy of Design (1923–25) und lehrte später am Black Mountain College und der Yale University. Unter dem Einfluß von → De Kooning gab T. seine figürliche Malerei auf und wandte sich einer ◇ abstrakt-expressionistischen Malerei zu, die in ihrer atmosphärischen Stimmung meist eine landschaftliche Erinnerung auslöst, wie auch viele seiner Bildtitel (*Watergame*, 1955).

Kat.: NY 1964 (Retro.). – d II/1.

Ubac, Raoul, * 1910 Malmédy
Belgischer Maler, der bei → Hayter in Paris studierte. Ausgehend vom Surrealismus, dem er sich 1935 in Paris anschloß, entwickelte U. nach 1946 eine eigenwillige Form des ◇ Abstrakten Expressionismus, zu der ihn die Schichtstruktur von Schiefersteinen anregte. Seine Bilder bestehen aus geschichteten transparenten Farbformen, die wie mineralische Kristallisationen nach einem Vulkanausbruch erscheinen.

Monogr.: Derrière le miroir Nr 142, Paris 1964.
Kat.: Gal. Maeght, Paris 1955; Gal. Parnass, Wuppertal 1959; Kh. Mannheim 1962; PBA, Charleroi 1968; Paris 1971; Gal. Maeght, Zürich 1974. – d II/1 u. 3.

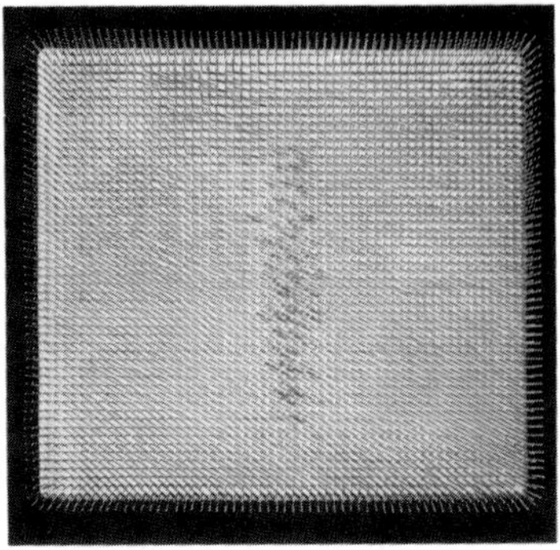

Günther Uecker. Weißes Bild. 1959. 55,5 x 60 cm

Uecker, Günther, * 1930 Wendorf
Deutscher Künstler, studierte an den Kunstakademien in Berlin und Düsseldorf. Bereits in den ausgehenden 50er Jahren machte U. Nägel zu seinen bevorzugten kompositorischen Elementen, die er in symmetrischen Ordnungen auf Platten und Bretter anordnete und mit weißer Farbe übermalte, wodurch sie eine changierende immaterielle Erscheinung erhalten. 1961 schloß er sich der → Zero-Gruppe an und wandte sich zunehmend durch die Gruppengemeinschaft mit → Mack und → Piene einer ◇ kinetischen Lichtkunst in Gestalt von Lichtkästen, rotierenden Nagelscheiben und Lichtmühlen zu.

Schriften/Werkpubl.: Hommage à A. v. Arnim u. Cl. Brentano, Olef 1969; Weißstrukturen. Texte 1956–62, Hofhauspresse, Dssd. o. J. – Ue.-Zeitung, bisher 4 H., Dortmund (Nr 0) u. Dssd. (Nr 1–3) 1968 bis 1972.
Monogr.: W. Sharp, G. Ue. – 10 Years of a Kineticist's Work, NY 1966 (= Kineticism Press. 1); D. Helms, G. Ue., Recklinghausen 1970 (= Monogr. zur rhein.-westf. Kunst d. Gegenwart. 41); G. Ue., Eine Dokumentation, hrsg. v. L. Wolleh,

Gal. Der Spiegel, Köln 1971; Zeichnungen, hrsg. v. Fr. W. Heckmanns, Dssd. 1975. – Bilder u. Objekte. Das zeichnerische Frühwerk, hrsg. v. G. Inboden u. St. v. Wiese, Stgt 1976.
Kat.: Hannover 1965 (mit Mack u. Piene); Gal. Schmela, Dssd. 1966; H. Wise Gal., NY 1966; Gal. Handschin, Basel 1967; Gal. D. René, Paris 1968; Gegenverkehr, Aachen 1969; Gal. D. René/H. Mayer, Krefeld 1969; 35. Biennale, Venedig 1970; MOMU 1971; Kestner 1972; SKh., Dssd. 1975. – d III/1, d IV/1, d 6/III.

Uhlmann, Hans,
* 1900 Berlin, † 1975 ebd.
Deutscher Bildhauer, studierte 1919 bis 24 an der Technischen Hochschule in Berlin. 1926–33 und ab 1950 war er Dozent an der HfbK in Berlin, 1933–45 war er als Ingenieur tätig. Ausgehend von geometrisierenden und ◇ konstruktivistisch beeinflußten Draht- und Eisenblechplastiken (ab 1935) bezog er nach 1945 immer mehr Bewegung, Schwingung und Elastizität in seinen Arbeiten ein und entwickelte eine für die 50er Jahre in Deutschland stilbildende Formensprache. Besonders bekannt wurde sein *Concerto* für das Foyer der Hochschule für Musik in Berlin (1954).

Hans Uhlmann. Rondo. 1958/59. Messing. 150 cm hoch

Werkpubl.: Tänzerische Figurationen. 10 Zeichnungen, hrsg. v. R. Roeingh, Bln 1950 (= Archivarion-Kunstbibl., II.6); Handzeichnungen, hrsg. v. Fr. Baumgart, Ffm. 1960.
Monogr.: W. Haftmann, H. U., Bln 1975 (= Schriftenreihe d. Akad. d. Künste. 11; mit Œuvrekat. d. Skulpturen v. U. Lehmann-Brockhaus); W. Grohmann, H. U., Bln 1948.
Kat.: Gal. G. Rosen, Bln 1947; Gal. Schüler, Bln 1949 u. 1965; Kestner 1953 (mit Woty Werner); Gal. Der Spiegel, Köln 1956 (= Geh durch d. Spiegel. 6); Gal. Springer, Bln 1957 u. 1959; Kleemann Gal., NY 1957; Gal. d. 20. Jh., Bln 1958 (Retro.); KMv. Wuppertal/Kh. Bremen, 1960; Gal. G. Franke, München 1965; Westf. Kv., Münster 1965 (mit Geiger u. Pfahler); Kulturzentrum Wolfsburg 1966; Gal. Krugier, Genf 1967 (mit Baier u. Florsheim); Akad. d. Künste, Bln 1968 (Retro.); NGB 1975; Gal. Brusberg, Hannover 1978. – d II/2, d III/1, d 6/III.

Ullrich, Dietmar, * 1940 Hamburg
Deutscher Maler, der an der Hochschule für bildende Künste in Hamburg studierte. Seit 1965 ist er Gründungsmitglied der Gruppe → Zebra. In seiner realistischen Malerei konzentriert sich U. im wesentlichen auf Sportthemen, die er – nach Fotovorlagen gemalt – in eine sinnbildhafte Stilisierung überführt. Seine Gestalten wirken genauso mechanisch und aggressiv wie die Geräte, mit denen sie umgehen.

Ulrichs, Timm, * 1940 Berlin
Deutscher Künstler, studierte 1959

bis 1966 Architektur an der TH in Hannover und betreibt seit den 60er Jahren eine ›Werbezentrale für Totalkunst, Banalismus, Extemporismus‹ in Hannover. Seine künstlerischen Aktivitäten wie eine Ausstellung als ›1. lebendes Kunstwerk‹ (Gal. Patio, Ffm. 1966), tautologische Arbeiten und Textbilder mit Wortspielen, die umgangssprachliche Wendungen wörtlich nehmen, stehen in der Tradition von Dada.

Kat.: MHL, Krefeld 1970; SM, Wiesbaden 1971; Kv. Celle/Kh. Bielefeld 1973; Lm. Münster 1975; Kv. Hannover 1975; Braunschweig/Hagen/Heidelberg 1975. – d 6/III.

Ultvedt, Per Olof, * 1927 Kemi
Finnischer Maler, ◇ Objektkünstler und Grafiker, der 1938 nach Stockholm übersiedelte und dort die Kunsthochschule besuchte. 1955 trat er in Kontakt zu → Tinguely, dessen Maschinenskulpturen ihn zu ähnlichen Plastiken aus geschweißtem Schrotteisen sowie zu möbelartigen Haushaltsapparaten anregten. In den 60er Jahren wurden diese Möbel zu beweglichen Mobilia, die mit einer Vielzahl von Objets trouvés ausgestattet wurden und ihre Funktion im wörtlich genommenen Bewegungsprozeß suggestiv-ironisch demonstrieren.

Kat.: d IV/1.

Ursula
(eigentl. Ursula Schultze-Bluhm),
* 1921 Mittenwalde
Deutsche Malerin und Plastikerin, deren surreale Bildwelt aus einer subjektiven Traumphantasie und Märchenwelt hervorzuwachsen scheint, in der Lieblichkeit und Horror-Schock eng nebeneinanderliegen oder sogar gleiche Quellen haben. Die eigenwillige Naivität dieser wuchernden Fabelwelt ist keiner Richtung eindeutig zuzuweisen, obwohl sich bestimmte Elemente dieses individuellen Traumkosmos der ◇ Pop Art, dem Surrealismus oder dem ◇ Neuen Realismus zuordnen ließen; ihre Symbiose aber überführt sie in eine rätselhafte mythische Eigenwelt, die sich bewußt naiv gibt und sich von der Außenwelt in extrem subjektivistischer Ausdrucksweise abkapselt. U. ist verheiratet mit → Schultze.

Kat.: Gal. Brusberg, Hannover 1967; Neue Gal., Aachen 1970; MAD 1972; SKh., Dssd. 1974. – d 6/III.

Valdes, Manuel → **Equipo Cronica**

Valensi, André → **Supports/Surfaces**

Vardanega, Gregorio,
* 1923 Possagno
Italienischer Plastiker, der in Boenos Aires studierte. Auf einer Europareise 1948 wurde er durch die Begegnung mit Pevsner und Sonia Delaunay zu chromatischen Farbexperimenten angeregt. 1959 übersiedelte er nach Paris und beschäftigte sich in ◇ kinetischen Plastiken mit der Auswirkung von Licht auf Glas und Plexiglas (›chromocinétisme‹). Seine Plexiglaskugeln sind von kreisenden farbigen Lichtprojektionen erleuchtet, seine ›Kästen‹ sind Lichtüberlagerungen, die die Illusion dreidimensionaler Räumlichkeit hervorrufen.

Kat.: MBA, Paris 1964 (mit Boto).

Varisco, Grazia → **Gruppo T**

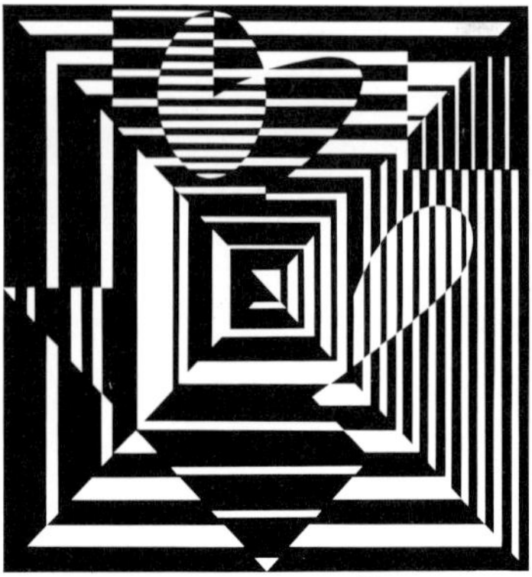

Victor Vasarely. Ihar. 1957, Öl. 70 x 77 cm. Slg Ströher

Vasarely, Victor,
* 1908 Pécs (Ungarn)
Französischer Maler ungarischer Herkunft. Nach dem Studium der Gebrauchsgrafik in Budapest siedelte V. 1930 nach Paris über. Die werbegrafische Tätigkeit führte ihn zu einer systematischen Erforschung optischer Reize durch grafische Mittel. 1947 entwickelte V. eine Methode, die wissenschaftliche Vorstellungen von Raum, Materie und Energie mit Hilfe rein formaler, geometrischer Formen in Sinnesempfindungen übertrug. Er erarbeitete ein formales Gestaltungsrepertoire aus geometrischen Grundelementen, die sich ohne bewußtes künstlerisches Arrangement reproduzieren lassen und deren serielle Anordnung ◇ optisch-kinetische Effekte produziert. Nach Experimenten mit linearen Schwarz-Weiß-Überlagerungen entstanden 1954 erste optisch-kinetische Bilder aus seriellen Linienstrukturen in vertikaler, horizontaler, ondulierter oder kreisförmiger Anordnung, die sich durch die Bewegung des Betrachters verändern. Zu den linearen Strukturen traten in zunehmendem Maße Kreisformen und ihre ellipsoiden Abwandlungen, das Rechteck und der Rhomboid. In den ausgehenden 50er Jahren konnte V. seine Gestaltungsprinzipien auf architektonische Anlagen übertragen. Sein Werk wurde richtungweisend für die jüngere Generation optisch-kinetischer Künstler, die sich vor allem im Rahmen der → Groupe de Recherche d'Art Visuel an den von V. geschaffenen künstlerischen und theoretischen Grundlagen orientierten.

Schriften: V. V. 3 Bde, Neuchâtel 1965–74; Plasti-cité. L'œuvre plastique dans votre vie quotidienne, Paris o.J. (= M.O. 1). – J.-L. Ferrier, Entretiens avec V. V., Paris 1969 (Interview u. Texte), dt. Köln 1971 (= Spiegelschrift. 8).
Monogr.: W. Spies, V. V., Stgt 1969 (= Kunst heute. 12); A. Brück, V.-Analysen, Stgt 1970; W. Spies, V. V., Paris 1970, dt. Köln 1971, engl. NY 1971; P. A. Riedl, V. V., Folklor – N 2, Stgt 1971; G. Diehl, V., München 1974; Farbstadt, München 1977.
Kat.: Gal. D. René, Paris 1955, 1957, 1959, 1966 u. 1970; Gal. Blanche, Stockholm 1956; Gal. Der Spiegel, Köln 1956 (= Geh durch d. Spiegel. 7), 1959, 1960, 1961 u. 1963; PBA, Brüssel 1960; Gal. Lorenzelli, Mail. 1961; Hanover Gal., London 1961 u. 1965; Worldhouse Gal., NY 1962; Gal. KB, Oslo 1962; Gal. Le Point Cardinal, Paris 1962; MAD 1963; Kestner/HaW, Bln/Kv. Rh/W, Dssd. 1963/64 (mit Œuvrekat. d. Druckgrafik 1949–63); Brook Street Gal., London 1964–66; Gemeentemus., Den Haag 1964; Gal. Handschin, Basel 1965; (Op) Art Gal., Eßlingen 1967; Amsterdam 1967 (mit Œuvrekat. d. Serigrafien 1949 bis 66); NY 1968; Genf 1969; Gimpel & Hanover, Zürich 1969; Paris 1970; Köln 1971 (Retro.); Gal. Art Mod., Genf 1974; Gal. S. Huber, Zürich 1974; Junior Gal., Goslar 1978. – d II/1 u. 3, d III/1, d IV/2.

Ben Vautier. Der Schrank. 1958 ff.

Vautier, Ben,
* 1935 Neapel
Französischer Vertreter italienischer Herkunft des ◇ Neo-Dada, der in seiner sogenannten ›Ideenkunst‹ die Identifikation von Kunst und Leben im Rückgriff auf Duchamp realisiert, indem er die eigenen Lebensäußerungen und verbalen Artikulationen zur Kunst erklärt (während eines ◇ Fluxus-Festivals 1962 in London 15 Tage und Nächte lang Selbstausstellung im Schaufenster einer Galerie als ›lebende Skulptur‹). Die Summe dieser notierten Kreativitätsprozesse sammelt V. in einer Art individuellem Museum, dem *Schrank* (1958 ff.).

Kat./Werkpubl.: Festival non art – Anti art – La vérité est art . . ., Nizza 1969; Ecrit pour la gloire à force de tourner en rond et d'être jaloux, Nizza 1970; Ein kleines Buch von Ben, Stgt 1970 (= Flug/Flux Blattzeichnung. 14); Ben. Ecritures de 1958 à 1966, D. Templon o. O. u. J. (Paris 1971); Tout Ben, Paris 1974; Gal. Foksal PSP, Warschau 1974. – d 5.

Vecchi, Gabriel de → **Gruppo T**

Vedova, Emilio, * 1919 Venedig
Italienischer Maler, einer der Hauptvertreter der italienischen ◇ Informel-Malerei in den 50er und frühen 60er Jahren, Mitglied der → Fronte Nuovo delle Arti. Sein Stil ist von einem romantischen Anarchismus geprägt, der sich wie in dramatischen Explosionen äußert. Seine Malerei versteht sich als bildliche abstrakte Umsetzung von szenischen Vorgängen des menschlich-sozialen Lebens, das für V. wesentlich von politischen Auseinandersetzungen und Kämpfen geprägt wird.

Schriften: Scontro di Situazioni. Libertà dell'espressione, Mail. 1963; Blätter aus d. Tagebuch, München 1960.
Monogr.: L. Venturi, E. V., Rom 1956; N. Ponente, E. V., Rom 1957; Z. Kepiński, V., Posen 1958; G. C. Argan, G. Marchiori u. a., E. V., Madrid 1961 (= Cuadernos de arte. 81); D. Ashton, F. Bayl u. W. Sandberg, La pintura de V., Mallorca 1962.
Kat.: Gal. Blu, Mail. 1960; Kv. Freiburg 1962; Marlb., Rom 1963; Staatl. Kh., Baden-Baden 1964. – d II/1, d III/1 u. 2.

Emilio Vedova. Lettera aperta. 1957

Venet, Bernard,
* 1941 Saint-Aubin
Französischer Künstler. Seit 1966 mit Fragen einer ◇Konzeptuellen Kunst befaßt, suchte er in seinen Arbeiten Phänomene wie Sensibilität, Ausdruck und Individualität zugunsten objektiver Information auszuschalten, indem er Ergebnisse geistes- und naturwissenschaftlicher Disziplinen – wie z. B. mathematische, physikalische und chemische Fachbücher – als Ready made präsentierte. Um der Wiederholung seiner Ideen zu entgehen, stellte er 1971 seine Arbeit ein, nahm sie aber 1976 in Bildern wieder auf, die ihre eigenen Maße und Formen beschreiben.

Monogr.: C. Millet, B. V., Paris 1974. Kat.: MHL, Krefeld 1970; New York Cultural Center 1971/72 (Retro.); Gal. Foksal PSP, Warschau 1973 u. 1974. – d 6/I.

Verheyen, Jef, * 1932 Itegem
Belgischer Maler, der an der Kunstakademie und am Institut des Beaux-Arts studierte. Bereits in den ausgehenden 50er Jahren fand er zu einer monochromen Malerei, die auf jede geometrische Symbolik verzichtete und die reine Existenz der Farbe sowie die Möglichkeit einer Entmaterialisierung der Bildfläche dokumentierte. Diese Intention erklärte er auch in Manifesten, die er 1958 unter dem Titel ›Essentialisme‹ und 1960 in dem Aufsatz ›Pour une peinture non plastique‹ publizierte.

Kat.: SM, Leverkusen 1961 (mit Reinhardt u. Lo Savio).

Viallat, Claude → **Supports/Surfaces**

Viani, Alberto, * 1906 Quistello
Italienischer Bildhauer, der an der Akademie in Venedig studierte. Unter dem Einfluß Arps und Brancusis entwickelte V. eine archetypische abstrakte Skulptur zumeist blankpolierter Manier, die trotz ihrer absoluten Form ihre Inspiration durch die menschliche Gestalt nicht verbirgt.

Kat.: d II/2.

Vieira, Mary, * 1927 Sao Paulo
Brasilianische Bildhauerin, die durch den Einfluß Max → Bills, bei dem sie in den frühen 50er Jahren studierte, ihre künstlerische Gestaltung aus mathematischen Grundlagen aufbaute. Ihre linearen Drahtplastiken sind von regelmäßigen geometrischen Flächen geprägt, die die zwingende Klarheit konstruktiv-abstrakter Formen zur Anschauung bringen.

Vieira da Silva, Maria-Elena,
* 1908 Lissabon
Portugiesisch-französische Malerin, ursprünglich Bildhauerin und Schülerin Bourdelles, seit 1929 zur Malerei übergegangen, tätig in Paris.

Maria-Elena Vieira da Silva. Hafen. 1953. Lwd. 97 x 130 cm. ML

Eindeutig dekorative, mosaikähnliche frühe Arbeiten wichen einer stark betonten Räumlichkeit der Darstellung. Farbige Segmente werden durch ein ausdrucksvolles Liniennetz unterteilt, das sich zur Mitte hin zusammenzieht und an den Bildrändern verschwimmt: scheinbare Abstraktionen, die in Wirklichkeit kaschierte visionäre Städtebilder von großer Tiefe und Traumarchitekturen sind. Sie gilt als Hauptvertreterin der ◇ Informel-Malerei in Portugal.

Monogr.: P. Descargues, V. da S., Paris 1950 (= Artistes de ce temps. 1); R. de Solier, V. da S., Paris 1956 (= Le mus. de poche); V. da S., Paris 1960; D. Vallier, V. da S., Genf 1971; Les estampes 1929–76, hrsg. v. G. Weelen, Paris 1977.
Kat.: Kestner 1958; Paris 1960; Knoedler Gal. NY 1961; Kh. Mannheim 1961; Gal. Civica d'Arte Mod., Turin 1964; Gal. A. Pauli, Lausanne 1964; Kh. Basel 1970. – d II/1 u. 3, d III/1 u. 2.

Villeglé, Jacques Mahé de la,
* 1926 Quimper (Finistère)
Französischer Künstler, der an der Pariser Akademie studierte. 1960 war V. Gründungsmitglied des ◇ Nouveau Réalisme, nachdem er schon in den 50er Jahren als Affichist mit Raymond → Hains zusammengearbeitet hatte. Seine zerrissenen Plakate (›Affiches lacérées‹)

Jacques de la Villeglé. Affiches lacérées le 22. Février, Porte Maillot, 17c. Plakat/Holz. 58 x 116 cm. Gal. J. Ranson, Paris

wurden bereits 1957 ausgestellt. In diesen Collagen aus abgerissenen Plakaten dominiert eine lyrisch-rhythmische Anordnung der Buchstaben gegenüber dem Décollageprinzip der Affichisten → Rotella und Hains.

Kat.: Gal. Beaubourg, Paris 1974.

Visser, Carel Nicolas,
* 1928 Papendrecht
Niederländischer Bildhauer, studierte 1948–49 an der Technischen Hochschule in Delft und 1949–51 an der Akademie in Den Haag,

Carel Visser. Ohne Titel. 1965. Eisen. 8 Balken, je 3 m lang. Kröller-Müller

1952 ließ er sich in Amsterdam nieder. Seine klaren, in der Tradition des niederländischen Konstruktivismus stehenden Arbeiten (meist Eisenplastiken), mit denen er zum bekanntesten zeitgenössischen Bildhauer der Niederlande wurde (zahlreiche öffentliche Aufträge, u. a. für den Amsterdamer Flughafen Schiphol, 1967), lassen sich im Prinzip in zwei nebeneinanderherlaufende Werkgruppen mit grundsätzlicher skulpturaler Thematik unterteilen: Zusammensetzen aus Einzelteilen (ab 1954; *Doppelformen*, 1957–58) und Zerteilen einer geschlossenen Form (*Salami*, ab 1964) bzw. Reduzieren auf ein Gerüst (*Schlaffer Kubus*, 1969).

Monogr.: C. Blok, C. V., Amsterdam 1968 (= Art and Architecture in the Netherlands); C. V., Vlaardingen 1972.
Kat.: 34. Biennale, Venedig 1968; SM 1972; Gemeentemus., Den Haag 1972 (Retro.); PBA, Brüssel 1972; Van Abbe 1975; Whitechapel 1978. – d IV/1.

Vogelgesang, Klaus,
* 1945 Radebeul
Deutscher Maler und Zeichner, dessen ◇ kritisch-realistischer Stil von den maschinenhaften Gestalten → Lindners beeinflußt ist. Mit grafischer Akribie zeigt V. die körperliche Deformation und das soziale Elend, wobei seine Malweise durch scharfe Hell-Dunkel-Kontraste einem direkten Naturalismus entflieht.

Kat.: Bln 1970; Kh. Kiel 1977; Staatl. Kh., Baden-Baden 1977 (›9 Bewerber . . .‹). – d 6/III.

Vostell, Wolf, * 1932 Leverkusen
Deutscher Grafiker und ◇ Happening-Künstler, der während eines Amerika-Aufenthalts mit → Kaprow zusammenarbeitete und danach das ◇ Décollage-Happening als ◇ neodadaistische Aktionsform entwickelte. In seiner Grafik benutzt V., der zunächst mit Abreißbildern von Plakatwänden begann, die Technik des Verwischens und Übermalens von Fotomontagen, ein Verfahren, das für die Vertreter des ◇ Neuen Realismus zum wichtigsten Vehikel gesellschaftskritischer Aussage wurde.

Werkpubl.: Berlin and Phenomena, NY 1966 (= A Great Bear Pamphlet); Dé-coll/age Happenings, NY 1966; Dé-coll/agen 1954–69, Bln 1969; Happening u. Leben. Alle Happeningtexte, Konzepte, Skizzen u. Manifeste seit 1954, Neuwied 1970; Antworthappening, Bln 1976; 10 Happeningkonzerte 1954–73, Mail. 1976; Happening Calvario, Ed. Masnata, Genua 1973 (= Chisel Book. 3).
Monogr.: S. Simon, V. 1. W. V.s Aktions-Bildsprache. Eine Dokumentation 1954–69. Eine Untersuchung, Bln 1969 (= Ed. 17).
Kat.: Gal. Schwarz, Mail. 1961; Kölnischer Kv. 1966; KMv., Wuppertal 1968; Aachen 1970; Kh. Bremen/MAM 1974 (Retro.); MaO, Dortmund/Kestner/Centro Mirò, Barcelona 1977. – d 6/I u. III.

Wolf Vostell. Coca-Cola. 1961. Papier/Hartfaser. 2 Teile, insgesamt 210 x 310 cm. ML

Vries, Herman de,
* 1931 Alkmaar
Niederländischer Kunstschriftsteller und Maler, der 1961 zusammen mit der Gruppe → Nul die Zeitschrift ›Nul‹ herausgab und später um 1965 die Zeitschrift ›integration‹ redigierte, nachdem ›Nul‹ unter dem Titel ›Der neue Stil‹ eine halb literarische Zeitschrift geworden war. Sein Stil ist ähnlich wie bei → Zero von der Monochromie geprägt.

Schriften: Chance Fields. Ein Essay über d. Topologie d. Zufalls, Dinkelscherben 1973.

Waller, Jürgen, * 1939 Düsseldorf
Deutscher Maler, der an der Kunstakademie in Düsseldorf studierte. Mit plakativen Darstellungsmitteln zeigt der zu den Berliner ◇ kritischen Realisten gehörende W. in provokativen Illustrationen die politische und soziale Massenmanipulation durch Medien und Werbung, der sich auch die sogenannte kritische Linke in ihren Propagandaklischees nicht entziehen kann.

Walther, Franz Erhard,
* 1939 Fulda
Deutscher ◇ Prozeßkünstler, der sich schon in den 60er Jahren während eines Studienaufenthalts in den USA mit dem experimentellen Erfinden von prozeßhaften Erfahrungen mit Objekten beschäftigte und sogenannte systematische *Werksätze* entwickelte. W.s Objekte können nicht aufgrund konventioneller Gebrauchsriten benutzt werden. Sie sind vielmehr ›Instrumentarien‹, die vom Benutzer eine eigenständige Erfindung der Benutzungsformen abverlangen, wobei diese aus der Analyse der den Objekten eigenen Bedingungen und Eigenschaften abgeleitet werden müssen. W. unterstützt dieses Erlernen eines sensiblen Erfahrens und Handelns durch textliche und diagrammartige Erläuterungen seiner Objekte. Während der *1. Werksatz* vorwiegend aus textilen Materialien bestand, umfaßt der *2. Werksatz* große begehbare Metallobjekte, deren Benutzungskonzeption auch offener ist als beim *1. Werksatz.* Die Objekte zeichnen sich durch einfache, strenge Formen aus, die das formlose Gewirr von Imaginationen, Vorstellungen und Gedanken des Benutzers kanalisieren sollen.

Franz Erhard Walther. Drei Stufen, skulptural. 1975. Stahl. 1200 x 435 x 1 cm

Schriften/Werkpubl.: OBJEKTE, benutzen, Köln/NY 1968; Tagebuch. MOMA, NY. 28. Dezember 1969 bis 1. März 1970, H. Friedrich, Köln 1971. – Prozeßmaterial, ebd. 1971; Diagramme zum 1. Werksatz, ebd., München 1976.
Monogr.: I. Krupka, Zu Nr. 51 ›Proportionen‹ aus d. 1. Werksatz ›Prozeßmaterial‹. Fr. E. W., Köln 1971; Fr. E. W., Arbeiten 1955–63. Material zum 1. Werksatz 1963–69, hrsg. v. G. Adriani, Köln 1972 (= DuMont Kunst = Praxis, = DuMont-international; auch als Kat. Kh. Tübingen 1972).
Kat.: Staatl. Kh., Baden-Baden 1976; Kunstraum München 1976; ML 1977; 14. Biennale Sao Paulo 1977; Stadtschloß Fulda 1978. – d 5, d 6/I u. III.

Warhol, Andy
(eigentlich Andrew Warhola),
* 1928 Pittsburgh (Pa.)
Amerikanischer Künstler tschechischer Abstammung, studierte 1945–49 am Carnegie Institute of Technology und ging 1952 nach New York, wo er erfolgreich als Werbegrafiker tätig war (1957 Art Directors' Club Medal). Nach einer

Andy Warhol. Two Elvis. 1963. Siebdruck/Lwd. 206 x 148 cm. ML

Italienreise, auf der ihn vor allem Florenz beeindruckte, wandte er sich der Kunstproduktion zu und wurde binnen kurzem die einflußreichste Gestalt der ◇ Pop Art: Seine Arbeiten veränderten radikal die herrschenden Auffassungen von Kunst und Ästhetik, und durch eine Art ›Rückzug der Kreativität‹ (»Maschinen haben weniger Probleme. Ich wäre gerne eine Maschine. Sie nicht auch?«) nahm er bereits Tendenzen der späteren 60er Jahre vorweg. Die vor allem mit den Mitteln der Serigrafie in seiner ›Factory‹ (Wohn- und Arbeitsstätte für seine Helfer und Freunde) angefertigten Arbeiten (1962–64 rund 2000), die sich mit der Künstlichkeit der Konsumkultur u. a. auch durch die ◇ serielle Vervielfachung des Gegenstandes auseinandersetzen, umfassen den gesamten Bereich des Alltäglichen und Trivialen (Suppendosen, Cola-Flaschen, Dollarnoten, Comic Strips) und den bestimmter ›Images‹ (Elvis Presley, Marilyn Monroe, Liz Taylor, Jackie Kennedy; Serien über Autounfälle, Selbstmörder und über den Elektrischen Stuhl). Ab 1963 wandte er sich dem Film zu (quasi die Erweiterung des Mediums Bild: *Sleep* 1963, 6 Stunden; *Empire*, 1964, 8 Stunden). Erst in jüngster Zeit entstanden neue Arbeiten, u. a. Porträts berühmter Zeitgenossen (*Willy Brandt*, 1976) sowie eine *Hammer und Sichel*-Serie (1976).

Schriften/Werkpubl.: A. W.'s Index (Book), NY 1967 (= A Black Star Book); A. A Novel, NY 1968, dt. Köln 1971; Blue Movie, NY 1970, dt. Köln 1971; The Philosophy of A. W., NY 1977.
Monogr.: R. Crone, A. W., Stgt 1970 (mit Œuvrekat.); ders. u. W. Wiegant, Die revolutionäre Ästhetik A. W.s in Kunst u. Film, Darmstadt 1970; His Early Works 1947–59, hrsg. v. A. Brown, NY 1971; P. Gidal, A. W., NY u. London 1971; A. W. u. seine Filme. Eine Dokumentation, hrsg. v. E. Patalas, München 1971; J. Wilcock u. a., The Autobiogr. and Sex Life of A. W., NY 1971.
Kat.: Stable Gal., NY 1962; Gal. I. Sonnabend, Paris 1964, 1965 u. 1967; L. Castelli Gal., NY 1964; Gal. Sperone, Turin 1965; Gal. Rubbers, Buenos Aires 1965; ICA, Univ. of Pennsylvania, Philadelphia 1965; ICA, Boston 1966; MOMU 1968, ³1970; Kunstnernes Hus, Oslo 1968; NGB 1969; Pasadena Art Mus./Van Abbe 1970 (hrsg. v. J. Coplans, als Buch, Greenwich 1969 u. London 1971); Württ. Kv., Stgt/SKh., Dssd. 1976; Khs. Zürich 1978; Louisiana Mus., Humlebaek 1978. – d IV/1, d 6/I u. III.

Watts, Robert,
* 1923 Burlington (Ia.)
Amerikanischer Künstler, studierte 1944–46 an der Art Students League und bis 1951 an der Columbia

University. Nach frühen Bildern im Stil des ◇ Abstrakten Expressionismus (ab 1946) wandte er sich 1958 – in Zusammenarbeit mit → Brecht und → Kaprow – experimentellen Kunstformen, Untersuchungen, Environments und Mixed Media-Veranstaltungen zu, aus denen sich ◇ Happening- und Fluxusaktionen entwickelten.

Kat.: d 5.

Wegman, William,
* 1943 Holyoke (Mass.)
Amerikanischer Künstler, studierte 1961–65 am Massachusetts College of Art in Boston und 1965–67 an der University of Illinois. Bekannt wurde W. mit humorvollen, die übliche Realitätswahrnehmung ironisierenden Bildgeschichten aus drei oder mehr Fotografien, vor allem auch in Zusammenhang mit seinem Hund ›Man Ray‹; seit 1971 entstehen auch Videoarbeiten.

Kat.: LA County Mus. of Art 1973; Wadsworth 1975 (= Matrix. 9). – d 5, d 6/II.

Weh, Renate, * 1938 Augsburg
Deutsche Objektkünstlerin, die in den ausgehenden 60er Jahren durch ihre ◇ neodadaistischen Einsiebungsaktionen bekannt wurde. Durch ein Sieb läßt sie Sand oder Gipspulver auf den Gegenstand rieseln, der sich dadurch langsam verfremdend verwandelt. Das Ding verliert in der Überdeckungsaktion seine manipulierte Funktion und erhält einen neuen poetischen Sinnbezug jenseits seines Warencharakters.

Weibel, Peter, * 1944 Odessa
Österreichischer Logistiker, Filmemacher und ◇Videokünstler, der an der Sorbonne Literatur studierte, Vertreter des Expanded Cinema. Zusammen mit Valie → Export verfilmte er Materialaktionen von → Muehl, → Brus, → Nitsch und Oswald Wiener. Seine Expanded Cinema-Aktionen sind Reflexionen über Konventionen, haben Demonstrationscharakter und benötigen z. T. eine komplizierte Technik. Von seinen Videoarbeiten ist *The Endless Sandwich* die bekannteste: Sie fordert den Betrachter vor dem Bildschirm auf, dasselbe zu tun, was er mehrfach als Bild im Bild vor sich sieht, bei Bildstörung den Apparat abzustellen. Neben dieser ironischen Reflexion über das Medium Fernsehen stellte W. eine Reihe linguistischer Arbeiten her.

Monogr.: Peter Weibel, An Annoted Videography 1969–1976, hrsg. v. der Österr. Hochschülerschaft, Innsbruck 1977. – d 6/II.

Weiner, Lawrence,
* 1940 Bronx (N.Y.)
Amerikanischer Künstler, lebt in Amsterdam und New York. Nach Anfängen in der Art des ◇ Systemic Painting gelangte er (ähnlich wie

Lawrence Weiner. Zwei Minuten lang Farbe aus einer normalen Farbspraydose direkt auf den Boden gesprüht. 1968

→ Barry) durch Reduzierung des Objekthaften zu nur noch sprachlich fixierten Arbeiten im Sinne der ◇ Konzeptuellen Kunst: anfangs durchaus praktisch umsetzbar – ein dem jeweiligen Besitzer einer Arbeit überlassener Vorgang (*Zwei Minuten lang Farbe aus einer normalen Farbspraydose direkt auf den Boden gesprüht*, 1968) – später nur noch gedanklich und assoziativ nachvollziehbar (*Langsam gestiegenes Wasser*, 1970; *Vielleicht wenn rückübersetzt*, 1971; *Von Holz zu Stein*, 1975). Viele seiner Arbeiten erschienen in Buchform.

Werkpubl.: Statements, L. Kellner Foundation/S. Siegelaub, NY 1968; Tracce/Traces, Sperone Ed., Turin 1970; Flowed, NSCAD, Halifax 1970; 10 Works, Y. Lambert Ed., o. O. u. J. (Paris 1970/71), span./engl. Centro de Arte y Comunicación, Buenos Aires 1971; Perhaps When Removed . . ., Art & Project, Amsterdam 1971, span./engl. ebd. 1971; Causality: Affected and/or Effected, L. Castelli Gal., NY 1971; Having Been Done At/Essendo stato fatto a, Ed. Sperone, Turin 1972; A Primer, Documenta GmbH., Kassel 1972 (auch im Kat. SM, Mglb. 1973); And/or: Gree as Well as Blue as Well as Red, J. Wendler Ed., London 1972; Within Forward Motion/Innerhalb vorwärtsgerichteter Bewegung, Kabinett f. aktuelle Kunst, Bremerhaven 1973; Once Upon a Time/C'era una volta, Fr. Toselli, Mail. 1973; Having from Time to Time a Relation to . . ., Art & Project, Amsterdam 1973; Towards a Reasonable End/Auf ein vernünftiges Ende zu, Kabinett f. aktuelle Kunst, Bremerhaven 1975; Relative to Hanging, Ed. After Hand, Kopenhagen 1975; Works, Hbg 1977.
Kat.: Gegenverkehr, Aachen 1970; Westf. Kv., Münster 1972; SM, Mglb. 1973; Van Abbe 1976; Kh. Basel 1976. – d 5, d 6/III.

Werner, Theodor,
* 1886 Jettenburg (bei Tübingen),
† 1969 München
Deutscher Maler, studierte 1908/09 an der Akademie in Stuttgart. W. lebte überwiegend in Berlin und ab 1959 in München und war befreundet mit Mirò und Braque, deren Einfluß auf seine Bilder mit ihren für die 50er Jahre in Deutschland typischen sich überlappenden und zersprengten Formen unverkennbar ist. Zu seinen bekanntesten Werken gehört das große Wandbild in der Hochschule für Musik in Berlin (3 x 18 m, 1954).

Theodor Werner. Tiefsee. 1951. Öl/Papier. 62,5 x 88 cm. Mus. Folkwang, Essen

Kat.: Gal. G. Rosen, Bln 1947; Marlb., London 1959 (mit Woty W.); SKm., Duisburg 1961; Akad. d. Künste, Bln 1962. – d II/1.

Wéry, Marthe, * 1930 Brüssel
Belgische Künstlerin, studierte u. a. in Paris im ›Atelier 17‹ bei → Hayter. Nach anfänglich dem belgischen ◇ Konstruktivismus nahestehenden Gemälden entwickelte sie ab 1972 eine lineare, zeichnerische Gestaltungsform, die die Leinwand als durchgehende ›Schraffur‹ bedeckt. Später übertrug sie dieses Prinzip auch auf Papierbögen, wobei das von seelischer und körperlicher Konzentration bestimmte Arbeitsergebnis zu besonderer Dichte gelangt.
Kat.: d 6/III.

Wesselmann, Tom,
* 1931 Cincinnati (O.)
Amerikanischer Maler, der am Hiram College, an der Universität von Cincinnati, an der Art Academy of Cincinnati und an der Cooper Union studierte. Mit seiner berühmten Serie der *Great American Nudes* wurde er zu einem bedeutenden Repräsentanten der amerikanischen ◇ Pop Art. Diese Superassemblagen sind zunächst im Combine Painting-Verfahren collagiert und verbinden in Cartoon-Manier isolierte Teile weiblicher Akte auf riesigen Leinwandflächen mit Konsumrequisiten wie Heizkörpern, Badewannen, Radios usw. Dabei entstehen raumplastische Wandtafeln, die im Unterschied zum Environment nur die frontale Ansicht gestatten. Im Verlauf seiner Arbeit an den *Great American Nudes* vergrößerte W. seine Bildformate so sehr, daß er aus Mangel an entsprechend großen Assemblagerequisiten seine Markenartikelobjekte selbst fabrizieren mußte. Dadurch erreicht die Komposition eine noch größere Perfektionierung in der designgerechten Farbgebung und in der glatten Kühle einer total entindividualisierten und ikonografischen Reklameästhetik.

Tom Wesselmann. Badezimmer. 1962. Collage, Ölfarbe/Holz. 120 x 150 cm. Slg Ströher

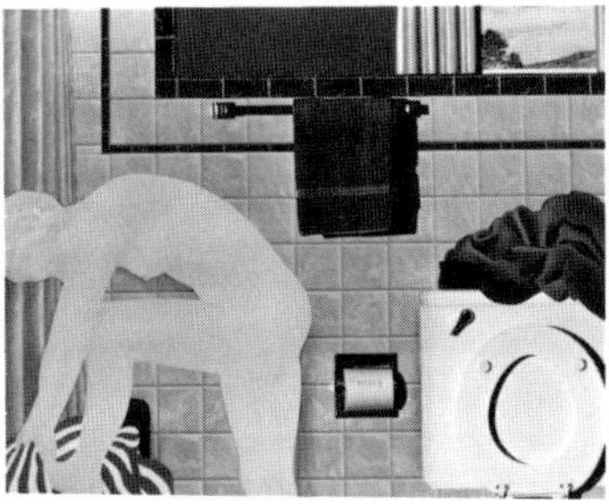

Kat.: S. Janis Gal., NY 1966; Gal. I. Sonnabend, Paris o.J. (1966); Dayton's Gal., Minneapolis 1968; NY 1968 u. 1970; Balboa 1970/71. – d IV/1 u. 2, d 6/III.

Westermann, H. C. (Horace Clifford), * 1922 Los Angeles
Amerikanischer Bildhauer, studierte 1947–50 am Art Institute of Chicago. 1952 entstanden die ersten *Totenschiff*-Arbeiten und ab Mitte der 50er Jahre die ersten Miniaturhäuser (*Mad House*, 1957): wie alle seine Arbeiten eigenwillig-chiffrierte Holzskulpturen von äußerster technischer Vollkommenheit.

Kat.: A Frumkin Gal., NY 1963; LA County Mus. of Art 1968; MOCA, Chicago 1968, NY 1970; Whitney 1978/79 (Retro.). – d IV/1, d 5.

Wewerka, Stefan,
* 1928 Magdeburg
Deutscher Architekt und Objektkünstler, der bei Bruno Taut studierte und mit den Dadaisten befreundet war. 1961 gab W. seinen Architektenberuf auf und widmete sich ganz einer ◇ neodadaistischen, kapriolenreichen Objektkunst. Bekannt wurde er vor allem durch seine ironischen Stuhlverwandlungen: Normale Stühle wurden durch schiefe Winkel verzerrt und funktionsunbrauchbar, obwohl sie als Stühle in ihrer Erscheinung zu erkennen sind. Die Deformation wird hier in den eigenwilligen Architekturen und Möbelentwürfen zum Verweis auf die paradoxe Viel-

schichtigkeit von Dingdefinition, Dingbenutzung und Dingerscheinung.

Schriften/Werkpubl.: Für d. lieben Kleinen. St. W.s Frühlingskindermalbuchwalzer, hrsg. v. D. Rot u. R. Rieser, Stgt 1969.
Kat.: Datteln/Essen 1972; Dssd. 1973.

Wiener Schule
Bezeichnung für eine Gruppe österreichischer Künstler (überwiegend Schüler von Albert Paris Gütersloh an der Wiener Akademie), die mit ihren, unter bewußter Anlehnung an ältere Kunst (Manierismus) und deren Techniken entstandenen, traumhaft-barocken Wunschhalluzinationen eine neue Form des phantastischen Surrealismus in der Art Dalis vertreten, allerdings ohne dessen Hintergründigkeit. Zur W. S. zählen → Brauer, → Fuchs, → Hausner, → Hutter und → Lehmden.

Monogr.: W. Schmied, Die W. Sch., Feldafing 1964; ders., Malerei d. Phantastischen Realismus. Die W. Sch., Wien 1964, ^{2}1972; ders., Die W. Sch. d. Phantastischen Realismus, Bln 1965; J. Muschik, Die W. Sch. d. Phantastischen Realismus oder Die Innenwelt d. Außenwelt in altmeisterlicher Manier, München 1974.
Kat.: E. Fuchs u. d. W. Sch., Rottendorf 1973; Gal an d. Düssel, Dssd. 1976.

Wilding, Ludwig,
* 1927 Grünstadt
Deutscher Maler und Plastiker, der an der Universität Mainz Kunstgeschichte studierte und danach bei Willi Baumeister seine künstlerische Ausbildung erhielt. In seiner ◇ Op Art-Malerei sucht W. nach einer reinen Optik mit Hilfe von Schwarz-Weiß-Lineaturen auf transparenten Folien, die sich zu raumillusionistischen Strukturen überlagern und die bei Verschiebung ◇ kinetische Kurvenüberschneidungen erzeugen.

Kat.: Münster 1965; (Op) Art Gal., Eßlingen 1965; Gal. D. René, Paris 1968; Gal. Wilbrand, Köln 1971; Kölnischer Kv. 1973; Gal. Klihm, München 1978.

Wiley, William,
* 1937 Bedford (Ind.)
Amerikanischer Filmemacher, Objekt- und Aktionskünstler, der in den frühen 60er Jahren der ◇ Fluxus-Bewegung nahestand. In seiner Objektkunst begann W. mit Assemblagen im Stile der ironisch-erotischen provokativen Funk Art, die sich an der Westküste Amerikas als kritische Gegenbewegung zur ◇ Pop Art ausbildete. Allmählich jedoch paarte sich diese Form der Objektkunst in der zunehmenden Beschränkung auf naturhafte Materialien wie z. B. Sackleinen und Bambus, die zu zeichenhaften Symbolen komponiert werden, mit einer nostalgischen Romantik, die sich in ihrem geschichtsmythischen Deutungshorizont der ◇ Spurensicherung nähert.

Kat.: Mail. 1971. – d 5.

Williams, Emmett,
* 1925 Greenville (S.C.)
Amerikanischer Dichter und Künstler, studierte u. a. Anthropologie in Paris. Seit 1973 ist er Professor am NSCAD in Halifax. Seine Dichtungen stehen der Konkreten Poesie nahe, über → Spoerri und → Bremer, mit denen er 1957–59 zusammenarbeitete und über → Filliou, mit dem er eng befreundet ist, kam er mit ◇ neodadaistischen Strömungen und der ◇ Fluxusbewegung in Berührung, deren Koor-

dinator für Europa er Anfang der 60er Jahre war.

Schriften (u. a.): Sweethearts, Stgt 1967; An Anthology of Concrete Poetry (Hrsg.), SEP, NY 1967.

Willikens, E. G., * 1939 Leipzig
Deutscher Maler, der an der Kunstakademie in Stuttgart und als Stipendiat in London studierte. Seine Malerei ist von einem ◇ kritischen Realismus geprägt, der durch die figurative Darstellung kalter, zellenartiger, menschenleerer Klinikräume sein soziales Engagement indirekt formuliert. Die moderne rationalisierte Sozialpolitik wird hier in ihrer Feindlichkeit gegenüber der Individualität durch ihre monströse Verplanungsstrategie entlarvt.

Wilson, Ian
Amerikanischer Künstler, der die in den späten 60er Jahren nach europäischen Vorläufern wie → Manzoni und → Klein besonders in den USA einsetzende »Entmaterialisierung des Kunstobjekts« (L. Lippard) extrem vorantrieb, indem er völlig auf die Produktion von Objekten verzichtete und das persönliche Gespräch mit dem Publikum (individuell oder in Gruppen) zu seinem eigentlichen künstlerischen Werk erhob.

Windheim, Dorothee von,
* 1945 Volmerdingen
Deutsche Plastikerin, die 1965–71 an der HfbK in Hamburg studierte. Während eines Florenz-Aufenthaltes (1971–75) war sie Mitarbeiterin bei der Fresko-Restaurierung im Gabinetto del Restauro, Palazzo Pitti. Dort erprobte sie 1972 anhand von Restaurationsbüchern die Technik der Freskosicherung und entwickelte daraus ihre Arbeiten der Wandabnahme, eine Form von ◇ Spurensicherung, die von dokumentierenden Fotoarbeiten begleitet wird. Die Oberflächenbeschaffenheit alter Wände und Mauern übt dabei einen faszinierenden Reiz auf die Künstlerin aus, da sich in ihr geschichtliche Spuren, kultureller Wandel manifestieren. Im Abnehmen der Putzschichten enthüllt sich Verborgenes, findet sich vergangene Architektur wie Bogen und Fenster, die ihrer Funktion beraubt sind. Reale Architekturteile werden so zu zeichenhaften Wegweisern in eine vergangene Realität.

Werkpubl.: Strappo, Ed. Ernst, Hannover o.J. (1973). – d 6/I.

Winner, Gerd,
* 1936 Braunschweig
Deutscher Maler und Grafiker, der an der HfbK in Berlin und in Helsinki studierte. W. beschäftigt sich, angeregt durch → Rauschenberg, → Hamilton und die ◇ Pop Art, mit den artifiziellen Möglichkeiten des fotomechanischen Druckverfahrens der Serigrafie, die er in einem unpersönlichen fotografisch-realistischen Stil gestaltet. W. bevorzugt in seinen Sujets vor allem die Fabrikmauern und Straßenfluchten der Arbeiter- und Hafengroßstadt, die er ausschnitthaft in seinen grafischen Blättern reportiert.

Monogr.: B. Holeczek, W.s photographisches Skizzenbuch, Braunschweig 1977. – Werkverz. d. Siebdrucke 1968–72, ebd. 1972.
Kat.: SMus., Braunschweig 1966; Gal. Mikro, Bln 1968; Kölnischer Kv. 1973; Bremen 1975 (mit Œuvrekat. d. Siebdrucke 1968–72); NGB 1976. – d 6/I.

Fritz Winter. Nächtlicher Regen. 1952. 95 x 131 cm. ML

Winter, Fritz,
* 1905 Altenbögge (Westfalen),
† 1976 Herrsching (Ammersee)
Deutscher Maler, 1927–30 Schüler von Klee, Kandinsky und Schlemmer am Bauhaus. W.s als Naturkraftsymbole gedachte abstrakte Bilder (*Triebkräfte der Erde*, 1944) stehen in der Tradition des Blauen Reiter (vor allem des späten Marc) und des Bauhauses. Ursprünglich mit halborganischen Formen arbeitend, verwendete er später vor allem schwarze Zeichen und Balken auf kräftig leuchtenden Farben und näherte sich dem Stil der ◇ Ecole de Paris.

Monogr.: Fr. W., Aus Briefen u. Tagebuchblättern, Bern 1951; W. Haftmann, Fr. W., Triebkräfte d. Erde, München 1957; J. Büchner, F. W., Recklinghausen 1963; H. Keller, Fr. W., München 1976. 146 ausgewählte Werke aus d. Jahren 1924 bis 38, hrsg. v. H. Baerlocher, Bern 1963; Werke aus d. Jahren 1949–56, mit Einf. v. K. Gabler, Bern 1968 (mit Œuvrekat.); Das graphische Werk, hrsg. v. K. Gabler, Ffm. 1968 (= Œuvrekat. 1950–68).
Kat.: Gal. Stangl, München 1950 u. 1960; SKm., Duisburg 1959; Gal. Roque, Paris 1961; Kv. Freiburg 1962; Kasseler Kv. 1962; Gal. im Erker, St. Gallen 1962; Gal. Apfelbaum, Karlsruhe 1963; Bern 1963; Gal. Marbach, Bern 1964; SKslg, Kassel 1964; Koblenz 1965 (Retro.); HaW, Bln 1966; Dssd. 1966 (Retro.); Gal. Appel & Fertsch, Ffm. 1967; Kassel 1970. – d II/1 u. 3, d III/1.

Wintersberger, Lambert Maria,
* 1941 München
Deutscher Maler und Grafiker, der an der Münchner Akademie und an der Akademie in Florenz studierte. In den 60er Jahren wurde W. durch seine puristisch vereinfachende kalkige Darstellung von überdimensional vergrößerten ›Verletzungen‹ (abgeschnittene Fingerkuppen, eingeschnittene Nägel) sowie durch seine ›Fesselungen‹ bekannt, die Elemente der ◇ Pop Art mit einer eigenwilligen magischen Realistik verbinden.

Kat.: Gegenverkehr, Aachen 1969; Ulm 1969; Nürnberg 1970 u. 1975; Gal. Salus, Bielefeld 1973; Kv. Braunschweig 1977.

Wolff, Willy, * 1905 Dresden
Deutscher Maler, Grafiker und Plastiker, studierte nach einer Kunsttischlerlehre an der Kunstgewerbeschule und an der Kunstakademie in Dresden und war Meisterschüler von Otto Dix. Vom Verismus seines Lehrers ausgehend, praktizierte W. nach 1945 in Malerei und Grafik einen ◇ Magischen Realismus, der einen gefundenen Gegenstand

Willy Wolff. Nadelparade. 1955. Feder. 29 x 42,8 cm. Privatbesitz, Berlin (DDR)

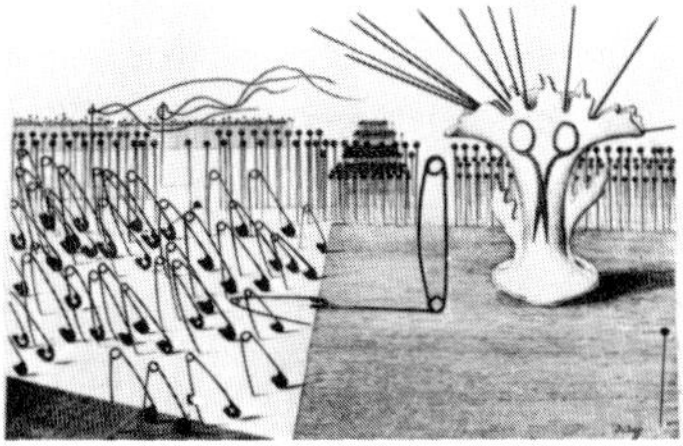

in seiner gesamten Erscheinungsvielfalt aufdeckt. In den 60er Jahren näherte sich W., angeregt durch eine London-Reise, der ◇ Pop Art und entwickelte eine für die DDR eigenwillige Collagetechnik mit farbigen Papieren und Fotofragmenten. W. lebt in Dresden.

Wols (eigentlich Alfred Otto Wolfgang Schulze),
* 1913 Berlin, † 1951 Paris
Deutsch-französischer Maler, Grafiker, Musiker und Fotograf mit vielfach unterbrochener künstlerischer Entwicklung. Am Bauhaus lernte er eine Zeitlang Fotografie bei Moholy-Nagy, ab 1932 war er in Paris, wo er sechs Jahre später anfing zu malen. Während des Krieges interniert, konnte er zeitweilig nur aquarellieren und zeichnen. Erst nach 1945 entfaltete er seine typische ◇ tachistische Malerei: phantastisch-surreale Gebilde, an Klee, aber auch an mikroskopische Schnitte erinnernd, Formen zwischen Traumbildern und biomorphen Vorgängen.

Monogr.: G. Dorfles, W., Mail. 1958; W. Haftmann, W., Aufzeichnungen, Köln/NY 1963; Circus W., The Life and Work of W. S., hrsg. v. P. Inch, Todmorden 1977. – Gouaches de la collection H.-P. Roché, Gal. Cl. Bernard, Paris 1958.
Kat.: Gal. Ch. Lienhard, Zürich 1959; Gal. Europe, Paris 1959/60 u. 1961 (mit Corneille); Freiburg 1961; Gal. Blu, Mail. 1961; Bochum 1961; Köln 1963; Paris 1965; Frankfurter Kv. 1965; Amsterdam 1966; NGB 1973; Kestner/HaW, Bln/Rhein. Lm., Bonn/Kv. Krefeld 1978 (Das photogr. Werk). – d II/1 u. 3, d III/1 u. 2.

Wols. Verhextes auf dem Marsch. Um 1945. Aquarell. 13 x 20,4 cm. Slg Mme H. P. Roché, Meudon

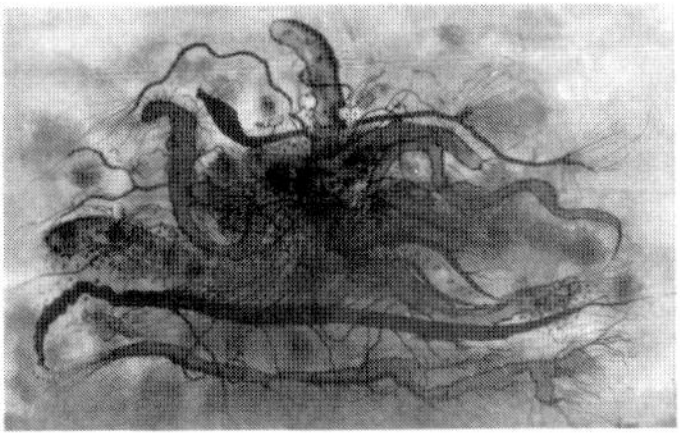

Wotruba, Fritz,
* 1907 Wien, † 1976 ebd.
Österreichischer Bildhauer, beteiligte sich erstmals 1931 an großen Ausstellungen. 1938 emigrierte er in die Schweiz und kehrte nach 1945 nach Österreich zurück. Seine Skulpturen, zuerst hauptsächlich in Stein, gingen von der klassischen Statuarik aus, erprobten archaische Formen und fanden nach 1945 ihre eigene Ausdrucksweise: kantige Blöcke, die sich rhythmisiert über-

Fritz Wotruba. Sitzende. 1959. Kalkstein

einandertürmen, aber auch weiche modellierte Bronzen, organische ›menschliche Kathedralen‹. W. hatte mit seinem Werk große Ausstrahlungskraft auf die Künstlergeneration der 50er Jahre, von allem auf die → Wiener Schule, → Hoflehner und → Avramidis.

Schriften: Überlegungen. Gedanken zur Kunst. Zürich 1945. – Fr. W. u. Ionesco. Discours de Salzburg, St. Gallen 1977.
Monogr.: J. R. de Salis, Fr. W., Zürich 1948; E. Canetti, Fr. W., Wien 1955; Fr. W., Salzburg 1959; Fr. W., mit Einf. v. Fr. Heer, Neuchâtel 1961; Um W., Schriften zum Werk, hrsg. v. O. Breicha, Wien 1968; Zeichnungen 1952–72, hrsg. v. W. Schmied, Bln 1973.
Kat.: MuNAM 1948; Salzburger Residenz 1950; PBA, Brüssel 1951; Fine Arts Association, NY 1960; MaO, Dortmund 1961; SM 1962; Gal. Ch. Lienhard, Zürich 1963; Gal. W. Grosshennig, Dssd. 1963; Mus. d. 20. Jh., Wien 1963; Marlb., NY 1964; Gal. Welz, Salzburg 1965; Albertina, Wien 1965; Haus d. Kunst, München 1967; Kestner 1967; Boymans 1968; Gal. im Erker, St. Gallen 1969; Graz 1969; Gal. nächst St. Stephan, Wien 1975; Kunstring Essen 1977. – d II/2, d III/1, d 6/III.

Wunderlich, Paul, * 1927 Berlin
Deutscher Maler und Grafiker, studierte 1947–51 an der Landeskunstschule in Hamburg, an der er seit 1951 selbst lehrte. Seit 1963 ist er Professor an der HfbK in Hamburg. Im Rückgriff auf surrealistische Phantastik praktiziert W. einen ästhetisierenden Stil, der technisches Raffinement mit realistischen anatomischen Details und jugendstilhafter Arabeske vereinigt. Für seine Lithografien verwendet W. häufig Modefotografien seiner Frau Karin Szekessy als Vorlagen, die er durch eine abstrahierende Stilisierung verfremdet.

Monogr.: Fr. J. Raddatz, P. W. u. K. Szekessy. Correspondenzen, Stgt 1977. – Das lithographische Œuvre 1949–65, hrsg. v. D. Brusberg, Hannover 1966 (auch als Kat. SKgal., Bochum/Kubus, Hannover/Europa Center, Bln); Lithographies et Peintures, hrsg. v. Fr. J. Raddatz, Paris 1973; Graphiken 1960–73, hrsg. v. dems., Stgt 1974 (Œuvrekat.); Lithographien 1959–73, hrsg. v. dems., Stgt 1974.
Kat.: Dragonerstall, Hbg 1960; Gal. Sydow, Ffm. 1963; Landesgewerbeanstalt, Kaiserslautern 1965; Gal. Diogenes, Bln 1962; The Achenbach Foundation f. Graphic Arts, SF 1963; Gal. van de Loo, München 1964; Gal. Arco, Rom 1965; Dssd. 1966; Karlsruhe 1968; Hannover 1971; Gal. Schwarz, Mail. 1972; Gal. Baukunst, Köln/Kh. Kiel 1973/74 (Retro.).

Paul Wunderlich. Jutta im Atelier. 1968. Öl/Lwd. 130 x 162 cm. Gal. Brusberg, Hannover

Wyeth, Andrew Newell,
* 1917 Chadd's Ford (Pa.)
Amerikanischer Maler, Schüler seines Vaters Newell Convers W. In der Wahl seiner Motive beschränkt sich W. ganz auf seine private Umwelt und malt nur Menschen und Ansichten aus seiner ländlichen Umgebung. Mit seinen peinlich genauen Temperabildern oder Aquarellen, die in der Tradition des amerikanischen Realismus stehen und die trotz ihrer trockenen Objektivität etwas vom ◇ Magischen Realismus besitzen, wurde er zu

Andrew Newell Wyeth. Christinas Welt. 1948. Tempera. 81,9 x 121,2 cm. MOMA

einem der populärsten Maler der USA.

Monogr.: B. J. Wyeth, A. W., NY 1976; ders., W. at Kuernes, Boston 1976.
Kat.: MOFA Boston 1970; Tokio 1974; Metropolitan 1976/77.

Xenakis, Constantin, * Vraile
Griechischer Maler und Plastiker rumänischer Herkunft, der an der Hochschule für bildende Künste und an der Nationalen Technischen Universität in Athen Architektur studierte. In den 60er Jahren entwickelte er eine geometrisch-konstruktive Malerei und Plastik, die sich durch eine stark expressive Farbakzentuierung auszeichnet.

Yoshida, Minoru, * 1935 Osaka
Japanischer Maler und Plastiker, der an der Universität von Kyoto studierte. Als Hauptvertreter der → Gutai-Gruppe praktizierte er bereits in den ausgehenden 50er Jahren eine konstruktiv-abstrakte Malerei und Plastik, die Licht und Bewegung thematisierte und organische und mechanische Strukturen gegeneinandersetzte.

Yoshihara, Jiro, * 1905 Osaka
Japanischer Maler, der 1954 in Osaka die → Gutai-Gruppe gründete und ◇ Happenings sowie Malaktionen veranstaltete, die gleiche Ziele verfolgten wie die ◇ Aktionskunst und das ◇ Action Painting in der amerikanischen und europäischen Kunstszene der ausgehenden 50er und frühen 60er Jahre.

Young, La Monte,
* 1935 Bern (Ida.)
Amerikanischer Komponist, studierte u. a. 1957–60 an der University of California in Los Angeles und Berkeley. 1960 wandte er sich der ◇ Fluxus-Bewegung zu und gab den Sammelband *An Anthology ...* heraus, setzte sich dann aber vor allem mit indischer Musik und Philosophie auseinander und schuf umfangreiche ›statische Kompositionen‹, für deren Aufführungen er oft auch zusammen mit seiner Frau Marian Zazeela ›Sound/Light Environments‹ gestaltet (*Dream House*, d 5).

Schriften: Selected Writings (mit M. Zazeela); Gal. H. Friedrich, München 1969. – An Anthology of Chance Operations ... (Hrsg., mit J. MacLow), o. O. (NY) 1963, 21970. – d 5.

Youngerman, Jack,
* 1926 Louisville (Ky.)
Amerikanischer Maler, Vertreter der ◇ Hard edge-Farbfeldmalerei. Mit der plakativen Farbgebung der ◇ Pop Art schuf Y. in den ausgehenden 60er Jahren eine signalhafte Malweise, deren geometrische Farbzeichen im Gegensatz zur reinen Abstraktion gegenständliche oder formelhafte Assoziationen hervorrufen.

Kat.: NY 1971.

Yvaral, Jean-Pierre, * 1934 Paris
Französischer Maler, Sohn → Vasarelys, der an der Ecole des Arts Appliqués in Paris studierte. Als Mitglied der → Groupe de Recherche d'Art Visuel arbeitete Y. bereits in den frühen 60er Jahren im Bereich der ◇ kinetischen Kunst und der ◇ Op Art, wobei er ähnlich wie Vasarely seine Bildstruktur aus dem Vokabular von vertikalen, horizontalen, ondulierten und kreisförmigen Linien aufbaut, die die Netzhaut aufgrund ihrer Trägheit zu bewegten Farbfeldern synthetisiert.

Kat.: (Op) Art Gal., Eßlingen 1966; Gal. D. René, Paris 1969. – d III/1.

Zahn, Sigi, * 1942 Berlin
Deutscher Maler, der an der Kunstakademie in Stuttgart studierte. Angeregt durch Gerhard → Richter praktiziert Z. vor allem in seinen Fensterbildern eine Mischung von realistischer und lyrisch- impressionistischer Malerei, die den gemalten Realitätsausschnitten eine illusionistische Ferne verleihen.

Kat.: Gal. Walther, Dssd. 1972.

Zammit, Norman, * 1931
Amerikanischer Künstler, der die reine ◇ Farbfeldmalerei unter Anwendung modernster Technologie in den ausgehenden 60er Jahren auf die Plastik übertrug. In seinen transparenten Blöcken aus Acrylkunststoff scheinen feinste Farbpartikel zu schweben. Z. wurde zur Realisation dieser Farbobjekte selbst zum Erfinder, denn ihm gelang es erstmals, den für die Herstellung von Pilotenschutzschirmen für Jagdkampfflugzeuge entwickelten Kunststoff durch einen chemischen Prozeß so einzufärben, daß eine direkte chemische Verbindung und kein Aufkleben der Farbmasse erfolgt.

Zander, Heinrich, * 1939 Wolfen
Deutscher Maler und Grafiker, der an der Hochschule für Grafik und Buchkunst in Leipzig und an der Akademie der Künste in Berlin (Ost) studierte. Z.s realistische Malerei orientiert sich in ihren Sujets an dem gesellschaftspolitischen Themenkatalog des ◇Sozialistischen Realismus, stilistisch jedoch zeigt sich ein deutlicher Rückgriff auf die Renaissance und altmeisterliche Techniken. Durch dieses Spannungsverhältnis zwischen Stil und Thematik entsteht eine eigentümliche manieristische Brechung des Pathos, das ansonsten dem sozialistischen Historien- und Arbeiterbild eigen ist.

Zao Wou-Ki, * 1921 Peking
In Paris lebender Maler chinesischer Herkunft, der an der Akademie Hangchow studierte. Nach einer kurzen Frühphase figurativer, linear betonter Malerei unter dem Einfluß Klees fand Z. in den 50er Jahren zu einer heiter-kontemplativen Abstraktion, die sich durch eine Verbindung von grafischer Spontaneität und harmonischer Umsetzung östlicher Kalligrafie auszeichnet und sich vom ◇ Tachismus durch ihre reflektionsbetonte Ausgewogenheit unterscheidet.

Monogr.: Cat. raisonné de l'œuvre gravée et lithographié de Z. W., hrsg. v. N. Jacometti, Bern 1955; C. Roy, Z. W., Paris 1957 (= Le mus. de poche); M. Ragon,

Z. W., Madrid 1962 (= Cuadernos de arte. 92).
Kat.: Paris 1960; Gal. de France, Paris 1963.

Zaza, Michele,
* 1948 Molfetta (Bari)
Italienischer Künstler, dessen Situationsinszenierungen in Form von Fotoserien dokumentiert sind. Die Begegnung von Menschen (z. B. seiner Eltern) und symbolisch besetzten Dingen (Formationen aus Brotstücken) oder existentielle Phänomene (Licht) suggerieren elementare Lebenssituationen und existentielle Zusammenhänge mit archetypischem und mystisch-mythologischem Charakter.
Kat.: d 6/II.

Zazeela, Marian → **Young,** La Monte

Zebra
Eine von den Malern Dieter → Asmus, Peter → Nagel, Nikolaus → Störtenbecker und Dietmar → Ullrich bereits 1962, noch während ihrer Studienzeit in Hamburg gegründete Gruppe. In Ablehnung der damals vorherrschenden ◇ informellen Malerei wandten sie sich einem manieristisch-figurativen, distanziert kühlen, ◇ Hard-edge-artigen Stil (daher der Name) in der Art des ◇ Magischen Realismus zu, der in seiner erstarrten Poesie eine Synthese von natürlicher und künstlicher Gestik erreicht. 1977 scheidet Störtenbecker aus der Gruppe aus, während Karlheinz Biederbick und Harro Jakob neu hinzukommen, deren Werk seit 1968 durch lebensgroße farbige Polyesterplastiken gekennzeichnet ist.
Kat.: SKh., Recklinghausen 1968; Gal. Defet, Nürnberg 1969 u. 1970; Neue Gal., Aachen 1972; Bremer Kh. 1978.

Zebra. Peter Nagel: Junge mit gestreiftem Tuch. 1969. Eitempera/Lwd. 135 x 110 cm

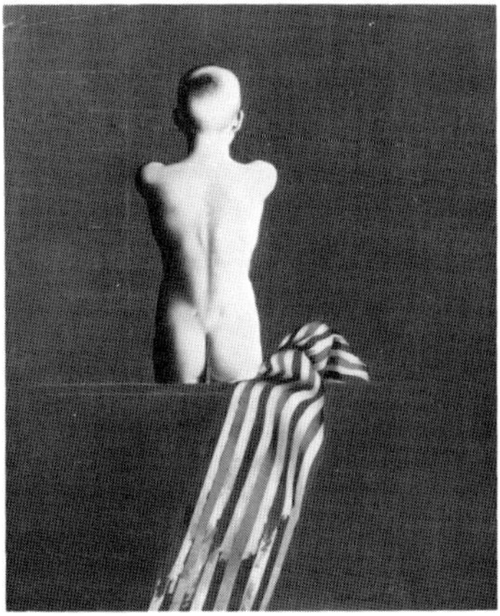

ZEN
1949 gegründete freie Verbindung deutscher Künstler, in deren Werken sich die divergierenden künstlerischen Formsprachen, aber auch die konstruktive Aufbruchshaltung der deutschen Nachkriegssituation artikulierten. Mitglieder waren u. a. Baumeister, → Geiger, → Meier-Denninghoff, → Sonderborg, Thieler, → Trier und → Winter.

Zero
Bahnbrechende künstlerische Strömung Ende der 50er Jahre in Deutschland. Unter dem Motto Z. (benannt nach dem entscheidenden Augenblick beim Count-down eines Raketenstarts, gleichzeitig eine »Zone des Schweigens vor dem Neubeginn«, eine Möglichkeit zur

Konzentration und zum Überlegen: »Z. ist die Stille. Z. ist der Anfang.«) schlossen sich 1957 → Mack und → Piene zusammen (erste Abendausstellung Dssd. 1957), 1960 gesellte sich → Uecker hinzu. Mit → Fontana als geistigem Vorbild und beeinflußt von der ◇ Nouvelle Tendance, versuchte man in einer Art »neuem Idealismus« eine harmonische Verbundenheit mit der Natur zu erreichen, und zwar unter puristischer Konzentration auf die Klarheit der Farbe Weiß (die man »durch Raster in Schwingung versetzte«) und der dynamischen Lichtschwingung im Raum (Licht als »die Sphäre alles Lebens, das Element von Mensch und Bild und Mensch«; *Lichtstelen* von Mack, *Lichtballette* von Piene, Licht-Schatten-Wechsel der weißen *Nagelreliefs* von Uecker, *Lichtmühlen* als Gemeinschaftsarbeit). 1966 war die letzte gemeinsame Ausstellung (SKslg, Bonn), 1967 löste sich die Gruppe auf.

Monogr.: Zero 1–3, hrsg. v. Mack u. Piene, Dssd. 1958–61; L. Alloway u. O. Piene, Z., NY u. Köln 1973.
Kat.: MHL, Krefeld 1963; Gemeentemus., Den Haag 1964; Kestner 1965; SM 1965; SKslg, Bonn 1966; Lichtballett v. Künstlern d. Gruppe Z., München 1972.

Zimmermann, Mac (Max),
* 1912 Stettin
Deutscher Maler und Grafiker, der in Stettin und Hamburg studierte. 1958–63 war er Professor an der HfbK in Berlin, seit 1963 wirkt er als Professor an der Münchener Akademie. Seine surrealistischen Szenerien sind in ihrer bühnenbildhaften Wirkung von der Pittura metafisica beeinflußt. Die gemalte Dingwelt wird zum chiffrierten Verweis auf die menschliche Psyche. Die Bewegung des ◇ Phantastischen Realismus ging aus der Schule Z.s hervor, der u. a. → Ackermann, → Collien, → Janssen, → Schwarz und → Wunderlich zu seinen Schülern zählte.

Schriften/Werkpubl.: Ein Skizzenbuch, München 1955; Träume, Ffm. 1961.
Monogr.: Graphik-Œuvre, hrsg. v. P. Waldberg, München 1970 (Œuvrekat.); M. Z., hrsg. v. M. dela Motte, Bonn 1976.
Kat.: d II/1.

Zorio, Gilberto,
* 1944 Adorno Micca
Italienscher Künstler, wurde Ende der 60er Jahre mit seinen der ◇ Arte povera zugehörigen Arbeiten bekannt. Nach Stücken, die vor allem die Visualisierung energetischer Prozesse beabsichtigen (*Haß*, 1969) flossen ab 1970 verschiedene mythische, aber auch extrem subjektiv-emotionale Inhalte und Motive ein. Sie äußern sich in einer einfachen, klar definierten Bildsprache (*Stern aus Speeren*, 1974), die neben präfabrizierten Objekten auch Elektrizität, Laser-Strahlen u. ä. einschließt.

Kat.: Gal. Sperone, Turin 1967; Centro Colautti, Salerno 1968; Gal. Sonnabend, Paris 1969; Km. Luzern 1976. – d 5.

Fotonachweis

Aachen, Sammlung Ludwig, Neue Galerie: Erro, Grützke, Jones, Penck, Pichler, Tilson
Bochum, Galerie m: Castellani, Fontana, Graevenitz, Morellet, Schoonhoven, Serra
Darmstadt, Hessisches Landesmuseum: Dubuffet, Twombly
Hamburg, Karl-Heinz Krings: Bravo, De Andrea, Graves, Kienholz, Long, Merz, Panamarenko, Schonzeit, Thek, Vautier
Köln, Galerie Borgmann: Fautrier
Köln, Galerie Friedrich: De Maria, Palermo
Köln, Paul Maenz: Art & Language, Barry, Darboven, Flavin, Gerz, Kosuth, Mariani, Nauman, Poirier, Roehr, Salvo, Toroni
Köln, Rheinisches Bildarchiv: Baselitz, Guttuso, Hockney, Kitaj, Noland, Olitski, Rauschenberg, Segal
Köln, Galerie Der Spiegel: Girke
Köln, Galerie Werner: Broodthaers, Brus, Lüpertz, Polke, Rainer, Rot
Köln, Galerie Zwirner: Cane, Raysse
Tübingen, Kunsthalle: Hamilton
Sammlung FER: Dibbets, Quintanilla
Alle anderen Fotos stammen von den Künstlern oder aus dem Archiv des DuMont Buchverlags

DuMont Kunst-Taschenbücher

»Die Reihe ist aktuell und vielseitig und bietet eine Fülle von farbigen und einfarbigen Abbildungen. Inhaltlich stehen Information und Dokumentation im Vordergrund. Aktualität auch bei kunsthistorisch weiter zurückliegenden Komplexen.« *Stuttgarter Nachrichten*

Stand Herbst '78

Band 2
Horst W. und Dora Jane Janson
Malerei unserer Welt
Von der Höhlenmalerei zur Moderne

Band 3
August Macke Die Tunisreise
Aquarelle und Zeichnungen

Band 4 Uwe M. Schneede
René Magritte
Leben und Werk

Band 5 Ernst Günther Grimme
Pieter Bruegel d. Ä.
Leben und Werk

Band 6 Karin Thomas
DuMont's kleines Sachwörterbuch zur Kunst des 20. Jahrhunderts
Von Anti-Kunst bis Zero

Band 8 Christian Geelhaar
Paul Klee
Leben und Werk

Band 11
William Morris
Kunde von Nirgendwo
Eine Utopie der vollendeten kommunistischen Gesellschaft und Kultur aus dem Jahre 1890

Band 12 José Pierre
DuMont's kleines Lexikon des Surrealismus

Band 13 Joseph-Émile Muller
DuMont's kleines Lexikon des Expressionismus

Band 14 Jens Christian Jensen
Caspar David Friedrich
Leben und Werk

DuMont Kunst-Taschenbücher

Band 15 Heijo Klein
DuMont's kleines Sachwörterbuch der Drucktechnik und grafischen Kunst
Von Abdruck bis Zylinderpresse

Band 17 André Stoll
Asterix – das Trivialepos Frankreichs
Die Bild- und Sprachartistik eines Bestseller-Comics

Band 18 Horst Richter
Geschichte der Malerei im 20. Jahrhundert
Stile und Künstler

Band 22 Wolfgang Brückner
Elfenreigen – Hochzeitstraum
Die Öldruckfabrikation 1880 bis 1940

Band 23 Horst Keller
Marc Chagall
Leben und Werk

Band 24 Ernst R. Scherz und Anneliese Scherz
Afrikanische Felskunst
Malereien auf Felsen in Südwest-Afrika

Band 25 Gabriele Sterner
Jugendstil
Kunstformen zwischen Individualismus und Massengesellschaft

Band 26 Jens Christian Jensen
Carl Spitzweg
Zwischen Resignation und Zeitkritik

Band 27 Oto Bihalji-Merin
Die Malerei der Naiven

Band 28 Hans Holländer
Hieronymus Bosch
Weltbilder und Traumwerk

Band 30
Johannes Pawlik (Hrsg.)
Malen lernen
Eine Einführung in künstlerische Maltechniken

Band 31 Jean Selz
DuMont's kleines Lexikon des Impressionismus

Band 32 Uwe M. Schneede
George Grosz
Der Künstler in seiner Gesellschaft

DuMont Kunst-Taschenbücher

Band 33
Erwin Panofsky
Sinn und Deutung in der bildenden Kunst
(Meaning in the Visual Arts)

Band 34
Oto und Lise Bihalji-Merin
Henri Rousseau
Leben und Werk

Band 35 Evert van Uitert
Vincent van Gogh
Leben und Werk

Band 36 Barbara Leuner
Psychoanalyse und Kunst
Die Instanzen des Inneren

Band 37 Bob Haak
Rembrandt
Leben und Werk

Band 38 Ingeborg Tetzlaff
Romanische Kapitelle in Frankreich
Löwe und Schlange, Sirene und Engel

Band 39
DuMont's Kopfzerbrecher
TANGRAM
Das alte chinesische Formenspiel. Hrsg. von Joost Elffers

Band 40 Walter Pach
Auguste Renoir
Leben und Werk

Band 41
Heinrich Wiegand Petzet
Heinrich Vogeler – Zeichnungen

Band 42 Ernst Günther Grimme
Deutsche Madonnen
Skulpturen des 13.–16. Jhs.

Band 43 Karl Heinz Krons
Gestalten mit Papier

Band 44 Fritz Baumgart
DuMont's kleines Sachlexikon der Architektur

Band 45 Jens Christian Jensen
Philipp Otto Runge
Leben und Werk

Band 46
Walter Friedlaender
Hauptströmungen der französischen Malerei von David bis Delacroix

Band 47 Paul Vogt
Der Blaue Reiter

DuMont Kunst-Taschenbücher

Band 48
Aubrey Beardsley Zeichnungen
Mit einer Einführung von Hans H. Hofstätter

Band 49 Heinrich Hüning
Gestalten mit Holz

Band 50
Conrad Fiedler
Schriften über Kunst
Mit einer Einleitung von Hans Eckstein

Band 51 Martin Warnke
Peter Paul Rubens
Leben und Werk

Band 52 Jörg Krichbaum/Rein A. Zondergeld
DuMont's kleines Lexikon der Phantastischen Malerei

Band 53 Edward Quinn
Picasso
Fotos von 1951–1972

Band 54
Karin Thomas / Gerd de Vries
DuMont's Künstler-Lexikon von 1945 bis zur Gegenwart

Band 55 Kurt Schreiner
Kreatives Arbeiten mit Textilien
Weben – Sticken – Knüpfen – Batik – Stoffdruck

Band 56 Ingeborg Tetzlaff
Romanische Portale in Frankreich
Waage und Schwert, Schlüssel und Schrift

Band 57 Götz Adriani
Toulouse-Lautrec und das Paris um 1900

Band 58 Hugo Schöttle
DuMont's Lexikon der Fotografie
Foto-Technik · Foto-Kunst · Foto-Design

Band 59 Hugo Munsterberg
Zen-Kunst

Band 60 Hans H. Hofstätter
Gustave Moreau
Leben und Werk

Band 61
Martin Schuster / Horst Beisl
Kunst-Psychologie
»Wodurch Kunstwerke wirken«

Band 62 Karl Clausberg
Die Manessische Liederhandschrift

DuMont Kunst-Taschenbücher

Band 63 Hans Neuhaus
Werken mit Ton
Material – Technik – Gestaltung

Band 65 Harald Küppers
Das Grundgesetz der Farbenlehre

Band 66 Sam Loyd
Mathematische Rätsel und Spiele
Denksportaufgaben für kluge Köpfe
117 Aufgaben und Lösungen
Hrsg. von Martin Gardner

Band 67 Fritz Baumgart
»Blumen-Brueghel«
Leben und Werk

Band 68 Jörg Krichbaum
Albrecht Altdorfer
Meister der Alexanderschlacht

Band 69 Erich Burger
Norwegische Stabkirchen
Geschichte – Bauweise – Schmuck

Band 70
Ernst H. Gombrich
Kunst und Fortschritt
Wirkung und Wandlung einer Idee

Band 71 José Pierre
DuMont's kleines Lexikon der Pop Art

Band 72 Mike Schuyt/ Joost Elffers
Rudolf Steiner und seine Architektur
(Erscheint demnächst)

Im Januar '79 erscheinen:

Band 73 Gabriele Sterner
Gaudi
Architektur als Ereignis

Band 74 Eckart Kleßmann
Die deutsche Romantik

Band 75 Hilda Sandtner
Stoffdruck und Stoffmalerei
Geschichte – Technik – Gestaltung

Band 76 Werner Spies
Max Ernst 1950–1970
Die Rückkehr der schönen Gärtnerin

Ihr Buchhändler informiert Sie gern über weitere Neuerscheinungen.